成人及网络高等教育工商管理专业系列教材

生产运作管理

主　编　张鸿萍　　副主编　孟宪华　申元月

Shengchan Yunzuo Guanli

经济科学出版社
Economic Science Press

图书在版编目（CIP）数据

生产运作管理/张鸿萍主编 . —北京：经济科学
出版社，2011.5（2014.6 重印）（2016.3 重印）
成人及网络高等教育工商管理专业系列教材
ISBN 978 - 7 - 5141 - 0639 - 8

Ⅰ. ①生… Ⅱ. ①张… Ⅲ. ①企业管理：生产
管理 – 成人高等教育 – 教材 Ⅳ. ①F273

中国版本图书馆 CIP 数据核字（2011）第 076564 号

责任编辑：柳　敏　周秀霞
责任校对：杨晓莹
版式设计：代小卫
技术编辑：李　鹏

生产运作管理

主　编　张鸿萍

副主编　孟宪华　申元月

经济科学出版社出版、发行　新华书店经销
社址：北京市海淀区阜成路甲 28 号　邮编：100142
总编部电话：88191217　发行部电话：88191540
网址：www. esp. com. cn
电子邮件：esp@ esp. com. cn
北京汉德鼎印刷有限公司印装
787 × 1092　16 开　22.75 印张　430000 字
2011 年 5 月第 1 版　2016 年 3 月第 3 次印刷
印数：8001—10000 册
ISBN 978 - 7 - 5141 - 0639 - 8　定价：36.00 元

"成人及网络高等教育工商管理专业系列教材"编委会

总序

进入 21 世纪以来，全球化进程不断加快，社会结构急剧变化，知识更新日趋频繁，终身学习、全民学习已经成为广大人民群众适应经济与社会发展需要的必然要求和基本途径。《国家中长期教育改革和发展规划纲要（2010～2020 年）》对我国"优先发展教育，建设人力资源强国"做出了战略部署，到 2020 年，我国要基本实现教育现代化，形成学习型社会，进入人力资源强国行列。这实际上是给包括成人教育和继续教育在内的中国高等教育提出了更高的要求，即如何更好地满足人民群众接受高等教育的多样化需求，为经济和社会发展提供更加广泛的服务。

山东大学是我国较早举办成人高等教育的学校之一，依托学校雄厚的师资力量和丰富的教育资源，努力服务企业、行业，为社会培养了大批德才兼备的应用型人才，为构建终身教育体系和建设学习型社会做出了贡献。为适应我国高等继续教育发展的新形势，进一步推动成人教育课程体系改革，山东大学管理学院和继续教育学院联袂提出成人及网络高等教育工商管理专业系列教材建设方案，共同组织推出了这套具有成教特色的工商管理专业系列教材。

工商管理是一门实践性、应用性很强的学科，其教学工作的中心就在于高水平教材的建设。山东大学工商管理专业自成立以来，一直在朝着努力提升专业教学水平这一中心方向不断地努力和探索，并取得了丰硕的成果。"工商管理专业"相继被评为教育部高等学校第一类特色专业、山东省教学改革试点专业、山东省重点学科和山东省成人高等教育品牌专业，拥有工商管理专业国家级教学团队、国家级管理学科实验教学示范中心和一级学科博士点，管理学、战略管理两门课程被评为国家级精品课程，并且作为国家"十一五"规划教材多次获得重要奖项。因此，摆在读者面前的这套成教版工商管理专业系列教材，既是山东大学工商管理专业建设已取得丰硕成果的有益延伸，同时也体现了该专业的教师们在提升教学水平方面坚持不懈的努力和探索。

参与编写本套教材的作者们不仅受过经济学、管理学的系统训练，而且都有着丰富的教育教学经验和较高的专业学术水平。每本教材都严格按照要求进行了两次评审。该套教材突出成人教育特点，文中大量吸收企业管理实践案例，每部教材配有相应的学习指导书、教学课件，并形成能够用于网络环境下教学所用的学习包，学习内容形象生动、学习方式灵活，非常适合学员在职、业余自学，也可作为专科、本科和研究生的参考教材。

本套教材在编写过程中得到了经济科学出版社的大力支持和帮助，也得到了许多同行以及企业人士的探讨和宝贵意见，在此一并致谢。

我们衷心地希望本套教材的出版，能够对推动以培养应用型管理人才为目标的工商管理专业继续教育有所帮助、有所贡献。另外，本套教材的编写虽经反复易稿，多次修订，但难免存在各种不妥之处，还请读者在使用过程中批评指正。

徐向艺

2011 年 4 月 8 日

前言

　　生产是人类最基本的活动之一，是社会财富的源泉和社会经济发展的原动力。生产管理作为一门科学问世，至今已有近百年的历史，是一门相对成熟的经典课程。进入 21 世纪以来，随着全球经济一体化加速，以及科学技术的迅猛发展，为了应对市场需求的多样化、多变化和顾客需求的个性化，生产与运作管理的模式发生了巨大变化，生产与运作管理被提到了战略的高度，成为管理科学与工程中最为活跃的一个分支。该领域的新思想、新理论不断涌现，内容更加丰富，范围更加宽广，体系更加完整。本教材力图反映近年来生产与运作管理的最新成果和这一学科的最新发展，具有如下特点：

　　1. 扩大了生产管理学的研究范围，将其理论和方法引入到服务业。制造业的生产管理和服务业的运作管理有很多共同点，同时又有很多区别。传统的生产管理学是以机械制造业为对象，主要研究有形产品的生产过程。而生产是创造财富的活动，生产活动是一切社会组织将其输入转化为输出的过程。所以，传统的生产管理学在内容上有一定的局限性。本教材将在介绍制造业生产管理的同时，也介绍服务业的运作管理。

　　2. 突出企业管理的整体性特征。企业管理是一个有机的系统，生产管理与市场营销、财务会计一样，都是企业管理的一个子系统，它们之间存在着密切的关系。所以，本教材将生产运作管理置于企业管理系统的整体背景下，与市场营销、财务会计等其他职能紧密联系，把追求企业竞争力的提高作为首要目标。

3. 充实生产决策与管理内容。在内容上，除传统的生产过程的计划、组织、控制外，突出强调管理的系统特征，重点加强了运作战略、生产系统的设计、产品开发与设计、生产能力发展、先进运作模式应用等多个层次的内容，建立了以生产率改善为中心的课程体系。

4. 为适应生产运作管理教学的需要，突出案例教学。每章开篇都有一个与本章内容密切相关的案例，用于启发学生对本章的兴趣和思考；在每章结束再提供一个更为详细的讨论案例，用于学生的独立或分组讨论。为适应不同背景的学生，案例都兼顾了制造业和服务业。

本书的编写，本着既重理论更重操作的指导思想，坚持理论联系实际，定量分析与定性分析相结合的原则，对生产运作过程做了较为全面的论述。内容较为丰富，体例规范，每章后面附有本章小结、复习思考题、推荐阅读、案例等，既有利于教学，也方便自学。

全书分为 12 章。第 1 章为生产运作管理导论，阐述生产运作管理的基本概念和历史沿革；第 2 章为生产运作战略，分析战略环境、提出战略内容、讨论战略的制定与实施；第 3 章为产品开发设计与工艺管理，介绍产品和服务的开发设计与技术选择；第 4 章为生产运作系统规划与设计，介绍了生产系统的构成，阐述了设施选址与布置决策的方法，讨论了现场管理的手段；第 5 章为工作设计与工作研究，在介绍劳动生产率概念的基础上，讨论工作设计、工作研究及劳动定额管理问题；第 6 章为生产运作计划，阐述了生产运作计划体系及其编制原则，讨论了企业年度计划的制定与实施；第 7 章为生产过程时间组织与作业计划，介绍了生产过程不同的组织方式，阐述了流水线生产、成批和单件小批生产条件下生产作业计划的编制与控制工作，并讨论了服务业作业计划；第 8 章为库存管理，着重讨论独立需求库存控制的决策和模型；第 9 章为物料需求计划技术发展与实施，主要介绍 MRP、MRP Ⅱ 及 ERP 的基本原理和应用问题；第 10 章为质量管理，介绍了质量管理的历史演进、ISO9000 系列标准及与全面质量管理、统计质量控制的常用方法以及 6σ 管理；第 11 章为设备综合管理与安全生产，介绍设备管理的基本理论和维修体制，讨论安全生产管理的基本问题；第 12 章为准时制生产系统，介绍准时制生产系统的管理思想、看板控制系统以及精益生产等问题。

　　本教材由张鸿萍任主编，孟宪华、申元月任副主编。张鸿萍、孟宪华、申元月共同讨论拟定大纲并组织编写，由张鸿萍统纂定稿。各章编写的具体分工如下：第1、2、5、10章由张鸿萍编写，第3、4、6、7、9章由孟宪华编写，第8、11、12由申元月编写。本教材在编写过程中，参阅了国内外专家学者的大量中外文参考书和文献资料，主要参考资料目录已列在了书后。在此对国内外有关作者表示衷心的感谢。

　　由于本教材涉及的内容广泛、知识更新较快，作者水平有限，难免会有一些不当与错误之处，恳请专家与同行批评指正。

编写者

2011 年 3 月

目　录

第1章

生产运作管理导论

【学习目标】

1. 掌握生产与运作管理的基本概念。
2. 了解生产运作的类型划分及特点。
3. 理解生产运作管理的目的、任务及职能范围。
4. 认识生产运作管理的地位与作用。
5. 熟悉生产运作管理的发展历史及新特征。

【管理案例】

"劳动"与"活动"

从事工作叫劳动。有人把劳动看成能让周围的人感到愉快的事情。但是丰田对工作有一个严密的定义：推进工序，提高附加价值。因此，劳动仅限在推进一项工序的动作、提高附加价值的动作上。例如，在现场作业中，取东西、放东西、摆东西或者找东西，这样的动作，是一种单纯的活动，不可以说是劳动。

一个人拿着薪水，就得来公司工作，如果在公司中总是什么都不做，就会感到不安，这倒并不是因为日本人勤奋。在这样一份工作中，当然会有为了制造产品而真正实施的必要动作、能够推进工序的动作和没有此类意义的动作。而后者就是一种浪费。其实不论在哪个工厂，我们都能看到这样的情况。作业员好不容易用滑道或传送带连接起了各个工序，可滑道或传送带之上却放置了两三层物品。如果只放置一个，辊式传输机能够轻松移动，但由于放置了两三层或者传送带上堆得满满的，根本不能顺畅移动，后面的工序想取一个物品是非常麻烦的。作业员每取一个物品就要无谓地紧张一下：其他物品有没有哗啦掉下去，是否夹住了指头，同时，又花费了劳力，这样做工作，只会让人感到很辛苦。

我们取东西或放东西，只是把物体的位置稍微改变一下，物品本身不过是离地球的中心远了3厘米或者是近了1米。如果用这样的思考方式来区别现场作业的话,那么我们就会明白,以前我们当作工作的事情只有一半是有用的,不论你看到一个人多么繁忙地工作,其中的一半时间都没在工作,他不过是在活动身体而已,这种浪费是很了不得的。

这种浪费的工作状态必须改变!

减少工数,就是减少这个浪费的部分,从而增加劳动的比例,这个和强化劳动完全不同。不论你怎么活动也不会成为劳动,劳动要推进工序,完成工作,减少浪费,提高效率。管理监督人必须努力把部属的活动转化为劳动。

资料来源:摘自(日)门田安弘著,李伟、李晴译. 丰田现场管理方式(丰田巨额利润的秘密). 东方出版社,2007.

【重要概念】

生产运作管理(Production and Operations Management);生产系统(Production System);服务业(Service Sector);效率(Efficiency);效果(Effectiveness)。

生产活动是人类最基本的活动,有生产活动就有生产管理。可以说,人类最早的管理活动就是对生产活动的管理,20世纪管理作为一门科学出现也是源于对生产活动的管理。本章主要阐述生产运作管理(Production and Operations Management)的基本概念、生产运作管理的职能范围与内容、生产运作管理在整个企业管理中的地位和作用及其发展历史。

1.1 生产运作职能的重要性

1.1.1 生产运作职能与企业其他职能的关系

任何一个企业,无论它是提供有形的产品还是无形的服务,从其组织结构来看都有三个基本职能:生产运作、营销和财务。这三个职能分别完成不同但又相互联系的活动。企业的运营活动所需的资金需要通过财务职能从资本市场去融资和运作;运营活动所需的劳动力需要通过人力资源部门招聘和培训;消费者的需求可通过营销职能预测;而经营活动所需的物品或服务则需要通过采购部门去获取。表1-1说明了汽车制造厂、快餐店和银行是如何发挥这些职能的。

表 1–1　　　　　　　　　　　　　　企业基本职能

企业类型	市场营销	生产运作	财务会计
汽车制造厂	广告、赞助汽车赛等	设计汽车、制造零部件、装配汽车等	向供应商付款、支付员工工资、做出预算等
快餐店	电视广告、分发宣传品、社会赞助等	制作食品、设计新店面、保养设备等	向供应商付款、支付银行贷款、支付员工工资、收取现金等
银行	广告宣传、贷款、信托等	支票清算、交易处理、维护、安全等	投资、证券、不动产、会计、审计等

1. 生产运作与市场营销的关系

生产运作与市场营销是处在同一管理层次上，又相对独立。在企业经营过程中，市场营销是先导，企业生产什么产品、生产多少、什么时间生产等决策都必须在营销部门进行市场调查和预测之后才能作出。而且，产品在市场上的销售状况如何，又在一定程度上取决于营销工作质量的好坏。而生产运作管理则是在市场营销导向和销售计划的规定下，按质、按量、按时、低成本地制造产品或提供服务。因此，生产运作管理是市场营销的后盾，它为营销部门提供有竞争力的产品或服务。两者是紧密联系、相互促进的。

在认识两者关系时，我们一定要正确认识生产运作管理的基础作用。在市场竞争越来越激烈的今天，企业到底依靠什么去获得竞争优势，从而在市场上站稳脚跟并求得不断发展？不同的企业可能有不同的成功经验和认识。但无论哪个成功企业的竞争优势都是依靠它所拥有的核心产品获取的。只要企业所提供的产品或服务质量好，价格低，又能适应市场需求及时推出，就能在市场竞争中获胜。对于一个企业来说，它可能面临许多问题，如管理体制问题、资金短缺问题、设备陈旧问题、人员素质问题、债务问题等，这些问题都是属于企业内部问题。虽然任何一个问题的存在都会影响企业的正常运行，但对于消费者来说，他们并不过分关心一个企业内部的运行状况，他们真正关心的是企业所提供产品和服务是否能满足需要。所以，市场竞争实际上是不同企业产品和服务之间的竞争，而企业产品竞争力的大小在很大程度上取决于企业生产运作管理的绩效。因此，从这个意义上说，生产运作管理是企业竞争力的真正源泉。

2. 生产运作与财务管理的关系

生产运作管理与财务管理也是处在同一管理层次、联系非常密切的两大管理职能。财务管理是以资金运动为对象，利用价值形式进行的综合性管理工作。

企业的生产运作活动是伴随着资金运动同时进行的。企业为进行生产运作活动，通过借贷、筹集等方式获得资金，这些资金先以货币资金形式存在于企业，当企业采购生产所需的原材料、燃料等实物后，货币资金转化为储备资金；随着原材料等实物进入加工过程，储备资金就转化为生产资金；当转换过程结束时，原材料等加工成产成品，生产资金也随着转化为成品资金；产品在市场上销售以后，其价值得以实现，成品资金又以货币资金形式收回。在上述整个过程中，资金流动与实物流动交织在一起，资金流动对实物流动起着核算、监督、控制的作用。从财务管理的角度看，企业财务管理系统既要为生产运作活动所需的物质以及技术改造、设备更新等提供足够的资金，又要控制生产运作中的费用开支，加快资金的周转，提高资金的利用效果。

从生产运作管理的角度看，生产运作管理所追求的高效率、高质量、低成本和适时性，可在各方面降低消耗，减少资金占用，又为财务管理系统更好地节约资金、提高资金利用效果、增加企业利润提供了基础保证条件。所以说，生产运作管理与财务管理是相辅相成、紧密联系的。

1.1.2 企业管理系统的整体性

企业是一个完整的有机系统。企业管理的目的就是在充分发挥市场营销、生产运作、财务会计等管理职能作用的基础上，实现系统的整体优化，创造整体的最佳效益。在企业管理系统中，三大管理职能是相辅相成、相互影响的，缺少或削弱任何一项职能，都会影响企业经营的整体效果。如果一个企业营销体系不健全，营销政策不完整，销售渠道不畅，即使企业拥有竞争力很强的产品，也难以将产品销售出去，更谈不上取得市场地位、获得竞争优势。如果企业的生产运作系统设计不合理，采用的生产技术和工艺陈旧，产品质量没有保障，生产成本较高，很难想象这样的产品有可能在市场上销售出去。假如企业有竞争力很强的产品，也有很强的销售能力，但财务管理系统较弱，资金筹集和运作能力很低，企业最终也会因为没有足够的资金支持和资金使用效率低而不能够将市场做大。因此，我们在研究如何提高企业管理水平时，不能片面地强调某一方面的重要性，而应将其看作是一个完整的系统工程。那种认为企业管理应以某种职能管理为中心的观点是十分错误的。但是，由于企业经营活动的不稳定性，它在不同时期发展的重点也是不一样的，相应的职能管理水平也会有差别。因此，在某些时期针对管理的薄弱环节提出重点发展的思路是正确的。但总体上必须保证各项管理职能的平衡发展、共同提高。

1.2 生产运作管理的基本概念

1.2.1 生产运作系统

生产运作系统（Production System）是一个投入—转换—产出的过程，它是生产过程和管理过程有机结合的整体。从一般意义上讲，生产运作是一切社会组织将它的输入转化为输出的过程，是一个投入一定的资源，经过生产运作系统转换，使其价值增值，最后以某种形式的产出提供给社会的过程。因此，只要是能够创造或增加效用，来满足人们需求的活动，包括物质产品的生产和非物质产品的创造，均属于生产运作活动。

从上述定义可看出，生产运作活动包括三个基本要素：投入、转换过程、产出。投入就是生产运作活动所需要的各种资源，包括人力、资本、设备、物料、技术、信息、土地、能源等。按照它们在生产运作中所起作用可分为劳动力、劳动对象、劳动资料、信息和资金五大类。劳动力是生产运作活动所需的劳动能力，是劳动者的体力、脑力和智力的总和。劳动对象即生产运作活动的作用目的物，可分为主要材料和辅助材料两大类：主要材料包括构成产品的原材料及外购件等，是产品形成的主要部分；辅助材料是指不直接形成产品的消耗材料，如催化剂、涂料、能源等。劳动手段是作用于劳动对象，将其转变成产出物的手段，主要是指机器设备、工具、仓库、厂房等。生产信息是指生产运作活动中应用的知识、经验、技术等，也包括生产运作活动所需的标准、程序、方法和数据资料等。相对而言，前三种资源是有形资源，而信息则是无形资源，并对有形资源的运用起着组织、操纵、控制的作用。可以说，信息是所有资源要素中最重要的，也是企业提高生产率、增强竞争能力和获利能力的主要资源。如在高技术含量的产品中，信息资源所创造的价值一般占到产品价值的80%，而其成本只占产品总成本的20%。资金是为获取以上资源而必须投入的资本投入，只有一定量的资金投入才能使这些资源成为企业所拥有的资源，才能使企业的生产运作活动成为可能。

产出是指生产运作活动的结果，包括产品和服务，即有形产品和无形产品。前者指汽车、机床、电冰箱、食品等各种物质产品；后者是指某种形式的服务，如管理咨询公司提供的管理创新方案，银行提供的金融服务，邮政局提供的邮递服务，航空公司提供的运输服务等。值得强调的是，在现代社会中，随着社会的进步和消费者消费心理及行为的日益成熟，产品这一概念的内涵进一步扩大，它应该包括所有能使消费者感到满意的功能，是产品功能、质量、价格、交货期、售后服务及信誉等的总和。从这个意义上讲，企业必须从上述各方面全面完成生产并使消费者满意才能实现预期的生产价值。

转换过程是从事产品制造和服务创造的过程，是通过人的生产劳动使生产要素价值增值的过程。转换过程在制造业和非制造业是不同的。在制造业中，转换过程是由生产过程所采用的工艺方法决定的，因而在不同的行业、不同的企业、不同的产品甚至不同的生产规模中都各不相同。如汽车制造厂的转换过程是将各种形态的原材料、设备、劳动力、资金及其他资源经过刻意设计和综合平衡后将其转变为汽车产品的生产系统；焦化厂是将原煤、设备、劳动力、资金及其他资源经过综合平衡后并采用一定的工艺方法将其转化为具体产品的生产系统。在非制造业中，转换过程所产出的不是制成品而是服务，它是一个由劳动力、资金、信息、附属设施及其他资源组合成的作业系统。如航空公司，其投入的各种资源为人员、飞机、能源、配套设施等，而它产出的是各航空港之间的位移服务；再如医院，其投入的资源主要是医护人员、医疗设备、附属设施等，它的产出则是为病人提供医疗服务。但无论是制造业还是非制造业的转换过程，都既是一个使投入要素发生转换的过程（生产过程），又是一个通过计划、组织、控制等管理职能使上述资源要素得以顺利转换的管理过程。通常情况下，习惯上把有形产品的转换过程称为生产过程，把无形产品的转换过程看作是一种特殊的生产过程，称为服务过程或作业过程。

因此，生产与作业管理就是对生产运作过程的计划、组织、控制，是和产品生产和服务创造密切相关的各项管理工作的总称。

生产运作系统就是使该过程得以实现的手段。在当今竞争激烈的市场环境中，如何加快对市场需求的反应速度，更好地满足消费者需求，增强企业的应变能力，已成为企业能否取得竞争优势的关键因素。因此，现代生产运作系统是为企业生产产品和创造服务提供手段，集研究设计、采购、生产加工、交货、服务等功能为一体的综合性系统。其结构如图 1－1 所示。

在图 1－1 中，生产运作系统是一个开放的系统，由供应商、投入、转换、产出、用户、管理六部分组成。从系统的相对封闭性来看，生产运作系统是由投入、转换、产出、管理四部分组成。这四部分构成两个相对的封闭系统：资源要素转换系统和管理系统。前者是一个实体系统，主要由各种机器设备、运输工具、设施、仓库、信息传递媒介等组成。例如，在一个机械制造厂中，实体系统是由车间、厂房、各种机床、运输设备、仓库及人员等组成；管理系统主要是指对前一系统进行设计、配置、运行和改进，实际上是对生产运作过程的计划、组织和控制。在生产运作过程中，管理系统对要素转换系统起着组织、操纵和控制的作用：首先由管理系统提出目标制定计划，然后按目标和计划要求组织资源要素的投入，由转换系统生产出产品或提供服务；转换系统实际执行的结果信息反馈给管理系统，通过实际结果与计划要求的比较发现偏差，再由管理系统采取措施，调整资源要素的投入和控制转换系统的再运行。当然，生产运作系统是一个开放的系统，还需要从外部环境获取信息，如国际政治经济形势、科学技术的新发展、市场需求的变化、新竞争对手的威胁等，并以此来调整企业自身的投入和转换过程，增强适应能力和市场竞争力。

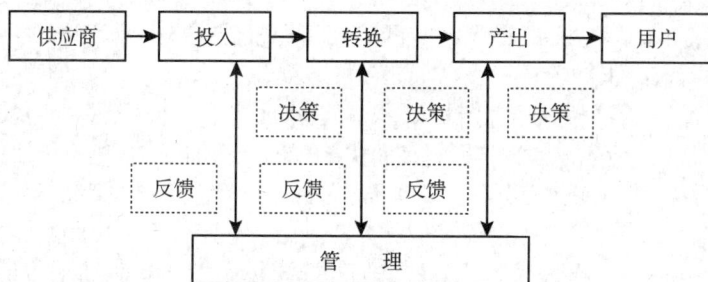

图 1-1　生产运作系统

中国，世界的加工厂

今天的中国，已经是世界上许多工业产品的销售市场，到了 2015 年，它将成为所有产品的最大销售市场。自然，最大市场所在地，也将是最大的工业生产落脚之处。今天的中国已经成为了最大的钢铁、肥料、自行车、钟表、电冰箱、电视机以及电话通讯中转设备等的生产基地。而且，使中国成为最大生产基地的不仅仅是市场，还有大量的廉价而教育程度日益增加的劳动力，以及不断增长的工程技术和研究开发人员。

劳动密集型工业早已经开始了大规模落户中国的动作。20 世纪 80 年代中国香港把他们的加工工业推向中国大陆，90 年代中国台湾紧随其后，而今几乎全世界的加工业都转向中国大陆。从世界上的经济报纸上天天都可以看到类似这样的消息：东芝关闭了它在日本的电视机厂，并把它们为国内生产的厂子迁往中国。NEC 计划把它在中国为日本生产的计算机部分由 10% 提高到 17%，以便与中国台湾计算机业基于在大陆生产而提高的竞争力抗衡，并制止自己在计算机领域的滑坡。美能达停止自己在日本的照相机生产，并以其在上海生产的照相机取而代之。国际商用机器把自己生产和销售 40 个千兆字节的主板转让给中国的长城集团。

摩托罗拉自1992年以来，在华投资100亿美元，从而中国成了它在美国之外的第二大生产基地，在生产手机的同时，还生产半导体元件。西门子把它在上海的工厂建成了世界上最大的手机生产厂，自2002年以来就由此向德国销售。爱普科斯（Epcos）考虑要关闭它在德国的工厂，并代之而在中国生产。

这股加工业迁往中国的潮流也冲击到东南亚和东亚。戴尔公司（Dell）把它计算机生产的一部分从吉隆坡迁往中国。位于马来西亚的槟榔屿的雅达电子电源公司关闭了它的两个电子工厂，而代之以在中国生产。作为最后的一个也许是最令人惊讶的生产线迁移当属印度的大型旅行箱生产企业，这是世界上第二大旅行箱生产商，印度1/3的工作位置出自于它，而它也把生产线向中国转移，因为即便这家公司向印度返销时要增加60%的进口税，但是它的产品成本依然要比在印度生产便宜。

随着加入世贸组织，中国对外国投资的条件从根本上有了改善，从而也就加速了世界各地的工业向中国大陆迁移的速度。中国将成为世界加工业的中心，成为世界工厂。尤其是中国将成为世界信息工业的加工厂，计算机硬件的绝大部分都在中国生产。这一成就首先得归之于中国台湾投资者。现在，中国台湾信息工业产品的生产有半数以上是在大陆实现的。在2000年，台湾的显示器在世界市场的占有份额是58%，而其中60%是在大陆生产的。台湾的扫描仪在世界市场的占有量是91%，但是台湾扫描仪的85%来自于大陆工厂。1999年，台湾的计算机生产量还大于大陆，但是在2000年大陆的生产量就超过了台湾。大陆和台湾的生产量超过了日本，而且跃为世界计算机硬件的生产中心。唯一领先于它们的也就只有美国，而这主要基于美国在软件市场方面的优势。

世界上的半导体加工业也开始了向中国的迁移。半导体生产在此分为两个部分，即从事芯片的设计部分和产品浇铸生产部分。芯片的浇铸生产企业所担负的任务是，根据客户所提供的设计完成芯片的生产。芯片的浇铸生产企业是在中国台湾发展起来的，而今它们在这个行业里依然是世界的领导。现在，新的芯片浇铸生产企业在中国大陆建立起来了。英国大型的芯片浇铸生产企业需要数千名工程师，而大陆有这类工程师。当台湾高等院校每年以4 000名电子技术工程师的数量向社会输送时，大陆却每年有15万名电子技术工程师走出高校大门。在上海，一名工程师的费用仅仅是一名工程师在台湾费用的1/4。这就是半导体工业何以从中国台湾转向中国大陆的原因。去年，两个大型芯片生产厂已经投入生产：注册资本12亿美元的上海华虹电子有限公司，而日本的NEC占有其中20%的股份；在天津投资19亿美元的摩托罗拉生产厂。另外的14家芯片生产厂家正在修建或者正在计划之中。仅仅在浦东的长江高技术开发区，上海就打算落户20~30家半导体生产厂和150家芯片设计企业。正在兴建之中的最大的生产厂家是上海宏力半导体制造有限公司，一个投资20亿美元的项目。对于中国半导体发展的不利条件是美国的禁运条例，它禁止把新一代的，即生产12inch的晶片（硅片）的仪器仪表以及结构小于0.25微米的芯片向中国大陆出口。所以，现代的芯片浇铸生产就只能放在中国台湾，那么这就意味着，至少在21世纪的第一个10年里，中国在半导

体生产方面的规模不可能像它的市场那样大。但是，未来的半导体生产会像计算机零部件的
生产一样，主要的生产基地将落户中国。美国的信息技术工业现在已经开始对中国在生产、
配件方面正在形成和已经形成的独立性表示忧虑。

　　资料来源：［德］康拉特·赛茨. 中国：一个世界强国的复兴. 国际文化出版社，2007.

1.2.2　生产运作类型

　　生产运作系统设计与运行的关键是确定系统的结构和运行机制，而系统结构和机
制的确定主要取决于其产品和服务的特点。为此，就必须对企业生产和服务过程进行
分类研究，按照一定的标志对生产服务过程分类，即生产运作类型。

1. 制造业生产类型的划分及其特点

　　制造业所包括的行业相当广泛，不同的企业在生产规模、产品结构、生产方法、
设备条件、专业化程度等方面，都具有各自不同的特点，这些特点都对生产系统设计
和组织管理有着直接的影响。因此，必须研究企业生产系统属于何种生产类型，有何
特点和规律，以便确定适宜的组织管理方法。制造业企业可采用多种标志对生产类型
进行分类，表 1-2 是几种典型的分类方法。

表 1-2　　　　　　　　　　　　　分类方法与生产类型

分类方法	生产类型
按产品使用性能分类	通用产品、专用产品
按生产工艺特征分类	流程型、加工装配型
按生产稳定性和重复性分类	大量生产、成批生产、单件小批生产
按产品需求特性分类	订货生产、存货生产

　　（1）按产品使用性能分类。按此标志产品分为通用产品和专用产品两大类。通
用产品是按照既定的标准设计生产的产品，其适用面广，通用性强，市场需求量大。
生产此类产品的企业一般是专业生产厂家，生产规模较大，生产过程相对稳定，可以
较多地采用高效率的专用设备，在保证产品质量和市场销路的前提下可取得很好的效
益。专用产品是根据用户的特殊需要专门设计和生产的产品，其适用面狭小，需求量
很小，有时甚至是单个产品。生产此类产品的企业由于不断变换品种，生产过程的稳

定性较差，生产技术准备工作量很大，需要生产系统具有较高的灵活性和适应性，生产计划工作和生产运作控制比较复杂。一般来说，这类产品生产成本较高，但附加值大，如组织管理得当，也可取得很好的效益。

（2）按生产工艺特征分类。按此标志可分为流程型和加工装配型。流程型生产的工艺过程是连续进行的，其生产的品种虽然可以不止一种，但每一种产品的工艺过程必须很相近，采用的设备要相同，生产设施按工艺流程布置，原材料按照固定的工艺流程通过一系列生产设备或装置加工处理成产品。如化工厂、炼油厂、制糖厂、水泥厂等都是流程型生产的典型。这种生产类型的管理重点是保证原材料、动力不间断地连续供应；加强设备的维护保养工作，实行计划预修制和保修制，保证设备运行时不出现故障；尽可能采用自动装置对生产过程实现实时监控并保证安全生产等。加工装配型生产的产品是由许多零部件构成的，各零件的加工过程是彼此相对独立的，整个产品的生产工艺过程是离散的，制成的零件经过部件装配和总装最后成为产品。如汽车制造厂，电冰箱厂、自行车厂等都是加工装配型的。这种生产类型的管理重点是在保证及时供应原材料和零件加工质量的前提下，控制零部件的生产进度，保证生产的配套性。因为任何零件的短缺，都会影响按时装配出成品，从而延长产品的生产周期，甚至延误产品的交货期。所以，加工装配型企业的管理最为复杂，也有较多的管理方法可供选择。

（3）按生产的稳定性和重复性分类。按此标志可把企业分为大量、成批和单件生产三种生产类型。这是最为常见和最为典型的生产类型划分方法。大量生产类型的特点是产品品种少，产量很大，经常重复生产少数产品，生产过程稳定，工作地的专业化程度很高；成批生产类型的特点是产品品种较之大量生产要多，产量相对小一些，即每种产品的数量不够经常重复生产的条件，只能是一段时间出产一批。成批生产可按产品数量的多少、重复程度的大小，再分为大批量生产、中批量生产和小批量生产。大批量生产的特点接近于大量生产，习惯上统称为大量大批生产；小批量生产的特点接近于单件生产，统称为单件小批生产；中批量生产的特点是产品品种较多，同种产品数量大，生产过程相对稳定。单件（小批）生产的特点是产品品种很多，经常改变，每种产品只生产一件或少数几件，生产过程很不稳定，生产作业计划和控制工作较为复杂和困难。三种生产类型在生产组织和管理上的特点可归纳为表 1 - 3 所示。

（4）按产品需求特性分类。按此标志可分为订货生产和存货生产。订货生产是企业根据用户提出的具体订货要求，分别在设计、制造、装配、服务等方面满足用户的特殊需求。这类企业所生产产品种类很多，生产技术工作量很大，很难作出标准化的生产流程，在生产组织上一般采用适应性强的生产组织形式。另外，订货生产在某种程度上与专用产品的生产有相似之处，但也不尽相同。例如，自行车是一种典型的大量生产的通用产品，但也允许用户订货，进行小批量甚至单件生产。存货生产是指企业在市场调查、预测的基础上，有计划地进行生产，并通过保持一定量的成品库存来应付市场需求的波动。这类企业的生产过程相对来说比较稳定，便于按标准组织均衡生产，生产计划和控制工作相对简单。存货生产的产品通常是通用产品。

表 1 - 3　　　　　　　　　　大量、成批和单件生产的特点

	大量大批生产	成批生产	单件小批生产
产品品种	单一或很少	较多	很多
产品产量	很大	较大	很少或单个
生产设备	专用设备	专用通用	通用设备
设备利用率	高	较高	低
工作地专业化程度	高	较高	低
工艺装备	专用工装	专用通用	通用工装
生产率	高	较高	低
计划管理	较简单	较复杂	复杂多变
生产控制	较易	较难	很难
生产周期	短	一般	长
产品成本	低	一般	高
适应能力	差	较好	好
追求目标	连续性	均衡性	柔性

2. 服务业作业特点及其类型的划分

服务业（Service Sector）主要是提供无形产品，即服务，它包括了除农业、采矿业、建筑业以外的所有非制造业的组织，如流通企业、银行、餐饮业、交通运输业、教育事业、公用事业、政府机关等。

随着社会的发展，服务业在国民经济中的比重正在迅速增长。目前世界主要发达国家的现代服务业都已是支柱产业，其中美国服务业增加值比重已经占到 GDP 的 74%，欧盟服务业增加值比重已占到 GDP 的 66.7%。[①] 2009 年我国服务业就业

---

① 广州日报，2009.7.7.

人数已达 2.7 亿。2011 年 3 月 1 日,中国社会科学院财贸所发布《中国服务业发展报告》称,受工业化和城市化进程加深等因素推动,预计"十二五"期末,服务业增加值占 GDP 的比重上升约 4 个百分点,即占 GDP 的比重约 47%,服务业增长速度快于同期 GDP 增长速度 2 个百分点。报告还预计,随着服务业的快速发展,"十二五"期末,服务业就业比重将上升 5 个百分点左右,即服务业就业人数占全部就业比重近 40%;同时企业国际化经营的海外投资领域也正在加速向服务业倾斜,服务贸易总额约 7 000 亿美元,年均增长速度不低于 17%;服务业吸引外商投资速度不低于 20%,利用外资规模达到 1 100 亿美元,届时中国将迎来一个"服务经济时代",这将是中国经济社会发展的一个重要"拐点"。另外,制造业在产出产品的同时也产出服务,如技术咨询、技术培训、售后服务等,这些服务项目的质量好坏往往成为企业能否取得竞争优势的关键因素。所以,从某种意义上说,所有类型的组织都可视为服务部门,而且这一观点正在日益为人们所接受。

20 世纪 90 年代以来,尤其是进入 21 世纪之后,越来越多的制造企业逐步把产品的含义从单纯的有形产品扩展到基于产品的增值服务,有形产品本身只是作为传递服务的媒介或者平台,呈现出一种"产品服务化"的趋势。目前,许多国际大公司都在积极实施产品服务化,如通用电气的能源管理服务,壳牌石油的化学品管理服务,施乐公司的文件处理服务,IBM、HP 的信息服务等。同时,这些企业的服务产出也是呈现快速增长的态势,如 IBM1992 年服务收入只占 IBM 各类营业收入的第三位,1995 年 IBM 的服务收入上升到第二位,2001 年以来服务收入则超越了硬件销售收入而居各项收入之首。

因此,研究服务性产出及服务业作业系统同样是十分重要的。但由于服务业或服务运作系统具有与制造业或者制造系统不同的产出特点,这就决定了服务业的作业过程与制造业的生产过程有明显的差别,也具有独特的作业类型和特点。

(1) 服务业作业的特点。与制造业的产品生产相比,无形产品——服务的创造存在着某些显著的特点:

服务是无形的产出,而且服务创造的过程也是消费的过程。如航空公司提供的运送服务就是在运送旅客的过程中产生并同时被消费。一般来说,服务产品的质量和数量很难由创造者直接给予评价,只能由消费者来进行主观判定,即按顾客的满意度而定。

服务一般是劳动密集型的,而制造业产品生产通常是资金密集型的。在服务业中,人是服务产生的原动力,对人的管理就成为服务系统的关键,服务过程管理必须把重点放在提高员工的服务技能上,注重对员工素质的培养。

服务往往是不可保存的。消费者在需要服务时必须当即得到服务，所以，服务通常无法保存下来留待以后使用。而且，消费者在得到服务的同时，他本人也常常参与服务过程，如顾客到银行储蓄时，自己必须填写单据，银行所提供的储蓄服务是与顾客联系在一起的。

另外，服务业作业还具有高度的个性化，服务需求变动性较大、随机性强等特点。表1-4列举了制造业与服务业的主要特征。

表1-4　　　　　　　　　　　　制造业与服务业的主要特征

特　征	制造业	服务业
产品	产品是有形的、耐久的	产品无形、不可触、不耐久
产出储存	可储存	不可储存
顾客接触	顾客与生产系统极少接触	顾客与服务系统接触频繁
响应需求周期	响应顾客需求周期较长	响应顾客需求周期很短
服务范围	可服务于地区、全国，乃至国际市场	主要服务于有限区域范围内
设施	设施规模较大	设施规模较小
质量可控性	质量易于度量	质量不易度量

（2）服务业作业的类型。为了有效地管理服务作业系统，有必要对其进行分类。由于服务作业总是在与顾客直接接触的状态下进行的，所以，按照服务创造过程中与顾客接触的程度这一标志，可把服务作业分为纯服务作业、准制造作业、混合型服务作业三种类型。

纯服务作业，是指那些与顾客直接打交道或直接交往的服务作业，这类作业发生时，服务方与顾客之间在服务过程中保持的接触程度很高，如旅馆客房、理发、门诊、课堂教学等。在这类作业系统中，效率的提高固然很重要，但更应注重服务的质量和适应性，要根据顾客的需要即时提供优质服务。所以，如何有效地进行激励，提高员工工作的积极性和主动性，就成为此类系统运作的关键；准制造作业，是指那些不与顾客直接打交道，而是从事业务和信息处理的服务作业，这类作业发生时，服务方与顾客的接触程度很低，如银行中的支票处理业务、行政管理、会计事务处理、后勤、计划与调度等。在这类作业系统中，由于顾客参与服务过程较少，大部分工作是在系统内部封闭进行的，因而可以借助先进的机器设备和技术方法来提高生产率、降低成本和控制服务质量；混合型服务作业，即性质和内容介于纯服务型和准制造作业之间的各种服务作业，如银行出纳、餐厅服务、修理作业等。混合型作业兼有上述两种服务类型作业的特点，在实际工作中，往往被不加区别地归在纯服务型作业类型中。

1.3 生产运作管理的历史发展

1.3.1 生产运作管理的历史演进

自从有了人类社会和共同劳动，就有了管理问题。古代文明铸就了埃及的金字塔、中国的万里长城、罗马的导水渠、印加人的庙宇等建筑奇迹，体现了古人杰出的作业组织和协调能力，积累了丰富的生产实践经验，但终究没有上升为科学。

生产管理的思想可以说是形成于西方工业革命时期。在 18 世纪下半叶开始于英国纺织业，后又波及整个欧洲大陆的工业革命，使社会生产的组织形式从家庭转向工厂，从而促使管理思想产生了质的飞跃，出现了许多近代管理理论的先驱者。现在公认的第一个研究生产经济学的是英国古典经济学家亚当·斯密。他在 1776 年发表的代表作《国民财富的性质和原因的研究》中以制针业为例说明了劳动分工可以大大提高生产效率（Efficiency）。其原因是劳动分工提高了每个工人的技术熟练程度、节省了从一种工作转换为另一种工作所需要的时间以及发明了许多便于工作又节省劳动时间的机器。亚当·斯密关于劳动分工优越性的论述，为生产经济学的发展奠定了坚实的理论基础。在产业革命后期，英国的数学家查尔斯·巴贝奇于 1832 年发表了《机器与制造业经济学》，通过时间研究和成本分析，进一步分析了劳动分工使生产效率提高的原因：节省了学习所需要的时间及耗费的材料；节省了工作过程中工作转换时间；可以减轻工人的疲劳程度；节省了工具调整和更换所需要的时间；重复劳动大大提高了技术熟练程度，使工作速度加快；使注意力集中于某一作业，便于改进工具和机器。显然，巴贝奇的论述比亚当·斯密更全面、细致。此外，巴贝奇还提出了工资加利润分享制度，并对经理人员提出了许多建设性意见。他的这些思想和方法无论是在广度上，还是在深度上都较前人有很大进步，对生产理论和方法研究起了极大地促进作用。

自亚当·斯密以来的生产运作管理发展简史见表 1–5。

在生产运作管理的发展史上，弗雷德里克·W·泰罗是最杰出的历史人物之一，他根据其在工厂中的实践和研究，于 1911 年发表了《科学管理原理》一书，这是最早系统地研究生产管理的著作。可以说，现代生产运作管理学是起源于 20 世纪初的泰罗的科学管理。在此之前，工厂的生产运作管理主要是工人自己决定进行生产的方法，根据传统确定生产的时间和费用，没有统一的操作规程和管理规程，人员培养也是靠师傅带徒弟的经验方法，缺乏统一的培训标准。泰罗的科学管理把科学的定量分析方法引入到生产运作管理中。泰罗认为管理是"确切了解你希望工人干什么，然后设法使他们用最好、最节约的方法完成它"，"提高效率的关键在于为每一项工作制定出完善而又公正的标准。"为此，泰罗首创了工时研究方法，制定了一系列科学的作业程序和标准，对工具进行了改进和重新设计，大大提高了工作效率和工作效果（Effectiveness），并最终形成了可以广泛应用于生产领域的管理哲学：科学的方法能够而且也应当应用于解决各种管理中的难题，完成工作所用的方法应当通过科学的调查研究由企业的管理部门来决定。其核心观点在于：对一个人工作的组成部分进行科学研究，以代替传统的经验做法；对工人进行科学的挑选、培训和提高，以便正确地执行管理者的指令；明确划分工人和管理部门的工作，各自承担最合适的工作，以代替以往工人承担过多工作和责任的状况；工人和管理部门要发扬诚心合作的精神，以保证工作在科学的设计程序下进行。可以说，正是泰罗科学管理理论的出现及在实践中的广泛应用，才使生产管理摆脱了传统经验管理的束缚，真正成为一门科学。直到现在，泰罗的许多思想仍指导着管理实践，并成为现代科学管理理论的重要基石。

表 1-5　　　　　　　　　　　　生产运作管理发展简史

年　份	概念或工具	创始人或发展者
1776	劳动分工	亚当·斯密
1832	分工和分配制度	巴贝奇
1911	科学管理原理	泰罗
1911	动作研究	吉尔布勒斯
1913	流水生产线	福特
1914	工作进度图表	甘特
1917	经济批量法	哈利斯
1931	质量控制方法	休哈特
20 世纪 30 年代	工人动机的霍桑实验	梅奥
1934	工作活动的抽样分析	蒂皮特
1940	解决复杂问题的运筹学方法	英研究组
1947	线性规划的单纯形法	但泽
20 世纪 50 年代后	运筹学的进一步发展（仿真、排队论、决策理论、PERT 等）	美、欧
20 世纪 70 年代	车间计划、库存控制、预测、项目管理、MRP、服务业的大量生产	美欧计算机商、怀特、麦当劳
20 世纪 80 年代	JIT、TQC、工厂自动化	美、日、德
20 世纪 90 年代	同步制造、ISO9000、价值工程、并行工程、持续改进、企业再造、因特网、万维网、供应链管理等	哈默、钱辟、微软、网景、美国、德国

泰罗的许多追随者，如亨利·甘特、哈林顿·埃默森、弗兰克·吉尔布勒斯、莉莲·吉尔布勒斯及其他一些人，也对时间动作研究、作业控制图表、工资报酬制度等问题进行了深入的研究，但总的来说，他们都没有超出泰罗的思想理论体系。

1913 年，福特在自己的汽车工厂发明了世界上第一条流水生产线，从而拉开了现代化工业大生产的序幕，这是自机器时代以来最大的技术革新。由于采用专业分工和流水作业，生产效率以惊人的幅度提高，加之产品标准化原理的广泛应用，生产成本也大大降低，产品质量也更有保证。当时，福特汽车公司在建立装配生产线之前，一个工人完成一辆汽车底盘的装配要用 12.5 小时。1913 年 8 月以后，公司安装了装配线，由于采用了专业分工和底盘可以自动移动，每个底盘的平均装配时间缩短为 93 分钟。流水线生产技术的诞生直接造就了以大批量、经济规模化为主要特征的生产方式。这种生产方式在现代大工业生产中一直占据着主导作用，至今仍在普遍应用。

此后，20 世纪的二三十年代，美国的 W. 体哈特在 1931 年对统计质量控制方法的发展及在工业领域的应用和英国的 L. H. C. 蒂皮特在 1934 年对工作抽样理论的发展，以及日程计划、库存控制等方法的相继出现，都对生产管理的发展起了极大的推动作用。特别是第二次世界大战期间，统计质量控制的概念迅速发展，在产品质量控制中取得了显著的成效。第二次世界大战以后，由于科技高速发展以及军事工业的急剧扩张，促使生产管理采用更多的新技术，以定量的优化方法为主要内容的运筹学、库存论、价值工程等得到迅速发展，大量生产方式也逐步成熟和普及，这一切都使生产管理的领域进一步扩大，生产管理学开始进入现代管理的新阶段。在这期间，企业规模日趋扩大，生产活动越来越复杂，业务和管理工作的分工越来越细，计划管理、劳动管理、设备管理、库存管理、质量管理等管理子系统逐步建立，形成了相对独立的管理职能及部门。

从 20 世纪 60 年代起，机械化、自动化技术飞速发展，计算机技术在生产运作领域得到广泛应用。企业所面临的技术改造、引进新技术和新设备的压力不断增大，传统的生产系统和工作方式也遇到新的发展机遇和挑战。系统工程的引入是这一时期生产管理的重大发展。它从系统的观念出发，把生产过程看成是一个投入产出系统，注重生产系统的设计、选择和调整，从系统整体出发对系统的资源要素和活动过程进行合理的组织和控制，以期保证生产任务的如期完成和总体效果的最优化。同时，在制造业中，一个重大的技术突破——MRP（物料需求计划）被广泛应用于生产计划和控制。它通过计算机软件把企业生产、营销、财务活动联系在一起，共同完成复杂产品的制造。物料需求计划打破了传统的生产计划和控制方法，使之成为一种全新的生产系统。

20 世纪 80 年代，市场需求日趋复杂多变，技术进步日新月异，传统的大批量生产方式遇到了新的挑战，多品种中小批量生产方式日益成为主流，从而给生产管理带来了新的更高的要求。

在生产技术和管理哲学上的最主要成就当属日本创立的准时生产方式（JIT）。JIT 是日本丰田汽车公司从 20 世纪 50 年代开始，经过 20 多年的探索和实践取得的。它蕴含着丰富的管理思想和方法，从一诞生尤其经受住了 1973 年石油危机以后引起了全世界广泛的注目和研究，被认为是有着新的管理哲学的生产方式，极大地丰富了生产管理的内容。在此期间，工厂自动化技术也对生产管理产生着巨大的影响，出现了计算机集成制造系统（CIMS）、柔性制造系统（FMS）等生产方式。这一时期生产管理的另一特点是其管理思想和方法扩大到了非制造业，生产管理开始发展成为包括非制造业在内的生产运作管理学。

从 20 世纪 80 年代后期至今，信息技术和计算机技术的飞速发展和在企业管理中的广泛应用，使得处理"物流"的生产本身和处理"信息流"的管理都发生了根本性的变革，生产运作管理只有同企业整体的管理活动融合在一起才能发挥最佳的效果。因此，现代生产运作管理必须服从企业管理的整体优化目标，在企业战略、目标和总体规划指导下进行。在 80 年代，生产运作管理理论和实践的另一重大发展是 TQM（全面质量管理）和质量保证体系。进入 90 年代，面对全球性的经济衰退，企业更加注重保持和提高竞争力，积极寻求对生产运作过程的革新，探索新的管理理论和方法。迈克尔·哈默在《再造工作不要自动化，忘却自动化》一文中提出了企业过程再造（BPR）理论。BPR 强调革命性的变革，即重新审视企业现行的所有企业活动过程，取消不能带来价值增值的步骤，并对剩余的部分进行计算机管理，以取得预期的产出。

20 世纪 90 年代后期，全球范围内因特网（Internet）、万维网（WWW）的迅速普及，使得新型企业信息化企业应运而生。信息化企业是指将因特网作为自己业务活动基本元素的企业。这些企业的诞生以及信息化技术在其他企业的广泛应用，正在改变着信息收集、商务交易等方式，企业运作过程正面临着革命性变革。在这一时期，管理思想的另一重大发展是供应链管理。供应链管理的思想是用系统的方法来管理始于原材料供应商、经由加工工厂和储存仓库，止于最终用户的信息流、物流和服务流，其核心是优化调整企业进行的满足用户需要的业务活动，以求实现最快地响应用户需求变化。

1.3.2　现代生产运作管理的主要特征

从生产管理的发展历程可以看出，生产管理的发展在很大程度上取决于环境变化。在 20 世纪前后，企业规模较小，生产技术水平不高，市场需求旺盛，产品只要保证基本质量即可，因而生产管理处于一个较为粗放的阶段。福特于 1913 年首创流水生产线后，企业生产效率大幅度提高，加之市场供不应求，通过单一品种（或少品种）大批量生产以降低成本，靠成本的降低进一步刺激批量扩大的生产模式奠定了现代汽车工业生产的基础，并由此揭开了现代化大生产的序幕。这种生产方式在 20 世纪前半叶极大地推动了世界经济的发展，使一大批西方国家进入了工业化社会。

但是，进入 20 世纪 70 年代以后，以石油危机为转机，情况开始逆转，企业需要面对与此前截然不同的环境：

（1）随着社会的进步，经济的发展，社会消费结构有了很大的变化，总体消费水平也有了很大的提高，市场需求开始向着多样化的方向发展。传统的卖方市场逐渐转向买方市场，消费者对产品的质量、性能、品种、款式等的要求越来越高，产品更新换代的速度越来越快。这就要求企业不得不从单一品种大批量生产方式转向多品种中小批量的生产方式。

（2）科学技术发展的速度加快，技术不断更新，既为企业采用新的生产技术、生产多样化产品提供了条件，同时也使企业面临着生产技术选择、生产系统重新设计、调整和组合的挑战。

（3）市场国际化和经济全球化使市场竞争更加激烈。竞争的方式和种类越来越多，竞争的内容也超越了传统的价格、质量而向着优质的服务、卓越的品牌、快速的需求反应、紧密的供应链等方向发展。

总之，在技术进步日新月异，市场需求日趋多变的今天，企业面临的环境发生了巨大的变化。与此相适应，现代生产运作管理与传统的生产管理相比，无论是在概念上还是在内容体系上都有新的发展。其特征和发展趋势可归纳如下：

（1）生产运作管理学的研究范围，已从传统的制造业扩大到了非制造业。现代运营突破了传统的制造业的生产过程和生产系统控制，扩大到了非制造业的运营过程和运营系统的设计上。

（2）生产运作管理所涵盖的内容已不仅局限于传统的生产制造过程的运行管理，而是扩展到生产战略的制定、生产系统的选择与设计，以及产品的研究、开发、制造和服务的全过程，从而把运营战略、新产品开发、产品设计、采购供应、生产制造、产品配送直至售后服务看作一个完整的"价值链"，对其进行综合管理。

（3）注重提高生产系统的柔性，以适应多品种中小批量的生产要求。为此需要采用先进的制造技术和生产组织形式、动态的计划编制方法和反应灵敏的监控系统，提高生产系统对市场需求变化的适应能力。

（4）广泛运用信息技术，把生产运作、市场营销、财务管理等活动紧密地联系在一起，实现生产经营一体化，提高企业的整体效能。如 MRP 与 MRPⅡ系统、JIT 生产方式、精益生产、敏捷制造、企业再造等，都体现了管理的集成化趋势。

（5）随着全球经济一体化趋势的加剧，"全球运营"成为现代企业的一个重要课题，因此，全球运营管理也越来越成为运营管理学中的一个新热点。

【本章小结】

生产是人类最基本的活动，世界上绝大多数人都在从事生产活动。有生产活动就有生产管理。人类最早的管理活动就是对生产活动的管理，20 世纪初的科学管理运动也始于生产管理。生产是大多数人都了解的概念，然而随着服务业的兴起，生产的概念已经扩展，生产不再只是工厂里从事的活动了，而是一切社会组织将其最主要的资源投入进去进行的最基本的活动。没有生产活动，社会就不能存在。生产运作管理部门是企业组织中负责计划和协调资源的利用，从而将投入转换为产出的部门。它是企业组织的主要职能之一。生产运作职能既存在于制造型组织，也存在于服务型组织和其他类型的组织。本章对生产运作管理的目的、任务及职能范围做了介绍，强调了生产运作管理的地位与作用，并展示了生产与运营管理的历史演变和该领域的最新发展趋势。

【推荐读物】

1. 蔡斯等著，任建标译. 运营管理（原书第 11 版）. 机械工业出版社，2007.
2. http：//finance. sina. com. cn/roll/20101016/08453482753. shtml.

【复习与思考】

1. 说明"生产"与"运作"的含义。
2. 如何认识生产运作系统？
3. 生产运作类型是如何划分的？各有何特点？
4. 服务生产运作过程的特点是什么？
5. 简述生产运作管理的发展历史。

【网上练习】

美国生产与运作管理学会（Production and Operations Management Society, POMS）于 1990 年由 300 多名生产运作管理领域的专家、教授组织成立，旨在加速生产运作学科的发展，给关注生产运作的经理、科学家、教育工作者、学生、公共组织、私营企业、国家以及地方政府机构、大众提供一个更好的信息交流平台，并以此来提高生产运作领域的科技水平。请登录 http：//www. poms. org，了解其提供的各项信息和服务。

【案例】

海尔是以冰箱起家的家电企业，冰箱是海尔的招牌产品，是支撑企业营业额的中坚事业之一。在竞争激烈的电器制造业，在一个增长性已经不再高的行业，海尔不但保持了高速增长，而且踏入世界级品牌行列。海尔成功的秘诀在哪里呢？

著名的营销大师米尔顿·科特勒先生说过："发现还没有被满足的需求并满足它，你的成功不是跟着别人干已经干成功的事，而是找到人们想买却只有你能卖的东西。"海尔就是整合全球供应商资源，利用全球设计和制造网络，开发出了一系列能够满足国外消费者个性化需求的产品。

如今是个性化的时代，其特征是：个性强的产品备受青睐，同质化的产品遭人冷落，消费行为从"你生产什么我买什么"的被动接受，转向"我需要什么你生产什么"的主动选择。个性化时代向企业提出了新的要求：你的经营目标要调整到满足用户个性化需求上来；你的管理体制要调整到能够与个性化市场的速度相适用上来；你的基础实力要能够迅速不断地开发出个性化产品。只有达到个性化时代的要求，才能生存和发展，否则，就会逐渐被淘汰。

无数事实已证明这一点。硝烟弥漫的中国家电市场，从某种意义上说就是同质化产品在自相绞杀。市场永远青睐超前者，而海尔冰箱率先走进了个性化时代。

目前，个性化家电在国外已开始流行，特别是发达国家，人们的生活水平和信息化水平的提高，使消费者非常关注家电功能的多样化和个性化。一些发达国家从80年代末，开始逐步淘汰大批量生产一种产品的家电生产方式，在生产布局、技术工艺管理、组织流程上实行柔性化，进行小批量生产，一条生产线可以生产几十种型号的产品，以满足不同消费者的个性需求。而这种互动式个性化营销将成为市场营销的主流模式。

海尔人认为，新经济时代，企业面对的是千千万万的个体，或者说是一对一的消费者，他们会提出无数个性化的需求。能够满足这种需求，才会在新经济中掌握主动。谁占领了制高点，谁将成为家电行业的胜者。为了应对新经济时代的要求，海尔制定了从制造业向服务业转移的战略。

定制冰箱，可以说是海尔从制造业向服务业转移的"先行者"。定制冰箱对厂家来说，就是把"我生产你购买"转变成了"你设计我生产"。虽然这两者都是做冰箱，但前者是典型的制造业，后者却有了服务业的概念，它更能满足消费者的个性化需求。定制冰箱对企业提出了更高的挑战。设计系统、模具制造系统、生产系统、配送系统、支付系统、服务系统等都比普通冰箱的要求高得多。比如，消费者看中了"金王子"的外观、"大王子"的容积、"欧洲型"的内置、"美国型"的线条，设计人员需要对其进行科学合理的搭配，模具要重新制做，生产线要重新调试，配送系统要送对型号，服务系统要清楚这种机型的配置。一台冰箱容易做到，几百万台各不相同的冰箱都能做得丝毫不差，将是一项浩繁的工程！

从海尔宣布要向服务业转移到推出定制冰箱，仅仅用了三四个月时间。因此，有人不免对海尔的这种"神速"感到惊异，甚至怀疑：海尔真能做到？其实，海尔早在几年前就已经开始尝试冰箱定制生产。海尔冰箱出口的国家达100多个，每个国家都有不同的气候、电压状况及消费习惯，所以对冰箱的设计要求也各不相同。而海尔从市场细分以及个性化的角度出发，设计了数千种不同类型的冰箱产品，总是能满足不同国家消费者的需求。如，海尔的冰箱超大容积设计满足了国外消费者"一日购物，六日休闲"的生活习惯；自动制冰、吧台等功能设计，为喜欢"红酒加冰块"的欧洲消费者增添了一份浪漫情调；容积庞大，却达到了 A＋级能耗标准的省电功能，使澳洲客户不断追加订单；多路风冷设计的冰箱让地处热带荒漠、气候炎热干燥的中东国家消费者感受到无限凉爽；另外根据国外消费者喜欢放长假出游的生活习惯，海尔还设计了具有"假日功能"的冰箱。只要用户在外出度假前将冰箱设置在"假日"档，冰箱内就不会因为长期密封而产生异味，而且耗电量也大大降低。这些，是海尔定制冰箱的前奏。

　　如今，海尔的定制冰箱，已在全国掀起一股"定制冰箱"热。现在海尔冰箱生产线上的冰箱，有一半以上是按照各大商场的要求专门定制的。

　　资料来源：朱彤著. 赢利锦囊 36 计. 华中科技大学出版社，2009.

【讨论题】

1. 你认为海尔的哪些理念和做法体现现代生产运作和生产运作管理的发展趋势？
2. 海尔的做法有哪些启示？

第2章

生产运作战略

【学习目标】

1. 认识现代企业的生存与发展环境。
2. 定义生产运作战略。
3. 理解生产运作战略与企业战略的关系。
4. 把握生产运作战略的内容。

【管理案例】

为顾客省钱、天天低价

沃尔玛在当前宏观经济环境下注重节能减排降低成本的同时，并没有消极等待国际金融危机影响消退、市场的自动复苏，而是积极开拓非传统市场。

2010年，沃尔玛的海外市场净销售额首次突破1 000亿美元大关。目前大型折扣超市在美国中小城市日趋饱和，而在大城市增设网点的限制颇多，沃尔玛却成功在今年6月获得芝加哥市议会同意在该市开设第二家超市。对零售业而言，与开拓市场同等重要的是"开源"，在供应链上拓宽供应商及其产品种类，来满足甚至是引导和培养顾客的消费需求。2008年，沃尔玛供货商中少数族裔和妇女业主企业数达到2 500个，沃尔玛与其对应的业务量也从早期的200万美元跃升为目前的约80亿美元。

经历国际金融危机后，许多老百姓因收入下降，购买力大打折扣，沃尔玛的"为顾客省钱、天天低价"战略可谓更有用武之地。该战略指导着沃尔玛的各项业务持续创新，在看似不可能的地方进一步降低成本，从而保持了行业里难以比拟的折扣低价。加上同样领先的客户服务与购物体验，面对同样品质的商品，哪一个消费者又能轻易拒绝呢？

资料来源：http://finance.sina.com.cn/roll/20101016/08453482753.shtml.

【重要概念】

生产运作战略（Operations Strategy）；核心能力（Core Competency）；使命（Mission）。

伴随着世界经济一体化进程的加快和全球化的市场竞争日趋激烈，企业所面临的环境的不确定性日益加大。企业要在复杂多变的环境中求得生存和发展，就必须对自己的行为进行通盘谋划，于是战略问题成为企业经营活动所要解决的首要课题。企业战略是企业为求得长期生存和不断发展而对较长时期内生产经营活动的发展方向和关系全局问题的总体性谋划，生产运作战略（Operations Strategy）则是在企业战略指导和约束下的职能性战略，它是企业总体战略成功的基础和保障。本章通过分析现代企业的生存与发展环境，阐述企业战略及其制定过程，探讨生产运作战略的内容。

2.1　生产运作内外环境分析

2.1.1　生产运作外部环境分析

企业在制定生产运作战略时，需要考虑的外部环境因素有很多种，由于在制定企业经营战略时基本上都已考虑过，在这里我们只涉及与生产战略制定关系密切的几个主要外部因素。

1. 宏观经济环境

宏观经济环境包括国民消费水平、收入分配、投资水平、国民生产总值、产业政策、家庭数量和结构、经济周期、就业水平、储蓄率、利率等。而在这其中对生产运作战略影响最大的是产业政策。虽然在制定经营战略时已经充分考虑了这一点，但它对产品决策和生产组织方式的选择有着重大的影响。尤其是对一些大的产业来说，如汽车、钢铁产业的发展，不仅取决于国民收入的水平，而且取决于国家的产业政策和基础设施条件。

2. 技术进步

科学技术的进步，一方面对企业的新产品开发产生直接影响，另一方面也给企业内部生产运作系统所采用的生产方法、工艺及组织管理带来新的变革。例如，并行工程技术的产生，不仅改进了产品设计方法，而且对整个生产运作系统的组织机构、业务过程提出了重组的要求，促进了企业组织管理水平的提高。当然，技术进步在给企业带来机遇的同时，也会给一些企业带来很大的威胁，对企业提出了新的、更高的要求。

3. 市场需求及发展趋势

这个因素主要是指消费者和潜在消费者的需求和期望，市场销售渠道，竞争对手及潜在竞争对手的数量、优势和不足，他们的战略，进入市场的障碍，市场对价格的敏感性，产品生命周期的潜在销售量和盈利性等。该因素看似与经营战略的制定关系更为密切，实际上它也直接影响这生产战略的制定。例如，某企业通过市场调查发现，电视机需求的下一个发展趋势是高清晰度电视，那么，企业现有的生产技术、工艺、生产能力等能否适应新产品的开发和生产，生产系统是否需要调整等一系列问题就必须随着做出决策，这就必然影响到生产战略的制定和执行。

4. 资源供应

资源供应主要是指原材料、外协件、劳动力等资源的供应。这个因素对企业产品竞争力的影响非常大。企业在制定生产运作战略时，一定要充分考虑这些因素。例如，企业生产所需的外协件的供应非常不稳定，就可能会影响到正常的交货期，从而影响到企业响应市场需求的速度和竞争力。

全球经济变化时代即将来临

由于西方国家都面临经济缓慢增长的痛苦，不得不在未来削减预算，发展中国家如中国、巴西、印度和俄罗斯等国家开始缓缓地登上世界舞台。美国正在为年 2.7％ 的增长率而挣扎，而新兴经济体，其中包括亚洲和拉丁美洲的一些小国，正共同朝着 7.1％ 的年度增长迈进。

在前往其亚洲之旅的这个星期，奥巴马总统重申，作为一个全球性的贸易伙伴，印度的重要性日益增加，美国与之签署了 100 亿美元的出口合同。本周当世界各国领导人在韩国 G－20 峰会见面时，欧洲将放弃国际货币基金组织一些席位给新兴国家，以反映其不断扩大的全球影响力。

中国已超越日本成为世界第二大经济体，并可能在 10～15 年赶上美国成为世界第一。如果出现这种情况，这将标志着自 1894 年美国超过英国以来世界领导地位的第一个变化。虽然它听起来就像是全球经济发展迅速，新兴市场的快速增长也不是没有风险。例如，像中国这样依赖出口的国家，是以对贸易伙伴如美国的巨额贸易盈余为代价的，因此引发世界的紧张和各国对全球贸易战的担忧。而增长过快可能会造成其他危险。例如，中国过热的房地产市场就是一个迫在眉睫需要面对的问题，2010 年房价飞速增长了 10.5%，已经高不可攀。中国房地产泡沫破灭可能会带来另一次经济危机，并有可能蔓延到世界各地。香港中文大学金融学教授 Chak 黄，把中国经济比作是 1994 年的惊悚片《生死时速》，其中一辆巴士的速度如果低于每小时 50 英里车上的炸弹就会发生爆炸。"中国或多或少是这样的，你想阻止它，但它确实难以停下来，否则会造成重大损害，"黄说，"真正困难的是如何软着陆。"

即使中国成为世界最大的经济体，它的人口大约是美国的 4.5 倍，因此中国很难赶上美国的生活水准，富国银行全球经济学家杰伦·布赖森说，"他们赶上我们这只是一个时间问题。迟早印度也可能会赶上我们。""但是，当这一天来临时，他们仍然会是非常贫穷的经济体。中国公民平均生活水平将是美国公民的平均水平的 25%。"

然而，很多人说美国不应该担心由中国主导新兴市场，在世界上发挥更大的领导作用。在某些方面，它可能只是一个"正常回归"，巴克莱新兴资本市场研究部主管皮耶罗认为。"历史学家指出，过去的几百年可能是一个例外，"皮耶罗说。"19 世纪时，中国已经是世界上最大的经济体。世界历史上，中国和印度占有世界经济的很大一部分。"

　　资料来源：CNN 报道．2010.11.12.

2.1.2　生产运作内部环境分析

1. 企业经营战略及其他职能战略

企业经营战略规定了企业的经营目标。在企业整体经营目标之下，企业的不同职能部门分别建立自己的职能部门战略和自己力图达到的目标。因此包括生产运作战略在内的各个职能级战略的制定，都受企业整体目标的制约和影响。由于各职能级目标所强调的重点不同，往往对生产运作战略的制定有影响，而且影响的作用方向是不一致的，因此在同一个整体经营目标之下，生产运作战略既受企业经营战略的影响，也受其他职能战略的影响。在制定生产运作战略时，要考虑到这些相互作用、相互制约的目标，权衡利弊，使生产运作战略决策能最大限度地保障企业经营目标的实现。

2. 企业能力

企业能力对制定生产运作战略的影响主要是指企业在运作能力、技术条件以及人力资源等方面与其他竞争企业相比所占有的优势和劣势，在制定生产运作战略时要把握住竞争重点，尽量扬长避短。例如，企业的技术力量强大、设备精度高、人员素质好，进行产品选择决策时可能应该以高、精、尖产品取胜；如果企业的生产应变能力很强，那么集中力量开发和生产与本企业生产工艺相近、产品结构类似、制造原理也大致相同的产品，在市场竞争中以快取胜。

企业的能力评价是一个非常复杂的难题，它需要在全面评审内部条件的基础上做出一个大致的判断。通常情况下，需要评价的企业内部条件包括：对市场需求的了解和营销能力，现有产品状况，现有的顾客及与顾客的关系，现有的分配和交付系统，现有的供应商网络及与供应的关系，管理人员的素质和能力，工人的技能水平，对自然资源拥有的情况及获取能力，设施、设备、工艺状况，产品和工艺的专利保护，可获得的资金和财务优势等。

在评价企业内部情况时，要回答这样一些问题：在满足现有的和将来的顾客需求方面，本企业有什么核心能力（Core Competency）？本企业的不足是什么？如何才能弥补这些不足？本企业能否尽快吸引和培训足够的工人和管理人员？本企业能否更恰当地将获得的资金投到不同的项目中去？在弥补本企业的不足方面有哪些内部限制？作为一个生产运作管理人员来说，在制定生产运作战略时，必须全面细致地对各方面因素加以权衡和分析。

2.2　生产运作战略的内容

2.2.1　生产运作战略的定义

企业的决策者为谋求企业长期稳定的发展，首先要确定企业的发展战略，明确战略目标。企业战略目标应围绕着如何建立和发展竞争优势而设定，如 IBM 公司的战略目标为"发展软件，加强服务"，丰田汽车公司的战略目标为"优质优智，世界丰田"。可见，企业战略目标指明了企业发展方向和途径。而为了保证企业战略目标的实现，维护其在整个经济系统中的利益，企业决策者必须决定向社会提供何种商品和服务。这种贡献正是这些组织（或系统）存在的理由，是体现在企业战略目标中的承诺，也即是它们的使命（Mission）。确立使命可以保证整个组织对共同目标的关注，而如果没有共同目标，企业就无法团结一致。使命体现了企业的指导思想，也可以视为计划想要实现的东西。企业一旦确定了它的使命，它内部的各个"职能区"（如市场营销、财务会计及生产运作）将随之确定各自的支持性使命。表 2 - 1 给出了一家制造业公司的各级使命。

表 2 – 1   公司、生产运作职能及该职能下各主要部门的使命

公司使命	致力于世界范围的电子部件、电器、设备和系统制造业务多样化，保持增长及赢利能力，向工业、商业、农业、政府和家庭提供这些产品。
生产运作使命	生产同公司的使命（成为世界范围的低成本制造商）一致的产品。
生产运作部门使命	质量管理：更加注重设计、采购、生产和服务的机会，由此取得出色的质量以求同公司的使命和市场营销目标相一致。 产品设计：在主营业务的各个领域内，保持研究和工程技术能力的领先地位，从顾客需要出发，高质量地设计和生产出各种产品和服务。 工艺设计：确定和设计生产工艺和设备，并使其在经济的成本下，既满足产品低成本、高质量的要求，又能向员工提供良好的工作条件。 现场布局：通过对工厂布局和工作方法的合理安排，提高生产效率，同时保证员工有良好的工作条件。 工厂选址：选址、设计并建造经济的、高效率的厂房设施，为公司、员工和社区提供高价值的产出。 人力资源：以精心设计的、安全的、有激励作用的职位和稳定的就业、公平的报酬，向员工提供良好的工作条件，最终使各级员工都有突出的贡献。 物料采购：同供应商和承包商合作，为那些需要从外界购买的部件建立可靠的、有效率的供应来源。 时程安排：通过有效的调度，实现对生产设施的充分利用。 库存控制：根据服务水平和设施的充分利用，使存货投资处于与此相适应的较低水平。 设备维护：通过对厂房和设备有效的预防性维护和及时修理，达到对其充分利用。

资料来源：杰伊·海泽（Jay Heizer），巴里·伦德尔（Barry Render）著，寿涌毅译. 运作管理原理（第 6 版）. 北京大学出版社，2010.

休氏飞机电子公司的企业使命："我们的使命是创造性地将电子技术应用于国防、航天和民用市场的产品和服务。在完成这种使命时，最重要的是使我们的用户得到高质量的、成本与预期价值相当的产品和服务，使我们的员工和有关企业伴随着我们的成功获得收益，使我们的股东从他们的投资中取得优厚的收入。我们承诺，不断发展我们的电子与相关技术，开发新的建立在我们独特技术能力上的市场机会，提高我们在国防航天事业中的领先地位。同时，把我们的营业扩展到通讯、大规模集成系统和培训系统，并同 GM 集团形成联盟，以开发旨在加强 GM 的新产品和服务。"

电话与数据系统公司："为我们的用户提供最好的总体通讯服务。"

福特汽车公司："在汽车、与汽车有关的产品和服务以及较新的行业（如航空）等领域里成为世界范围的领导者，并不断提高产品和服务质量以满足顾客的需要，使我们获得商业上的成功并向股东提供合理的回报。"

这些使命说明给出了企业生存的指导思想和目的。认清使命之后，必须制定相应

计划以完成既定使命，这类计划就是企业战略。

战略（Strategy）就是为完成使命而制定的计划。具体说，企业战略是企业为顺应环境变化，谋求并发展其竞争优势而制定的基本方针，以及对其重要资源配置所做的谋划。组织在确定一种战略时，必须考虑外部环境中的各种威胁和机会，以及自身的优势和劣势。只有在充分理解外部的威胁与机会和内部的优势与劣势之后，企业才有可能确立有效的战略。比如在现代经济全球化的大趋势下，战略的制定应蕴涵着对世界经济发展的理解和认识。

在企业内，每个职能区都有自己的战略，以便完成自身使命并帮助整个组织完成总体使命。生产运作战略是企业根据经营战略意图在构建生产运作系统时所遵循的指导思想，以及在这种指导思想下的一系列决策原则、程序和内容。它的着眼点是企业长远发展战略及所选定的目标市场；它的工作内容是在既定目标导向下确定生产运作系统时所应遵循的指导思想，以及在此思想指导下的具体决策；它的目的是使生产运作系统成为企业立足于市场，获得竞争优势的坚实基础。

2.2.2　生产运作战略与企业经营战略

生产运作战略对于保证生产系统的有效性、顺利地进行生产运作活动无疑是至关重要的，但它并不等同于企业的经营战略。某项生产战略对企业的一种或几种产品获得竞争优势起着不可替代的保障作用，但对于企业其他产品来说，由于目标市场的差异，这种战略可能就不太适用，尤其是在采取事业部制的大企业中，这两者的区别更加明显。一般来说，企业的战略可以分为三层：公司级经营战略、部门级战略和职能级战略（见图2-1）。公司级经营战略的任务是决定企业组织的使命，注重对外界环境的分析和研究，并据此调整自己的战略目标和长期计划，谋求企业经营活动与环境的动态平衡，使企业始终有明确的发展方向和发展道路。部门级战略是企业某一独立核算单位或具有相对独立的经济利益的经营单位对自己的生存和发展作出的谋划，它要把公司经营战略中规定的方向和意图具体化，成为更加明确的针对各项经营事业的目标和战略。而生产运作战略则属于职能级战略。很明显，即使在同一个经营战略之下，不同部门的部级战略不同，生产运作战略的内容就有可能不同。例如，一个电器公司，分别设电视机部、洗衣机部、收录机部等等。电视机部的竞争策略可能是以高质量（例如，高清晰度、高可靠性等）取胜，而收录机部可能是面向农村市场而以物美价廉、操作方便取胜。这样相应的生产运作战略的重点可能就不同，前者可能应选择利用最新技术的产品投入生产，后者则可能将重点放在降低成本上。

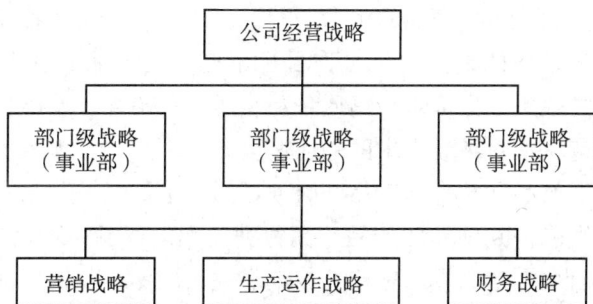

图 2 - 1　生产运作战略与企业经营战略的关系

如果企业没有部门级的划分，企业战略则分为两层，作为职能级战略的生产运作战略直接担负着支持公司经营战略的任务。

2.2.3　生产运作战略决策

生产运作战略主要包括三方面的内容：生产运作的总体战略、产品开发与设计、生产运作系统的设计。

1. 生产运作的总体战略

生产运作的总体战略包括种以下几种常用的生产运作战略。

（1）产品的选择。企业进行生产运作，先要确定向市场提供什么样的产品，这就是产品选择或决策问题。

提供何种产品是来自于各种设想。在对各种设想进行论证的基础上，确定本企业要提供的产品，这是一个十分重要而又困难的决策。在一般情况下，产品的设想或开发方案，其数量要比企业最后实际投入生产的要多得多。据统计，关于新产品项目的建议方案或设想，每 60 个新方案中只有 8 个左右可通过初审，真正投入生产投放市场的只有 1 个。

而产品的选择可以决定一个企业的兴衰，已为无数事实所证明。所以，产品的选择问题既困难又重要。

在进行产品选择时，需要从以下几个方面考虑：一是市场条件。主要指市场需求情况，企业开拓市场的能力，企业在市场中的地位及竞争能力等；二是企业内部的生产运作条件。主要是指企业的技术、设备水平，新产品的技术、工艺可行性，所需原材料和外协件的供应等；三是财务条件。主要是指新产品开发和生产所需要的投资，预期收益，风险程度的大小，产品的生命周期等；四是企业内部各部门工作目标上的差别。这是指企业内各职能部门由于工作目标不同，在产品选择上会发生分歧。比如，生产部门追求高效率、低成本、高质量和生产的均衡性，希望品种数少一些。销售部门追求市场占有率、对市场需求的响应速度和按用户要求提供产品，希望扩大产品系列，不断改进老产品和开发新产品。财务部门追求最大的利润，要求加快资金流动，希望只销售立即能得到利润的产品，销售利润大的产品，不制造不赚钱的产品。由于职能部门工作目标上的差异，往往造成产品决策的困难。销售部门要求创新、发展，愿冒风险，要求保持广而全的多种产品的生产线，财务部门往往要求生产销售利润大的产品，生产部门则要求尽可能生产尽可能少的成熟产品，而它们之间的矛盾，只有通过高级管理层协调解决。此外，在产品决策时，还要考虑社会效益、对环境的影响等因素。

（2）自制或购买。产品、零部件是自制还是购买，这是每一个企业在制定战略时都必须回答的问题。如果从企业战略的角度看，这实际上涉及企业的纵向一体化政策。企业开发新产品，建立或改进生产系统之前，都需要做出自制或购买的决策。自制或购买决策有不同的层次。如果在产品级决策，会影响到企业的性质。产品自制，则需要建一个制造厂，需要建造相应的设施，采购所需要的设备，配备相应的工人、技术人员和管理人员；产品外购，只需要成立一个经销公司，就可以为消费者提供相应的服务。如果只在产品装配阶段自制，则只需要建一个总装配厂，然后寻找零部件供应厂家。

（3）生产方式的选择。近十几年来，科学技术尤其是信息技术飞速发展，消费者消费观念日趋个性化，全球性的市场竞争越来越激烈，使得制造业的生产方式面临着巨大的变革。这就要求企业在做出自制或购买决策之后，从战略的高度对生产方式做出选择。可供制造企业选择的生产方式主要有以下几种：

大量生产方式。第一次世界大战之后，美国福特汽车公司首创大量流水生产方式，并成为20世纪最具代表性的生产方式。这种生产方式的特点是大量采用专用设备生产标准化的产品，依靠批量的扩大来降低成本，并通过重复性和互换性保证质量和良好的维修性。然而这种生产方式的致命缺陷是适应性差，产品更新困难。显然，这种生产方式应当用于需求量很大的产品或服务。只要市场需求量大，采用低成本和高产量的策略就可以战胜竞争对手，取得成功，尤其在居民消费水平还不高的国家或地区。

准时生产制。第二次世界大战之后，日本丰田汽车公司在总结了大量生产方式和市场特点后，创立了以多品种中小批量生产为主要特点的准时生产方式。这种生产方式是尽量采用通用性强的设备，依靠多技能的工人，生产多品种中小批量的产品，以提高企业适应市场变化的能力，更好地满足消费者的需求。应该说，对于顾客化的产品，只能采取多品种中小批量生产方式。当今世界消费多样化、个性化，企业只有采用这种方式才能立于不败之地。但是多品种中小批量生产的效率难以提高，如生产大众化的产品就不应采取这种方式。

计算机集成制造。20 世纪 70 年代以来，随着社会经济的发展和科技的进步，人们对产品的质量、品种和成本的要求越来越高，产品的生命周期越来越短，企业的技术、产品更新压力越来越大，能否及时推出多品种、高质量、低成本的产品已成为决定企业命运的关键。因此，对生产方式的灵活性提出了更高的要求。而计算机技术在制造领域的广泛应用，为提高生产系统的反应速度提供了可能。计算机集成制造就是把产品的设计、制造、装配和检测等所有生产环节和部门集成起来，使生产系统成为一个有机整体，从而能对市场变化做出更快的响应。

批量客户化生产。随着市场竞争的日益激烈，消费者越来越需要既能满足其个性化需求，同时价格又低廉的产品。在这种需求的引导下，20 世纪 80 年代初，一种新的生产方式——批量客户化生产应运而生。这种生产方式是指既具有大量生产的高效率、低成本，又能像单件小批生产方式那样满足个性需求的生产方式。现在许多著名的大公司，如惠普公司、丰田公司、摩托罗拉公司等，都在采用这种方式实行批量客户化生产。据有关资料统计，目前美国和欧洲已有 70% 以上的大企业在按这种方式重新经营和规划其生产系统。

敏捷制造。敏捷制造是 1988 年美国通用汽车公司和里海大学共同研究提出的一种全新的制造业生产方式。敏捷制造是在具有创新精神的组织和管理结构、先进制造技术（以信息技术和柔性智能技术为主导）、有技术有知识的管理人员三大类资源支柱支撑下得以实施的，也就是将柔性生产技术、有技术有知识的劳动力与能够促进企业内部和企业之间合作的灵活管理集中在一起，通过所建立的共同基础结构，对迅速改变的市场需求和市场进度作出快速响应。敏捷制造比起其他制造方式具有更灵敏、更快捷的反应能力。

（4）竞争重点的确定。在选择了生产方式之后，生产运作战略必须要确定生产运作重点，即必须明确竞争重点。根据哈佛商学院尉克汉姆·斯金纳的研究成果和伦敦商学院泰瑞·黑尔的研究成果，基本的竞争重点包括成本、产品质量和可靠性、交货速度、交货可靠性、对需求的应变能力、柔性和新产品的引入速度以及其他与特定产品有关的标准等七个方面的内容。

成本。在每个产品市场中，通常都存在着严格遵循低成本原则的细分市场。为了在市场上取得竞争优势，企业必须以低成本进行生产。

产品质量和可靠性。质量分为三类：产品质量、过程质量和工作质量。

交货速度。当今市场竞争越来越激烈，企业交货的速度是竞争的重要条件。譬如说，某企业为计算机网络设备提供维修服务，那么能够花 1～2 小时内提供现场维修服务的企业显然要比在 24 小时内保证维修服务的企业具有明显的竞争优势。

交货可靠性。这是指企业在承诺交货期当日或之前的产品或服务的提供能力。20世纪 80 年代和 90 年代中采用的为降低成本而减少库存的做法，使企业越来越重视交货的可靠性，并以此作为标准来评价和选择供应商。

对需求变化的应变能力。在许多市场上，企业对需求增减变化的反应能力是竞争能力的重要因素之一，追求长期高效地响应动态市场需求的能力，应是运作战略要解决的基本问题。

柔性和新产品开发速度。从战略意义上讲，柔性指的是企业为顾客提供多种类型产品的能力，决定这种能力的一个重要因素是企业开发新产品所需的时间以及建立可生产新产品的工艺流程所需的时间，并行工程则较好地解决了这一难题。

其他与特定产品有关的标准。这是指特定产品或特定情况下的重点内容。主要是指技术联系与支持、密切的合作、供应商售后服务等。

除此以外，其他典型的重点内容还有：颜色、尺寸、重量、装配线布局、产品市场化情况以及产品组合方案等。

2. 产品开发与设计

在产品决策作出后，就要对产品进行设计，确定其功能、型号、规格和结构，在此基础上选择制造产品工艺，设计工艺规程。

加强研究开发，不断推出新产品和新技术，是保障企业生存和发展的重要条件。现代科学技术突飞猛进，研究开发职能的地位更加突出。在产品开发与设计方面，按发展方向的不同，可将战略分为四类：

（1）作技术领先者还是技术追随者。企业在设计产品或服务时是作新技术的领导者还是作跟随者，是两种不同的选择。作领先者就需要不断创新，风险大。但可以在竞争中始终处于领先地位。但技术追随者只要努力学习和仿造，也可能取得优势。

哈佛大学商学院波特教授将研究开发战略同企业竞争战略联系起来。[1] 他指出：技术领先者和技术追随者在获取成本领先优势或差别化优势方面各有特点，技术领先者是易于获得竞争优势的，但技术追随者也可以获得优势。如表 2-2 所示。

---

① 波特著，陈小悦译. 竞争战略. 华夏出版社，1997.

表 2 - 2　　　　　　　　　　研究开发战略与竞争优势

竞争优势	技术领先者	技术追随者
成本领先	优先设计出成本最低的产品； 优先获得学习曲线效益； 创造出完成价值链活动的低成本方式。	通过学习技术领先者的经验，来降低产品成本和价值链活动的费用； 通过仿造来减少研究开发费用。
差别化	优先生产出能增加买方价值的独特产品； 在其他活动中创新以增加买方价值。	通过学习技术领先者的经验，使产品或交货系统更紧密地适应买方的需要。

成本领先优势就是最大努力降低成本，通过低成本降低商品价格，维持竞争优势。要做到成本领先，就必须在管理方面对成本严格控制，尽可能将降低费用的指标落实在人头上，处于低成本地位的公司可以获得高于产业平均水平的利润。在与竞争对手进行竞争时，由于成本低，在对手已没有利润可图时还可以获得利润。

差别化优势是公司提供的产品或服务别具一格，或功能多，或款式新，或更加美观，因为能建立起应对五种竞争作用力的防御地位，从而利用客户对品牌的忠诚而获得竞争优势，在行业中赢得收益。

（2）自主开发还是联合开发。自主开发是企业根据市场需要，依靠自己的技术力量，进行基础理论及相关应用研究，从而开发出新产品。联合开发是企业与合作伙伴或其他机构联合进行新技术、新产品的开发活动。需要指出的是，在当今全球化激烈竞争的买方市场条件下，联合开发不失为一条建立竞争双方共赢关系的捷径，特别是对于一些复杂的产品或技术，这种方法更为适用。现在已有多国联合开发航空航天器的事例。同时，联合开发也是充分利用社会资源，提高开发速度的良好途径。

（3）花钱买技术或专利。"自制或是外购"的决策同样可运用于研究开发战略。有条件独立进行研究开发固然很好，外购或引进他人的先进技术，使用他人的研究开发力量，也不失为一个好办法，还可借此促进自身技术实力的增强。但在购买或引进之后，要注意消化、吸收和创新，形成自己的特色。

（4）做基础研究还是应用研究。基础研究是对某个领域或某种现象进行研究，但不能保证新的知识一定可以得到应用。基础研究成果转化为产品的时间较长，投资比较大，而且能否转化为产品的风险很大。但是，一旦基础研究的成果可以得到应用，对企业的发展将起很大的推动作用。应用研究是根据市场需求选择一个潜在的应用领域，有针对性地进行的研究活动。应用研究实用性强，容易转化为现实的生产力。但应用研究一般都需要基础理论的指导。企业选用何种研究开发战略，取决于它的规模、技术实力、产业环境和竞争对手的状况。

3. 生产运作系统的设计

生产运作系统的设计对生产运作系统的运行有先天性的影响，它是企业战略决策的一个重要内容，也是实施企业战略的重要步骤。生产运作系统的设计主要包括选址、设施布置、工作设计、考核与报酬四方面的内容：

（1）选址。选址就是指将生产运作的设施、设备等物质实体设置在什么地方的问题。选址对企业的运行效率和效果都有先天性的影响，其重要性不言而喻。一旦选择不当，它所带来的不良后果不是通过建成后的改善措施可以弥补的。而且，在选址确定以后，随着社会经济的发展及扩大生产能力的需要，企业也会面临着迁址和重新选址的问题。因此，选址是现代企业生产运作系统设计中需要解决的首要问题。

（2）设施布置。设施布置是在选址之后进行的，目的是把企业内的各种设施、设备进行合理的安排，确定组成生产系统的各个部分的平面和立体位置，并确定物料流程和运输路线等。设施布置对生产运作的效率有很大影响。设施布置不当，会造成运输路程长，运转路线迂回曲折，不仅浪费了人力、物力资源，而且延长了生产周期。

设施布置是随着生产类型的不同而采用不同的布置方式。第一种是对大量大批生产，一般采用流水线布置（按对象原则）。第二种是对多品种小批量生产，一般采用按功能布置（按工艺原则），即将完成相同功能的机器设备布置在一起。功能布置能适应多种产品的生产，生产系统有较高的柔性，但物料运送的路线长。第三种是固定布置，即把原材料、零部件和人员集中到一个特定的地点，被加工的劳动对象固定在一定的位置上不动，设备和工具按需要配置，使用过的设备和工具随时拿走。造船厂就是采用固定位置布置。第四种布置是生产单元。按生产单元布置，把不同的设备集中到一起，进行有限范围内的产品生产。在生产单元中，机器设备不动，工件的移动也很有限。

（3）工作设计。在生产运作系统中，机器设备及技术的优势发挥、生产运作系统运行的状况最终取决于操纵、控制该系统的人，取决于人对工作的态度和工作方式。而工作设计就是要设计工作结构，制定与同事、与顾客之间的联系，并对工作有关的活动规则做出正式和非正规的说明。工作设计有不同的指导思想和方案，不同的指导思想和方法会产生不同的效果。比如，流水生产线上的工作设计指导思想是分工理论，通过细致分工，提高工作效率，从而提高生产系统的产出。但这种方式使工作单调乏味；而团队工作方式则可以使工作丰富化，提高员工的工作兴趣和责任感，但在一定程度上牺牲了效率。

在工作设计中需要特别注重的一个问题是要正确处理人机分工。工作设计要使机器和工作环境适合人的能力和需要，而不是相反。

（4）考核与报酬。对人的工作业绩要进行考核，并将考核结果与报酬挂钩，这是大家已达成共识的问题。只有这样才能激励员工努力工作，不断改进工作方法，发挥创造性，提高工作效率。报酬涉及工资和薪水的数量和发放办法。通常有两种计酬的办法：计时付薪和按贡献付薪。计时付薪适用于难以量化的工作。按贡献付薪包括计件和承包等办法，适用于能够量化的工作。报酬系统的选择和设计对于发挥最人力资源的潜力有十分重要的影响。

2.3 生产运作战略的制定与实施

2.3.1 生产运作战略的制定

生产运作管理者在制定生产运作战略时，必须充分理解组织的总体战略。因为在企业所拥有的所有资源中，生产运作系统占用着大多数的资源数量。要充分利用资源，实现资源的优化配置，单凭有效的市场营销和财务管理，并不能使资源得到最有效的利用，保证把最好的产品及时地交付给顾客，只有生产运作职能才能做到这些。因此，生产运作战略是企业建立竞争优势的基础。

生产与运作战略仅仅是组成企业战略的一个职能性战略。它的制定过程同企业战略制定过程基本是相同的。图 2－2 给出了生产运作战略制定的基本过程及战略内容概要。需要指出的是，成功的生产运作战略不仅要同整个组织的环境分析战略一致，还应当与产品生命周期阶段的特点和要求相吻合。也可以说，在产品生命周期不同阶段里，有待解决的具体战略性问题也不同。

一般来说，产品的投入期，是增加市场份额的关键时机，企业战略的关键问题是研究开发和工程，而生产运作战略的关键是产品设计和开发，面临和需要解决的主要问题是：产品和工艺设计频繁变动、生产能力不相适应、生产成本高、产品型号少、质量标准的确定、工人的技术熟练程度、迅速消除设计缺陷等；产品的成长期，要根据实际情况调整产品价格、树立产品形象，企业战略的重点应放在市场营销上，生产运作的关键问题是：产品和工艺稳定可靠、产品不断改进和多样化以具更强的竞争力、提高生产能力、逐步确立产品的市场主导地位等；产品成熟期，企业战略的关键问题是以低成本来提高竞争能力，以新的促销和分销手段保持市场地位，生产运作战略的重点应是大力实施标准化、提高工艺稳定性、缩短生产周期、进行产品改进和系列化、降低产品成本等；产品的衰退期，行业生产能力过剩，企业战略的核心是以新产品占领新市场，成本控制是关键，生产运作战略的重点是重新进行产品组合，精简产品系列，停止生产无利或利少的产品，缩减生产能力等。

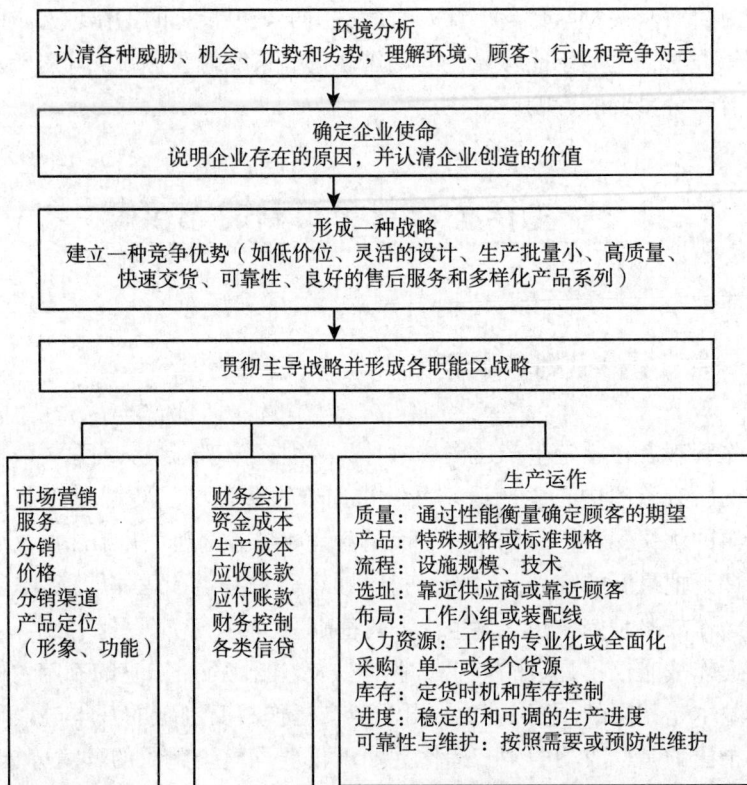

```
┌─────────────────────────────────────────────────────┐
│                      环境分析                          │
│  认清各种威胁、机会、优势和劣势，理解环境、顾客、行业和竞争对手  │
└─────────────────────────────────────────────────────┘
                          ↓
┌─────────────────────────────────────────────────────┐
│                     确定企业使命                        │
│        说明企业存在的原因，并认清企业创造的价值            │
└─────────────────────────────────────────────────────┘
                          ↓
┌─────────────────────────────────────────────────────┐
│                     形成一种战略                        │
│  建立一种竞争优势（如低价位、灵活的设计、生产批量小、高质量、  │
│  快速交货、可靠性、良好的售后服务和多样化产品系列）         │
└─────────────────────────────────────────────────────┘
                          ↓
┌─────────────────────────────────────────────────────┐
│            贯彻主导战略并形成各职能区战略                  │
└─────────────────────────────────────────────────────┘
```

市场营销	财务会计	生产运作
服务 分销 价格 分销渠道 产品定位 （形象、功能）	资金成本 生产成本 应收账款 应付账款 财务控制 各类信贷	质量：通过性能衡量确定顾客的期望 产品：特殊规格或标准规格 流程：设施规模、技术 选址：靠近供应商或靠近顾客 布局：工作小组或装配线 人力资源：工作的专业化或全面化 采购：单一或多个货源 库存：定货时机和库存控制 进度：稳定的和可调的生产进度 可靠性与维护：按照需要或预防性维护

图 2-2　生产运作战略制定的过程及战略内容概要

资料来源：杰伊·海泽（Jay Heizer），巴里·伦德尔（Barry Render）著．寿涌毅译．运作管理原理（第 6 版）．北京大学出版社，2010.

2.3.2　生产运作战略的实施

制定出运作战略后，就进入了实施阶段。在战略实施过程中，必须使企业的生产运作系统的内部结构及条件与战略相适应，也就是说，生产战略要与企业的技术与能力、资源分配、内部生产政策和工作程序、计划方案等相适应。一般说来，企业生产战略的实施过程包括明确生产战略目标、制定计划、确定实施方案、编制生产预算、确定工作程序等内容。

1. 明确生产战略目标

生产战略目标要根据企业经营战略来制定。虽然在企业战略中已明确生产职能的目标，但这只是一个粗略的基本目标。要使生产战略顺利地实施，还要把目标具体化，使其成为可以执行的具体目标。生产战略目标主要包括生产能力目标、品种目标、质量目标、产量目标、成本目标、柔性目标、交货期和环保目标等。

2. 制定计划

为保证生产战略目标的实现，需要制定相应的计划。在企业生产运作过程中，计划是一切行动的纲领，企业内部的一切生产运作活动都要按照计划来进行。在生产运作管理中，生产计划是整个计划体系的龙头，其他计划都要依据生产计划来编制。包括生产能力发展计划、生产技术准备计划、新产品开发计划、生产作业计划、品种计划、质量目标计划、成本计划、原材料及外协件供应计划、设备维修计划、生产系统维护及改善计划等。

3. 确定实施方案

计划明确了生产运作活动的方向，但要具体实施还需制定相应的行动方案。通过实施方案进一步明确实施计划的行动，从而使计划目标落实到行动上。例如，为了落实新产品的开发计划，企业可以制定实施相应的生产组织机构调整方案、扩大生产能力或设备调整方案、选择供应商方案等。

4. 编制生产预算

企业生产预算是企业在一定时期内生产系统的财务收支预计。从生产运作战略管理的角度，预算是为了管理和计划控制的目的，确定每一项活动方案的详细成本。为了有效地实施上述方案，企业必须编制相应的预算。因此，生产预算是为战略管理服务的，它是企业实现生产战略目标的财务保证。

5. 确定工作程序

工作程序具有技术性和可操作性，它规定了完成某一项特定工作所必须经历的阶段或步骤的活动的细节。这些行动是实现生产战略目标所必需的，因而工作程序的制定必须在时间、人、财、物等方面满足战略目标的要求。为了制定最佳的工作程序，可以借助于电子计算机和 PERT（计划评审法）、CPM（关键路线法）、线性规划、动态规划、目标规划、随机服务系统模型等一系列科学的管理方法。

【本章小结】

生产运作战略是指在企业（或任何其他形式的组织）经营战略的总体框架下，决定如何通过运作活动来达到企业的整体经营目标。它是在企业总体战略、竞争战略的指导和约束下的职能战略之一，是企业战略成功的基础和保障。生产运作战略根据对企业各种资源要素和内、外部环境的分析，对与运作管理以及运作系统有关的基本问题进行分析与判断，确定总的指导思想以及一系列决策原则。本章首先介绍了生产运作战略的含义、内容、战略框架及竞争重点，接着在对企业外部环境和内部条件分析的基础上，阐述了生产运作战略制定和实施的具体步骤。

【推荐读物】

1. 王玫 . 沃尔玛在华本土化过程中的战略分析 [J]. 知识经济，2009（14）.
2. 吴晓云，李秀菊 . 电子化技术对服务业全球运营战略变革的文献评述 [J]. 现代管理科学，2009（09）.

【复习与思考】

1. 现代企业在产品竞争方面有何特点？
2. 如何理解"基于时间的竞争"？
3. 什么是生产运作战略？它与企业战略有何关系？
4. 如何认识企业使命？
5. 生产运作战略的基本内容是什么？
6. 怎样制定并实施生产运作战略？

【网上练习】

搜索 Internet，找到一家在中国运作的美国公司，描述其在华运作战略。

【案例】

戴尔公司的生产与运作战略

长期以来，戴尔一直是电脑制造业及时交货的典范，如今它更进一步，把同样严格的时间标准应用到了它的供货体系中。例如，它坚持要求把零部件的绝大部分储存在距离任何一家下属工厂 15 分钟路程以内的地方。从接到订单到收取货款的每个环节上挤时间，利用信用卡和电子付款 24 小时即可完成全过程。而康柏通过代理商销售，需 35 天，Gateway2000 专搞邮购，需

16.4 天。

　　IBM、康柏、惠普等纷纷效仿戴尔，推出了自己的计划，以便缩减生产时间，提高服务效率。例如，IBM 现在不再为大多数客户组装微机，而是交给了电脑代理公司来做。康柏于 1997 年 6 月建立了自己的互联网地址，使其客户可以通过网络进行从订货到安装软件等许多事情。

　　康柏、IBM 的电脑组装好后一般会在代理上的货架上搁置两个月，而戴尔公司是收到订单才开始订购零件、组装电脑。这使得戴尔公司减少了电脑部件在几个月内大幅降价的风险，与竞争对手相比，仅此一项就获得了 6% 的利润优势。

　　戴尔公司的工厂遍布全球，有的在美国，有的在爱尔兰，有的在马来西亚。即使如此，戴尔公司有办法能让它的大多数供应商把零部件储存在距离他的工厂数分钟之久的仓库。办法是谁配合他的仓储计划就用谁，使零售配件供货公司的数目从 1992 年的 204 家减少到现在的 47 家。

　　当一台电脑准备出厂时，戴尔公司就给某一快递公司，如 UPS 发一封电子邮件。快递公司据此从供应商的仓库中提出一台显示器，并安排日程使他和电脑主机一起送达客户手中。这就节省了显示器先送抵戴尔公司再转运到客户手中的运费，一台显示器节省运费 30 美元。这种新的经营方式使戴尔公司的营业效率超过了所有其他公司。它的存货相当于 13 天的销量，而康柏的存货相当于 25 天的销售量。

　　资料来源：季建华. 运营管理. 上海交通大学出版社，2004.

【讨论题】

　　1. 分析戴尔公司的竞争优势要素是什么？
　　2. 戴尔公司是如何通过竞争优势要素构建生产运作战略的？

第3章

产品开发设计与工艺管理

【学习目标】

1. 了解企业研究与开发的概念及其策略。
2. 掌握产品开发与设计的组织方法。
3. 熟悉工艺选择与管理方面内容。
4. 了解服务设计的特殊性及其要素和方法。

【管理案例】

华为为啥这么厉害?

作为 2009 年成为继联想之后成功闯入世界 500 强的第二家中国内地民营企业,也是其中唯一没有上市的公司,华为的厉害就在于不是纯粹只知埋头钻研技术而是抬头搞清市场,在充分掌握市场需求的前提下大胆创新。任正非将产品开发作为一项投资进行管理——在产品开发的每个阶段,都从商业的角度而非技术角度进行评估,以确保投资回报,或尽可能减少投资失败所造成的损失。为此,任正非斥资几千万元,聘请 IBM 公司的咨询师为华为量身定做了一套名为"集成产品开发"的改革方案,在财务、企业管理和研发机制上重新打造华为,这套改革方案强调以市场和客户需求作为产品开发的驱动力,在产品设计上强调产品质量、成本、可制造性和可服务性等等。

资料来源:中国品牌网.

【重要概念】

研究与开发 (Research and Development, R&D);产品生命周期 (Product Life Cycle);工艺过程 (Process);并行工程 (Concurrent Engineering);服务设计方法 (Service Design)。

3.1　现代企业的研究与开发

　　进入 21 世纪以来，由于科学技术飞速进步和生产力的发展，社会消费水平日益提高，企业之间竞争加剧，加上政治、经济、社会环境的巨大变化，使得需求的不确定性大大增强，导致需求日益多样化。企业所面对的是一个变化迅速且无法预测的买方市场。企业要想在这种严峻的竞争环境下生存下去，必须加强企业的研究与开发，提高快速开发新产品和改造老产品的能力，使企业具有强有力的处理环境的变化和由环境引起的不确定性的能力，才能使企业赢得竞争。

3.1.1　现代企业的研究与开发

1. 研究与开发的分类与特征

　　研究与开发（Research and Development，R&D）包括基础研究、应用研究和技术开发研究。基础研究进行的是探索新的规律、创建基础性知识的工作；应用研究是将基础理论研究中开发的新知识、新规律应用于具体领域，即运用基础研究的成果，为创造新产品、新方法、新技术、新材料的技术基础而进行的研究；技术开发研究是将应用研究的成果经设计、试验而发展为新产品、新方法、新技术、新材料或改变现有产品、技术、方法的科研活动。这三种类型研究活动的目的、性质、内容及在管理上都具有不同的特点，如表 3－1 所示。

表 3－1　　　　　　　　　　　　三种研究类型的比较

	基础研究	应用研究	技术开发研究
目的	寻求真理，扩展知识	探讨新知识应用的可能性	将研究成果应用生产实践
性质	探求发现新事物、新规律	发明新事物	完成新产品、新工艺，使之实用化、商品化
内容	发现新事物、新现象	探求基础研究应用的可能性	运用基础研究、应用研究成果从事产品设计、产品试制、工艺改进
成果	论文	论文或专利	专利设计书、图纸、样品
成功	成功率低	成功率较高	成功率高
经费	较少	费用较大，控制不严	费用大，控制严

	基础研究	应用研究	技术开发研究
人员	理论水平高、基础雄厚的科学家	创造能力强、应用能力强的发明家	知识和经验丰富、动手能力强的技术专家
管理原则	尊重科学家意见，支持个人成果，采用同行评议	尊重集体意见，支持研究组织在适当时候作出评价	尊重和支持团体合作
计划	自由度大，没有严格的指标和期限	弹性，有战略方向，期限较长	硬性，有明确目标，较短期限

2. 企业 R&D 的主要内容

科学技术的研究与开发是推动生产力发展、促进社会进步的重要因素，因而为所有国家政府注重。同样，企业 R&D 对于提高企业竞争能力，赢得市场份额至关重要。而企业 R&D 与一般意义上的研究开发是有一定区别的。在我国，研究开发类型中的基础研究以及在此成果上的应用研究主要为国家政府和科技界所关注，企业主要关注和参与的大多是技术开发，力求实现新知识、新技术与市场需求的融合和转换。再者，企业外的 R&D 大多属于非经济性活动，而企业作为一个经济实体，其 R&D 理所当然从属于企业的整体经营行为，有着明确的功利目标。所以，企业的 R&D 既可以看作为一种利用自然科学的知识进行有特定目的的探索或创造性行为，也可以将其理解为一种为实现企业经营目标的经济性行为。

中央企业首次向国外输出了 3 项国际标准

新浪财经讯 2 月 21 日下午消息，国资委透露，"十一五"期间央企逐步建立起科技投入稳定增长的长效机制，2009 年科技投入占销售收入比重达到 2.1%，远高于此前学者所披露的 0.7%。期间，在专利大幅提升的同时，中央企业首次向国外输出了 3 项国际标准。

大唐电信今日宣布，该公司主导提出并拥有核心专利与知识产权的 "TD-LTE-A" 成为 4G 国际标准已无悬念，尽管国际电联到 2012 年一季度才能宣布最终结果。据悉，中国移动已建成 26 个国际 TD-LTE 试验网，推动了我国移动通信产业从 3G 时的追赶型向 4G 时代领先型的转变。

此前，大唐电信具有自主知识产权的 TD-SCDMA3G 技术，已经入选 3G 国际标准，在中国 3G 市场"三分天下有其一"，基本实现规模商用，打破了过去 1G、2G 时代外国厂商的垄断地位。目前，TD-SCDMA 用户为 2 000 万，预计今年将扩展到 6 000 万，当 TD-SCDMA 用户发展到 1 亿时，将为我国通信产业节省超过 10 亿美元的专利费支出。

而大唐电信的国际标准输出是"十一五"央企加大投入自主创新的一个缩影。

除大唐电信"TD-LTE-A"被国际电联接纳为 4G 标准外，国家电网特高压交流 1 100 千伏电压成为国际电工委员会（IEC）国际标准，华录集团自主研发的数字音频编解码标准 DRA，第一次纳入国际音视频基础标准。中国企业对外输出国际标准尚属首次。

中国国际交流中心常务理事长郑新立曾透露国企科研投入仅为 0.7%，批判央企难以承担自主创新主力军的任务。

但来自国资委的资料显示，截至 2009 年底，央企科技投入占销售收入比重达到 2.1%，军工企业这一比例达到 5.36%。大唐电信集团等部分央企的科研投入占销售收入比重持续多年超过 10%。

国资委官方信息称，"十一五"期间央企逐步建立起科技投入稳定增长的长效机制，科技投入连年提高。2009 年，中央企业科技活动经费总额 2 633 亿元，2006～2009 年年均增长 28.5%；研究开发经费 1 468 亿元，2006～2009 年年均增长 27.9%，均高于同期销售收入、利润增幅。

据悉，截至 2009 年底，央企累计拥有有效专利 76 138 项，为 2006 年的 2 倍，其中，有效发明专利 21 266 项，占总量的 27.9%。2005 年以来，国家科技进步特等奖和国家技术发明一等奖都花落央企。

资料来源：http://www.sina.com.cn，新浪财经，2011.2.21.

企业的 R&D 主要包括新产品开发和新技术开发两大内容。新产品开发在企业经营中具有极为重要的意义，关系到企业未来的生存与发展。对于企业来说，R&D 的主要目的是不断创造出能够带来高额利润的新产品以保持长期的竞争优势，也就是说，企业的产品战略应从"制造产品"向"创造产品"改变，营销战略应从"适应需求"向"创造、引导需求"转变。随着市场变化的日益频繁，产品寿命周期的日益缩短，产品开发将决定企业经营的基本特征，成为企业经营活动的出发点。

与此相适应，企业开发新技术，即新生产工艺技术开发也具有非常重要的地位和作用。众所周知，技术是影响企业竞争力的基本要素之一，技术具有将企业所拥有的资源转换为产品和服务的功能。新产品的竞争力除了产品本身的功能、性能特性以外，还需要有优异的质量和低廉的价格来保证，而后者则是由生产工艺技术来提供保证。在科学技术进步日新月异的今天，技术的寿命周期与产品的寿命周期一样，正在日益缩短。因此，企业需要不断地开发、采用新技术来取代陈旧、老化了的技术。对于企业来说，产品开发和技术开发二者是相辅相成，缺一不可的。

总之，有计划、有组织地积极进行 R&D 已成为当今企业赢得竞争，谋求长期发展的重要手段，并已成为企业经营战略和生产运作战略的重要组成部分。

3.1.2 产品生命周期与 R&D 策略

1. 产品生命周期

1950 年，乔尔·迪安首先提出产品生命周期的概念，其后，西奥多·莱维特在他那篇著名的论文"利用产品生命周期"中对这一概念给予了高度肯定。此后，产品生命周期理论在几十年的实践中日益成熟并得到了广泛的运用。产品生命周期是指任何产品都是经由投入期进入市场，为市场所接受，经过成长、成熟和衰退以至最终退出市场而消亡的过程。产品生命周期一般分为投入期、成长期、成熟期和衰退期 4 个阶段。

企业 R&D 活动的开展和产品生命周期有着密切联系。在产品生命周期的各阶段，R&D 的战略重点、内容等都有不同变化。掌握这些，对于有计划地组织和管理 R&D，提高企业开发能力和经济效益具有重要的意义。

在产品投入期，市场需求与有关技术尚不明确，处于开发阶段的产品仍需不断调整以适应市场，R&D 着重于创新产品的筛选工作，不断改进产品的功能和特征。通过对市场广泛的调查研究来对创新产品进行评价和改进，确定产品的基型设计。同时，在这一时期，一个很重要的工作内容是要大致确定企业 R&D 在该产品领域的规模，必须从企业整体经营的高度和生产运作战略的角度来合理分配资源。而在组织方面，不求规模大，需要的是生气勃勃、富有创新精神的灵活的组织形式，如工作团队等。

在产品成长期，产品的标准化和工艺的合理化是该阶段的标志。在这一时期，市场需求情况已经明朗，产品的基本功能、结构已渐趋定型化，产品已开始进入批量生产阶段。同时，市场上同类产品也开始大量出现，市场竞争逐渐激烈，竞争内容从投入期的以功能为主开始向价格为主转变。因此，研究开发的重点应放在生产技术和工艺方面，在标准化和工艺的合理化方面下大力气，不断地创新和改进，争取在工艺与生产组织方面为降低成本创造良好的条件。在这一阶段，由于风险较前阶段小，只要决定了企业的核心技术和明确了市场的需求，便可在原有基础上增大 R&D 的投资力度，大量开展应用研究与技术开发工作。在组织上，由于研究开发管理体制已经健全，工作中遇到的问题和矛盾主要来自各职能部门之间的衔接配合，因此，要强化内部管理，加强规划、市场、R&D、生产及财务等有关职能部门之间的合作与协调。

在产品成熟期，产品结构和技术工艺已经确定，无论是产品创新还是工艺创新都已减少而趋于稳定。产品结构和工艺上的相互依赖性进一步增强。一种产品结构的改进往往要大量增加工艺改革费用。这时，R&D 工作的重点应放在产品的系列化、技术服务和工艺改进方面，并开始构思设计更新换代产品。在组织方面，强调组织的稳定。

从以上分析可以看出，在整个产品生命周期的过程中，企业 R&D 工作的重点和内容是不同的。企业必须在整个产品生命周期各阶段进行相应的组织调整与改革，并按照产品生命周期不同阶段制定 R&D 的策略。

2. 企业 R&D 的策略设计

企业 R&D 对于培育和增强企业核心能力，推动企业持续、稳定、健康、快速的发展具有十分重要的作用。但由于企业 R&D 是一种高投入、不确定性强、风险很大的工作。因而，怎样明确其在企业的经营发展中的定位，使 R&D 充分发挥其应有的作用，是企业领导人应解决的重要问题。任何企业的生存与发展，都不可能远离市场，必须与市场变化协调共振。所以，企业 R&D 活动必须在企业经营战略的指导下进行，与企业发展的整体战略相协调，既不能游离于企业战略之外，也不能超越于企业战略之上。

（1）企业 R&D 的策略类型与选择。企业 R&D 的策略内容涉及面很广，既有产品和市场方面的内容，又有开发目标、开发方式和途径及协调控制方面的内容。这些方面中任何一方面的变化都可能形成一种不同的 R&D 策略，而每一个方面还可再作细分。因此，R&D 策略类型如按其扩展内容划分是非常之多，较有代表性的划分 R&D 策略类型的方式有两种：

其一，按 R&D 策略的风险程度大小分为两类：维持型策略和改革型策略。

维持型策略也叫做防卫型策略，其着眼点是控制风险的出现，确定有限目标，尽可能减少开发失败而造成的损失，其手段主要是改进生产技术和工艺，以降低产品成本、提高质量为特征，技术上以应用、适用技术或仿制为主。

改革型策略具有进攻性，目标是通过增加销量和提高市场占有率达到较大的增长。这种策略大多以技术革新为突破口，并与市场营销相结合，谋求技术进步与市场运作的协同效应，具有扎实、稳健的特点，但在运作过程中也会遇到革新失败、市场变化等风险。

其二，按 R&D 策略制定的着眼点不同可分为两类：反应性策略和预测性策略。

反应性策略是基于反馈信息，即根据前期 R&D 活动所产生的各种问题如何处理的信息而制定。反应性策略适合于这样的企业：需要对现有产品或市场投入更多的资源；新产品与新成果易模仿，市场进入壁垒低；新产品市场需求不明确或市场容量有限，不能弥补开发费用的支出；产品市场竞争激烈，同类产品的功能、质量差别不大；由于其他新产品抢走本企业的分销渠道。

预测性策略是在市场调查和需求预测的基础上，为配合企业战略的实施，将资源分配到将来准备抢先夺取的市场领域为目的，具有一定的进攻型和前瞻性。适于采用这一策略的企业所应具备的条件是：具有明确的发展战略；新的产品或市场领域存在着良好的机遇；有较强的研究开发能力；有着丰富的进入新市场运作的经验；拥有开发新产品所需要的资源和时机；分销渠道稳固而畅通。

企业在选择和拟定 R&D 策略时，必须要对以下问题做出明确的回答：是以市场为中心还是以生产技术为中心；是以创新为主还是以应用、模仿为主；是自主开发还是联合开发或者是购买已有的专利；是开发全新产品为主还是改进现有产品为主，等等。在此基础上对可能形成的 R&D 策略进行综合分析，才可以对所选择的策略方案有一个比较清楚的轮廓。

此外，企业在选择 R&D 策略时，还要考虑到企业规模、经营习惯、市场环境、企业优势与特长、技术工艺发展趋势、产品特点等因素。

（2）加快企业 R&D 的速度。如前所述，现代企业的竞争模式已转向基于时间的竞争。在激烈的市场竞争中，企业能否在某产品市场夺取先机，往往取决于其产品进入该市场的时机把握上。捷足先登者将会在该产品市场占据领导地位并建立起较高的声誉，而且在今后的竞争中始终保有可观的市场份额和竞争优势，而后人者要在该产品市场获得一定的市场份额则要付出更大的投入和努力。而要成为市场领导者，就必须加快企业 R&D 的速度。快速而又适应需求的产品开发可使企业获得战略上和操作上两方面的优势。战略优势在于能建立和保证领导者的市场地位，使本企业得以在所在行业建立标准，提高该产品市场的进入壁垒，在某种程度上阻止竞争者的进入。操作优势在于能加速新产品开发和投放，可以提高生产效率。

加快企业 R&D 的速度可以有多种途径和手段，缩短产品开发周期就是一种很好的选择。为此，首先要立足于市场预测，要满足市场需求和产品规格的要求，在有一个相对可行的设想或改进方案后就可开始进行设计，不必等到 R&D 计划完成了再开始进行设计，设计中尽可能加强用户与设计人员之间的接触和交流，尽可能适应用户的需求，要设计出适宜的研发机制和管理体制，尽量放权给 R&D 人员，在研究设计部门注意配备所需的各方面的专业人才，同时要保证所需资金的投入。

为了加快企业 R&D 的速度并取得成效，可尝试与生产过程进行同步开发，于是并行工程就成为一项可供选择的很有成效的技术。它能够大大缩短开发周期，减轻企业各部门之间的信息闭锁现象，使产品特性更为完整，还能更好地着眼于市场并能对其作出有效预测。

在当今世界市场上，快速开发已经成为企业创造和保持其竞争优势的重要策略之一。速度本身实际上是诸多因素的综合结果，其中许多因素受制于企业高层决策者们，为了确保快速开发，管理者必须及时决策。快速开发由决策层提出，但企业的每一个部门都应参与。要在市场上以速度取胜，有必要对企业的结构、体制以及企业成员的工作方式加以相应的改变。

3. 西方企业 R&D 的新动向

国家的繁荣，企业的发展，其经济活力之源来自于创新，技术创新是经济发展和生产率增长的基本驱动力，而研究与开发能力正是国家和企业技术创新能力的关键组成部分和重要衡量指标。

20 世纪 90 年代以来，世界进入向多极化方向演化和区域经济一体化发展的阶段。在这种大环境下，世界竞争更加集中到经济领域，而经济的竞争，归根到底依赖于科学技术的研究与发展，由此导致美、日等发达国家企业的 R&D 出现一些新的变化：

（1）R&D 发展战略由军用转向民用为主。"冷战"结束后，各资本主义发达国家实施 R&D 发展战略的一个重大变化，就是把大量的军事科研成果转向民用，重点开发实用的科研项目，加速科研成果的商品化，将 R&D 重点转移至经济领域，制定科技发展中长期规划，促使基础研究和应用研究的协调发展是各国加强宏观调控的主要手段。

（2）各国政府加大对企业 R&D 的扶持力度。摒弃过去那种政府不干预企业 R&D 的做法，加强政府的引导和支持，是当前各国政府的一个显著变化。美国将指导和参与企业 R&D 作为"恢复美国经济领导地位"的保证措施，决定继续扩大创办由政府牵头、企业参加的各种联合体，通过实施"超级汽车计划"等方式，直接干预企业。英国等政府也积极采取相应组织和政策措施，大力支持工业创新，并意欲协助民营企业参与国际大竞争。为此，各国政府均加大对有市场前景的通用技术的 R&D 支持强度，尤其是对信息、通信、新材料和生命科学等技术的研究，增加了研究经费。

（3）充分审视 R&D 机构建设和人员选拔。西方发达国家的企业十分重视 R&D 机构的建设和高科技研究人员的选拔和培训。在西方各国的大型企业几乎都有自己的研究所、实验室。

R&D 机构组织形式近年来的发展出现了一些新的变化。在美国，这一变化表现为 R&D 机构趋向小型化。发生这种变化的主要原因是：为缩短产品的开发周期，缩短从概念到产品推向市场的时间，提高产品质量、降低成本，必须围绕产品重新组织人员，将从事 R&D 活动、计划、工程财务、制造、销售等人员组织在一起，从产品开发到市场销售全过程，形成一个工作梯队，这对提高企业的竞争能力和利润水平十分重要。

（4）R&D 实现手段更加多样化。西方发达国家大型企业大多拥有自己的 R&D 机构以及雄厚的人力、财力、物力等以支持其自行开展 R&D 活动。进入 20 世纪 90 的年代后，组织之间的 R&D 活动的联合已成为一种实现手段。这种联合可以是在一国之内的，亦可以是跨国的。在一国内的 R&D 组织联合方式主要有：企业与企业之间的合作，企业与科研机构的合作，企业—高等院校—研究所的合作等。

跨国间的 R&D 联合方式较为普遍的是：不设立常设机构，设立常设机构，组建临时财团，"虚拟公司"等。近年来，为提高本国的科技实力、振兴经济，在国际市场的竞争中取得优势，西方各发达国家加大力度规划本国或区域间国际协作的重大 R&D 项目，一些大型的企业积极参与其中并从中获得诸多益处。

（5）形成企业 R&D 全球化新趋势。进入 90 年代，作为技术创新的重要手段，R&D 正成为企业提高其产品竞争力，扩大市场份额的强有力武器。由此导致目前西方各工业强国 R&D 管理与视野的新变化：跨国公司的海外 R&D 投入逐步增加，设立在本国的 R&D 机构更多担负着的是公司全球 R&D 网络的协调工作，企业中心实验室的基础性研究逐步缩减，跨国公司相互渗透，形成交叉纵横的 R&D 国际网络，企业 R&D 全球化已经成为主流趋势。

3.2 产品开发与设计

3.2.1 新产品及其开发方向

1. 新产品的概念

何谓新产品？从不同的角度出发，可以对新产品的概念作出不同的描述。一般来说，新产品应在产品性能、材料和技术性能等方面（或仅一方面）具有先进性或独创性，或优于老产品。所谓先进性，指用新技术、新材料产生的先进性，或由已有技术、经验技术和改进技术综合产生的先进性；所谓独创性，一般是指产品由于采用新技术、新材料或引进技术所产生的全新产品或在某一市场范围内属于全新产品。

2. 产品开发的方向

新产品发展的方向可以有以下几个方面：

多能化。扩大同种产品的功能和使用范围，同时注意提高产品的效率和精度。例如，收录唱组合音响、多功能计算器等。

复合化。把功能上相互有关联的不同单体产品发展为复合产品。例如，洗衣机和干燥机的一体化，集打字、计算、储存、印刷为一体的便携式文字处理机等。

微型化。缩小产品的体积、减轻其重量，不但使之便于操作、携带、运输以及安装，还可以节省材料，降低成本。

简化。改革产品的结构，减少产品的零部件，使产品的操作性能更好，更容易操作，同时也能带来成本的降低。使用新技术、新材料是使结构简化的方法之一，使产品的零部件标准化、系列化、通用化也是简化的一个重要途径。

环保。环境保护已经成为全人类发展共识，国内外无论从舆论导向，还是法律法规方面都已经深入人心。环保类产品在有很好市场同时，又能获得各国政府提供的相当可观的补贴，对企业而言开发此类产品可谓"名利双收"。

节能。可持续发展的要求和石化类等不可再生能源日益减少和价格提高，为节能或新能源类产品提供了广泛市场空间，这已经成为 21 世纪新产品研发重要方向之一。

3.2.2　产品开发的组织

1. 产品开发的推动

产品开发的动力来自于两个方面：一是需求的拉动；二是技术的推动。需求的拉动，是指通过市场调查来明确产品开发的方向，然后对其商品化的诸特性，如生产技术、性能、质量要求、成本、预测需求量、预期收益等方面进行研究，最后来决定是否开发。技术的推动，是指从最初的科学研究出发来开发新产品，通过对市场的供给带动需求的变化。如盘尼西林就是在进行结核菌的培养过程中发现，进而开发成产品的。在这两者之中，很难说哪一种动力是主要的。因为，在当今市场上，产品是为用户而开发，市场需求是产品开发的源头，离开了它，开发活动成了无源之水，无本之木。但技术进步日新月异，而由此创造的新的市场需求越来越大，并由此带动大批新企业乃至新产业的出现。比如，火车、汽车、飞机、收录机、电影、电视、电话、计算机等产品的出现，创造了一个个大市场，也造就了英特尔、索尼、微软、飞利浦等世界名牌企业。正如盛田昭夫所说："我们的政策，并不是先调查消费者喜欢什么产品，然后再投其所好，而是以新产品去引导他们进行消费。"所以，不能简单地说那一种动力更为重要，二者都是产品开发的重要动力。

企业的新产品开发是以技术推动为主，还是以适应市场需求为主，还是二者并举并无定论，关键是企业需要对自身实力和能力全面考察之后确定一个基本的开发策略，并随市场需求及竞争态势的变化而调整。

2. 产品开发的程序

产品开发包括创意、筛选和经济分析、产品设计、试制和改进等几个步骤。图 3 - 1 表示了产品的开发与设计过程。在这个过程中，一个重要部分是通过市场调研，了解顾客的需求。它可以提供新的产品创意，也能对老产品不断进行改进，以延长产品的生命周期。

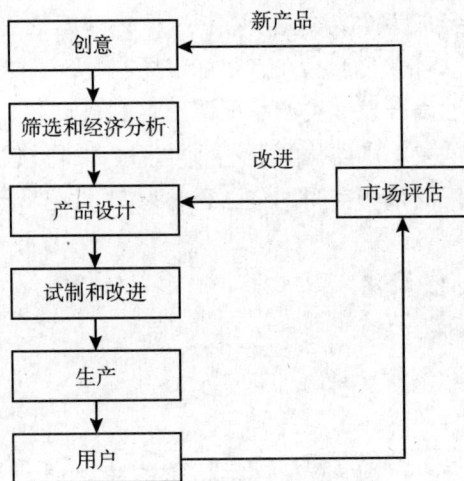

图 3 - 1　产品开发与设计过程

（1）创意。创意是根据市场需要或科技发明提出开发新产品的方案设想。创意侧重考虑新产品的实用性、可行性和开发价值，而不是解决产品具体的性能和结构等问题。产品创意可来自不同的渠道，有来自企业外部的，如用户、销售代理商、竞争对手、供应商、科技咨询部门等；有来自企业内部的，如研究开发、市场营销和管理部门等。但不论来自哪种渠道，它们都可归为两类：市场拉动和技术推动。

有一项对工业品生产企业和消费品生产企业的研究表明，两类企业新产品的创意来源不同。生产工业品的企业新产品的创意更多依赖于企业内部，而生产消费品的企业新产品的创意更多来自于企业外部。

应该说，市场是产品创意的主要源泉，而新技术的发展对产品创意也有着极为重要的影响。对于不同的企业来说，其产品、规模及各种条件都有区别，其新产品的创意来源也有很大的区别。企业应对一切创意来源都十分敏感，最终以市场为导向来开发满足消费者需求的新产品。

（2）筛选和经济分析。筛选是对不同的新产品开发创意进行分析比较，从中选出开发价值高、可行性强和市场发展潜力大的方案。为了满足同一社会需求可提出若干种产品开发方案，但各自的开发价值有所不同，因此有必要通过筛选从中选出最佳方案。在筛选过程中通常采用三项标准：其一生产标准，包括技术工艺的可行性、现有生产设施和经验、生产能力和资源供应的可获性、生产系统的整体保证能力等；其二市场标准，包括产品市场的需求分析、上市能力、预期的销售增长率、对现有产品的影响以及产品竞争力等；其三财务标准，包括预期投资总额、投资收益率、对企业总获利能力的贡献大小以及预计的现金流量等。

按照上述标准对产品创意项目进行评价，可以在设计一套评价标准系统的基础上，采用对项目评分的办法来对产品创意进行粗略评价，然后通过经济分析再作最后的评判。产品创意项目的经济分析，主要是具体地确定出它们的获利性和投资回报率等经济指标。常用的经济分析方法主要有盈亏平衡法。

（3）产品设计。产品开发方案确定以后，接着就要进行产品设计。在产品设计阶段先要编制设计任务书，说明产品的用途和使用范围，规定产品的基本结构、性能、规格等，以指导具体的产品结构设计。产品结构设计一般分为初步设计、技术设计和工作图设计三个阶段，由粗到细逐步把产品结构设计出来。

（4）工艺准备与管理。产品设计只是确定了产品结构问题，产品应该如何加工制造，就需要通过工艺准备来解决。一种产品可用不同的设备和方法加工制造出来，但其费用和效率却差别巨大。因此，工艺准备工作的主要内容就是选择工艺过程和确定工艺方案，编制工艺技术文件和制造专用工装。通过一系列工作，选择工艺过程，确定工艺方案，为产品试制和鉴定做好准备。

（5）产品试制。产品试制就是生产一件或少数几件产品，对产品设计图纸和选择的生产技术及具体的方案进行实际检验。产品设计图纸和拟定的工艺方案仅是设想，是否合理就要通过试制加以验证。产品试制工作分为样品试制和小批试制两个阶段。样品试制是在试验车间生产样品，目的在于检验产品的结构设计是否合理；小批试制是在生产车间正式生产一小批产品，目的在于检验工艺是否合理。

（6）产品鉴定。产品试制完成后，要从技术上和经济上对产品做出全面鉴定，以决定是否可以正式投产。鉴定工作一般要组织专家鉴定委员会来进行。鉴定的内容一般包括：产品是否符合国家政策及法规规定，产品及零部件质量，产品经济性、适用性，安全可靠程度等，并做出是否可以投产的结论。

3. 产品开发的组织与计划工作

（1）新产品开发的组织。为了有效地进行新产品开发工作，企业应建立新产品开发组织机构。其工作内容主要包括：提供新产品开发决策依据并参与决策；参与制定新产品开发计划；指挥监督新产品设计；组织新产品试制和鉴定等等。企业产品开发的组织形式有以下两种：

一种是职能管理与开发设计合一的组织形式。即在总工程师领导下建立设计、技术部门，既负责日常的生产技术工作，又负责新产品的开发组织工作和开发设计工作。这种形式适用于新产品开发项目少、产品不太复杂的企业。

另一种是职能管理与新产品开发管理分设的组织形式。即让技术部门专门负责日常的技术管理，另设新产品开发管理机构，专门负责新产品开发管理。这种形式适合于新产品开发任务重、产品结构复杂且开发周期长的企业。

（2）新产品开发的计划工作。新产品开发计划是组织新产品开发活动、实现新产品开发目标的主要手段。新产品开发计划工作的主要内容是：

确定开发计划指导方针。企业必须根据自身实力和市场情况，制定自己的指导方针。比如是采取"以新制胜"方针，还是采取"以优取胜"方针；是以自行研制为主，还是靠技术引进开发等。

明确新产品开发方向。主要是明确产品的服务对象和技术发展方向。比如，产品是向单功能发展，还是向多功能发展；产品是向大型化发展，还是向小型化、微型化发展；产品是向多样化发展，还是向标准化发展等等。

确定新产品开发目标。就是规定计划期产品开发的种类和名称，明确各种新产品应达到的技术水平和销售、成本、利润等目标。

安排计划实施进度。具体规定每种新产品开发的时间进度，做好人、财、物、技术等方面的综合平衡工作。

制定实现计划措施。为顺利实现计划，必须在物资供应、资金筹措和人员配备各方面制定相应的保证措施，以确保开发计划按期完成。

3.2.3 产品设计的基本要求与过程

产品设计是将产品创意的构思转化为产品的具体结构、尺寸和零部件组成，确定产品及其零部件、材料的技术要求以及完成全部的工作图纸，是通过绘制产品图纸确定产品结构的工作过程。

1. 产品设计的基本要求

要设计出具有先进技术水平的新产品。在设计中应尽量采用新技术、新工艺和新材料，以超过现有产品为起点，以赶上国内外先进水平为目标，使设计出的新产品能尽量达到性能好、效率高、安全可靠、美观大方、便于使用和维修。

要保证新产品在制造时有良好的经济效果。就是在保证产品使用性能的前提下，尽可能降低产品在制造过程中的物化劳动和活劳动消耗。为达到上述要求，在设计时就必须注意提高产品结构的工艺性。所谓产品结构的工艺性，就是使产品结构尽量减少加工表面，降低不适当的精度过高要求，使产品容易加工制造，节约生产耗费。同时还要利用结构分解原则，使各部分能够平行地进行加工，以利于缩短生产周期。

要尽量提高产品设计的标准化、系列化和通用化水平。产品的标准化、系列化、通用化简称为"三化"。产品实行"三化"是组织现代社会化大生产的重要手段，也是国家一项重要的技术经济政策。因此，产品设计应尽可能满足"三化"要求。

所谓产品标准化。就是对产品的类型、性能、材质、形状、尺寸、精度、试验方法、验收及包装要求等规定统一标准，并加以贯彻执行。任何产品都必须达到规定的标准，达到标准的产品才算合格品。

所谓产品系列化，就是根据实际需要，通过技术经济分析，在缩减同类产品种类和发展先进结构基础上把产品划分为若干品种和规格，以较少的品种规格来满足社会多方面需要。

所谓产品通用化，是指生产多种产品的企业，将各种零部件尺寸、型式进行合并简化，使加工出的零部件能够在不同类型和同一类型不同规格的产品中相互通用。

产品按"三化"原则进行设计，可使企业取得良好的经济效益，这是因为：产品设计贯彻"三化"要求，可以避免设计中的重复劳动，加快新产品开发速度。因为企业根据需要可在基本系列基础上，运用结构典型化，零部件标准化和通用化方法，只需增加适当的专用零部件，即可派生出变型产品来。这样就可以大量减少设计工作量，缩短产品设计时间，加快新产品设计速度。产品设计实行"三化"可提高产品系列化程度，零部件加工可采用典型工艺和使用标准工装进行，从而可缩短工艺准备时间和大量节约工艺准备费用。产品设计贯彻"三化"原则，可使备品配件通用互换，用户使用和维修就比较方便，从而可提高产品信誉，有利于产品扩大销售。产品设计要符合国情和本企业实际，在原材料选用方面，要尽量选用本国资源丰富的原材料，少用进口原材料，采用的技术要能充分利用本企业现有机器设备。

2. 产品设计的过程

产品设计过程主要是指自行设计需要经历的阶段和步骤。对于机械产品自行设计来说，通常是采用初步设计、技术设计和工作图设计三阶段程序。

（1）初步设计。初步设计又称方案设计或草图设计，有的叫编制技术任务书（或技术建议书）。初步设计的目的是在调查研究基础上，通过分析比较和技术经济论证，确定产品的总体设计方案、也就是解决产品的选型问题。它的工作内容主要包括：论证发展这种新产品的必要性和可能性；确定产品的用途、适用范围和主要技术经济性能；说明产品工作原理、确定产品结构特点、工作条件和尺寸重量；确定新产品设计基本原则，并设计产品概略总图；同国内外同类产品进行技术经济比较分析；如果属系列产品，要说明本类产品发展方向、产品系列表以及产品标准化、通用化程度。

初步设计一般由制造企业编制技术任务书，特别复杂的非标准产品，则是由用户提出技术任务书，再由制造企业编制技术建议书，将用户的使用要求进一步具体化。初步设计是新产品设计的重要步骤。但是如果新产品结构比较简单，或是通过改进设计形成的新产品，也可省去初步设计这一步，直接进行技术设计和工作图设计。

（2）技术设计。技术设计是产品的定型阶段。技术设计的任务，是根据技术任务书中所规定的原则，进一步确定产品的结构、性能、技术条件和各项技术经济指标，其目的在于使新产品基本定型。技术设计的主要内容是：设计产品总图，重要零部件图以及各种系统图（如传动系统、液压系统、电气系统和冷却系统图）；设计产品说明书，包括各种计算数据和技术经济指标；编制产品所需特殊零件明细表和特殊外购件明细表；设计产品制造、验收和交货的技术条件。

新产品结构的先进性、工艺性、适应性和经济性都应在技术设计阶段确定下来。因此，技术设计中采用的新结构、新材料、新工艺在必要时候还应进行试验鉴定，以确保产品的可靠性。

（3）工作图设计。工作图设计是技术设计的具体化，是设计工作的最后阶段。工作图设计的任务是绘制产品全套图纸和编制所有技术文件，为产品的试制和生产提供确切的依据。工作图设计阶段的任务是：详细绘制所有的零件图、部件图、装配图、总图、产品图和产品安装图；编制所有零件、部件、附件、配件和外购件明细表；编制需要的各种技术文件；编制产品使用维护说明书。由于设计出的工作图是直接用于生产的，所以要保证零件尺寸的准确性和技术文件的完整性。在工作图设计阶段，应加强对图纸的审查和批准手续。

3. 产品设计方案的技术经济分析

为了满足同一种社会需要，可以提出几种不同的设计方案，为此就需要对不同设计方案进行技术经济分析，以便从中选出最佳方案。这种分析主要是对不同方案的基本投资和经常使用费进行全面对比。如果一个方案的基本投资和经常使用费都比较低，当然这是最理想的方案。假如两个方案使用费相同而所需的基本投资不同，则基本投资省的为好的方案，反之，若两个方案基本投资相同而使用费不同，则使用费省的为好的方案。如果一个方案基本投资费用大而使用费省，另一方案则基本投资省而使用费大，就无法简单对比，这就需要计算两个方案的追加投资回收期来评判其优劣。

3.2.4　产品设计的新方法——并行工程

当今，制造业商品市场正日益发生深刻的变化。同类商品日益增多，企业之间的竞争越来越激烈，而且越来越具有全球性，长期的卖方市场变成了买方市场。企业为了求得生存和发展，就必须加强新产品的开发工作。

实际上，开发设计阶段对产品整个生命周期有着巨大的影响。譬如，美国波音公司曾研究过一般产品全生命周期费用（Life Cycle Cost, LCC）的分布情况。它发现，产品开发的早期概念阶段将决定 LCC 的绝大部分（85%），但该阶段所占 LCC 的实际费用却最低（7%）。也就是说，产品的早期设计将起决定性的作用，而在这个阶段做的修改所冒风险却最小。布斯罗伊德（Boothroyd，1988）引用福特汽车公司的报告指出，尽管产品设计只占产品整个成本的 5%，但 70% 的成本是由设计影响的。迪克逊和达菲（Dixon and Duffey，1988）认为，产品所有质量问题中有40% 归结于不良的设计。孙（Sun，1990）则认为，制造生产率的 70% ~ 80% 是在设计阶段决定的。由此可见，产品开发过程中应尽早地考虑它后续阶段的所有因素（如工艺性、可制造性、可装配性以及可维护性等），以避免到了后期阶段由于修改方案造成生产制造过程的反复和资源浪费，同时也因减少修改循环而缩短产品开发周期，使新产品能迅速投放并占领市场。因此，为了实现企业经营绩效的整体优化，必须建立一种全新的产品开发方法，并行工程就是这样一种全新的产品开发模式。

1. 并行工程的基本概念

并行工程的定义是在 1987 年由美国防御分析研究所（IDA）在其 R338 报告中正式提出的。它指出，"并行工程是对产品设计及其相关过程（包括制造过程和支持过程）进行并行、一体化设计的一种系统化的工作模式。这种工作模式力图使开发者从一开始就考虑到产品全生命周期中的所有因素，包括质量、成本、进度与用户需求。"这种方法与长期以来人们在产品开发时习惯采用的串行工程方法有着根本的不同。串行工程方法是先进行市场需求分析，将分析结果交给设计部门，设计人员进行产品设计，然后将图纸交给另一部门进行工艺和制造过程的设计，最后交给制造部门进行生产，做出原型产品。各个部门之间的工作是独立地按顺序进行的，在设计过程中它不能及早考虑其下游各个制造过程及支持过程的问题，因此经常会造成整个串行过程设计修改大循环，使得开发周期加长，成本上升，质量也难以保障。而并行工程则是组织跨部门、多学科的开发小组，在一起并行协同地工作，对产品设计、工艺过程等各个方面同时考虑并设计，及时地交流信息，使各种问题尽早暴露并共同加以解决，这样就使得产品开发时间大大缩短，同时质量和成本都得到改善。

并行的产品开发流程是：当初步的需求规划确定后，以产品设计人员为主，其他专业领域的人员为辅，共同进行产品的概念设计。概念设计方案作为中间结果为所有开发人员共享，开发人员以此作为基础展开对应的概念设计，如工艺过程概念方案、后勤支持概念方案等。每一专业领域输出的中间结果既包括方案，又包括建议的修改意见。所有的中间结果经协调后，达成一致的认识，并根据此修改意见完善概念设计方案，然后逐步进入初步设计阶段、详细设计阶段。

2. 并行工程的主要思想及特点

并行工程是一种强调各阶段领域职能人员共同参加的系统化产品设计方法，其目的在于将产品的设计和产品的可制造性、可维护性、质量控制等问题同时加以考虑，以减少产品早期设计阶段的盲目性，尽可能早地避免因产品设计阶段的不合理因素对产品生命周期后续阶段的影响，缩短研制周期。

并行工程的主要思想是在设计时同时考虑产品生命周期的所有因素（可靠性、可制造性等，参见表 3 - 2），作为设计结果，同时产生产品设计规格和相应的制造工艺和生产准备文件；在产品设计过程中尽可能使各活动并行交叉进行，以缩短开发周期；在开发过程中所涉及的不同领域的人员要全面参与和协同工作，实现产品生命周期中所有因素在设计阶段的集成，实现各种资源利用的最大化。

表 3 - 2 产品设计时要考虑的因素

过程	需求阶段	设计阶段	制造阶段	营销阶段	使用阶段	终止
考虑的因素	顾客需求 产品功能	降低成本 提高效率	易制造 易装配	竞争力（低成本、标新立异）	可靠性、可维护性	环保

产品设计的并行方法的特点是：

（1）产品设计的各阶段是一个递阶渐进的连续过程，概念设计、初步设计、详细设计等设计阶段的划分只标志着产品和设计的粒度和清晰度。粒度是设计人员在设计过程中所考虑和处理问题要素的大小，清晰度表明设计对象在相应粒度水平上的确定性程度的度量。

（2）产品设计过程和产品信息模型经历着从定性到定量、从模糊到清晰的渐进演化。设计每前进一步，过程每循环一次，设计的粒度减小，信息的清晰度增加，不确定性减少，并行程度逐渐增加。

（3）产品设计过程和工艺设计过程不是顺序进行，而是并行展开，同时进行。

并行工程的目的是在设计阶段就能周密考虑产品生命周期各阶段的各种因素，以减少产品早期设计阶段的盲目性，尽早避免因产品设计的不合理对产品生命周期后续阶段的影响，缩短研制周期，更好地满足用户需求。

根据并行工程的思想，要提高产品开发过程的效率和柔性，必须从两方面进行变革：过程重构，从传统的串行过程转变为集成的、并行的产品开发过程；组织的重构，打破功能部门制的组织机构，建立跨部门、跨专业的开发小组。

3. 并行工程技术

（1）虚拟技术。产品设计趋向于高度集成化，同时考虑制造、装配、检测、维修、质量、环境等方面的约束，已超越了设计与制造间简单的信息共享。目前研究的关键技术包括：DFM（design for manufacturing）——考虑制造的设计、DFA（design for assembly）——考虑装配的设计、DFT（design for testing）考虑监测的设计、可维修性设计、可操作性设计等；计算机辅助技术，包括计算机辅助设计（CAD）、计算机辅助制造（CAM）、计算机辅助工艺规划编程（CAPP）、计算机辅助工程（CAE）等，这些技术确保了整个企业中的人员在适当时候以适当形式得到所需产品数据，使集成水平达到了更高阶段。Internet 使设计集成的范围更加广泛。Internet 技术为世界范围信息共享提供了一个很好的平台。STEP 标准作为设计开发集成的标准接口，已经发展到了实用阶段，从 1995 年初，许多著名的 CAD/CAM 系统供应商已开始推出商品化的 STEP 转换器，一些公司就利用 STEP 描述语言和参考模型开发它们的集成系统。

（2）统一的产品数据交换标准、设计标准化和产品生命周期数据库技术。统一的产品数据交换标准要求所有设计人员和有关部门必须用准确、明了、统一的语言（即数据标准）来表达；设计标准化能使设计人员在公司内做到信息共享；产品生命周期数据库技术可以使设计人员得到有关产品生命周期中的各种信息，有利于综合考虑制造、装配、用户需求等因素。

（3）全面质量管理技术和工具。全面质量管理技术和工具用于收集用户信息，将市场需求转变为具体的时间、成本、性能值，并监控整个系统建立过程，以便最大限度地满足用户的需求。这些工具包括田口方法、质量功能部署方法、统计过程控制、成本分析、价值工程等。

（4）设计开发过程网络计划技术。

（5）计算机协调管理系统。

4. 并行工程的人员构成

产品开发是一种创新活动，特别强调人的作用，离开了人的创造性思维要设计出创新产品是不可能的。而且，开发过程是一种全方位、涉及众多部门和人员的活动，因而组织和人员之间的沟通、协作显得尤为重要。一般情况下，并行工程的参加人员以工作小组的方式组成，包括：制造、装配、质量、营销人员。制造、装配、质量、营销人员等下游人员加入到开发小组，参与产品设计的早期活动，有利于预防设计的先天不足，减少开发的时间和费用，确保产品设计一次成功；顾客和供应商。顾客和供应商加入到产品开发之中，能减少不确定性，在设计中更好地反映顾客需求，提高产品适应市场的能力；环保人员。环保人员加入到产品设计小组中，其作用是在产品设计时要考虑到产品终止时的资源重用和环境保护问题。

在产品开发的不同时期工作小组成员的作用是不同的。随着产品开发过程的进展，小组成员之间的主次关系是变化的。在概念形成阶段，以市场营销人员和顾客为主，其他人员为辅；在设计阶段，以设计人员为主，制造、营销、质量等人员为辅；到制造阶段，以制造人员为主。

3.3　工 艺 选 择 与 管 理

产品加工工艺也是关系到产品质量、生产效率和生产成本的重要因素。加工一件产品一般需要经过许多道工序，每道工序的加工工艺是不同的。所以工艺选择既要对每道工序采用什么工艺作决策，也要对整个加工过程作选择。工艺管理是保证产品质量和降低成本不可缺少的一项工作，包括对产品设计图纸的工艺性分析与审查，拟定工艺方案，编制工艺技术文件和设计制造工艺装备等。

3.3.1 工艺过程选择

工艺选择通常要作三方面的决策：决定主要的制造技术、决定产品的基本制造流程、决定关键的制造设备。

1. 选择确定主要的制造技术

具体的工艺方案选择是一项比较细致的、工作量很大的任务。例如机电行业，整个制造过程中要完成多种性质不同的工作，要采用许多不同的工艺，任何一项工艺如果不能满足制造要求，都可能影响产品开发。

选择制造技术通常要考虑技术上的可行性和经济性两方面的因素。技术方案的选择是非常复杂的。比如，两片金属材料的成型、连接和精加工过程，就有 11 种铸造与造型方法，8 种切削加工方法，7 种不同的装配方式，8 种光整方法，或者说共有 44 种加工方法。这些不同的加工方法排列组合后会产生更多的工艺方案。因此，对于工艺设计人员，对每一项工艺都要作仔细的分析与试验，确保工艺的可靠性。但是对于企业高层主管人员只须考虑其中几种主要的工艺，这些工艺技术将决定产品能否加工，产品的关键功能是否能够较好地实现，产品的质量能否保证，制造成本是否经济，以及能否大幅度提高产品的附加值。另外，在选择技术时，还要从经济角度考虑，即从技术所具备的功能角度，选择适当的技术，避免选择过剩功能的技术。尤其是在引进技术时，要根据产品性能、质量要求以及生产规模等因素综合考虑后再确定。

2. 谨慎选择制造流程

不同的产品特点、不同的生产规模、不同的品种数量、不同的工艺方法都会影响制造流程的选择。选择的原则是有利于提高设备利用率和劳动生产率。图 3 – 2 描述了四种基本制造流程的特点和适用原则。

单件小批量生产方式适用于产品体积大、结构复杂、品种数量多、批量小的企业，例如，飞机厂、船舶制造厂、大型机床制造厂等。制造这些产品的企业需要大量不同的工艺，不同的加工顺序，迄今为止这类企业采用单件小批量的方式是最经济的。

产品 生产流程	顾客化（低产量）	多品种（中低产量）	品种较多（中批生产）	标准化产品（大量生产）	
单件生产	广告造船厂			不可能区域	高
成批生产		食品加工中型设备			柔性单位成本
大量生产			汽车厂电视机厂		
连续生产	不可能区域			炼油厂	低

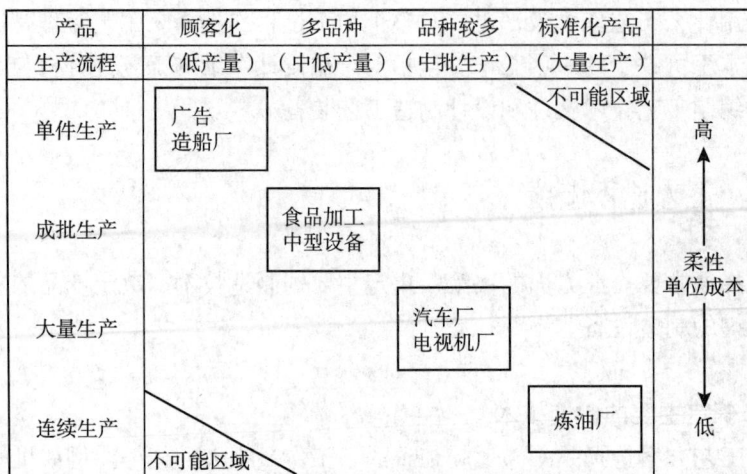

图 3－2　生产流程类型

批量生产方式一般适用于产品体积较大，需求量比较稳定，品种与数量也比较大的企业。企业可以组织稳定的生产线，有利于提高设备利用率和生产效率。

流水线生产方式是一种效率很高的制造流程，它适用于产品品种单一，生产量大而稳定的企业。这种生产方式是在一条流水线上大量地重复生产同一种产品，生产线被设计成按产品的加工顺序排列，加工对象按节拍从前道工序流向后道工序，逐次加工，可以得到非常高的生产效率。

连续生产流程往往被用于生产过程连续性和整体性较强和较大生产规模的企业，如炼油厂、化工厂、啤酒厂等。

一般而言，企业根据所生产产品特点和企业自身条件选择适合于自己的制造流程并不困难。但要指出的是选择制造流程时一定要谨慎。因为这是一项战略行为，既要考虑企业目前资源条件的限制，又要尽可能考虑到扩大生产规模，为以后的发展留下余地。

3. 设备的选择

在做出工艺和流程选择之后，就要根据工艺技术的要求选择相应的设备。影响设备选择的主要因素是设备功能要求和经济因素，而企业的经营目标和各项政策也对所选设备的复杂性和高级程度起着制约作用。在确定所选设备时，均应从技术和经济等方面考虑。

一般说来，设备可分为专用设备和通用设备。专用设备选择服从制造流程一般类型的选择。而企业也可同时配置通用设备与专用设备。如一家机械厂可配置车床、钻床、夹具（通用设备）和运输机器（专用设备）。一家电子企业可配置单一功能测试仪器，每次仅进行一项测试（专用），也可配置多功能测试仪器，每次进行多项测试（通用）。然而，当采用了计算机技术，通用设备与专用设备的区别就变得模糊了，因为一台通用设备能像多台专用设备一样高效运作。影响选择通用、专用设备的因素是多方面的，见表 3－3。

表 3－3　　　　　　　　　　　　　设备选择中主要决策变量

决策变量	考虑因素
最初投资	价格 制造商 可用的配套模具 空间要求 对辅助设备的需求
产出率	实际能力与额定能力比较 资源利用率
产出质量	满足产品规范的一致性
运行要求	操作的简便性 安全性 人为因素的影响
劳动力需求	直接与间接比率 技能与培训
柔性	通用设备与专用设备的对比 专用工具
生产准备要求	复杂性 转换速度
维护	复杂性零部件的可获得性
折旧	技术发展水平 技改的便利性
在制品库存	缓冲库存的时间安排与需要量
系统范围内的影响	与计划系统的联系 控制活动 与生产战略相适应

在进行设备选择决策时，除对上述因素进行定性分析外，还应对拟选设备进行经济分析。对初始投资、运行费用、折旧期限、投资回收率等进行定量分析。损益平衡分析分析就是一种很好的方法。

3.3.2 工艺设计与管理

工艺设计与管理涉及的范围比较广,用到的数据和信息量相当庞大,又与生产现场的个人经验水平密切相关。工艺设计与管理工作的主要内容有以下几个方面。

1. 产品设计图纸的工艺分析和审查

产品图纸的工艺分析和审查,是保证产品结构工艺性的重要措施。产品图纸的工艺分析和审查的主要内容有:产品结构是否与生产类型相适应,是否充分地利用了已有的工艺标准,零件的形状尺寸和配合是否合适,所选用的材料是否适宜,以及在企业现有设备、技术力量等条件下的加工可能性和方便程度。

对产品设计图纸进行工艺性分析与审查,一般以工艺员为主,会同质量管理人员、该产品的专业工艺员和车间有经验的工人共同进行这项工作。重大新产品还应请企业技术负责人参加,并要事先进行必要的工艺试验,审查结束还应履行会签手续。

2. 工艺方案的拟定与选择

工艺方案是工艺设计的指导性文件。工艺方案一般在编制工艺技术文件之前拟定。工艺方案主要是确定产品的工艺加工路线,明确编制工艺规程应遵循的原则,明确关键工艺及其解决办法,确定工艺装备系数和工装设计原则。

生产一种产品可用不同的设备和方法来进行,使用的设备和方法不同,其经济效果也就不同。因此,在拟定工艺方案过程中,需要对不同工艺方案进行选择,从中选出效益好的工艺方案。选择方案可通过分析工艺成本来进行。

工艺成本是产品在加工制造过程中发生的费用。工艺成本按费用与产量的关系划分,可分为固定成本与变动成本两种。固定成本是指不随产量变化而变动的成本(比如一次投入的工装模具费);变动成本是指随产量变化而变动的成本(如操作工人的工资)。全年工艺成本可用以下公式计算:

$$C = F + V \cdot P$$

式中:C 为年工艺成本(元/件);

V 为单位产品变动成本(元/件);

F 为固定成本(元/年);

P 为产品年产量(件/年)。

3. 工艺技术文件的编制

为了落实工艺方案，给产品试制生产提供确切的依据，需要编制各种技术文件，其中包括：工艺规程、劳动定额表、材料和工具消耗定额表等。最主要的是工艺规程。

工艺规程是对产品零部件加工路线、加工方法、操作规范、产品检验标准和检验方法等的具体规定，它是指导产品加工和工人操作的技术性文件。

工艺规程的主要形式有以下几种：

工艺过程卡片（或称工艺路线卡）。它是按产品的每种零件编制的。它规定着一种零件在加工过程中所要经过的路线，列出所需经过的各车间、各工序名称，注明使用的设备和工艺装备等等。

工艺卡片。它是按加工对象的每个工艺阶段（一般按车间）编制的。规定着加工对象在这个工艺阶段所要经过的各道工序，以及各道工序所使用的设备工装和加工规范（切削用量、工时定额、材料规格用量等），它是用来指导车间生产的工艺文件。

工序卡片（或称操作卡片）。它是按产品或零件的每道工序编制的。它规定着每道工序具体操作方法和技术要求，它是用来指导工人操作的工艺文件。

企业生产类型不同，需要采用的工艺形式也不一样。单件生产企业一般只编写过程卡片，个别的编写工艺卡片；成批生产企业一般编写过程卡片与工艺卡片，只对重要的零件和工序编写工序卡片；大量流水生产企业则三种形式的卡片都要编写。

另外，还要注意工艺规程典型化。工艺规程典型化就是在对零件进行分类基础上，为同类型零件编制通用的工艺规程。这样在制造产品时，就无须为每种新零件都编一套工艺规程，每一类零件只编一套就可以，甚至可以借用现有的工艺规程。推行工艺规程典型化，可大量减少工艺装备的工作量，缩短工艺准备周期和降低工艺准备费用。

4. 工艺装备的设计与制造

按照工艺要求制造产品，还需要为它设计和制造一些必要的专用工艺装备。所谓工艺装备，是指为实现工艺规程所使用的各种工具的总称，如机械企业制造产品所用的各种量具、刃具、模具、夹具等。工艺装备是贯彻工艺规程的物质保证，是实现优质、高产、低耗和安全生产的重要手段。

（1）工装的分类。工艺装备按适用范围不同可分为以下三类：

标准工装——适用于加工各种各样的产品；

通用工装——适用于加工几种产品或零件；

专用工装——只适用于加工一定的产品或零件。

标准工装一般由专业厂生产，企业可以购买。专用工装必须由本企业自制，开发新产品所要设计制造的一般是专用工装，专用工装与标准工装相比，优点是生产效率高、加工质量好；缺点是使用范围窄、准备周期长、成本高。

（2）合理确定工艺装备系数。所谓工艺装备系数，就是为制造某种产品而设计的专用工装种数与所制造产品的专用零件种数之比。用公式表示，即：

$$工艺装备系数 = \frac{为该种产品设计的专用工装种数}{该种产品中专用零件种数}$$

工艺装备数量多少，可以通过工艺装备系数加以确定。采用专用工装数量取决于企业的生产类型和生产批量大小，因为生产批量越大，采用专用工装就越合算。

（3）积极开展工艺装备的"三化"工作。工装设计与制造是工艺准备过程中工作量最大、周期最长的一项工作。工装设计与制造劳动量占工艺准备总劳动量的比例，在大量生产类型企业为80%左右，成批生产类型企业占50%左右。所以，为了缩短整个工艺准备周期并节省工艺准备费用，对工装设计也应实行标准化、系列化和通用化。

组合夹具就是一种高度标准化的工艺装备，它是由一套预先制造好的元件所组成。这些元件各有不同的形状、尺寸和规格，利用这些元件根据被加工对象工艺要求，可以很快地组装成所需要的夹具。采用组合夹具不仅节约时间而且能大量减少工艺准备费用。

3.4 服务开发与设计[①]

3.4.1 服务开发

1. 服务开发基本类型

服务开发的范畴较广，不同类型的新服务开发具有不同的创新水平，表3-4列出了不同创新度服务开发的6种基本类型。

---

① 蔺雷，吴贵生. 服务管理. 清华大学出版社，2008.

表 3 - 4　　　　　　　　　　　　　　　　不同创新度服务开发

类型		描　　　述
突破创新服务	重大创新	对市场来说是全新服务
	启动新业务	现服务市场中引进新服务
	当前服务中引进新服务	对现在顾客和组织提供企业原来未提供服务
渐进创新服务	服务产品线扩展	现服务的扩展，引入新的过程
	服务改善	当前服务特性在某种程度的变化
	风格与形式变化	对顾客服务体验有可见变化及不改变基本特性风格变化

2. 服务过程再设计类别

除全新服务开发外，对现有服务进行再设计也是一种可行的服务开发方法。服务过程的再设计是指对现有的服务过程的更新，科技的发展、顾客需求的变化、服务功能的增加等，都会使现行的服务过程发生变化。服务过程再设计的目标是：减少服务失误的数量；缩短从服务开始到服务完成的循环时间；提高服务产出；提高顾客满意度。

基于提高客户利润或降低客户成本考虑，服务再设计包括下列 5 种类型，其中列出了每种类型为企业和顾客带来的潜在收益和挑战。

（1）前台流程简化服务：指通过前台流程的简化来提高服务的活力。例如，旅馆或餐厅的快速结账、医院的预约手续、预约高速公路的通行费等。前台服务效率的提升能在服务传递中改善客户的体验。

（2）自助服务：指客户转变为生产者的模式，企业通过服务流程再设计能够在利用率、准时性和人员控制方面提高客户收益。诸如网上银行等企业通过互联网提供的服务就是自助服务的实例。

（3）直接服务：指无需客户到达服务提供商所在地，企业直接在客户所在地提供服务，如计算机远程教育和培训服务、干洗衣物上门服务等。

（4）捆绑式服务：指将多种服务组合在一起提供给客户，这样能为客户带来便利性，较单独购买每一项服务有更大价值。

（5）实体环境服务：指通过改变与服务相关的有形物体或服务的物理环境来改善客户体验。例如，航空公司通过对飞机内部进行再设计可以改变整个飞行体验，如设置皮革的座椅、两个一排的座位，提供瓷盘子以及棉布的餐巾纸等；再如，餐厅将座位改成秋千座位、将饭桌改为石板桌等。

3. 服务开发过程

服务开发过程分为导向、设计、试验和引入 4 个阶段，共 15 个步骤：

第一阶段：导向阶段。

（1）制定新服务目标与战略。新服务开发的战略必须服从企业全局战略，而且要以满足市场上顾客的主要需求为导向。一旦形成导向，战略决策的重点就在于寻求价值提供和成本控制之间的平衡点。

（2）创意产生。激发新服务创意的渠道很多，包括顾客需求、顾客投诉、服务人员、竞争对手和供应商等。

（3）创意筛选。对激发出的多种新服务创意，通过筛选程序保留少数有希望的创意，分析的重点在于关注创意的可行性和潜在收益性。

第二阶段：设计阶段。

（4）概念开发。经过层层筛选的创意进一步发展成为服务概念。服务概念的核心是确定为顾客创造的利益、解决问题的方案以及所提供的价值。

（5）概念检验。概念检验是一种调查工具，用来评估潜在用户是否：理解新服务的概念；响应该项新服务；认为该项服务提供的利益与需求相符。通过概念检验测定潜在顾客对服务概念的反应，能够剔除对顾客缺乏吸引力的服务创意，使服务设计者将精力集中于顾客真正感兴趣的服务概念上。

（6）商业分析。新服务通过概念检验后，服务设计者必须确认该项服务在经济上是否可行。这一阶段分析包括新服务的市场评估、需求分析、收入预测和成本分析。若分析结果表明该项服务有足够大的市场，生产、销售后能产生利润，该项新服务就值得向高层管理者推荐和实施。

（7）项目认可与授权。若经营分析和利润预测结果与高层管理者的标准相符，那么这个新服务项目将会得到认可，项目实施所需的资源会流向新服务传递系统的设计和实施中。

（8）服务设计和测试。在该阶段，需详细描述服务的各项具体特征，以区别于其他服务。

步骤（8）和步骤（9）必须同时进行、并行操作。新服务开发的整个阶段［步骤（1）到步骤（15）］都要采用跨部门的团队合作方法，若之前时机未成熟，应从这一步开始团队合作。

（9）过程和系统的设计与测试。该阶段要完成最详尽的服务设计。服务设计都应了解以下几个要点。首先是了解服务特征对流程设计的影响：顾客接触的性质；顾客参与服务生产的程度；顾客定制化的程度；产品和设备在服务传递系统中的作用；服务的客体（如顾客身体、随身物品）；预期需求。其次，服务设计者必须清楚了解上述特征对服务前台、后台（基于可见度分界线的划分）中各因素的影响，前台包括顾客在接受服务时一切可见的、可触摸到的东西，后台包括操作员工、设施和支持前台服务但没必要出现在顾客面前的各种流程。

服务设计者可以运用基于质量功能展开的质量屋、标杆学习、服务蓝图等方法进行具体的过程和系统设计。这一阶段要经过多次反复修改和调整，在此之后还要进行内部的检验测试。若可能，应尽可能在真实状况下与真实的顾客一起进行测试，若这一点很难实现，可以由员工和其家属事先体验新服务。

（10）营销方案的设计和测试。对一个新服务项目的推介、传递、销售的营销方案必须同潜在的顾客一起进行设计和测试。

（11）员工培训。首先要进行对新员工的招聘或对现有员工的挑选。员工选择标准必须与服务流程设计同时进行。在招募新员工完成后，员工要接受系统的培训和了解整个系统，同时企业应对他们赋予足够的权力，以使其更好地帮助顾客解决问题。

第三阶段：试验阶段。

（12）服务检验与小规模试运营。这是一种实地测试。该步骤的服务检验局限在有限的范围内（一个或几个地点）。但是，服务、员工和顾客都是真实的。其目的在于根据第一手资料确定顾客对服务的认可度，并根据顾客反馈的信息进行必要的调整和修改。

（13）营销试运营。该步骤用来检验新服务项目的可行性。服务的提供仍然在有限的范围内，但较步骤（12）的范围稍广（如在几个分部、单个区域推行服务），同时还可以测试市场营销方案的有效性。

第四阶段：引入阶段。

（14）全面投放市场。当新服务测试完毕，调整和修改都完成后，全面启动该项服务并推向市场。

（15）投放后评价。该阶段用来测定目标实现和程度，并决策有无必要进一步地调整和修改。这一步骤不应成为服务过程设计和开发的终点，而要通过顾客和一线员工的反馈，评估新服务的成功之处，顺应变化的外部环境来调整和改进服务。

3.4.2 服务设计

服务设计是指服务企业根据自身特点和运营目标，对服务运营管理作出的规划和设计，其核心是完整的服务包与服务传递系统的设计。服务设计的要素可以划分为结构性要素和管理要素，它们向顾客和员工传递了预期服务与实际得到服务的概貌。

1. 结构性要素选择与设计

（1）传递过程设计：前台和后台、流程、服务自动化与标准化、顾客参与。

（2）设施设计：大小、艺术性、布局。

（3）地点设计：地点特征、顾客人数、单一或多个地点、竞争特征。

（4）能力设计：顾客等待管理、服务者人数、调节一般需求和需求高峰。

2. 管理要素规划与设计

（1）服务情境：服务文化、激励、选择员工和培训员工、对员工的授权。

（2）服务质量：评估、监控、期望和感知、服务承诺。

（3）能力和需求管理：需求/产能计划、调整需求和控制供应战略、顾客等待的管理。

（4）信息设计：竞争性资源、数据收集。

3. 服务设计常用基本方法

服务设计包括三种基本方法：工业化设计法、定制化服务设计法、技术核心分离设计法，在此基础上又形成了改进的服务设计法。

（1）工业化。工业化设计法又称生产线法，它试图将制造业对生产过程的控制观念引入服务业，运用系统化、标准化原则，将小规模、个性化和不确定的服务系统改造为大规模、标准化和稳定的服务系统。生产线方法可以保证服务企业提供稳定的质量和高效地运作，所有工作是在受控的环境中完成的。

工业化设计法内容包括：

首先，服务包的标准化。这是指通过对服务包的分析，尽量减少其中的可变因素，使服务包的各个要素实现标准化，为顾客提供稳定、一致的服务。标准化服务的一致性是生产线方法的优势所在，也是顾客关注的中心。例如，分布在全国各地的马兰拉面馆的提供的拉面要在色泽、口感、服务上保持一致。

其次，服务系统的标准化。这是指通过分析服务运营的各个阶段，在适当的地方采用机械化和自动化设备来替代劳动密集型劳动，以提高标准化程度和效率，减少人为差错。例如，麦当劳使用物料检测系统、自动化烹饪设备、自动点餐和收银机等大大提高了后勤准备、快餐制作和前台运作的标准化程度。

最后，设计和控制的标准化。这是指运用系统化的方法，使运营过程的各个阶段得到精密的组织和控制，以此增加系统运转的稳定性，提升系统的运营效率。

从技术应用的角度看，工业化设计方法的实施包括"硬技术"和"软技术"两方面的应用。硬技术的应用是指用机械和自动化设备、信息系统等替代传统的人工劳动，如银行自动柜员机（ATM）、自动售货机、汽车自动清洗与上光设备、地铁的自动售票和检票装置、民航的联合订票系统等。软件术的应用是指对服务组织和管理系统进行精确、严密的规划和设计，以实现标准化，如现代连锁超市、图书馆、快餐业、邮政快递等标准化流程与操作规范。

（2）定制化。工业化设计法适用于技术密集、标准化和大规模的服务类型，而在许多服务类型中，顾客需要非标准化、个性化的服务。在这种情况下，服务企业要运用定制方法，考虑顾客的偏好、特点和需求，将顾客作为一种积极的生产资源纳入服务系统，以此提高服务系统的运作效率。

定制化服务设计法的主要内容如下：

首先，把握顾客需求，确定服务流程中的顾客参与程度。具体表现为：充分理解和把握顾客的个性化需求；分析顾客在服务提供过程中的行为，考虑可能出现的各种情况；分析服务提供的整个流程，确定哪些工作可以由顾客承担，是否可以让顾客拥有更大的控制权；最终确定顾客在不同服务提供环节中的参与程度。

其次，注重服务传递系统的灵活性和顾客学习。具体表现为：根据以上分析，重新设计或改进服务传递系统，使其为顾客参与和控制留下更大空间，推动顾客化服务高效、保质的进行；要使顾客更多地参与服务提供过程并行使自主权和控制权，就必须巧妙地使顾客快速、简单地掌握所需的技能和知识，避免由于顾客参与而造成服务系统运营效率的降低；举办有关活动和采取一定措施，吸引、帮助顾客主动参与服务提供过程。

再次，在服务提供过程中给予员工更大的主权。为员工制定相应的服务措施、操作规范和授权方式，使其在顾客化的服务设计中发挥积极、有效的作用。

最后，动态监控和评价服务绩效。不同顾客的服务要求有很大差异，因此必须随时关注服务提供的过程和结束，并及时评价，才能不断改进服务系统和提高服务水平。

相对于工业化设计法，定制化服务设计法能通过提供更加个性化的服务来满足顾客偏好，并通过顾客的参与和主动调节供需平衡而在一定程度上改善服务效率。但总体来说，服务的个性化必然会影响服务系统的运营效率，因此，必须合理确定顾客的参与环节与程度，以实现满足个性化需求和提高服务效率的目的。

此外，要顺利实施定制化设计法，还必须在充分了解顾客、硬服务设施（包括新技术和自动化设备）、软服务设施（如管理体系、信息系统）的基础上，将三者融合在一起，使顾客参与和服务传递系统产生协同作用，以此改善服务水平和效率。

（3）技术核心分离。技术核心分离设计法又称顾客接触设计法，它将服务系统分为高顾客接触部分（前台）和低顾客接触部分（后台）。"顾客接触"指顾客亲自出现在服务中的过程与活动，"顾客接触程度"可以用顾客出现在服务活动中的时间与服务总时间的百分比表示。在高接触度系统中，顾客通过直接接触服务过程而决定需求时机和服务性质。在低接触度系统中，顾客不会对生产过程产生直接影响。

高接触度的前台采用顾客化的设计思想和方法，满足顾客的个性化需求，灵活处理各种具体问题；低接触度的后台类似于制造工厂，按照工业化的方法设计"技术核心"，通过使用自动化设备、标准化流程和严格分工，达到较高的运营效率。前、后台之间的衔接部分用于信息和物料交换，对前台的个性化工作进行初加工，以利于后台的批量处理。因此，技术核心分离设计法既能满足顾客对服务的多样化需求，又能充分利用工业化方法的批量生产实现规模经济。

技术核心分离设计法的内容包括：

首先，确认、划分高接触部分与低接触部分。具体表现为：按照接触度将服务系统划分为高接触系统与低接触子系统；找出两个子系统的关键运营目标，确认子系统及下属各单元的工作任务；建立两个子系统之间的衔接，使其能良好地协同运作。

其次，设计高接触部分。具体表现为：仔细评估与顾客接触各个环节的重要程度和不同环节顾客的真正需求；充分利用顾客化设计方法进行服务系统设计，尽量减少可能影响服务效率的不必要的接触，如用自动化服务替代部分人工服务（如自动柜员机、自动售货机、自动查询系统等）。

再次，设计低接触部分。具体表现为：遵循工业化设计的概念，采用新技术和自动化设备，制定时间、费用标准，对服务系统的资源、流程和产出进行精确控制；分离前台与后台，整合后台工作，以此降低费用、提高效率。

最后，以整合性观点对各个部分进行全面考察和评价，找出衔接不良或未能使系统综合运营水平达到理想目标的环节，全面改善整个服务系统。

技术核心分离设计法的关键是对高接触部分和低接触部分的设计以及在低接触作业中分离核心技术的能力，因此必须对各自的设计特点有清楚的认识。其中，高接触服务活动要求员工有较强的人际关系处理技能，其服务水平和行为不确定；低接触服务作业可以与高接触服务作业在实体上分离。后台活动按工厂方式作业而高效使用生产能力，因此可凸显前台与后台分离的好处。

（4）改进技术。上述三种设计法各自存在不足，需要改进。改进的主要思路是以技术核心分离法为基础，根据不同的服务需求、服务类型以及企业自身特点，分别确定其定制化和技术化的程度。有以下一些改进方向：

首先，前台的充分定制化。改进后的设计方法应当成为前台定制化、后台技术核心分离的组合，以前台为中心设计服务系统的运营。

其次，倡导内部顾客服务（即员工服务）思想。在服务传递系统的各个部分设计中，将满足内部顾客（员工）作为设计和运营的目标，这有利于减少内部运营中的失误，改善前后台之间的交流协调，提高内部运营的质量和效率。

再次,强调对员工的授权管理。赋予前台和后台员工必要的服务工作决策权力,使前台员工能灵活地满足顾客需求,提升后台员工的积极性和满意度,改善企业内部工作环境,改进员工间的关系,最终提高后台运营效率和服务品质。

最后,强调后台设计中信息管理的重要性。将后台划分为"信息"部分和其他部分,信息部分执行服务运营的信息处理,使各个部分高效协调运转,例如银行业的跨行处理系统、通信业的通信网络、交通业的资源管理系统、餐饮业中负责中心调度的人员等。在后台的非信息部分,要用内部顾客服务、员工授权等方法进行设计。

改进后的服务设计方法的内容包括:

首先,企业研究与顾客研究。包括企业目标、企业特点、顾客需求分析、顾客心理与行为分析。

其次,服务包的设计。包括隐性服务要素设计、显性服务要素设计、支持性设施设计、辅助性设施设计。

最后,服务传递系统的设计。包括按照与顾客接触的程度划分服务系统的前台、后台、各级"内部顾客"与其"服务提供者"的关系分析、前后台之间以及各级"内部顾客"与其"服务提供者"之间的衔接部分、前台后台部分的设计等。

【本章小结】

科学技术飞速进步和生产力的发展,社会消费水平日益提高,企业之间竞争加剧,加上政治、经济、社会环境的巨大变化,使得需求的不确定性大大增强,导致需求日益多样化。企业所面对的是一个变化迅速且无法预测的买方市场。企业要想在这种严峻的竞争环境下生存下去,必须加强企业的研究与开发,提高快速开发新产品和改造老产品的能力,使企业具有强有力的处理环境的变化和由环境引起的不确定性的能力,才能使企业赢得竞争。本章是生产运作管理中主要内容之一,阐述企业研究与开发的概念及其策略同时,介绍了制造业产品开发与设计方法及其工艺选择考虑因素,并就服务产品开发与设计的类型、过程和具体常用方法进行展示。

【推荐读物】

1. 王永贵,贾鹤编.产品开发与管理:案例·点评·分析.北京师范大学出版社,2008.

2. 金涛等.产品设计开发.海洋出版社,2010.

3. 朱少军.工艺管理简单讲.广东经济出版社,2006.

4. 蔺雷,吴贵生.服务管理.清华大学出版社,2008.

【复习与思考】

1. 现代研究与开发工作是如何分类的？各有何特征？
2. 企业 R&D 的主要内容是什么？在产品寿命周期各阶段各应采取何种策略？
3. 企业 R&D 的主要策略有哪些？应如何加快企业 R&D 的速度？
4. 什么是新产品？其开发方向和程序是什么？
5. 什么是产品设计的"三化"？为什么要实行"三化"？
6. 什么是并行工程？其主要思想和特点是什么？
7. 谈谈服务设计中有哪些结构性要素和管理要素？
8. 试述服务设计基本方法各自特点。
9. 结合身边实际服务体验，使用 4 种设计方法重新设计那些服务。

【案例】

巴博银行服务再设计

"我知道下一步我们能做什么，到现在为止一切都是那么成功。"营销服务部经理凯说道，"对客户进行礼貌服务的承诺如何？我们承诺会欢迎顾客，专心服务，并在离开时感谢他们。正如我们的其他服务承诺一样，如果我们没有较好地做到这些服务，我们会支付给客户 5 美元！你觉得这个方案怎样呢？"在周二上午营销控制专责小组（MCTF）月会上开始了这次讨论。Bourbon 银行服务保障经理莎拉在这些发言之后，仔细考虑了公司要成为服务行业的领袖，下一步应该怎么做。

4 年前，银行就在确认目标顾客需求和分析竞争对手方面开展了广泛的研究，银行界定了未来的发展方向。借助于广泛市场调查，管理层很快意识到某些特定的服务特性，比如便利的位置、支付顾客账户利息以及延长分行营业时间等几乎成为了所有竞争者都会执行的一种基本标准（订单资格要素）。Bourbon 银行领导决定为了取得竞争优势，在基本要求之上，他们还必须提供给顾客更好的服务。为了达到这一目标，所以建立了营销控制专责小组。

现在正值 10 月份，银行的服务承诺计划已经就位 10 个月了。从 1 月份起，媒体就将服务承诺宣传给公众，而银行的员工也接受了培训。短期内，要想评价服务承诺计划的结果是很困难的。莎拉的确知道在这 10 个月内，银行支付了 860 美元，每月的支出似乎没有多少波动。在 MCTF 例会上，莎拉是唯一一个提出了尖锐问题的人，她问道，服务混乱和过失减少了吗？员工受到激励并提供了超出预期的服务吗？银行的业务变得更好了吗？或者，正如 Ebelhar 小姐在今天会议一开始提出的那样，用 5 美元的支出，下一步应该增加一个还是两个服务承诺？这可能就是加强该设计以及强化 Bourbon 银行致力提供优质服务所必需的。

为了确保 Bourbon 银行的服务质量在业内是最优秀的，黄金服务承诺计划营运而生。这种新的服务水平不仅是一种竞争优势，还是新的企业文化的基本组成部分。

黄金服务计划的起始阶段由一系列宣传材料、广播和电视广告组成，同时还有面向顾客和员工的推广宣传。在这个"认识阶段"里，目标就是建立起市场对于 Bourbon 银行关注服务质量的总体认识。下一个是"行动阶段"。在这个阶段，银行要特别展示出优质顾客服务意味着什么。通过执行外部顾客计划和内部员工计划，可以证明银行的承诺是完成了原始阶段建立起来的理念。媒体宣传在这一阶段起到了重要作用，同时内部使用的宣传短片也建立起了服务承诺意识和行动。

在外部，设立黄金服务热线。在过去的 10 个月里，虽然服务人员已回答并解决顾客的任何问题，但银行客户服务中心应答平均时间缩短了，而不是增加了。所有分行的单项业务专柜窗口都增加了表示友好的标牌。这些都是为了让那些需要进行简单业务和快速响应的顾客满意。

银行内部开始员工的服务培训。对全部 6 200 名员工进行了为期两天的全面培训，教会他们怎样做到"顾客服务保证"的各项要求。在培训完毕并签署了承诺书后，每个员工都会收到一块刻有保证的镇纸。这一阶段的目的就是使"黄金服务"对顾客和员工都更有意义。

银行初期推行了三项具体承诺。第一，保证支票和储蓄账户是正确无误的。如果发生了错误，不管是什么原因，顾客都收到 5 美元。第二，承诺在顾客指定的时间内回复其的按揭或汽车贷款申请。这项承诺是接受申请的员工个人做。如果员工没在顾客要求的时限内给予客户答复，Bourbon银行会支付给顾客 5 美元。最后，黄金服务热线将在电话里回应顾客。即银行承诺顾客的电话不会被接到别处，也不会让顾客重复他们的问题，更不会让他们自己去解决问题，否则，员工会当场赔付顾客 5 美元。所有赔偿都会存入顾客的银行账户。

一项 5 美元的支出同每一项保障相连，并在援引保障时支付给顾客。另外，还要填写一张描述该事件的表格。不管是员工还是顾客都能填写该表格，但是双方都必须签名。随后这张服务问题表格会送往跟踪中心。每个月，管理者都会收到关于违反承诺及其位置的综合报告，但报告不会给出具体犯错的个人。MCTF 会收到分行出具的报告摘要。

莎拉是 MCTF 成员唯一一个质疑这些服务承诺计划成功性的成员，但她不会告诉任何人，她工作是依赖于这项服务承诺计划的，其他每个专责小组的成员，甚至总裁 Del Carr 先生都加入了引导并大肆宣传该计划成功性的潮流中。但莎拉个人还有许多关于服务承诺的疑问。

资料来源：科利尔，埃文斯著. 马风才译. 运营管理. 机械工业出版社，2011.

【讨论题】

1. 服务承诺项目的目标何在？
2. 服务承诺项目是否成功？
3. 为兑现服务承诺，银行的服务和流程是否当地进行了重新设计？
4. 在 10 个月内，300 家分行所增加的 860 美元开支是高还是低？
5. MCTF 下一步应该如何做？

吉福德医院药房工艺流程问题

吉福德医院正试着在提高人和医疗服务的同时降低成本。一药房要启用两种药物：类似于静脉注射之类的液体药和药丸之类的成品药。药房会购进散装的医药瓶和容器,并根据医生处方要求将其分为小剂量。药房的目的就是"在正确的时间对正确的病人使用正确剂量的药物。"该过程发生错误的结果会导致不可预见的病人健康影响如过敏反应,甚至更为极端的例子就是病人的死亡。病房内部研究发现错误率在0.01%~15%。

吉福德医院病房工艺流程包括七个主要步骤:

(1)通过手写处方、电话或医院网络系统接受医生病人的医嘱。这一步每张处方平均要花0.2分钟,可以由医疗师或合法执业药剂师完成。

(2)必要的话不管通什么方法都要验证核实医嘱。例如,如果手写的看得不清楚,必须联系医生核实处方。只需要一名执业药剂师就可以完成这一步,根据处方特点花1~10分钟,并挑出潜在的问题。因为只有10%的处方需要进行全面的核查,这一步的加权平均时间是1.9分钟(0.9×1分钟+0.1×10分钟)。

(3)如果处方副本存在的话,做出判定并检查病人的过敏反应历史和目前的医疗状况。使用医院病房电脑系统该工作活动平均要1.4分钟。只需要一名执业医师就可以完成这一步骤。

(4)确定药物有现货,没有过期,需要的种类和数量都可以。只需要一名执业医师就可完成这一步,而且只花1分钟。

(5)为药方准备,包括标签并将正确的标签贴到正确的药瓶上。只需要一名执业医师就可以完成这一步平均只花4.5分钟。

(6)将处方存放在适当的位置以便可以拿取并交付给病人。只需要一名执业医师就可以完成这一步,而且只花1分钟。

(7)准备好所有费用,必要的话写下注释或说明,在病房电脑系统上注销病人的医药记录。这一步要花2分钟,可以由一名执业医师完成。

目前,医生为每一份病人的处方完成2~7步。两名医疗技师一直在接受处方、接电话、接收攻击和货架、通过服务窗口递送处方,还要在医生护士巡视药房服务窗口时同其进行交流。你已经作为一名改善流程的咨询者被召集来,并开始考虑以下案例讨论问题:

(1)画出流程图,包括工艺时间和每件工作活动产率。

(2)作为基准绩效测评指标,如果星期一早上8点到9点之间来了32份处方,5名药剂师在职,劳动力的利用率是多少?

(3)医院病房有任何别的方式可以组织工艺并安排药剂师填写处方吗?明显识别1或2种替代工艺设计方案,并以简短的篇幅讨论每一部分的优缺点。

(4)你最终的建议是什么?

资料来源:科利尔,埃文斯著,马风才译.运营管理.机械工业出版社,2011.

第4章

生产运作系统规划与设计

【学习目标】

1. 掌握生产运作系统生命周期各阶段及相关决策。
2. 熟悉各类设施选址和布局方面内容。
3. 了解现场管理主要内容及其方法。

【管理案例】

  一度炒得沸沸扬扬的沃尔沃选址终于有了可信的答案。吉利兼沃尔沃汽车董事长李书福及其助理宁述勇近日在接受国外媒体采访时透露，沃尔沃在中国将新建三个汽车工厂，分别位于上海嘉定、成都和大庆。李书福透露，"任何一家工厂的装备都可以保证每年10万辆的汽车产量。"

  昨日，李书福助理宁述勇向成都商报记者证实，上述消息都是真实的，的确有在这三个地方新建沃尔沃基地的想法和计划，之所以之前一直没向国内媒体透露，主要是一些细节还没有确定。

  虽然此前有相关地方政府官员透露了基地设立的消息，但吉利高层对沃尔沃的选址一直三缄其口，此次表态为自收购沃尔沃以来首次回应基地选址问题。相关人士表示，吉利首度罕见表态，说明沃尔沃基地问题基本得到了解决。

  据报道，李书福的助理宁述勇近日接受国外媒体采访时透露，吉利和沃尔沃正考虑在中国新开两个汽车工厂，其中一个位于上海，另一个位于成都。这些消息在近期得到了李书福的证实。

  而李书福近日在国外媒体采访时称，第三家工厂的选址有可能落户于大庆。李书福表示，"任何一家工厂的装备都可以保证每年10万辆的汽车产量。"

  业界人士认为，选择大庆在意料之中也在意料之外，因为就目前而言，还没有任何汽车制造商在大庆建厂。不过，李书福表示，吉利之所以选择大庆部分原因是出于对大庆和上海市政府向其提供的资金支持表示感谢。据悉，大庆对吉利提供的资金支持为4.44亿美元，上海为其提供1.48亿美元。李书福表示，三家工厂落户不同的城巾可以使沃尔沃很容易满足不同区域对汽车的需求。

李书福助理兼吉利沃尔沃项目发言人宁述勇昨日向成都商报记者证实了相关消息，他称相关报道是真实的，但一些细节和环节还没有落实，需要进一步讨论。宁述勇同时表示，吉利和沃尔沃会有正式的新闻发布。据了解，本月中旬，李书福还将飞往沃尔沃总部瑞典，组织召开董事会，就吉利沃尔沃下一步的中国发展进行商讨。

与上海嘉定和大庆不同的是，成都工厂不需要重建，只需要升级，李书福表示，目前对该工厂已经做出了某些调整，以期能够满足沃尔沃汽车产品质量的标准。

李书福也透露，成都工厂有望打造沃尔沃 S60 轿车，但尚未决定其他两家公司生产的汽车类型。但早前有知情人士表示，沃尔沃还考虑利用成都工厂生产 XC60 跨界车。

近日，成都商报记者赶赴位于成都龙泉驿经济开发区，了解沃尔沃基地建设情况。成都龙泉驿经开区位于成都市区东南部，从市区出发，需要约 40 分钟时间。龙泉驿汽车城汽车基础雄厚，包括一汽大众、一汽丰田、银河汽车、青年汽车和日本神钢等八家整车生产企业，以及上百家汽车关键零部件生产企业。

到达龙泉驿后，再往东南方向行驶约 10 分钟，就到车城东七路 366 号的成都高原汽车工业有限公司，这儿正是吉利的沃尔沃基地。记者了解到，高原汽车公司面积大概 1 000 亩，已有整装车间在内的三个大型厂房。高原汽车的保安指着组装车间后面的一个试车厂告诉成都商报记者，"听说那儿还要建沃尔沃厂。"

目前，吉利正在为沃尔沃生产做最后准备，并对成都龙泉基地的部分生产线进行升级和调试，沃尔沃基地还要在高原汽车旁新增 1 000 亩土地，成都商报记者看到，在试车厂后面，还有一大块空地，足够建立新厂。据了解，成都沃尔沃基地将生产 S60 新车，有望年底下线。

资料来源：http://www.ezjsr.com，2010.9.15.

【重要概念】

生产运作系统及其生命周期（Production System and its Life Cycle）；价值链（Value Chain）；供应链（Supply Chain）；设施选址（Location）；设施布局（Layout）；现场管理（Field Management）。

生产系统规划与设计就是运用价值链、供应链等科学的方法和工具对企业各组成单位、设施及过程进行合理的配置。它对生产系统的运行有着非常重要的影响，是企业生产战略的一项重要内容，也是实施企业经营战略的重要步骤。生产系统的规划与设计是在产品开发、工艺设计之后所进行的生产服务设施选址与布置、生产流程的设计与选择、生产过程的组织等工作。

4.1 现代生产运作系统结构设计

4.1.1 生产运作系统的生命周期

任何生产运作系统的设计与建立，都是基于生产一种产品或提供某种服务的设想。如果设想是可行的，就要调查其可销售性、可生产性、所需资本、预期收益等等，然后作出是否生产这一产品或服务的决策。一旦决策是肯定的，那么，产品的最终形式、工艺方案、平面布置、所需设备、附属设施都要详细规定，设备要选择购买，要完成的工作任务及相应的工作流程和工作方法必须设计，生产、采购、存储和质量控制系统设计，厂房、仓库及附属设施要建设，生产及管理人员要合理配备，然后开始组织生产。在生产系统开始运行时，由于各方面因素的影响，原有设计很可能需要调整，或者从新布局，或者调整人员，或者调整工作流程等。一旦系统正式运行后，要解决的问题就逐渐变成日常性的，整个生产运作系统在运行阶段处于一种稳定阶段。实际上，系统的稳定性是相对的，系统本身要根据整个企业经营战略的总体安排和生产决策而不断地进行调整，系统的运行是一个动态的过程。但是，如果该系统所生产的产品或提供的服务方向发生了根本性的改变，那么该系统的生命将趋于终结。这样，从系统的诞生、运行、调整，一直到系统的终止所经历的阶段称为生产运作系统的生命周期。系统的寿命周期阶段及相关的一些决策和内容如图 4－1 所示。

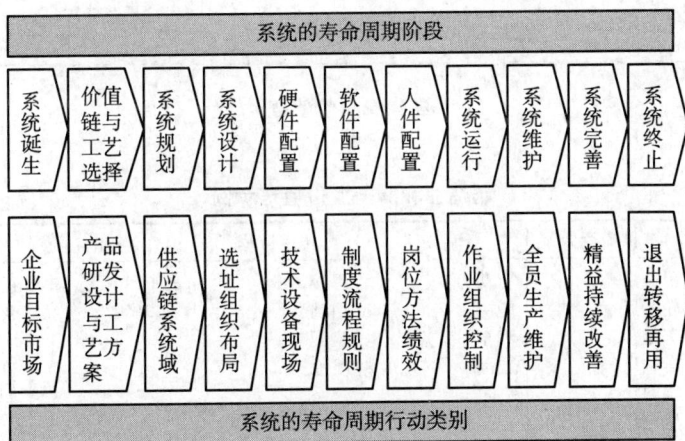

图 4－1 系统寿命周期阶段及相关行动与内容

4.1.2　价值链与现代生产运作系统设计

从一般意义上讲，生产运作是一切社会组织将它的输入转化为输出的过程，是一个投入一定的资源，经过生产运作系统转换，使其价值增值，最后以某种形式的产出提供给社会的过程。因此，只要是能够创造或增加效用，来满足人们需求的活动，包括物质产品的生产和非物质产品的创造，均属于生产运作活动。组织及其生产运作职能主要目标是提供顾客认为有价值的产品和服务组合，即顾客价值包（customer benefit package，CBP）。企业通过一系列设施和过程构成的网络（即价值链，value chain）完成上述目标，即价值链是生产运作管理职能的全周期模型，如图 4 - 2 所示，具体制造业和服务业企业示例如表 4 - 1 所示。

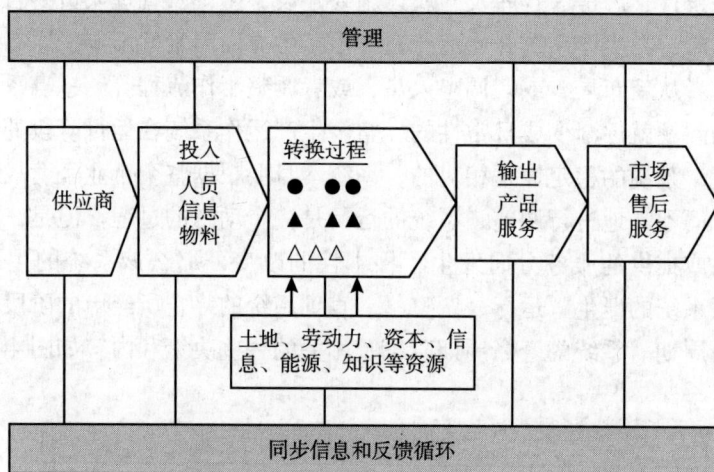

图 4 - 2　价值链

表 4 - 1　　　　　　　　　　　制造业和服务业价值链示例

组织	供应商	输入	转换过程	输出	顾客和细分市场
汽车装配厂	引擎厂 轮胎厂 车架厂 车轴厂 漆料厂 座椅厂	劳动力 能源 汽车零部件 规范	焊接 切削 装配 喷漆	汽车 货车	经济用车 豪华车 出租车 救护车

续表

组织	供应商	输入	转换过程	输出	顾客和细分市场
航空公司	食品供应商 燃油供应商 飞行员学校 保险服务商 机场服务商 飞机出租商	飞机 劳动力 行李或货物 能源 维修零部件 运营知识 乘客	飞机维修 飞行 行李服务 机场服务 保险系统	安全 位移 服务 体验	经济 奢侈 私人飞机 商务舱 空运货物

资料来源：科利尔，埃文斯著，马风才译. 运营管理. 机械工业出版社，2011.

由此看来，现代生产运作系统的基本功能是价值生成系统，产品价值链规划设计及其管理理论对现代生产运作系统功能设计有重要指导意义。

4.1.3 供应链与现代生产运作系统结构设计

生产运作系统中的活动包括投入、转换过程、产出三个基本要素，其中伴随着大量的原材料、能源等资源增值流动、流转活动，客观上形成供应链体系，供应链规划设计及其管理理论对现代生产运作系统结构设计有重要指导意义，如图 4-3 所示。

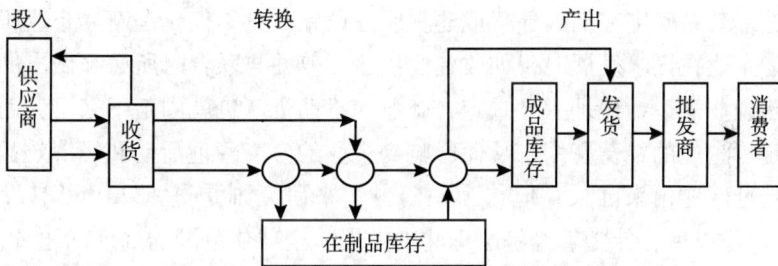

图 4-3 生产系统投入、转换过程、产出主要环节与要素

人类生产和生活的必需品，都是从最初的原材料生产、零部件加工、产品装配、分销、零售到最终消费者过程，近几年来还将回收和退货包括进来。这里既有物质材料生产和消费，也有非物质的服务提供和消费。各个生产、流通、交易、消费环节，根据市场要求形成了一个完整的不同性质两种或混合供应链系统，如图 4-4 所示。

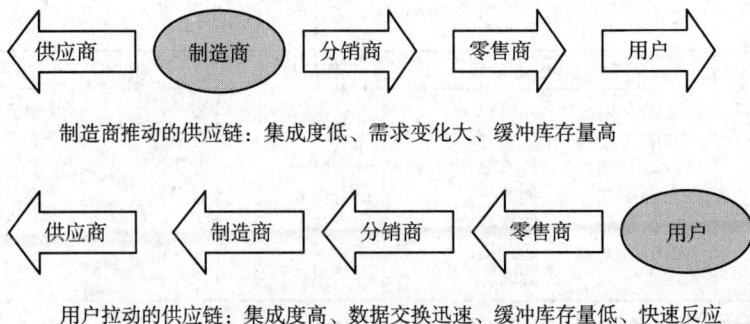

制造商推动的供应链：集成度低、需求变化大、缓冲库存量高

用户拉动的供应链：集成度高、数据交换迅速、缓冲库存量低、快速反应

图 4 − 4　两种不同性质供应链系统

4.2　设施选址决策

4.2.1　选址重要性

设施是指生产过程赖以进行的硬件手段，通常由车间、设备、仓库、办公及附属设施等物质实体构成。设施选址，是指如何运用科学的方法决定设施的地理位置，使之与企业的整体运作系统有机结合，以便有效、经济地达到企业的经营目标。

设施选址就是确定在何处建厂或建立服务设施。它不仅仅是新建企业所面临的决策，对于老企业在谋求发展时，如改建、扩建、兼并与联合时所必须做出的一项重要决策。对于企业来说，地址一旦选定，企业的不动资产也就固定下来了，而且在很大程度上限定了企业的经营费用，从而影响到企业的生产管理活动和经济效益。

虽然选址问题由来已久，但作为一门科学来研究则是进入 20 世纪以后的事情，尤其是 21 世纪以后，伴随着经济全球化的发展，全球化范围的选址问题日益重要。

首先，设施选址直接影响着投资成本和运行成本。在不同的地点建厂对投资多少以及投产后的运行费用有很大的影响。选址是否靠近原材料产地、与客户的距离远近、所选地区劳动力资源是否丰富、当地消费水平（尤其是区域性消费品）、生产协作条件等，都既影响着初始的投资额，又影响着所提供产品和服务的成本，从而影响到价值和企业竞争力。

其次，不同的选址会影响到企业生产运作过程的结构状况，从而影响新建的速度和生产系统的结构。如新建工厂所在地的基础设施情况，就决定了企业的生产系统是否需要自备动力或热力等生产附属设施；供应来源的可靠性和便利性就决定了企业所建仓库面积大小和运输工具的类型和规模等。

最后，不同地方的风俗习惯、生活标准、教育水平不相同，要求采取相应的管理方式，否则会影响到职工的积极性，产生不同的生产经营效果。

选址建厂是一件巨大的永久性投资，一旦工厂已经建成，如发现厂址选择错误，则为时已晚，难以补救。而选址本身又是一项比较困难的决策，影响因素很多且往往相互矛盾。因此，必须权衡利弊，选出总体上效益最好的方案。

4.2.2　选址决策考虑因素

生产活动是整个企业经营活动一个重要组成部分，应该从系统的观点来考虑选址问题，既要考虑供应厂家，又要考虑顾客，还要考虑产品分配，同时还要考虑社会文化等因素。具体来说，影响选址决策的关键因素主要是：

1. 接近顾客
设施选址接近顾客是很重要的，因为这样能及时了解需求信息并随时听取顾客的反馈意见，还能将产品尽快地送达顾客手中，提高服务水平，同时也确保了产品的生产和发展与顾客的需要保持一致。

2. 行业环境
适宜的行业环境，包括相关行业的出现或同一行业中不同公司的出现，以及在某一地区竞争对手的出现，都会影响到企业的选址决策。国家的经济政策，政府的法律法规，地方政府制定的吸引投资的优惠政策和措施都可能为企业提供更加便利的条件，这些都是厂址选择中应该考虑的因素。

3. 成本
对于企业来说，制造企业选址追求的是成本最小化，服务性企业一般追求收益最大化。所以，企业选址的最终目的实际上就是能为企业带来最大的收益。追求收益的最大化，必须努力使总成本最低。总成本包括土地、建筑、劳动力、税收和能源消耗等构成的局部成本及货物进出的运输成本。另外，有难以计算出来的隐性成本，比如产品到达用户之前在各地间的不必要的移动，信息反馈不及时带来的损失等。

4. 基础设施
拟选厂址所在地的基础设施状况如何对企业正常的经营活动是很重要的。主要是指能源供应是否充足、通讯设施是否便捷、交通运输是否方便等。此外，当地政府是否愿意投资建设一流的基础设施对选址也有重要的影响。

5. 劳动力资源

劳动力是最重要的生产资源，除在数量上保证要求外，更重要的是劳动力的教育和技术水平必须与公司要求相匹配并具有学习的热情和能力。

6. 供应商

现代化大生产，各企业之间存在着密切的联系，形成一条条彼此相关的供应链。所以，必须在选址时考虑高素质和竞争力强的供应商的厂址位置。而且，距离主要供应商的厂近一些，也是精益生产方式的需要。

7. 自由贸易区

国际贸易区或自由贸易区是典型的封闭式工厂（在海关的监督下），货物可不必按照海关的规定运进来。自由贸易区内的制造商可先在其最终装配中使用进口元件，允许延期支付相应关税，直至产品运抵使用国。

8. 政治因素

政治因素包括政局是否稳定、法制是否健全、税赋是否公平等。许多国家的政治风云突变为厂址选择提供了挑战性的机会，也使得在这些地区设厂变得极具风险。比如，20世纪90年代的海湾战争就使得一些跨国公司改变了其在此地区的选址战略。此外，投资国和东道国之间的政治关系也会影响投资国在选址问题上的决策。

9. 政府壁垒

世界市场竞争越来越激烈，许多国家，尤其是一些地区的地方保护仍然很严重。虽然在世界经济一体化的进程越来越快的推动下，许多国家正在努力通过立法清除妨碍外国产品进入和来本国设厂的壁垒，但在企业选址时，还必须要考虑国家（或当地）的立法及文化背景的影响。

10. 环境保护

现代社会中，人们对环境的重视程度越来越高，环境因素对选址的影响力也越来越大。环保不仅影响某一企业的选址，还会影响到某些行业的具体选址，因为它既影响可测量的潜在成本，还会影响与社区的关系。例如，造纸厂、钢铁厂、化工厂等企业对环境的影响都比较大，在选址时必须重点考虑环境保护，否则，企业将会遇到灾难性的后果。

11. 东道社区

东道社区的利益在选址分析中也是不可忽视的。此外，当地的教育设施和生活质量也很重要。

12. 区域竞争优势

哈佛大学商学院 Michael Porter 教授在其代表作《竞争优势》中建议说，公司可根据不同的业务设置不同的总部。当公司制定并成功实施企业战略，创造出核心产品和技术，形成竞争优势后。企业应将其总部迁移到一个能激励创新并能为全球性的竞争提供良好环境的国家或地区，利用当地的信息、人才、技术等资源，进一步保持和增强竞争优势。该思想也适用于那些希望保持长期发展的国内企业。

13. 经济全球化对设施选址的影响

21 世纪以来，企业经营和生产运作全球化的趋势越来越明显。表现在国内外企业对外直接投资、技术转移、在全球范围建厂、在全球采购物料等方面。例如，国外的 IBM、索尼、丰田、大众、西门子、飞利浦等著名跨国公司，以及国内海尔、华为等知名企业纷纷在世界多个国家和地区建厂，其产品往往要用到多个国家的原材料和半成品，成为真正意义上的世界性产品。

一件产品，往往要用到一个、甚至两个、三个或更多个国家的原材料和半成品。美国公司广泛地供应外国电器设备和零部件，如美国电子计算机产品的出口中，有30% 以上是零部件。美国的波音 747 飞机，有 450 万个零部件是 6 个国家的 1.1 万家大企业和 1.5 万家中小企业协作生产的。福特汽车公司生产的拖拉机，就是在比利时的工厂生产传动装置，在英国的工厂生产引擎和泵压装置，在美国的工厂生产变速齿轮系统，然后互相提供部件，装配而成的。法国的"雷诺"为意大利的"阿尔法一岁梅奥"公司装配的汽车提供零件，反过来，后者又为前者提供汽车发动机。这种跨国生产协作已成为一种越来越常见的世界经济的结合方式。在很多领域，诸如纺织、制鞋、服装、玩具、电子零部件、汽车零部件，乃至计算机零部件本身，都是在全球很多不同的地点生产和制造的，全球制造业现在约有一半依赖于发展中国家的出口，美国、日本等发达国家的鞋、玩具、服装等产品，几乎不再有本国制造的。

产品的跨国流动，生产地与消费地的分离已经是司空见惯的事情，没有任何一个国家的市场上不存在别国制造的产品，生产和贸易已经变得没有国界。对于很多公司来说，国外业务的增长甚至使国内业务显得无足轻重，因此，他们正在重新考虑其经营方式。可以说，一个全球性公司没有国外可言。

生产运作全球化使得世界竞争更趋激烈。企业如何才能保持有利的竞争地位已成为众多企业所面临和亟待解决的问题。1997 年，德国世界经济研究所所长提出企业保持竞争能力可有三种方法：一是调整产品结构，提高生产效率，降低劳动成本；二是开发新产品，抢占新市场；三是调整生产基地，在世界范围内设厂，利用廉价资源降低生产成本。

显然，设施选址已成为企业提高竞争力而必须加以重视的问题。对于当今的企业来说，跨地区、跨国家进行生产协作、全球范围内寻找市场已经是不得不为之的事情之一。因此，企业应该根据促使生产运作全球化的原因，具体分析本企业的产品特点、资源需求和市场，慎重考虑和选择生产基地。

4.3　设施布置

设施布置是在设施位置确定以后所进行的一项工作。具体来说，就是在给定的设施范围内将企业的各种物质设施进行最合理的位置安排，使之组合成一定的空间形式，从而有效地为企业的生产运作服务，以获得更好的经济效果。

4.3.1　设施布置的基本问题

1. 企业生产单位的基本类型

企业生产过程的运行最终要落实到具体的生产单位，由按照工艺要求组成的众多生产单位来完成。由于企业生产的产品品种众多，生产过程差别很大，生产方法各不相同，因此，不同企业生产单位的具体构成也不尽相同，没有固定模式。一般情况下，基本的生产单位类型有以下几类。

（1）基本生产单位。指直接把劳动对象变为企业基本产品的生产单位。它又可分成三种不同类型：准备车间，主要任务是为加工零部件准备毛坯料，机械制造业中的铸造车间、锻压车间、下料车间，都属于这一类型；加工车间，主要任务是把零件加工成形或使零件具有某些特定功能，如机加工车间、铆焊车间、热处理车间、电镀车间等；装配车间，其主要任务是把零件装配成部件和成品，一般可分为部件装配车间、总装车间等。

（2）辅助生产单位。指为保证基本生产单位的正常运行，提供各种辅助产品或劳务的生产单位。相对于加工产品而言，它们属于间接生产。可以分成两类：辅助车间，如工具车间、模具车间、机修车间等；动力部门，如蒸汽室、锅炉房、压缩空气站等。

（3）生产服务部门。指为基本生产和辅助生产提供服务的生产单位。又分成三种类型：运输部门，如汽车队、装卸队、起重队等；仓库，如原材料库、半成品库、成品库等；检验与计量部门。

（4）生产技术准备部门。指为生产提供技术服务的部门，如研究所、工艺科、试制车间等。

2. 生产单位的组织与布置形式

企业内部生产单位（车间、工段、班组）的设置，通常有两种基本的形式：工艺专业化和对象专业化。

（1）工艺专业化组织形式与布置。工艺专业化又叫工艺原则。它是按照生产工艺性质的不同来划分生产单位。在工艺专业化的生产单位里，集中着同种类型的工艺设备，配备同工种的工人，采用相同的工艺对企业的各种产品（零部件）进行加工。如车工、磨工、钳工等小组（或工段、车间）。示例见图 4 - 5。

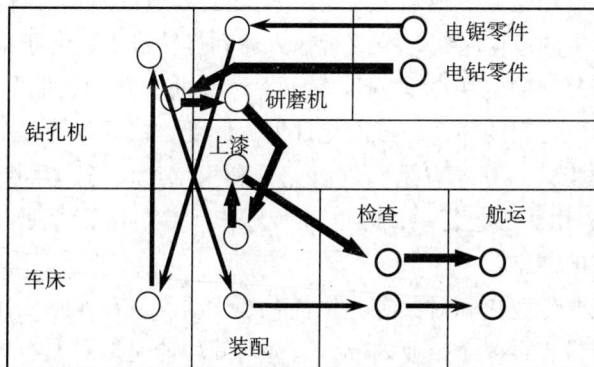

图 4 - 5　工艺专业化布置示意图

按照工艺专业化原则来布置生产单位既有优点，又有缺点。其优点是：设备相同，空间布局相对来说容易，在生产任务饱满的情况下便于充分利用生产设备和生产面积；生产单位内只有一种或少数几种设备，便于对工艺进行专业化的管理，如工人技术培训、设备维修、技术指导等；设备是按相同工艺配置，比较灵活，能较好地适应改变品种的要求。其缺点是：产品在生产过程中，经过的路线长，甚至有往返运输现象，消耗于运送材料和半成品的劳动量较大；在生产单位之间运输时增加了产品的停放时间，容易造成在制品积压，生产周期长，占用流动资金多；生产单位之间的联系较多，使各生产单位的计划管理、在制品管理、质量管理等工作复杂化。

（2）对象专业化组织形式与布置。对象专业化又叫对象原则。它是按照产品（部件、零件）的不同划分车间（或工段、小组）。在对象专业化的生产单位里，集中有为制造某种产品所需要的各种设备，配备相应的各种工种的工人，工艺过程是封闭的，不用跨其他生产单位就能独立地出产产品，如发动机车间、底盘车间、齿轮车间、标准件车间等。示例见图4-6。

材料库	① 钻床	② 焊接	③ 热处理	④ 磨床	⑤ 电镀	⑥ 检验	成品库
	① 锻压	② 车床	③ 钻床	④ 焊接	⑤ 铣床	⑥ 检验	

图4-6 对象专业化布置示意图

同样，按照对象专业化原则来布置生产单位也有其优缺点。其优点是：可以大大缩短产品生产过程中的运输路线，节约运输人力和运输设备；便于采用先进的生产组织形式，减少生产过程中的中断时间，缩短生产周期，减少在制品和占用的流动资金；减少了生产单位之间的联系，可简化计划、调度、核算等管理工作，还可使用技术熟练程度较低的工人。其缺点是：难以充分利用生产设备和生产面积（在产品产量不够的情况下）；由于工艺复杂，难以对工艺进行专业化的管理；一旦生产情况改变，很难作出相应的调整。

由上可见，工艺专业化和对象专业化各有其优缺点，在实际工作中，往往可结合起来应用。也就是说，在一个企业内部，有些车间可能是按对象布置的，而另一些车间又可能是按工艺布置的；在一个车间内部，也可能有些工段和班组是按对象布置的，而另一些工段和班组是按工艺布置的。

究竟按哪一种形式来进行生产过程的布置，必须从企业的具体条件出发，全面分析不同布置形式的技术经济效果，考虑企业长远的战略决策和当前生产经营的需要后再加以决定。一般来说，工艺专业化原则适用于品种多、批量小、生产过程变化大的生产单位和市场需要变化大、产品更新快的环境；对象专业化适用于品种少、批量大、专业方向明确的生产单位和市场需要量很大又比较稳定的环境。

（3）固定组织形式与布置。固定式布置是指加工对象位置固定，作业人员和设备随着加工产品或服务对象所在的位置而转移，例如内燃机车、大型船舶等产品的生产。由于某些产品体积庞大笨重，不容易移动，将工作地按生产产品要求布置，产品固定，人员、设备、装配工具、零部件依次按工艺流程完成产品生产过程。如图4－7所示。

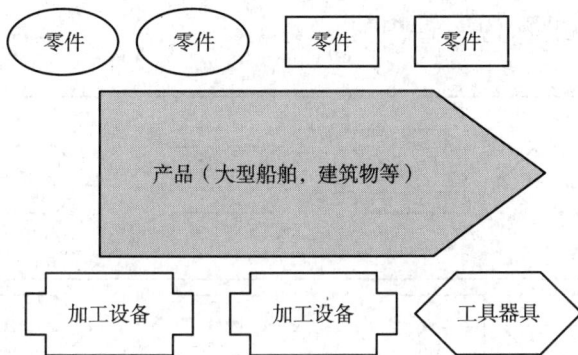

图 4－7　固定布置示意图

（4）成组单元组织形式与布置。成组技术，就是建立在工艺相似性原理的基础上，合理组织生产技术准备和生产过程的方法。自20世纪50年代成组技术在机械制造业中推广应用以来，其应用范围已由单纯的成组加工延伸到产品设计、制造工艺及生产管理等整个生产系统。成组技术已不再是单纯的工艺组织方法问题，它涉及产品设计、工艺设计、标准化工作、生产管理、计划管理等许多方面。从实际上讲，成组技术是一种生产组织管理技术，与此对应的成组生产单元和成组流水线等先进的生产组织形式在设施布局中得到广泛应用。

由于工艺相似性和被加工零件的几何形状、尺寸大小、精度要求、材料或毛坯种类等密切相关，所以，成组技术包含以下主要内容：

①对企业生产的所有零件，按照几何形状、尺寸大小、加工方法、精度要求、材料或毛坯种类的相似性，依据一定的分类系统进行零件的编码归类分组，达到"以码代形"的作用。

②根据划分的零件组，将同类型的零件组建为成组生产单元、成组生产线或成组流水线。成组生产单元是按完成一组零件全部工艺过程配置设备和工艺装备，并按典型的工艺过程布置设备。成组生产单元形式上与流水线相似，但它不受节拍时间的限制。

③按照零件的分类编号，为设计新产品选用类似零件，并把零件的分类编号同标准化、通用化工作结合起来。工艺技术人员按照成组工艺的要求使用典型的工艺规程和相应的工艺装备。在生产管理上，按成组零件组织生产。

④成批生产单元将成为多品种、中小批生产的理想组织形式。它兼有工艺专业化与产品专业化两者的优点，既富有柔性，能适应多品种生产的要求，又按一定的零件分类后形成的零件组进行布置，具有对象专业化的特征。

图 4-8 是成组单元布置示意图。

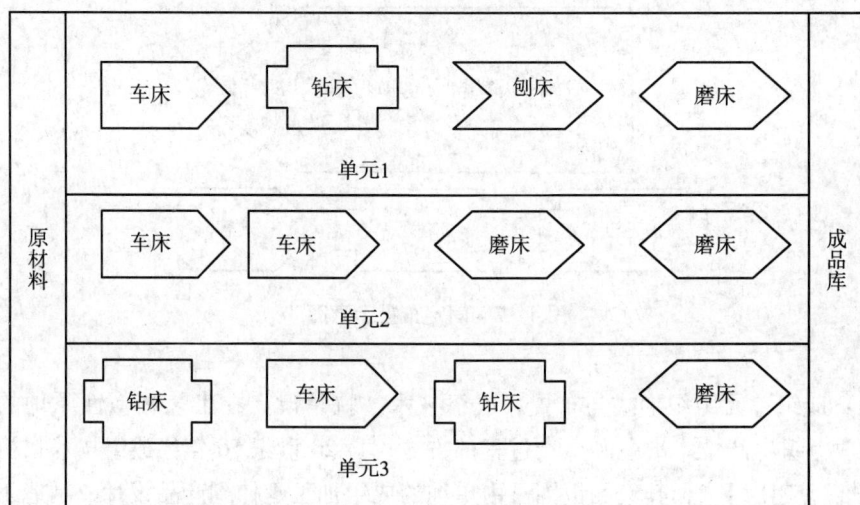

图 4-8　成组单元布置示意图

3. 基本布置形式的比较

上述 4 种类型在生产或服务供应量、设备利用、自动化效率、转换时间、柔性、设备种类等方面各有特点，见表 4-2。很明显在这些布置类型中做出选择，就是要在柔性和生产力之间做出权衡，需要决策者综合考虑做出权衡。

表 4 - 2 　　　　　　　　　　　　　基本布置形式的比较

比较指标	产品布置	工艺布置	固定布置	成组布置
生产或服务供应量	高	低	很低	中等程度
设备利用	高	低	中等程度	中等程度
自动化效率	高	中等程度	中等程度	高
转换时间	高	中等程度	高	中等程度
柔性	低	高	中等程度	中等程度
设备种类	高度专业化	一般目的	中等程度专业化	中等程度专业化

4.3.2　工厂总平面布置

工厂总平面布置就是根据已选定的厂址，把组成工厂的各个部分（厂房、仓库、管线、道路等）按厂址设计地形进行布置，使之成为适应生产和企业发展要求的有机整体。工厂总平面布置主要包括平面布置、立体布置和运输设计等内容。平面布置主要是确定各种设施在厂址平面图上的相互位置；立体布置是要确定各种设施的标高及排水方案；运输设计主要是确定设施间的运输方式和运输路线等。工厂的平面布置对企业的物流有很大的影响。据统计，制造业中原材料进厂后，从库存开始，经过取货发料、厂内运输、车间内各工序之间的运送、车间之间的运送，直到成品入库，所发生的运费占总成本的30%。此外，有关的管理人员因工作需要经常到其他生产部门处理事务，在路上走动要消耗劳动时间，厂区布置得合理，可以减少走路时间。平面布置看似简单，其实是个比较复杂的问题，要尽可能采用科学的方法寻找最佳的布置方案。

1. 工厂平面布置原则

厂区布置的根本要求是要有系统观点，兼顾各方面要求，精心安排，合理布局，讲究整体效果。一般应遵循以下几条原则：

（1）基本生产为中心。工厂总平面布置首先应该以基本生产为中心，满足生产工艺过程的要求。基本生产单位是生产过程的主体，与它有密切联系的生产部门要尽可能与它靠拢，如辅助车间和服务部门应该围绕基本车间安排。

（2）符合工艺要求。工厂的生产过程是一个复杂的物流系统，各种生产及附属设施的布置必须符合生产工艺的要求，保证全厂的工艺流程要顺畅，使整体布置便于采用先进的生产组织形式，提高生产效率。

（3）运输最优化。生产过程是一个有机整体，在满足工艺要求的前提下，要尽可能寻求最小运输量的布置方案，利用先进的运输方式，提高运输效率，同时还要求充分利用生产面积。

（4）适应发展的需要。为了适应企业未来发展的需要，在进行设施布置时，就必须考虑预先留出必要的扩展空间，以便在将来扩大生产规模时无需再重新选址和布置。当然，留有一定的发展空间不应是盲目的，而是在科学的战略和规划指导下进行。

（5）安全和环保原则。厂区布置还要有利于安全生产，有利于职工的身心健康，注意厂区的环境绿化和美化，并适当建有休息场所。同时，各生产部门的布置要符合环保要求，有三废处理措施等等。

2. 工厂平面布置的方法

进行工厂总平面布置首先要调查研究，既要了解企业与外界的联系，又要对企业整个系统全面分析，了解企业内部各组成部分之间的相互关系以及各个系统的目标任务。工厂总平面布置要经过反复试验、比较、论证。开始时可以在纸面上利用模型进行设计，布置时一般先安排主要生产车间和某些由特殊需要决定其位置的工作部门；其次是确定主要过道的位置；最后，根据各组成部分的相关程度，确定其他辅助部门和次要过道的位置。为提高布置的科学性，可辅以下述的定量方法。

（1）物料流向图法。这种方法就是按照原材料进厂后通过加工、装配等环节，物料在生产过程的总流量大小来布置企业各个车间、仓库和其他设施。图4－9为某机械厂的物料流向图。

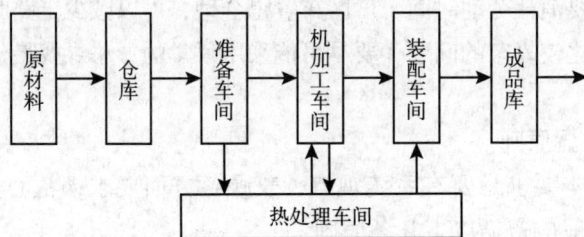

图4－9　物料流向图

采用此方法进行平面布置时，首先，要根据各产品的加工要求编制工艺路线图；其次，绘制物料运量表和运量相关线图，清楚地表明各个单位之间的运量大小；最后，本着总运量最小的原则，把相互间运量大的单位尽量靠在一起，以找到合适的布置方案。这种方法有利于降低运输费用，适合于运量较大的企业。

例如，某企业有6个生产单位，各生产单位的运量如表4－3所示。

根据表4－3可绘出运量相关图，如图4－10所示。

表 4 – 3   各生产单位运量表

从＼至	01	02	03	04	05	06	合计
01		10					10
02			8	4		2	14
03				2	6		8
04		2			8	10	20
05				8			8
06							60
合计		12	8	14	14	12	60

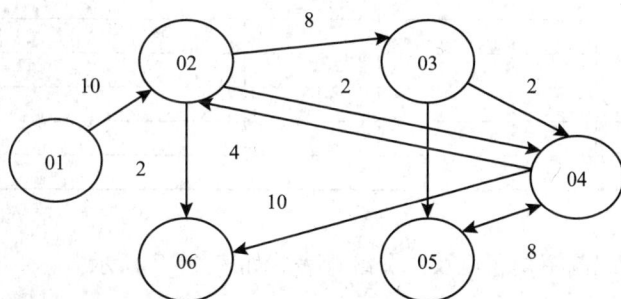

图 4 – 10　运量相关图

由图 4 – 10 可知，04 车间和 05、06 车间，02 车间和 01、03 车间之间的运量最大，因此，在布置时应尽可能靠近，其他车间就可斟酌处理了。

（2）作业相关图法。作业相关图法是由穆德提出的，它是根据企业各个部门之间的活动关系密切程度布置其相互位置。首先将关系密切程度划分为 A、E、I、O、U、X 六个等级，见表 4 – 4。然后，列出导致不同程度关系的原因，见表 4 – 5。使用这两种资料，将待布置的部门一一确定出相互关系，根据相互关系重要程度，按重要等级高的部门相邻布置的原则，安排出最合理的布置方案。

表 4 – 4　关系密切程度分类

代号	密切程度
A	绝对重要
E	特别重要
I	重要
O	一般
U	不重要
X	不予考虑

表 4 – 5　关系密切原因

代号	关系密切原因
1	使用共同的原始记录
2	共用人员
3	共用场地
4	人员接触频繁
5	文件交换频繁
6	工作流程连续
7	做类似的工作
8	共用设备

例：一个小型企业有 8 个组成单位，其生产活动相关关系如表 4 - 6 所示。该表左边第一栏表示该企业的 8 个组成单位，其他栏用字母和数字表示两个单位之间的联系。英文字母按表 4 - 4 给出的意义表示两个单位的密切程度，数字按表 4 - 5 给出的意义表示两个单位关系密切程度的原因。

表 4 - 6　　　　　　　　　　　　　生产活动相关关系

	1	2	3	4	5	6	7	8
1 原材料库		X	A = 1, 3, 4	I = 1, 3	X	U	U	O
2 成品库			X	U	A = 1, 2, 3	X	U	O
3 毛坯车间				A = 1, 2, 3	X	X	U	O
4 机加工车间					A = 1, 2, 3	A = 1, 2, 3	U	O
5 装配车间						E = 1, 3	U	O
6 中间库							U	O
7 餐厅								U
8 办公室								

根据表 4 - 6 编制密切程度及总分统计表。如表 4 - 7 所示。

表 4 - 7　　　　　　　　　　　各组成单位密切程度及积分统计

原材料库		成品库		毛坯车间		机加工车间	
与某单位密切程度	总分	与某单位密切程度	总分	与某单位密切程度	总分	与某单位密切程度	总分
A - 3	6	A - 5	6	A - 1, 4	12	A - 3, 5, 6	18
I - 5	4	O - 8	3	O - 8	3	I - 1	4
O - 8	3	U - 4, 7	4	U - 7	2	O - 8	3
U - 6, 7	4	X - 1, 3, 6	3	X - 2, 5, 6	3	U - 2, 4	4
X2, 5	2						
合计	19	合计	16	合计	20	合计	29

装配车间		中间库		餐厅		办公室	
与某单位密切程度	总分	与某单位密切程度	总分	与某单位密切程度	总分	与某单位密切程度	总分
A - 2, 4	12	A - 4	6			O - 1, 2, 3, 4, 5, 6	18
E - 6	5	E - 5	5	U - 1, 2, 3, 4, 5, 6, 8	14		
O - 8	3	O - 8	3				
U - 7	2	U - 1, 7	2			U - 7	2
X - 1, 3	2	X - 2, 3	2				
合计	22	合计	20	合计	14	合计	20

由表 4 - 7 计算可以知道，机加工车间积分最高。所以，进行工厂总平面布置应首先确定它的位置。毛坯车间、中间库、装配车间与机加工车间都是 A 类关系，所以应靠近布置。原材料库与毛坯车间，装配车间与成品库之间也是 A 类关系，应考虑安排在一起。装配车间与中间库之间是 E 类关系，也应尽量布置在一起，等等。有了以上分析，可按各组成单位的面积比例绘制工厂平面布置的草图，如图 4 - 11 所示。

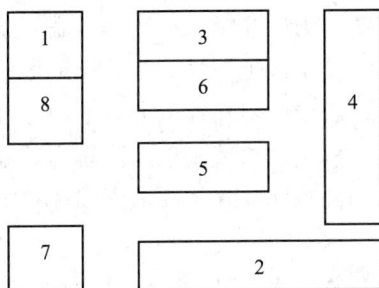

图 4 - 11 工厂平面布置草图

4.3.3 车间或作业单元布置

1. 车间总体布置

车间布置是在工厂总平面布置完成以后进行的一项设计工作。具体来讲，就是确定构成车间各部分的空间位置。一般情况下，车间是由生产设备、工具、过道、仓库、管理及生活设施等组成。

在进行车间布置时，应遵循经济高效的原则。具体有以下几方面的要求：一是基本生产部分的布置，要符合生产工艺流程的要求，尽可能保持生产过程的连续性，减少在制品在加工过程中的堆积和等待；二是尽量缩短物料流程，尽量减少在制品运送的次数和数量，工人在工作中的行程尽可能短；三是辅助性生产和生产服务部分的布置要有利于为基本生产部分提供服务；四是车间内要留有足够的通道面积，要便于物料运输和安全；五是加强定置管理，使车间的所有设备和物品各归其所，保持生产作业现场的整洁；六是生活服务部分的面积应视车间人数需要而定，以便于职工使用。

2. 车间设备布置

在总体布置的基础上，就可以对车间最主要的部分设备进行布置。在进行设备布置时，一是要考虑工人作业和布置工作地的方便性，使工人在设备间移动的距离最短；二是要保证安全和良好的工作环境；三是要充分利用车间的面积，可因地制宜地将设备排列成纵向的、横向的或斜向的队形；四是注意设备维护的方便性。

在设备布置时，除考虑上述的影响因素外，还应该尽量采用科学的方法来确定设备的空间位置。因为，生产过程中存在着复杂的协作关系，一件产品往往要经过许多工序，由众多设备对其进行加工之后才能完成。而设备布置的一个重要目标就是要使物料的运输路线最短和总运量最小，显然，解决这个问题单凭经验和试验的方法是不够的，还要采用某些科学方法。下面介绍一种较为常用而简便的方法——从至表法。

所谓从至表是指物料从一个工作地到另一个工作地移动次数的汇总表，表中的列为起始工序，行为终止工序，表中的对角线上方表示前进方向的移动次数，对角线下方表示后退方向的移动次数。从至表法就是以从至表为基础，在确定设备位置的前提下，以表中对角线元素为基准计算物料在工作地之间的移动距离，从而找出物料总运量最小的布置方案。

采用从至表来确定设备布置方案的基本步骤是：

第一步：编制零件综合工艺路线图；

第二步：按照工艺路线图编制零件从至表；

第三步：调整从至表，使移动次数多的靠近对角线；

第四步：绘制改进后的从至表；

第五步：计算改进后的零件移动距离以验证方案。

从至表法是一种在产品品种较多、工艺顺序又不一致时，布置单行设备的试验方法。值得注意的是，对于简单的设备布置方案，可以用手工方式[①]；如果设备数量较多，所加工的零部件品种和数量也较多的情况下，单是用试排的办法是不能解决这类复杂问题的，必须辅之计算机手段。

4.3.4 服务设施平面布置[②]

1. 服务设施设计的框架

服务设施是指服务包中的服务支持设施要素，它是服务企业展开服务活动和顾客消费的物质基础。服务设施设计就是对服务包中支持设施所包含要素的设计。服务设

---

① 申元月. 生产运作管理. 山东人民出版社，2005：124 - 126.

② 蔺雷，吴贵生. 服务管理. 清华大学出版社，2008.

施主要包含 4 个要素：设施位置、设施布局、设施装饰和支持设备。其中，设施位置是指服务设施的选址，包括宏观的区位选择和微观的地点选择；设施布局是指对服务设施的各种功能要素进行合理的空间布局，以此协调各种服务功能的作业秩序；设施装饰是指通过服务施的内部装饰和外部装饰设计来满足服务功能和企业目标要求，创造良好的工作；支持设备具有很强的专业性，不同的服务行业有很大差异，它一般不纳入服务管理的讨论范围。

服务设施设计的目的是为服务活动的展开和顾客消费营造一个恰当的服务场景，通过有形展示使无形服务实现有形化。不同服务企业，如商场、餐厅、超市有不同的服务场景，有形展示是营造服务场景的基础。

2. 有形展示与服务场景

（1）有形展示。服务本身是无形的，顾客在购买之前会通过服务的各种有形线索来增强对服务的确定性，并进行评价；企业为帮助顾客判断和选择，会为顾客提供能证明其服务和价值的线索或凭证。有形展示也称服务证据，是指服务企业为使无形服务有形化而顾客提供的、顾客能通过感觉手段（听觉、嗅觉、视觉、味觉、触觉）感知和体验到的关于服务特征的各种线索的组合。

（2）服务场景。服务场景，也称服务环境，是指用来支持服务设施的物质环境，它是经过布局和装饰设计后的服务设施。服务场景会对顾客和员工行为、感知产生影响，因此在创造服务体验和传递顾客满意的过程中发挥着重要作用。设计良好的服务场景有助于加强顾客的服务体验，传递公司的目标形象，巩固顾客和员工的预期反应，并支持服务的运营和产出。例如，医院、酒店、餐厅和商场的服务场景构成了企业整体价值的重要组成部分。其中，服务场景包括气氛和布景，布景又分为内部设施和外部设施。

服务场景的设计要素可以划分为三类：气氛（周边条件）；空间布局；标识、符号和制品。顾客倾向于从整体上感受这些要素，因此服务环境设计的关键在于不同要素间的相互协调与适应。

①气氛（周边条件）指服务环境内生活条件的舒适性，服务环境向顾客和员工传递舒适性，具体要素包括照明、颜色、音乐与噪音、气味、温度和湿度等。

②空间布局包括设施的布局、装修及两者的关系，它们会影响顾客的购买行为和满意度以及服务设施的功能发挥。空间布局的指导原则是满足顾客需求，创造良好的服务联系，使顾客安心使用。服务供应商要准确识别顾客与服务环境的内部和外部接触点。

③标识、符号和制品在服务环境中起着重要作用。首先，它们能为顾客在服务环

境中引导方向，包括东西摆放的位置指示、服务各部分地点指示和负责人指示；其次，它们提供了服务的线索。

3. 服务环境设计工具

服务企业可以通过运用以下工具，有效地设计服务环境。

（1）环境调查。运用意见箱、焦点小组访谈等调查工具，从基层员工和顾客处收集反馈意见和各类创意。

（2）试验法（现场观察）。通过经理、员工等对消费者行为以及我们对服务环境的反应进行敏锐的试验和现场观察来设计环境。例如将不同类型的音乐与气味搭配，关注消费者在这样的环境中所消费的金额、停留时间及满意程度；在实验室中采用幻灯片模拟真实的环境，检验在真实环境中难以实现的设计因素所带来的影响，包括检验不同的颜色风格、空间设计和家具类型对顾客的影响。

（3）服务蓝图。运用服务蓝图方法描绘服务环境中的实体因素，顾客在服务传递过程中每一阶段所涉及的实体因素都能够被有效识别。

4. 服务设施的影响因素

服务设施的设计会直接影响服务运营的结果。例如，没有设置禁烟区域的餐厅、没有设计隐秘试衣间的商场将失去大量潜在顾客。服务设施的设计强调服务目的、所需空间、柔性、美观因素、安全性和环境等要素。

（1）服务的性质和目标。服务组织的性质即核心服务的目标决定了设施设计的基本参数。例如，消防站必须有足够的空间安置消防车辆、值班人员和维护设备，内科医生办公室布局必须能保护人的隐私，银行必须设有专门的保险柜区域。

（2）空间需要。用于服务设施的土地资源受到很多限制，如成本、规划要求等。对服务设施尤其是建筑的外观、结构及周边配套设施也有很多管理条例，如楼高限制，需要留出街边的停车场空间，为将来的扩展留出空间等。服务企业在设计时必须考虑所有限制因素。在市区的建筑物只能向上发展，服务组织在设计中需要有足够的巨大的灵活性和创造性。

（3）柔性。服务需求的动态变化特点决定了服务组织对需求要有一定适应能力，这取决于服务设施在最初设计时赋予服务组织的柔性，这在实质上是"为未来而设计"。在设计阶段服务组织必须明确回答以下问题：怎样设计才能满足未来业务扩展的需要，怎样设计才能适用于提供新的不同类的服务。例如，国内很多机场的候机厅都是在20世纪航空旅客较少、业务不繁忙时设计完成的，但随着这些年航空旅客数量的激增，这些候机厅已不能满足需要，因此当前国内改建、扩建的候机厅不在少数。

（4）美学因素。设施设计的美学因素对消费者的感觉、态度和行为有显著影响，还会影响服务员工提供的服务。如拥有宽敞、明亮空间和精美装潢的售楼处明显要比较窄、阴暗且装修一般的售楼处使顾客更愿意停留。

（5）安全性。安全性是服务设施设计时要重点考虑的因素。在银行、超市、机场等公共场所，服务企业要运用先进的安全技术来保证安全性。如游泳池边安许多救生圈和安全沟，高楼层设置篱笆和障碍等，在博物馆的珍贵文物前设计隔离区域等。

（6）社会与环境。服务组织在设计服务设施时，必须考虑外部社会和环境的可接受性，如干洗店是否能保证有害的化学物质不会影响当地环境，KTV 是否影响周围居民的夜间休息等。

5. 几种典型服务部门的布局

（1）零售商店布局。零售商的目标是实现每平方米营业面积的利润最大化。零售业的销售量与顾客接触到的商品量有直接关系，商品的覆盖面越广，销售业绩越好，投资回报率越高。零售业管理者可以运用以下两个步骤对零售店进行布局：第一，对商店进行整体布局，确定商店的流动模式；第二，对该模式下的各类商品进行空间分配。

（2）办公场所布局。办公场所布局的目的是解决信息的传递和交流问题，包括人的交流和文件的交流。办公信息交流包括如下几种模式：面对面交流；电话或网上交流；邮件、文件交流；小组讨论或开会交流；对讲机交流。若所有工作通过电话或通信设备完成，则办公场所配置就会很简单。进行办公场所布局要考虑如下因素：

①考虑团队（部门）内部员工之间以及不同团队（部门）之间发生的频繁交流。

②设置会议室，尤其是那些向客户提供专业服务的企业。

③若顾客会光顾工作场所，则该场所应比普通办公室布置得更美观一些。

④办公室走廊要专门设计，以方便员工进出，同时避免穿越他人办公区。

⑤公用设备（如文件柜、公用复印机、传真机、碎纸机等）应放置在方便使用的地方，同时为文具、易耗品存放留出场地。

⑥办公室应设置接待区，要求既舒适又能提供方便。

⑦有必要时要配置卫生间和衣帽间。

⑧办公室的布局取决于整个办公室的面积、形状、工作的流程以及员工间的关系。每个员工要有自己的工作区间，其设计应使员工完成工作和整体工作的效率都实现最大化。

（3）仓库/储藏室布局。仓库布局的目标是找到库存处理成本和库存空间的最佳平衡点，即在保持低成本处理存货的基础上，充分利用仓库空间，使仓库的总体积利用率达到最大。其中，库存处理成本包括进货、储藏、出货在内的所有成本支出，涉及设备、人力、存货种类、监管系统、保险、货物变质、短损和折旧等因素。除商品自身的变质和损耗外，管理者要设法使搜索和搬运商品的费用降到最低。实现仓库布局最优的关键是储存的商品种类以及提取商品的数量。商品种类少，存放密度就可以大，反之存放密度应缩小。

终端卖场企业"浑身解数"下功夫设计顾客的行走线路

目前，国内服装品牌竞争激烈，在卖场的视觉营销中，店铺的顾客行动路线设计特别重要。店铺的布局是指在商品的卖场中，对有限的空间进行立体的规划与设计，如：高背板"量体"；中岛货架的高矮、大小、位置；收银台的规格、位置；休息区的设置；试衣间的位置；展示台的造型与展示方式等。

首先，对货架的设计与布局安排时，要遵循人体视觉规律和购物心理以及人体工程学。一般来说，顾客进入店铺或商场进行浏览时行走的速度为1米/秒，在这样的速度下，给顾客展示商品的清晰有序与一目了然才能有效刺激顾客的视觉神经。那么，对高背板、收银台、展示台、蛋糕台、中岛货架的高度设计，就要注意让顾客在视线范围内对各道具所展示的商品进行视线接触，并将各种道具高低分为4~5种层次，让顾客在视觉上有层次空间的变换，不会产生视觉疲劳。

收银台、休息区、货架的大小形状以及色彩运用除了要考虑店铺的面积大小、VI色彩运用以外，关键还要考虑服装品牌本身的定位，商品的风格、类别、价格组合等要素，只有将道具的风格、色彩与商品实际陈列结合起来，这样的卖场布局设计才给到顾客卖场与商品"浑然一体"的协调感。

休息区、试衣间、收银台要根据商品的风格定位进行对应的匹配。例如，经营高档女性时装，休息区就可以设置简单大气、舒适柔软的沙发，让高收入的女性在支出高昂服装价格的时候，认为物有所值，连休憩的沙发都是比较有品位的。经营大众的休闲装，休息区就可以设置得随意轻松、具备运动时尚感，让进店的年轻顾客觉得跟自己的着装风格很融洽。

KFC的座椅设计得有点"累"，为什么？就是让顾客吃了快走，它是快餐店，需要顾客不断的"翻台"才有更多的销售。所以作为服装品牌的店铺要考虑，休息区的设计要提升销售，要尽可能地留住顾客，吸引人气。

试衣间可设置在店后区，这样一方面可以通过试衣的顾客增加店后区的人流量，从而增加店铺后区热闹的氛围；另一方面也不会占据店头区促销商品的展示和店中区主推商品的成交，给后续进入店铺的顾客既有"人气"的感觉又宽敞容易进入店铺。

通常在服装店铺的店头区，即正对门口的位置，会设置展示台，主要展示上市新品、主推款、促销款或促销品（当季"活库存"类的产品）。展示台的位置是顾客进入店铺的主要"黄金视线"地，也是能给顾客潜意识留下"首轮效应"的重要区域。所以，展示台的陈列要具备空间层次感，不要"一马平川"，要有展示商品的大小、厚薄的区分，而且不能过高，否则会挡住后面商品的视线。

当然，店铺的布局中还涉及一个至关重要的因素——顾客的"动线"设计！

顾客走进你的服装店铺是如何在行走？在哪些地方停留时间长？顾客是浏览完毕所有服装再离开的吗？通常顾客进店的高峰期是什么时间段？在高峰波段顾客是如何行走和浏览商品的？这些因素都是影响顾客购物的关键。

店铺的布局与动线设计是灵活多变的，根据店铺的面积、形状、目标顾客的购物习惯、购物心态、视觉规律、商品的定位、商品组合等要素进行深度的分析，才能确定店铺形象设计中的货架设置，顾客行走动线。

资料来源：郭凤. 中国商贸. 2008.8.

4.4　现 场 管 理[①]

4.4.1　现场及其管理的主要内容

1. 生产现场

生产现场就是从事产品生产、制造或提供生产服务的场所。即劳动者运用劳动手段，作用于劳动对象，完成一定生产作业任务的场所。对于制造型企业来讲，它既包括基本的生产作业场所，也包括生产技术设备、辅助生产以及生产服务部门的工作现场，如仓库、模具制作室、试验室等。在我国工业企业中习惯于把生产现场简化为车间、工场或生产线等。

由于生产现场是企业产品实现的主要场所，因此它具有创造效益、能提供大量信息、综合展示企业形象以及直接或间接反映问题等功能。

---

① 潘艾华，阮喜珍. 生产运作管理实务. 武汉大学出版社，2009.

2. 生产现场管理的含义

生产现场管理的含义有广义和狭义之分。广义的生产现场管理，是指对企业所有生产经营活动场所的管理。它不仅包括生产作业现场，而且还包括与生产作业有关的准备工作现场、服务工作现场和办公现场等。狭义的生产现场管理，主要是针对企业生产作业现场的管理，即指对作业现场的各要素进行计划、组织、协调与控制的一系列管理活动。本书讨论的生产现场管理则是指狭义的生产现场管理。

3. 生产现场管理的内容

现场管理的内容可以从不同的角度去概括和分析。例如，从管理职能的角度分析，现场管理具有计划、组织、控制、激励和教育等职能；从构成现场的点、线、面分析，现场管理可分为工序管理、生产线管理、车间管理。下面从生产现场的构在要素和管理对象两个角度来阐述生产现场管理的内容。

（1）从生产现场的构成要素来看，生产现场管理的内容主要有以下几个方面：

①"人"。它包括生产现场管理的组织领导者、技术人员、管理人员以及操作人员、辅助生产人员。"人"是生产现场管理中最关键的因素。

②"机"。即生产现场的工具、设备，包括工、夹、量、模、刃具及机械设备、电器设备、运输设备和检测装置等，这是组成现场生产力的重要因素。

③"料"。它是指生产现场需用的各种原材料、辅助材料、配套件、在制品、半成品等，它们是组成现场生产力的重要因素，也是生产现场管理中数量大、变化多、难度最大的因素。

④"物"。它是指生产现场需用的其他辅助性物品、基层管理人员现场办公设施和生活设施，如工具柜、更衣柜、饮水柜、消防器材、换气设施、制冷或暖气设施等，这是生产现场管理中比较繁杂，但又不可忽视的内容之一。

⑤"法"。它是指组织现场生产所需的各种制度、法规、标准和技术工艺文件、作业指导书等。

⑥"环"。它是指生产现场的环境，包括厂房、场地、通道、作业区域、存放区域的划分、通风照明、温度、湿度、防震、防磁、防辐射、防噪声等环境条件以及安全文明生产等。

⑦"资"。它是指投入生产现场的固定资金和流动资金的总和。生产现场管理的目的之一是加强生产现场成本控制，减少资金占用，降低生产成本，提高生产现场的经济效益。

⑧"能"。它时指生产现场所需要的油、电、气等动力资源。节能降耗也是生产

现场管理的目的之一。

⑨ "信"。它是指生产现场经常进行的信息交流与信息反馈。生产现场管理的目标之一是保证信息准确、充分。保持信息渠道畅通、信息反馈迅速。

（2）从生产现场管理的对象来看，生产现场管理的内容应包括以下几个方面：

现场生产组织管理。包括现场生产组织的确定及改善、班组建设、生产作业计划的编制、现场生产调度、生产进度的统计分析等。

现场工艺技术管理。包括技术图纸、作业指导书工艺文件及工艺规程执行情况的检查、考核，以及工艺流程的确定和工艺改进、技术改进等管理。

现场质量管理。包括现场质量监测、控制以及质量保证体系的运行、现场文明生产的组织实施等。

现场设备管理。包括设备的维护、保养、修理和设备的合理利用、安全操作等。

现场物资管理。包括生产现场需用的其他辅助性物品、基层管理人员现场办公设施和生活设施的管理等。

现场劳动管理。包括劳动力的调度和安排、劳动定额的制定、修订和实施、劳动技能的训练和提高、劳动纪律的执行等管理。

现场安全管理。包括安全纪律、安全设施、防尘、防毒、防火、防汛、防辐射、防干扰、防噪音以及防暑降温、防寒等管理。

现场环境管理。包括厂容厂貌、通风、照明、粉尘、噪声、温度、湿度等的管理。

现场成本管理。包括生产批量的确定，材料定额和工时定额的执行、控制、统计与分析，原材料的合理利用，节能降耗工作的开展等。

生产现场管理诊断。包括发现生产现场问题，提出改进的目标，找出存在的主要因素，提出相应的改进措施，然后对症下药，优化生产现场管理等。

4.4.2　现场管理基本方法

1. 生产现场管理的基本要求

物流有序。即要求实现生产现场的所有物料流动井然有序，没有或很少有不必要的往复、交叉、短缺或库存等。

生产均衡。即要求工艺布局、劳动组织合理，生产条件准备充分，生产活动按工艺流程、作业计划有节奏地进行。

设备完好。即要求遵守设备使用、维护、检修规程，各类设备保持完好、整洁。

信息准确。即要求各种原始记录、资讯管理系统、报表的填写要符合规范，字迹工整，数字准确，传递及时等。

纪律严明。即要求建立健全并严格执行各种生产性规章制度、工艺规程、操作规程和安全规程等，生产活动做到有法可依、有法必依、执法必严、违法必究。

环境整洁。即要求生产环境满足作业要求、满足工人的身心健康要求，符合国家有关环境卫生规定，坚决消除生产现场"脏、乱、差"的状况，实现安全文明生产目标。

标本兼治。即要求对生产现场所表现出的问题，应深入分析其产生的原因，从根本上消除其再发生的可能性。通过纠正和预防并举，实现标本兼治。

2. 定置管理

定置管理是对生产现场中的人、物、场所三者之间关系进行科学的分析研究，使之达到最佳结合状态的一种科学管理方法。它是以生产现场为研究对象，通过整理，把与生产现场作业无关的物品及时清理掉；通过整顿，把生产现场需要的物品放置在规定的位置；最终以物在场所中的科学定置为前提，以定置的信息系统为媒介，使各生产要素有机结合，实现生产现场管理的科学化、规范化、标准化。

定置管理的基本原则如下：

（1）有物必有区。即应划区、分位进行物品摆放。

（2）有区必标识。即充分发挥信息媒介的作用，让各区域、位置都有便于区别的鲜明的标志，使区位清楚明确。

（3）符合工艺要求。即按工艺顺序和特点进行物品划区，以便于操作和使用。

（4）适应动态变化。即在开展定置管理时，应将固定标识与移动标识相结合、将固定区位与自由区位相结合，以更好地满足生产管理的需要。

（5）追求安全效率。即定置管理应以安全、高效为目标，对特种危险物品进行特种定置，对常用一般物品以快捷、方便为前提定置。

3. 目视管理

目视管理是利用视觉感知各种直观形象、色彩适宜的信息来组织现场生产活动，达到提高劳动生产率的一种管理方式。它是以视觉信号为基本手段，以公开化为基本原则，尽可能地将管理者的要求和意图让大家都看得见，用以推动自主管理、自我控制。

据统计，人的行动的60%是从"视觉"的感知开始的。在生产现场我们可以给一些仪器仪表安装一些装置，并在正常范围内做上绿色标志，一旦指针偏离绿色范围，就知道有异常情况发生，需要我们及时做出检查。目视管理是一种管理手段，尽量让各种管理状况"一目了然"、"一看便知"，全体员工容易明白，易于遵守，减少差错。因此，目视管理是一种很简单又很有效的管理方法。在管理中，通过目视管理使各种管理状态和方法"一目了然"，使员工通过眼睛的观察就能把握现场运行状况，让员工能及时、准确地判断，达到"自主管理"的目的。所以目视管理是一种以公开化和视觉化为特征的管理方式，也称之为"看得见的管理"。

目视管理需要借助一定的工具，按照这些工具的不同，目视管理可划分为：

（1）红牌。如用于 5S 活动中的整理阶段，来区分日常生产活动中非需要品。

（2）看板。在生产现场，用来表示使用物品、放置场所等基本状况的告示板。看板将它们的具体位置在哪里、做什么、数量多少、谁负责等重要事项记入，让人一看就清楚。

（3）信号灯。用于提示生产现场的操作者、管理者生产设备是否在正常开动或作业，发生了什么异常状况。

（4）操作流程图。描述生产中重点工作、作业顺序的简要说明书，用于指导作业者作业。

（5）反面教材。它与实物、图片结合使用，让生产现场的每个人了解、明白不良现象和后果。反面教材一般放在显著的位置，让人们一眼就可以看到。

（6）提醒板。健忘是人们的大忌，但有时又难以杜绝。借助提醒板这种自主管理的方法来减少遗忘或遗漏。

（7）区域线。生产的现场，对原材料、半成品、成品、通道等区域用醒目的线条画出区分，保持生产现场的良好生产秩序。

（8）警示线。在仓库或生产现场等放置物品或设备运行的现场用有色胶带等做出安全警示。

（9）生产管理板。用于表示生产现场中流水线设备的生产状况，可记载生产实绩、设备的开动率、异常原因等。

4.4.3　5S 活动内容与推广

5S 起源于日本。1955 年，日本企业为确保作业空间和安全，推出 2S 活动，即整理、整顿。其宣传口号是"安全始于整理整顿，终于整理整顿"。随后，因生产控制的需要和品质控制的需要，它们又逐步提出后续的 3S，即清扫、清洁、素养。1986年，首本 5S 著作在日本问世，从而对现场管理模式产生了较强烈的冲击，也推动了整个日本企业现场管理模式的变革，并由此掀起了 5S 活动的热潮。

日本企业将 5S 活动作为其管理工作的基础，应用在企业管理的各个方面。特别是在丰田公司的积极倡导和推行下，5S 活动对于塑造企业形象、降低成本、准时交货、安全生产、高度的标准化、创造令人心旷神怡的工作场所、现场改善等方面都发挥了巨大作用，从而逐步被各国的管理界所认识。随着世界经济的发展，5S 已经成为工厂管理的一股新潮流。

20 世纪 90 年代早期，5S 活动方法引入我国。我国企业结合当时如火如荼的安全生产活动，在 5S 的基础上，增加了安全，从而形成 6S。之后。有的企业又在 6S 的基础上增加了节约、习惯化、服务及坚持等，从而形成了 7S、8S 直到 10S。

1. 整理

它是 5S 活动的第一步。其内容是对现场的物品进行清理，区分要与不要的物品，把不要的物品移往别处保管，现场只保留适量的必需物品，以提高现场的使用空间和效率。

整理活动的要点主要有三个：一是对生产现场摆放和停滞的各种物品进行分类，区分哪些是现场需要的，哪些是现场不需要的，哪些是不用的，哪些是长期不用的；二是当场地出现紧张时，首选考虑的不是增加场地，而是开展整理活动；三是即便是必须用、立即用的物品，在现场保留也要适量。对于永久性不用的物品，应坚决处理掉；对暂时不用的物品，应进行合理保管。

（1）现场整理的物品包括：

废弃无使用价值的物品，如过期变质的物品、无法修理的设备工具、过时的资料等；

不使用的物品，如已停产的产品原辅材料、半成品、包装物等，已无保留价值的实验品或样品，已被替换而无用的物品等；

销售不出去的产品，如过时、预测失误而过剩的、有致使缺陷的产品等；

造成生产不便的物品，如取放物品不便的盒子、影响搬运传递的门等；

占据场地重要位置而又只是偶尔使用的其他闲置物品。

（2）整理活动的作用主要表现在以下六个方面：

改善和增大作业面积；

现场无杂物，行道通畅，提高工作效率；

减少磕碰的机会，保障安全，提高质量；

消除管理上的混放、混料等差错事故；

有利于减少库存量，节约资金；

改变作用，使员工心情舒畅，提高工作效率。

2. 整顿

它是指对现场保留的必需物品进行科学合理的摆放，是生产现场改善的关键。摆放留在现场的必需物品通常采取六定方法。即定区（物品放在什么场所合适）、定点（物品放在什么地点合适）、定容（用什么容器合适）、定量（放置多少）、定标识（用什么标识以便识别）、定法（针对物品特点采用什么放置方法合适）等。

（1）整顿活动的要点是：

物品摆放要有固定的区域和地点，以便于寻找和消除因混放而造成的差错；

物品摆放要科学合理，例如根据物品使用的频率，经常使用的东西放得近些（如放在作业区内），偶尔使用或不常用的东西则应放得远些（如集中放在车间某处）；

物品摆放目视化，使定量装载的物品做到过目知数，不同物品摆放区域采用不同的色彩和标记。

（2）整顿活动的作用主要表现在：

减少物品寻找时间，提高工作效率；

能马上发现异常情况，及时采取纠正预防措施，减少故障发生，提高控制质量。

3. 清扫

把工作场所打扫干净，设备异常时马上修理，使之恢复正常。现场在生产过程中会产生灰尘、油污、材料屑和垃圾等，从而使现场变脏。脏的现场会使设备精度降低，故障多发，影响产品的质量，使安全事故防不胜防，更会影响人们的工作情绪，使人不愿久留。因此，必须通过清扫来清除那些脏污，创建一个明快、舒畅的工作环境，以确保安全、优质和高效率地工作。

（1）清扫活动的要点是：

建立清扫责任区（室内/外）；

执行例行扫除，清理脏污；

调查污染源，予以杜绝或隔离；

设备的清扫，重点放在设备的维修保养上，并结合设备的日常检查，把设备的清扫与检查、保养润滑结合起来；

清扫也是为了改善，所以当清扫地面发现有飞屑和油水泄漏时，查明原因并采取措施加以改进；

建立清扫基准，作为规范。

（2）清扫的作用主要表现在：

通过彻底的清扫，清除脏污，保持现场干净、整洁、明亮，从而稳定产品质量，减少工业伤害；

有利于及时发现和处理现场异常，减少和避免设备故障和质量损失。

4. 清洁

它是指对经过整理、整顿和清扫以后的现场状态进行保持。清洁，不是单纯从字面上来理解，而是对前三项活动的坚持与深入，从而消除发生安全事故的根源，创造一个良好的工作环境，使员工能愉快地工作。

清洁活动的要点是：

车间环境不仅要整齐，而且要做到清洁卫生，保证员工身体健康，增强员工劳动热情；

不仅物品要清洁，而且整个工作环境要清洁，进一步消除混浊的空气、粉尘、噪音和污染源；

不仅物品、环境要清洁，而且员工本身也要做到清洁，如工作服要清洁，仪表要整洁，及时理发、剃须、修指甲、清洁个人卫生等；

员工不仅做到形体上的清洁，而且要做到精神上的"清洁"，待人要讲礼貌，要尊重别人。

领导以身作则，并通过各种途径，坚持不懈地强化5S意识；

推行制度化、透明化管理，用制度来引导和监督约束。

5. 素养

它是指养成良好的工作习惯和行为规范，素养即教养。努力提高人员的素质，养成严格遵守规章制度的习惯和作风，这是5S活动的核心。没有人员素质的提高，各项活动也不能顺利开展，开展了也坚持不了。所以，抓5S活动，要始终着眼于提高人的素质。5S活动始于素养，也终于素养。

在开展5S活动中，要贯彻自我管理的原则。创造良好的工作环境，不能单靠添置设备来改善，也不要指望别人来代为办理，让现场人员坐享其成。应当充分依靠现场人员，由现场的当事者自己动手为自己创建一个整齐、清洁、方便和安全的工作环境。使我们在改造客观世界的同时，也改造自己的主观世界，产生"美"的意识，养成现代化大生产所要求的遵章守纪的风气和习惯。因为是自己动手创造的成果，也就容易保持和坚持下去。

由此可见，整理、整顿、清扫、清洁、素养，这五个项目并不是各自独立、互不相关的，它们之间是种相辅相成，缺一不可的关系。其中，整理是整顿的基础，整顿又是整理的巩固，清扫是对现场管理在整理、整顿后的深化，而通过清洁和素养，则是使整理、整顿、清扫的效果得以保持并形成规范、习惯的活动，完成由"形式化到行事化再到习惯化"和"行为到态度"过程，如图4-12所示。系统地开展5S活动，是实现企业安全文明生产、全面提高企业工作质量的一条有效途径。

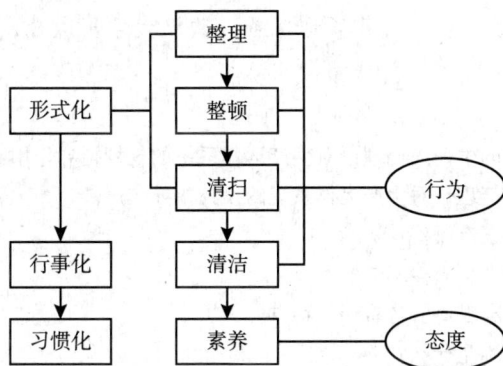

图 4 – 12 5S 推广机制

【本章小结】

现代生产运作系统功能的基本功能是价值生成系统，产品价值链规划设计及其管理理论对现代生产运作系统功能设计有重要指导意义。生产系统规划与设计就是运用价值链、供应链、流程分析、成本分析、物流分析等科学的方法和工具对企业各组成单位、设施及过程进行合理的配置。它对生产系统的运行有着非常重要的影响，是企业生产战略的一项重要内容，也是实施企业经营战略的重要步骤。生产系统的设计是在产品开发、工艺设计之后所进行的生产服务设施选址与布置、生产流程的设计与选择、生产过程的组织等工作。本章介绍了生产运作系统构成的基本原理，阐述生产运作系统的生命周期各阶段及相关的一些决策和内容，讨论了设施选址影响因素，提供了各类设施选址和布局方面内容，展示了系统布局的微观管理细节和现场管理主要内容及其方法。

【推荐读物】

1. 科利尔，埃文斯著 . 马风才译 . 运营管理 . 机械工业出版社，2011.

2. 克拉耶夫斯基（Krajewski, L. J.），里茨曼（Ritzman, L. P.）著 . 刘晋，向佐春译 . 运营管理——流程与价值链（第 7 版）. 人民邮电出版社，2007.

3. 谢勤龙 . 供应链战争 . 机械工业出版社，2010.

4. 马士华，林勇 . 供应链管理 . 机械工业出版社，2010.

5. 胡正华等 . 设施规划与设计 . 科学出版社，2006.

6. 黄杰．图解现场管理一本通．中国经济出版社，2011.

7. 孙少雄，孙宝东．服务业 5S 精益管理：品质改善利器．机械工业出版，2010.

8. 潘艾华，阮喜珍．生产运作管理实务．武汉大学出版社，2009.

【复习与思考】

1. 谈谈生产运作系统的生命周期理论对生产运作系统的规划指导作用。

2. 谈谈价值链和供应链理论对生产运作系统的设计指导作用。

3. 影响设施选址的因素有哪些？

4. 经济全球化对设施选址有何影响？

5. 常见设施布置类型有哪些？各有什么特点？

6. 工厂平面布置的原则是什么？

7. 服务设施平面布置有何特殊性？

8. 现场管理主要内容有哪些？

9. 谈谈 5S 含义及其主要内容。

10. 现场管理基本方法有哪些？

【案例】

Holden 医院输血中心的选址问题

Holden 医院在过去 30 年中在市区经营着一个献血诊所和输血中心。然而，人口增加和服务进步导致需要额外的职员和设备。这在最初的建筑设计中并没有进行规划，现有的地点也没有扩充的空间，随之产生的结果就是中心的管理者正在努力重新部署。从对顾客的一些调查中，他们知道大多数献血者是乘坐公用交通设备或私家车前往中心的。该中心向医院提供血液和血液制品，并在整个地区都拥有移动献血诊所。

中心管理者将下列标准确认为选址过程中最重要的指标：

（1）移动诊所和输血车能够进入公路网，以增进效率并最小化延迟和运营成本，并避免血液制品在传输过程中变质的可能性；

（2）通过更好的可视性或四通八达的路线吸引一大批献血者；

（3）坐公车和私家车同样方便；

（4）对于人口分布或公路网的改变几乎不敏感；

（5）中心的职工上下班很方便；

（6）使内部空间和批量最小化。

已经收集到了包括居民、献血者、公共交通、配送等有关的数据。可是中心管理者对下一步要做的有关选址的事情仍没把握。

资料来源：科利尔，埃文斯著．马风才译．运营管理．机械工业出版社，2011.

【讨论题】

1. 如果你作为 Holden Hospital 的一位咨询师，为确定最佳选址方案，你将做出何种安排？

2. 你准备用哪些指标来评估备选的方案，如何确定这些指标的重要性？你认为还应补充哪些附加数据？

第 5 章

工作设计与工作研究

【学习目标】

1. 了解工作设计的目的及其影响因素。
2. 描述工时消耗分类及工时定额构成。
3. 明确工作研究的内容与程序。

【管理案例】

约瑟夫·鲍里斯（Joseph Polise）是联合包裹服务公司（United Parcel Service, UPS）的一名司机。此时他正夹着一个包裹从他的棕色运送车里出来走向办公大楼。他的身后几步远，一位 UPS 的工业工程师，玛乔热·库厦克（Marjore Cusack），正手拿秒表计时。

她紧盯着鲍里斯先生，记录他行动的步骤及与顾客打交道的时间。她的记录本上记载着遇到红灯、交通阻塞、走弯路、按门铃、过走廊、上楼梯、喝咖啡等所消耗的时间。她说："即使他去卫生间，我也要给他计时。"

UPS 的 75 000 名司机每年行驶 18×10^9 英里，每天分发 11×10^6 个包裹，平均每天出入传送车 200 次。不必要的步骤和非直接的路线降低了司机的工作效率，进而影响了他们对客户的服务质量。如果每天能节约 1 分钟，公司 1 年就能节约 500 万美元。因此 UPS 公司每年在培训司机掌握合理有效和安全的工作方法上下了很大的功夫。

在 UPS 公司约有 3 200 名工业工程师对司机的分发过程进行时间研究，从而提出有关工作方法的指导性意见，以保证为客户提供有效和可靠的服务。他们对司机的工作进行了精细的研究，甚至包括钥匙环该挂在哪个手指上以防丢失。除了改进工作方法，UPS 给司机提供的运送车具有如下特性：圆顶形座椅，方便司机每次分送时上下车；车后轮仓尾部有一块斜板可以着地、使司机只需要踏一步就能很方便地进入货仓；舱壁式车门使司机很容易进入包裹间，节省了他挑选包裹时的行动距离。

资料来源：蔡斯等著，任建标译. 运营管理. 机械工业出版社, 2007.

【重要概念】

工作设计（Job Design）；劳动标准（Labor Standards）；职务扩大化（Job En-largement）；职务轮换（Job Rotation）；职务丰富化（Job Enrichment）。

制定正确的生产运营战略、选择合适的产品和作业技术并进行周密的计划，对维持和提高企业的竞争优势是至关重要的。但一个作业系统运行的好坏，归根到底取决于控制、操作该系统的人，取决于员工对工作的热情和工作方法。泰罗曾说：高工资和低劳动成本相结合是可能的，这种可能性主要在于第一流的工人在有利的环境下所做的工作量和普通水准工人所做工作量之间的巨大差距。那么如何造成就"第一流的工人"？无论是制造业还是服务业，越来越多的企业从工作设计入手，应用工作研究的原理和方法，寻求更好的作业组织、作业程序和作业方法，从而不断提高生产效率以面对日益激烈的国际化竞争。

5.1   劳 动 生 产 率

5.1.1   劳动生产率的概念及计算方法

劳动生产率是指劳动者在一定时期内创造的劳动成果与其相对应的劳动消耗量的比值，就是人们在生产中的劳动效率。劳动生产率水平可以用同一劳动在单位时间内生产某种产品的数量来表示，单位时间内生产的产品数量越多，劳动生产率就越高；也可以用生产单位产品所耗费的劳动时间来表示，生产单位产品所需要的劳动时间越少，劳动生产率就越高。提高劳动生产率不仅有助于节约劳动消耗、降低产品成本，而且有助于提高企业的市场竞争力。所以，从古至今，国内外企业都把如何提高劳动生产率作为企业生产运作管理的重点之一。

企业的劳动生产率水平通常是用单位时间内平均每个劳动者所生产的产品数量来表示的。

$$劳动生产率 = \frac{产品产量}{劳动消耗量}$$

根据不同目的和企业管理工作的需要，劳动生产率可以按不同的表现形式、不同的时间单位和不同的人员范围进行计算。

例如，按实物单位计算的劳动生产率，就是用吨、台、件等实物产量来计算劳动生产率，于是可以用每个工人在一定时间内平均生产几台汽车来表示汽车行业企业的劳动生产率。其计算公式是：

$$实物劳动生产率（实物单位/人）= \frac{某种产品的实物产量}{生产该种产品的工人平均人数}$$

而用"小时劳动生产率"是指工人在一个实际工作小时内所生产的产品数量。它的水平取决于工人的劳动积极性与熟练程度、采用新技术的情况、生产组织与操作方法，以及在一个工作小时内的停工时间等因素的影响。其计算公式为：

$$工人小时劳动生产率 = \frac{产品产量}{工人实作工时}$$

还可以用"全员劳动生产率"表示以企业全体职工为范围计算的劳动生产率。全员劳动生产率水平除了受工人劳动生产率高低的影响外，还要受企业人员构成的影响。在工人劳动生产率一定的情况下，企业全体人员中非生产人员所占比重越大，全员劳动生产率就越低。全员劳动生产率的计算公式为：

$$全员劳动生产率 = \frac{工业总产值（或总产量）}{全体职工人数}$$

不论计算哪种劳动生产率，都必须要使计算劳动生产率公式中的分子和分母，即产品产量和劳动消耗量在时间和空间范围上保持一致。所谓在时间范围上保持一致，就是指在计算某时期的劳动生产率时，产量必须是该时期生产的产品产量，劳动消耗量必须是该时期所消耗的劳动量。例如，月产量只能与月劳动消耗量相比，年产量只能与年劳动消耗量相比。所谓在空间范围上保持一致，就是指计算某单位的劳动生产率时，产量必须是该单位的产品产量，劳动消耗必须是该单位的劳动消耗量。此外，在产品产量与劳动消耗量之间，还应保持直接的依存关系，即产量应该是这些劳动消耗量所生产的全部产量，而劳动消耗量则应该是这个产量所消耗的全部劳动量。只有这样，才能提高所计算的劳动生产率的准确程度。

5.1.2 提高劳动生产率的途径

劳动生产率的状况是由社会生产力的发展水平决定的。具体说，决定劳动生产率高低的因素主要有：

劳动者的平均熟练程度。劳动者的平均熟练程度越高，劳动生产率就越高。劳动者的平均熟练程度不仅指劳动实际操作技术，而且也包括劳动者接受新的生产技术手段，适应新的工艺流程的能力。

科学技术的发展程度。科学技术越是发展，而且越是被广泛地运用于生产过程，劳动生产率也就越高。

生产过程的组织和管理。主要包括生产过程中劳动者的分工、协作和劳动组合，以及与此相适应的工艺规程和经济管理方式。

生产资料的规模和效能。主要指劳动工具有效使用的程度，对原材料和动力燃料等利用的程度。

自然条件。主要包括与社会生产有关的地质状态、资源分布、矿产品位、气候条件和土壤肥沃程度等。

美国管理大师德鲁克先生对提高劳动生产率这一问题的观点如下三个方面：

清晰的定义任务：每一个活动、项目都有一个目标，可解决"干什么"这一问题。

专注于所定义的任务：即"专心一致地完成任务"。资源投入—产出的过程中，工作可分为有效工作和无效工作。"专注"是指增加有效工作的比重。日本很注重作业时间的研究，不论是对作业动作、机器排列方式的研究其目的都一样，就是增加有效工作的比重。

正确合理的评价任务：评价任务的尺度选择不当，就不能表明正确的价值观念，其后果是完成任务的人积极性消退，误导群体的认知观念。只有正确和合理的评价标准，才能具有很好的导向作用，激发群体的内在动力，从而提高工作效果和效率。

综上所述，提高劳动生产率，可以从以下几个方面考虑：

1. 应用先进的科学技术

这是提高劳动生产率的根本途径。企业劳动生产率的提高主要依靠在生产过程中采用新的工艺和设备，有计划、有步骤的采用先进技术；对企业原有的传统技术和工艺进行改造，对于那些已"超期服役"的机械设备加速进行更新；正确地组织和处理劳动者之间、劳动者与劳动手段、劳动者与劳动对象之间的关系，使三者最经济、最合理、最有效地结合起来，充分调动劳动者的积极性和创造性，达到用尽可能少的物化劳动和劳动消耗生产出尽可能多的优质产品。

2. 提高劳动者的文化技术水平，加强教育培训

现代科学技术的发展从根本上改善了生产条件，对劳动者的文化技术水平也就提出新的、更高的要求。从现代化大生产的特点看，评价劳动者的熟练程度的标准，主要不是看劳动者个人的劳动技能，而是看他们对机器设备、信息信号迅速反应和正确处理的能力。劳动者的文化技术水平和熟练程度的不断提高，能够更合理地利用劳动时间，提高单位时间的产品产量，减少废品损失等，从而也就提高了劳动生产率水平。

3. 不断改善生产组织和劳动组织

生产组织指的是产品生产过程的组织，包括全厂和车间、工段、班组的生产组织和平面布置。劳动组织主要是指劳动者的分工与协作及其配备。生产组织和劳动组织的合理化，可以使劳动资料、劳动对象和劳动力得到科学的、有效的结合，对劳动生产率的提高有着重要作用。科学地组织劳动分工与协作，能够使各劳动集体之间成为协调的整体。

4. 实行科学管理

积极采用科学管理方法和手段也是提高劳动生产率的一个重要途径。当前在国内外企业管理中已采用的现代管理方法很多，其中对提高劳动生产率影响比较大的有目标管理和网络计划技术等。

5.2 工 作 设 计

5.2.1 工作设计的基本概念

工作设计就是设置生产系统中的工作岗位并规定各岗位的工作内容。其目的在于使工作分配一方面满足组织、技术的要求，另一方面满足员工个人生理、心理的需求。工作设计始于泰罗的科学管理思想：工作方法应当科学地研究，而不仅仅凭经验，管理人员应制定正确的工作方法和标准工作量；管理人员应该针对不同工作岗位选定合适的工作人员，培训他们使用合理先进的工作方法。从 20 世纪初至 50 年代，泰罗的思想和所创立的工作方法对美国企业以及学习美国工业工程（Industry Engineering，IE）的企业的生产率的提高起了不可低估的重要作用。虽然管理环境的日新月异，使得工作设计的内容日益完善，但其核心决策仍在于以下六个方面，如图 5-1 所示。

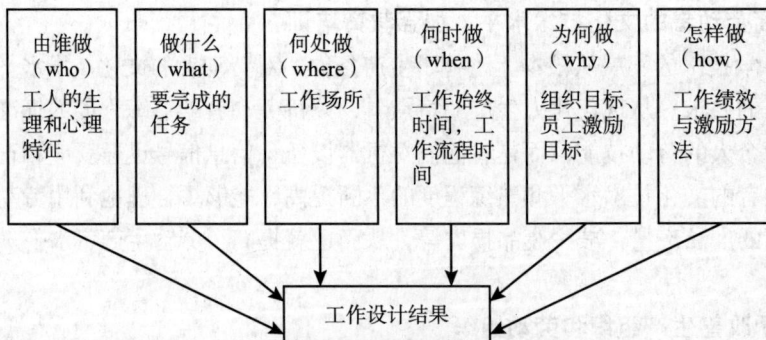

图 5-1 工作设计决策

目前上述决策正日益受到以下趋势的影响：

（1）每个岗位上的员工都要承担质量控制的责任，他们有权将存在质量隐患的整条生产线停下来，比如丰田生产线上的员工。

（2）员工受到多工种培训，具有多种工作技能，以适应多品种、小批量的生产要求。

（3）员工和团队参与工作设计和组织，这一点尤其体现在全面质量管理（TQM）的推进中。

（4）通讯技术和计算机系统的应用，扩展了员工工作的内涵，提升了他们的工作能力，这对工作设计产生了越来越明显的影响。

（5）在制造业和服务业中，更多的重体力劳动正被自动化设备所代替。

（6）使员工真正认识其工作的意义，并对优秀员工进行奖赏以激励士气。

（7）员工流动性加大，组织会在更大范围内组合使用临时员工。

5.2.2　工作设计中的心理因素

员工最重要的心理因素之一是其工作动机，这直接影响着他将如何工作和工作的结果，因此在工作设计中必须认真考虑。当一个员工的工作内容和范围较狭窄，或工作的专业化程度很高时，如在流水作业的装配线上，由于员工本身无法控制速度，只能单调地重复操作，他很难从工作中获得满足感、成功感，而且与他人的沟通少、交流少，进一步升迁的机会也相对较少，因其掌握的技能太单一，久而久之员工就会对工作变得比较淡漠，缺乏主动性、创新性，从而影响到工作的结果。这显然是专业分工带来的负面影响。但另一方面，亚当·斯密 1776 年提出的分工原理毕竟使高速度、低成本的生产方式成为可能，放弃它将是十分危险的。面对专业分工这把"双刃剑"，表 5－1 列出利弊对比，然后讨论在工作设计中如何解决存在的问题。

表 5－1　　　　　　　　　　　专业化分工的利与弊

	管理方面	工人方面
专业分工的好处	1. 员工培训简单 2. 易于招到新员工 3. 工作效率较高 4. 员工容易替代，工资较低 5. 工作过程容易控制	1. 对产品所承担的责任较少 2. 不需要接受太多教育 3. 比较容易学会干一项工作
专业分工的弊端	1. 质量控制较难，责任不易分清 2. 生产线的柔性有限 3. 员工不满导致潜在成本消耗	1. 工作单调易疲劳、厌烦 2. 工作中难以产生满足感 3. 学习机会少，水平不易有提高 4. 对生产的控制权少，限制创造性

考虑到专业分工在生产中确实对许多员工产生了一定的不良影响，在工作设计中一般用三种方法来解决：一是工作扩大化；二是工作职务轮换；三是工作丰富化。

1. 工作扩大化（Job Enlargement）

所谓工作扩大化，是指工作的横向扩大。即增加每个人工作任务的种类，使他们能够独立完成一项完整工作的大部分程序。通过工作扩大化，让员工看到他工作的意义，从而提高其工作的热情和积极性。如果顾客对他的工作满意而加以称赞，或是组织对他进行奖赏，员工会从工作中产生满足感和成功感，成为其努力工作的动力。同时，工作扩大化对员工无论是个人素质还是业务水平都提出了更多、更高的要求，这对员工加强自身多方面修养，从中获得精神满足也有积极的作用。

2. 工作职务轮换（Job Rotation）

工作职务轮换是指允许员工定期轮换所做的工作，这种定期可以是小时、日或月、数月。通过职务轮换，可以给员工提供更丰富多样的工作内容，很好地克服单一工种的枯燥乏味，有利于工作热情的提高。当然，职务轮换的前提条件是员工具备多种工作技能，这可以通过"在岗培训"（on the job training）来实现。这种方法还有其他一些好处：如派人顶替缺勤的员工、临时向瓶颈环节增加人员等，大大增加了工作任务分配的灵活性。同时，职务轮换使各岗位员工都能体会其他岗位工作的不易，对于员工间相互体谅、加强沟通、培养团队意识、提高整个系统的运作效率有很大帮助。

3. 工作丰富化（Job Enrichment）

工作丰富化的理论基础和概念本身都是由赫茨伯格（Frederick Herzberg）提出来的，工作丰富化是指工作的纵向扩展，即给予员工更多的责任，更多参与决策和管理的机会。例如，一名一线的员工，可以让他负责若干台设备的操作，同时负责检验产品、决定何时保养设备等。工作丰富化可以提高员工的责任心，带给他成就感和满足感。当他通过学习、培训，掌握了丰富化的工作内容，他会感到取得了成就；当他从顾客或组织那里得到认可，他会感到满足；当他们已安排好几台设备的操作、制定好保养计划、确定了所需资源的计划时，他的责任心和信心会大大增强。

这三种方法的实施可以以"团队"的形式来进行，这样会使成员间取得更好的沟通。总之，现代社会中，员工的心理因素不可忽视。如果让员工更多地参与到工作设计中来，他们就能更好地理解工作的目标和要求，也就更容易相互支持和配合，更圆满地完成组织目标。

5.2.3　团队工作方式

团队工作方式是指，与以往每个人只负责一项完整工作的一部分（如一道工序、一项业务的某一程序等）不同，由数人组成一个小组，共同负责并完成这项工作。在小组内，每个成员的工作任务、工作方法以及产出速度等都可以自行决定，在有些情况下，小组成员的收入与小组的产出还挂钩，这样一种方式就称为团队工作方式。其基本思想是全员参与，从而调动每个人的积极性和创造性，使工作效果尽可能好。这里的工作效果系指效率、质量、成本等的综合结果。

工作丰富化与员工的"消极怠工"

开心果食品公司是一个中型的健康食品公司。最近总经理庞云为员工工作兴趣的低下而担心，因为这导致了包装质量问题的产生。如果品质问题在检查阶段被发现，袋装食品就被送回流水线，否则它们将最终被客户所拒绝。在工厂经理的建议下，在重要工段设置了管理监督岗位，由他们进行随机检查，这样增加了成本，但对返回率的降低并没有起到预期的作用。

庞总召集职能部门管理者举行品质会议，来讨论当前形势与采取的有效对策。工厂经理李松认为一些问题是策划引起的，他建议在设计阶段进行检查。人事部门遭到攻击，被指责没有精心招聘到合适的员工。公司还面临人员频繁流动及缺勤的问题。工程及人事部门的主管都为自己辩护。策划部门的主管周卓认为设计并没有什么问题，而提高标准则意味着要耗费更多的成本。人事部门的主管王菲则觉得由于劳动市场上劳动力紧张，她无法在雇用过程中施加更严格的要求，她还说包装工作枯燥乏味，期望人们对此类工作产生更大的兴趣也不合理。

王菲提出了一些建议，以便使员工对其所从事的包装线工作增加兴趣。建议之一就是要求扩大包装线个人的工作范围。在她建议下，每个人将同工作群体的其他工人一起处理几个操作程序，而不是只做单纯的一项工作。另外，还建议采取工作轮换，以使工人们的工作具挑战性。

庞总非常赞赏这个建议，并采取措施立即付诸实施。但是在实施变革的 1 周内，工人们不仅对这些变革表示了许多不满，而且还存在着一种"消极怠工"的状况；工人们觉得他们要进行更多的作业，而工资却没有增加。

总经理和部门主管，包括人事部门主管，对工人们的反应感到吃惊。王菲也非常泄气地说："我被搞糊涂了，似乎他们并不想使自己的工作更有趣。"

资料来源：王建民主编. 生产运作管理. 清华大学出版社，2008.

团队工作方式与传统的泰罗制工作分工方式的主要区别如表 5 – 2 所示。这种工作方式可以追溯到 20 世纪二三十年代。在现代管理学中，"团队工作方式"系指 80 年代后半期才开始大量研究、应用的一种人力资源管理方法。这种方法实际上是一种工作方法，即如何进行工作，因此在工作设计中有更直接的参考意义。

表 5 – 2   泰罗制与团队式工作方式的对比

泰罗制工作方式	团队式工作方式
最大分工和简单工作	工作人员高素质、多技能
最少的智能工作内容	较多的智能工作内容
众多的从属关系	管理层次少、基层自主性强

团队工作方式也可以采取不同的形式，以下是三种常见的方式。

1. 解决问题式团队（problem-solving teams）

这种团队实际上是一种非正式组织。成员每周有一次或几次碰头，研究和解决例如质量问题、生产率提高问题、操作方法问题、设备和工具的小改造问题（工具、设备使用起来更方便）等，然后提出具体的建议，提交给管理决策部门。这种团队在 70 年代首先被日本企业广泛采用，对于提高日本企业的产品质量、改善生产系统、提高生产率起了极大的作用，同时，对于提高工作人员的积极性、改善职工之间、职工与经营者之间的关系也起了很大的作用。日本的 QC 小组就是这种团队的最典型例子。

这种方式有很多优点，但也有其局限性。因为它只能建议，不能决策，又是一种非正式组织，所以，如果这样的团队所提出的建议和方案被采纳的比率很低，这种团队就会自生自灭。

2. 特定目标式团队（special-purpose teams）

这种团队是为了解决某个具体问题，达到一个具体目标而建立的，例如，一个新产品开发，一项新技术的引进和评价，劳资关系问题，等等。在这种团队中，其成员既有普通职工，又有与问题相关的经营管理人员。团队中的经营管理人员拥有决策权，也可以直接向最高决策层报告。因此，他们的工作结果、建议或方案可以得到实施，或者，他们本身就是在实施一个方案，即进行一项实际的工作。这种团队不是一个常设组织，也不是为了进行日常工作，而通常只是为了一项一次性的工作，实际上类似于一个项目组。这种团队的特点是，容易使一般职工与经营管理层沟通，使一般员工的意见直接反映到决策层。

3. 自我管理式团队（self-managing teams）

这种方式是最具完整意义的团队工作方式。在自我管理式团队中，由数人共同完成一项相对完整的工作，小组成员自己决定任务分配方式或任务轮换，自己承担管理责任。在这种团队中，包括两个重要的新概念：

（1）员工授权（Employee Empowerment）。即把决策的权力和责任一层层下放，直至每一个普通员工。如上所述，以往任务分配方式、工作进度计划、人员雇佣计划等是由不同层次、不同部门的管理人员来决定的，现在则将这些权力交给每一个团队成员，与此同时，相应的责任也由他们承担。

（2）组织重构（Organizational Restructuring）。这种组织重构实际上是权力交给每一个职工的必然结果。采取这种工作方式后，原先的班组长、工段长、部门负责人（科室主任、部门经理等）等中间管理层几乎就没有必要存在了，他们的角色由团队成员自行担当，因此整个企业组织的层次变少，变得"扁平"。

自我管理型团队的特征

1. 目标性。自我管理型团队的每个成员共同负责一个团队目标，并且坚信这一目标包含着重大的意义和价值。这个目标把团队成员紧紧地凝聚在一起，个人的目标被融入到团队的目标之中。在这种团队中，大家愿意为团队的目标的实现全力以赴。共同的目标是保证团队工作有效性的一个基本条件，是保证个人目标的前提，也是对团队工作考核的依据。

2. 技能性。自我管理型团队在形成和融合的过程中会形成一组有较好能力的人群，他们不仅有全面的专业技能，而且具有良好的人际交往能力，保证了沟通顺畅，更重要的是具有了发现和解决问题的能力，并有了决策的能力，这就更大的发挥了成员的自觉性和责任感。并且，团队成员还通过不断学习和培训，增强团队完成目标的能力和价值。

3. 依赖性。团队通常把整体目标分解成个人的目标，个人目标的实现往往要依靠其他团队成员目标的实现，这样就使团队成员产生强大的依赖感，促进了团队的协作，增强了凝聚力。

4. 自我管理性。自我管理型团队承担了很多以前由主管承担的工作，通常会对整个流程或者产品负责，包括完成目标的计划、组织、领导、控制等各个环节，完全由自己管理，并承担责任。通常他们的责任范围包括：计划和安排工作日程；给各成员分配工作任务；总体把握工作步调；做出操作层面的决策；对出现的问题自行采取措施；直接与顾客沟通等。甚至，完全的自我管理型团队可以自己挑选成员，并进行绩效评估。

5. 自我学习性。团队不断发展的过程就是不断学习的过程，团队成员通过不断学习和培训，弥补成员之间的技能差异，并不断提升，以使每个成员都达到自我管理的能力，整体提升团队的能力。

6. 自我领导性。对于自我管理型团队来说，已经模糊了领导者的概念，没有明确的领导者，每个成员都是领导者，有更多的自治和决策的权力，但在实际中，这一角色常常在团队融合过程中已经确定。

7. 自我负责性。由于组织对自我管理型团队的干预比较少，给予了其足够大的决策权和管理权，就要求团队对任务或目标的完成担负责任，并分解到每个成员身上。

8. 良好的沟通性。由于自我管理型团队没有上下级别，所有成员都在一个平等、开放的平台上沟通信息，通过沟通消除矛盾、冲突，是团队成员达成一致。特别是在解决问题和方法创新方面，自我管理型团队良好的沟通平台更具优势。

资料来源：http://baike.baidu.com/view/1210665.htm.

5.3 工作研究

工作研究是劳动过程优化方法的总称，是传统工业工程学的基础。它是在一定的生产技术和组织条件下，运用系统分析的方法，研究资源的合理运用，并制定作业标准和时间标准，以改进作业，寻求最佳经济效益的方法。

5.3.1 工作研究的基本内容

工作研究的途径是通过方法研究制定标准作业，通过时间研究制定标准时间。方法研究和时间研究是相互联系的，方法研究是时间研究的基础和前提条件，而时间研究是比较和选择工作方法的依据。一方面，在确定了合理的工作方法后，才能建立起科学先进的劳动定额；另一方面，有了科学先进的劳动定额，才能培训员工掌握更好的工作方法。图 5 - 2 表述了工作研究的基本内容。

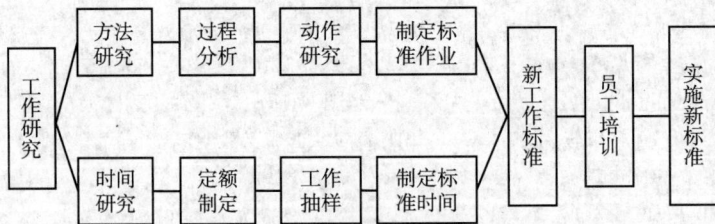

图 5 - 2 工作研究的基本内容

工作研究以提高工作效率为目的，研究如何使工作程序更加合理，工作方法更加科学有效。通过工作研究，确定科学的工作程序和方法，制定先进合理的劳动定额，对提高企业生产效率、降低成本、充分利用人员、物料等资源有重要的意义。工作研究的目标在西方企业界有精炼的描述：work smart，not hard。

5.3.2 工作研究的步骤

工作研究作为一种科学的管理技术，有一套分析和研究问题的方法，因而需要按一定的程序进行，其具体步骤如图 5-3 所示。

1. 选择研究对象，确定研究目标

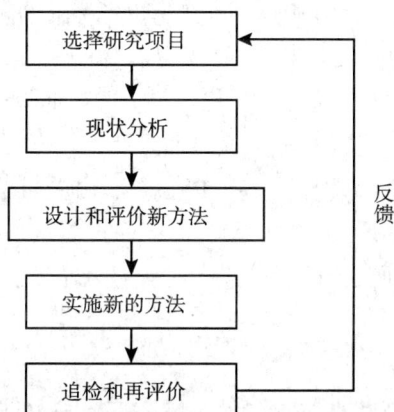

图 5-3 工作研究的程序

管理者需要解决的问题有很多，在一定时期内只能把企业在生产中急需解决的问题作为重点。一般来说，工作研究的项目主要集中于系统的关键环节、薄弱环节、或带有普遍性的问题、或从实施角度易开展、易有效的方面。一般来说，从以下三个方面进行考虑：

（1）经济因素。即研究经济价值较高的工作，如利润率高的产品项目、生产的瓶颈环节、质量低或不稳定等方面。

（2）技术因素。即研究时所应具备的各种知识、方法、技术，它直接影响到进行研究的可行性。

（3）人的因素。应选择能够合作的工作单位，取得成功后易于总结经验并获得推广。

在确定了研究项目后，还应规定具体的研究目标。这些目标包括：

①减少作业所需的时间。

②节约生产中的物料消耗。

③提高产品质量的稳定性。

④增强职工的工作安全性，改善工作环境和条件。

⑤改善员工的操作方法，减少劳动疲劳。

⑥提高员工对工作的兴趣和积极性。

2. 记录现行方法，分析现状

选定研究项目后，就需要对该项目目前现行操作的全过程进行全面、详尽的观察和记录。这一步极其重要。由于生产工序增多，操作复杂，一般来说用文字记录显得冗长繁琐。现在有很多规范性很强的专用图表工具，能够帮助工作研究人员准确、迅速、方便地记录要研究的项目现状，为分析这些事实提供了标准的表达形式和语言基础。

在现行方法的全过程被记录下来后，就要从具体的事实和数据资料中逐项考查，寻求改善的新方法。工业工程不承认有"最佳"的方案，而只认为有"更佳"的方案。

工作研究在考查每一工序时一般从六方面入手，不断提出问题，看每一步骤和每一动作是否必要，顺序是否合理，哪些可以去掉，哪些需要改变，这就是"5W1H"或"六何"分析法。"5W1H"分析法是对一个工序或一项操作从原因、对象、地点、时间、人员、方法等六方面提出问题，进行考查（见表5-3）。

3. 设计和评价新方案

在对上述六个方面的问题进行逐个分析后，就应当设计出新方案，并进行试用评价，这是工作研究的核心部分。

在设计新方案时，可以在现在的工作方法上，通过取消、合并、重组、简化四种技术加以改进，这四项技术称为ECRS（或"四巧"）技术。

表5-3 　　　　　　　　　　　　　　"六何"分析表

逐级提问 六何	第一轮提问 现状	第二轮提问 为什么	第三轮提问 能否改善	结论 新方案
原因（why）	干的必要性	理由是否充分	有无新的理由	新的理由
对象（what）	干什么	为何要干它	有无更合适的工作	应该干什么
地点（where）	何地干	为何在此干	有无更合适的地点	应在哪里干
时间（when）	何时干	为何此时干	有无更合适的时间	应在何时干
人员（who）	何人干	为何此人干	有无更合适的人选	应何人干
方法（how）	怎样干	为何这样干	有无更合适的方法	应该怎样干

（1）取消（Elimination）。对所有研究的工序，首先考虑取消的可能性。如果不能全部取消，就考虑部分取消。如取消不必要的工序、不必要的搬运、不必要的检验等，消除必需的休息外的一切怠工和闲置时间等。

（2）合并（Combination）。当生产过程被划分为许多工序后，工序之间生产能力不平衡或分工过细可能引发不必要的多次搬运、反复装卸或人浮于事、忙闲不均等现象。如果工作不能取消，则考虑能否对工序进行调整合并。包括对于多个方向突变的动作合并，形成一个方向的连续动作；实现工具的合并、控制的合并、动作的合并。

（3）重组（Rearrangement）。对工作的先后顺序进行重新组合，使工作流程合理化，改善操作，提高效率。如前后工序的对换、手动改为脚动、调整设备位置等。

（4）简化（Simplification）。在取消、合并、重组后再对工作进行深入研究，使方法和动作尽量简化，提高效率、降低成本。

以上四个技巧虽有一定顺序，但实际应用时，常反复研讨，寻求更优的方案。

上面所设计的工作方法可能有若干方案，必须从中评出相对最佳的方案来实施。评价即对新的工作方法进行技术经济分析，如经济价值分析，将改善后所降低的成本与改善方案所付出的费用（如研究费、调查费、设备、工具费用等）相比较，衡量得失利弊。同时，还需要进行一些诸如安全性、可靠性的分析，即考虑所采用工具设备的安全性、维护保养方式及可靠程度等。

4. 实施新的方案

工作研究的成果实施可能比对工作的研究本身要难得多，原因大致由于一是不了解，二是不习惯，所以要采取各种有力的保证措施。如将实施方案更具体化、标准化，广泛宣传新方案的内容、意义，加强对员工的技术培训和现场指导，允许员工有熟悉和适应的过程，不能急于求成。但也要明确一点，在规定的适应期满后，必须坚决执行新方案。

5. 追检与再评价

这一阶段工作的目的是为了发现新问题，反馈给下一次循环的起始阶段。首先，要考查管理人员认真执行的情况如何；其次，观察实施新方法后的种种影响；最后，所制定的标准与实验完成情况之间有多大的差异，探讨原因及有无调整的必要。

5.3.3　方法研究

方法研究就是通过对现行的工作系统进行科学的分析，在给定的制约条件下，开发出更有效、更经济的工作方法，以达到提高生产率和经济效益的目的。其具体目标主要有：使作业变得容易、安全并减轻劳动强度；降低成本、提高产量；提高产品质量；改进作业环境等。方法研究包括程序（生产过程）分析（Process Analysis）、作业分析（Operation Analysis）与动作分析。程序分析是以整个工作系统为研究对象；作业分析与动作分析则缩小到以某个作业或操作动作为研究对象。显然，应先做好程序研究，然后做动作研究为宜。

1. 程序分析

程序分析是以产品（零件）制造过程为研究改进对象的一种分析技术。它主要是从经济有效的角度，通过对加工对象从原材料投入到制成成品的整个生产过程的分析，探讨加工工艺（包括工序划分、运输路线、使用工具等）是否合理。此外，对加工对象所用的原材料、元器件也应进行价值分析，分析选用的原材料、元器件是否合适（是否有功能过剩或功能不足现象），有没有功能相同而价钱更低的代用品原材料、毛坯的大小形状是否适当等等。程序分析可根据不同的目的采用适当的技术。例如，分析整个制造过程采用生产程序图；分析物料或产品的流动采用流动程序图；有关工厂布置及搬运的分析采用运量相关图等。

（1）程序的调查方法和调查项目。对程序的调查，要首先查阅资料，如实物样品、设计图、零部件图、使用说明书、工艺流程图、厂区和车间平面布置图等，并且听取有关人员介绍，在大体了解情况的基础上，再到现场调查。按工艺顺序跟踪被调查物的（工件）的移动，对每一个作业（工序）在观察的同时，要向作业者或班长了解作业的情况，在理解了作业内容的基础上，把调查结果记入分析表。为使调查了解的内容能满足分析的需要，事先要对各个作业分别拟定调查项目。

（2）作业程序图。作业程序图（operation process chart）提供操作程序的全部概况及各制造程序（工序）间的相互关系。作业程序图只包括操作与检验，一般用于对产品生产过程的总体分析。目的是了解产品从原料开始到成品形成的整个生产过程这一系统。这个系统是由哪些生产环节、多少工序组成的，经过一个什么样的加工顺序，以便从全局出发来分析问题。

（3）流动程序图。流动程序图（flow process chart）简称流程图，用于以零件为对象的局部分析，是总体分析的进一步具体化。它由操作、检验、迟延、储存及搬运构成，反映出零件从毛坯开始到成品制成为止的按工艺顺序流动的全部生产过程。它记录的内容很详尽，一般包括物品（工件）流动的数量、搬运的距离、消耗的时间、工艺方法、作业地点、作业人员、使用的机器设备、工夹具、容器等。

在现状调查分析基础上，着手提出改进方案。对流程分析考查的重点如下：

①所有活动的目的是什么？改进的可能性？

②各工序使用的工装是否合适？改进的可能性？

③工序划分是否适当？能否调整和合并？

④加工检验时间能否减少？

⑤停放次数、停放迟延时间是否过多？能否减少？

⑥运输路线和搬运方式是否合理？能否改进？运输距离是否过长？能否缩短？

经过上述全面综合考虑，新的流程方案将逐渐形成。新方案同样用图表加以反映，对改进处应配以必要的文字说明。为了评价新方案的效果，还需要将新旧方案予以对比，用表格形式反映新方案比旧方案的优越性，如节省加工、检验的时间，减少搬运、停放和迟延的次数和时间等。

2. 作业分析

工艺过程、运输过程及检验过程都是由许多基本组成部分组成的，这些基本组成部分称为作业或工序。它是指由一个工人或一组工人在同一个工作地上完成一定（一个或同时几个）劳动对象的那部分工作活动。

作业分析主要是研究与分析其组成部分和影响作业时间的因素，重点在于改进操作方法，改掉多余的和笨拙的动作，协调人和机器的配合，以及工作中各操作工人的配合，以达到提高作业效率和减轻工人劳动强度的目的。

（1）作业的组成部分——作业要素。为了达到使作业结构合理，减轻劳动强度，减少作业时间，研究时必须将一项作业细分为作业要素。作业要素是由一个或若干个劳动动作组成。作业要素根据其性质和作用可为基本要素与辅助要素。这种分类的目的在于寻求要素机械化和自动化的可能性，同时要尽量在机动时间内做手动工作。例如，半自动、自动机床的操作工人利用该机床机动时间去操作另外的机床，实行多机床管理。任何作业都可以细分为许多要素，例如，"车某工件外圆"工序可划分为：安装工件、开车、进刀、切削（走刀）、停车、退刀、检验（测量尺寸）、卸下零件并放在适当地方。

（2）影响作业要素时间消耗的因素。影响作业要素时间消耗的因素主要有下列六类：

①与劳动对象有关的因素。如工件、原材料的性质、重量、尺寸、形状等。

②与机器设备有关的因素。如机器的功率、运转速度、最大负荷限度及其他性能等。

③与工艺装备有关的因素。工艺装备简称工装，是工具、夹具、量具和模具的总称。采用的工装是否合适，不仅影响产品（零件）的质量，而且对作业的效率影响很大。例如，可以使用粗锉的作业，不要用细锉，因为用粗锉效率高。

④与工作地组织有关的因素。这方面的因素包括机器设备的布置、原材料和工具的放置位置等。高效率的生产只有在工作地合理组织和布置的条件下方有实现的可能。

⑤与劳动条件有关的因素。劳动条件（工作环境）包括工作地的安全设施、照明、温度、湿度、噪声、清洁卫生等的状况。劳动条件的好坏不仅对工人身体和心理健康有重大影响，而且对作业要素时间消耗也有很大影响。

⑥与工人有关的因素。作业要素时间消耗与工人的技术熟练程度、经验、责任心、情绪等有关。

作业分析的任务就是分析并设计合理的作业结构，分析并改善各项影响作业要素时间消耗的因素，并使各项因素得到合理的配合，以达到缩短作业时间，提高劳动生产率的目的。

（3）作业分析使用的图表。作业分析用图表主要有人—机程序图和双手工作程序图。人—机程序图（man-machine chart）用于记录作业者和机器在同一时间内的工作情况，以便分析寻求合理的操作方法，使人的操作和机器的运转协调配合，以充分发挥人和机器的效率。双手工作程序图将同一时间内左右手的工作和空闲情况分别记录下来，以便于分析改进操作方法，提高效率。

3. 动作分析

动作研究就是对生产过程中的每道工序、每个操作和动作进行分析研究，改进不合理、不经济的部分，取消多余、重复的部分，以提高操作效率，总结和推广先进的操作经验。在日常作业中，人们常会忽视那些貌似微小的无效的动作，但实际上一个多余或错误的动作不但会由于反复出现而影响生产效率，还会伴随着大规模生产使大量劳动徒劳无功。因此，动作研究的意义就在于延长人类创造财富的生命时间。

动作研究的方法可分为三种：目视动作分析、影片分析、既定时间分析（PTS）。

（1）目视动作分析。目视动作分析是观测人员在利用眼睛观察作业者双手动作的同时，借助规定的动素符号按动作顺序如实记录，之后进行左右手动作分析，提出改善方案。

（2）影片分析。影片分析法是借助摄影机或摄像机等手段，将操作者的动作拍摄下来进行分析。用这种方法取得的材料准确，分析精确度高，可能提出更好的改善方案，但成本较高。适用于产品寿命长、作业时间短，且具有高度重复性的手工操作。

（3）既定时间分析（predetermined time standards，PTS）。既定时间分析是在目视动作分析基础上派生出来的分析方法。该方法将作业者的作业，分解成预先规定的若干个基本动作，并依据各基本动作预先规定的时间值，设定作业顺序及其标准作业时间。

5.3.4   时间研究

时间研究就是以时间为尺度，对作业系统进行评价、设计和运作，并把作业分解为适当的作业要素，测定作业要素所需时间的方法，是进行工作研究、作业改善、标准时间设定和提高作业效率的重要管理方法。

时间研究是用时间定量表示作业的状态，在进行作业改善时，必须根据作业的动作时间对作业本身进行有针对性的修改，切不可不修改作业条件而擅自改动动作时间。也就是说，时间只是动作的影子，而动作是受作业条件制约的。

一般来说，进行时间研究有三种方法。

1. 秒表测时法

秒表测时法是在现场对生产作业直接进行观察、记录和分析研究的方法，根据观察目的和所要求的分析精度，可把秒表测时法做如下分类（见图 5 − 4）。

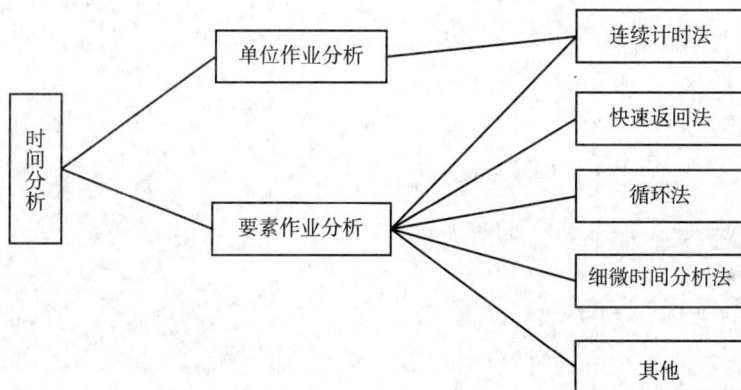

图 5 − 4   秒表测时法分类

单位作业分析用于作业重复次数少，重复周期长、动作非常不稳定的情况。由于开始测时前不易划分出要素作业，因此在观测时一边记录正在进行的单位作业名称，一边进行时间测定。单位作业分析一般用于时间在 10 ~ 100 分钟左右比较粗略的分析。具体观测方法采用连续计时法。

要素作业分析适用于动作比较稳定、重复一次的时间较短、重复次数较多的作业场合。测时前，先观察该作业，将它分解为要素作业，分解时注意每个要素作业都应有明确的开始和结束标志，且每个要素作业不应是不到 3 秒就可完成的动作，因为这种动作很难用秒表测量。分解好要素作业后，便可开始测时，方法主要有五种：

（1）连续计时法（连续法）。连续计时法，顾名思义，此法就是在观测终止前秒表始终处于计时状态，随着作业的进行，读取作业测量点的时刻并记录下操作名称。测量点是作业的开始点或终止点，常以要素作业终止点或动作完成时刻作为测量点。若利用声或光的发出点作为测量点，利用录像、录音装备进行，则可提高测量的速度和精度。

（2）快速返回法（反复法）。此方法是在各要素作业的测量点读取秒表读数后，立即使指针归零，于是整理数据时不用做减法而可直接得到各要素作业的时间。但在要素作业时间短，量多的情况下，误差十分明显，导致整个作业循环的时间值不易准确。

（3）循环法。此法在循环周期短、细小动作连续出现，来不及看秒表并记录每一动作时间时使用。例如有 A、B、C、D 四个要素作业，首先测量 10 次（A + B + C）的时间，再测量 10 次（B + C + D）的时间，这样依照循环序进行动作测量，求得平均值 a、b、c、d，并解如下联立方程，则可求得各要素作业的时间值。

设 B + C + D = a

C + D + A = b

D + A + B = c

A + B + C = d

于是有：3（A + B + C + D）= a + b + c + d

则有：$A = \frac{1}{3}(a + b + c + d) - a$

$B = \frac{1}{3}(a + b + c + d) - b$

$C = \frac{1}{3}(a + b + c + d) - c$

$D = \frac{1}{3}(a + b + c + d) - d$

此方法的缺点在于：要素作业被平均化；观测次数多；计算较麻烦。

（4）细微时间分析法。在大量生产的作业中，一个动作循环仅为 2~5 秒，速度极快，很难用上述方法测量，则观察者用录音机和秒表来进行。观察者向录音机发出单音作为信号，录在磁带上，观察后，慢速重放，换算出时间值。

（5）其他。可利用两只秒表，交替使用快速返回法或利用录像和测量。

上述用秒表测时得到的实际数据，经过评定和必要的宽放，就可成为标准时间。

2. 标准要素法

一个企业内可能有成百上千种工作需要制定工作标准，如果逐一用上述方法进行时间研究则会花费相当可观的时间和成本。在这种情况下，标准要素法就比较适用。这一方法的基本出发点在于：不同种类的工作实际上是有限的若干个作业单元的不同组合，对于工作单元所进行的时间研究和建立的工作标准，可应用于不同种类的工作中的作业单元，而这样的作业单元的标准一经测定即可存入数据库，需要时随时可用。

但是有时候同一个作业单元在具有不同特点的工作中所需的时间可能不同，如果将这些工作分类并赋予不同的系数，将这些系数也录入数据库，则极大地方便了企业各种工作正常工作时间的制定。当然，要获得真正的标准工作时间，还必须考虑宽放时间。

这种方法的好处在于，一方面能够大量减少时间研究的工作量，另一方面可以通过为作业单元建立的数据库制定新的生产线的工作标准，从而能够预先估计产品的成本、价格，并制定生产计划。同时当单元的工作方法改变时，也能够比较容易地决定新的正常时间。

3. 既定时间法

既定时间法比标准要素法更进了一步，它是将构成工作单元的动作分解成若干个基本动作，对这些基本动作进行详细观察，然后做成基本动作的标准时间表。当要确定实际工作时间时，只要把工作任务分解成这些基本动作，从基本动作的标准时间表上查出各基本动作的标准时间，将其加和，就可以得到工作的正常时间，然后再加上宽放时间，就可以得到标准工作时间。

5.4　劳　动　定　额

5.4.1　劳动定额的形式与种类

劳动定额是企业的基础定额之一，是产品生产过程中劳动消耗的一种数量标准，它是指在一定的生产技术和组织条件下，为生产一定量的产品或完成一定量的工作所规定的劳动消耗量的标准。

劳动定额一般有两种形式：工时定额和产量定额。工时定额是指每生产单位产品所需要消耗的工时数，是用时间表示的定额，一般以分钟为计算单位；产量定额是指单位时间内应当完成的产品数量，是用生产量表示的定额。这两种形式的定额互为倒数，表达同一个概念，但角度不同，适用的场合不尽相同。通常工时定额比较适合产品结构复杂、品种多、生产批量不大的企业，而产量定额多用于流水生产的制造企业。

5.4.2　工时消耗分类

劳动时间的消耗，是生产劳动规律性的综合反映。所以在进行时间研究时，首先必须对工人在生产活动中消耗的工时进行分类和研究，确定哪些工时消耗是必需的，哪些工时消耗是非必需的，以便采取措施降低产品工时消耗，减少和消灭工时损失，不断提高生产效率。

生产过程中工人进行作业所消耗的一切时间都是由定额时间与非定额时间两部分构成的，如图 5－5 所示。

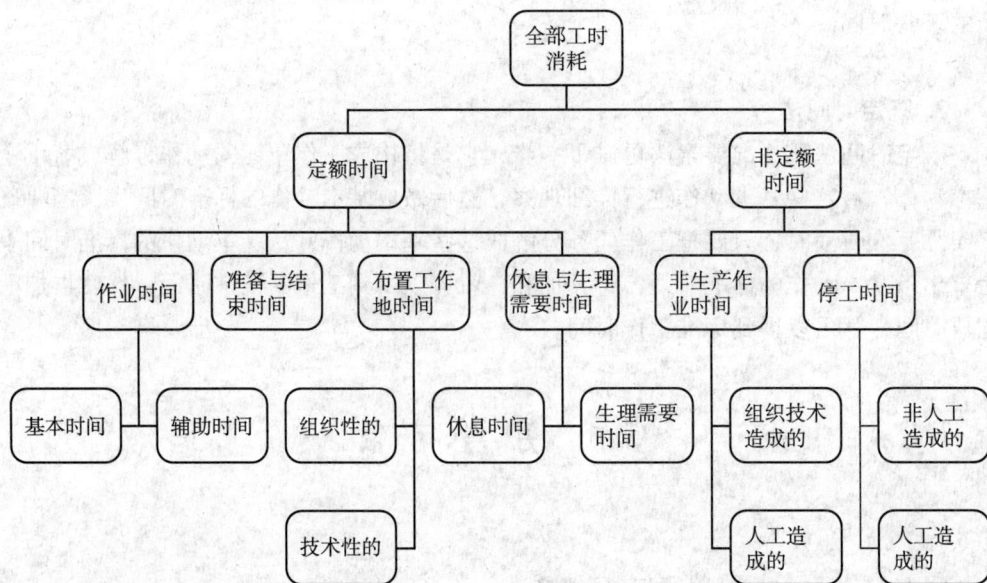

图 5－5　工时消耗构成

作业时间：指直接用于完成生产任务，实现工艺过程所消耗的时间，是劳动定额的主体部分。

布置工作地时间：指在一个工作班内，工人用于照管工作地，使工作地保持正常工作状态和文明生产水平所消耗的时间，如保养设备、清扫机床、填写交接班记录等。

休息与生理需要时间：由于劳动过程中正常疲劳与生理需要所消耗的时间，如休息、饮水、上厕所等，与工人的工作环境、个人生理情况有关。

准备与结束时间：指每完成一项工作，在开始前的准备工作与加工完毕后的结束工作所消耗的时间，如了解任务、熟悉图纸、准备工具、交付验收等。

非生产工作时间：指员工在工作班内从事本身生产任务以外的工作所消耗的时间，如开会、到仓库领料、修理与本职工作无关的工具等。

管理工作不善造成的损失时间：指由于管理不当或企业外部原因使工人工作发生中断的时间，如发生停工待料、断电、机器待修、工作任务分配不当等造成的损失时间。

工人责任造成的损失时间：指由于工人违反劳动纪律而造成的损失时间，如迟到、早退、聊天、办私事等，这是完全不允许的时间损失。

可见，为了提高劳动生产率必须减少工时消耗，其中非定额时间是应当尽量减少或杜绝的；而定额时间中，除了由工艺决定的作业时间应保持之外，其余三种时间消耗都应通过工作研究和管理改善，以及学习曲线效应来减少。当然，工人不是机器，工作时间内还应注意必要的生理需要和休息时间。因此说，定额时间中存在着可由提高生产率而压缩的部分，但在一定的技术条件下它也是存在极限的，这是劳动定额客观存在、需要科学制定的依据。

5.4.3　劳动定额的制定方法

劳动定额的制定方法有很多，企业应根据自身的特点选择合适的方法，总的要求是做到全、快、准。"全"，是指凡是可能的工作都应该有劳动定额；"快"是指使用方法尽可能简便，迅速制定，在时间上能保证生产需要；"准"是指制定的定额先进合理，这是制定劳动定额的关键。

1. 经验估工法

它是由具有丰富生产经验的人担任定额员，依照工作图纸和加工工艺要求，参考使用的加工设备的性能、原材料特性等生产条件，凭借经验确定定额数值。这种方法简便易行，工作量很小，定额员能够在审查了图纸和工艺资料以后的几秒钟内确定定额，能满足"快"的要求。但是，受估工人员的经验、能力和责任性的限制，有很大的主观随意性，同一件工作同一人估，基本生产条件不变，在不同的时间会估出不同的定额，它的准确性较差。为了提高估工的准确性，可以有许多措施，如一人估工，另一人审核，或两个人分别独立估工，对差别大的再用技术方法校正等等。此方法最适合于单件小批量生产类型。使用这种方法一般不适宜与直接的操作工人讨论。

此外，为了提高经验估工的准确性，可以在经验的基础上嫁接科学方法。如概率估工法，它是目前在单项大工程中普遍采用的方法。

2. 比较类推法

此法以现有的劳动定额为基础，根据相似性原理推算出其他相似工作的定额。操作方法如下：

（1）确定具有代表性的典型零件（或工作）。一般可根据零件尺寸大小、加工精度、加工的复杂程度、工件重量进行分类。

（2）制定典型零件（或工作）的劳动定额作为参考系。

（3）比较类推制定其他相似零件（或工作）的劳动定额。

这个方法也比较简单，但缺点是制定一套典型零件的定额标准资料需要很大的工作量，还需要经常地补充修正。在使用时如典型件选择不当，或对影响工时的因素考虑不周，都会使推出的定额不准。它最适合于制造同类型产品的企业。产品的系列化、标准化、通用化程度越高，产品的相似件越多，越能显示出这种方法的优点。

3. 统计分析法

它是根据过去同类产品（或零件、工作）的实际工时消耗的统计资料，结合当前生产技术与组织的变化情况来制定定额的一种方法。操作方法如下：

（1）分析历史统计资料的可靠性，剔除其中的异常数值，修正明显失真的统计数据。

（2）计算平均实做工时。

$$平均实做工时 = 实做工时数列之和／数列项数$$

（3）计算平均先进工时。所谓"平均先进"是大多数人经过努力都可以达到的定额水平，按照这个概念，可以有以下两个计算公式：

$$平均先进工时 = （平均实做工时 + 最快实做工时）／2$$
$$平均先进工时 = 先进部分实做工时之和／先进部分项数$$

式中先进部分实做工时是指小于和等于平均实做工时的工时数值。

平均先进工时并不是一个十分严格的数值，在实际使用中可以根据具体情况作适当调整。

这个方法操作也比较简单，又有大量统计资料为依据，比较符合实际，工人更容易接受。但是，由于使用的都是实做工时的统计资料，资料中可能包含种种不合理因素，准确性有可能会差些。此外，当生产条件发生较大变化时，上述计算方法误差会很大，需要根据新的条件作修正。不过修正工作不是一件简单的事情。所以，此法比较适合于生产条件比较稳定，产品比较固定，统计资料比较完整的企业。

4. 工程技术计算法

现代化生产越来越依赖机器设备，加工所需要的时间主要取决于设备性能和加工量。选定了设备基本上确定了加工速度，选定了材料基本上确定了加工量，加工时间就很容易用如下公式算得：加工时间＝加工量/加工速度。再考虑辅助作业时间、照管工作地时间、休息和生理需要时间、准备结束时间等，就可以得到非常准确的定额时间。

【本章小结】

合理地组织劳动，是保证企业正常生产的条件。社会化大生产要求既要有科学的劳动分工，又要有严密的协作。为保证生产顺利进行，必须把劳动者合理地组织起来，正确地处理他们之间的关系，以及他们与劳动工具、劳动对象之间的关系。本教材阐述了劳动组织内容、作用，工作研究，工作设计，工作测量，劳动定额等内容。

劳动生产率对一个企业的竞争力起着关键作用，劳动生产率领先于竞争对手，对企业是一种强大的竞争优势。而要提高劳动生产率，就需要对工作进行合理设计与测量。

工作设计就是设置生产系统中的工作岗位并规定各岗位的工作内容。其目的在于使工作分配一方面满足组织、技术的要求，另一方面满足员工个人生理、心理的需求。

工作测量是企业管理的一项基本工作，它是运用科学的方法来确定合格工人在规定的作业标准和工作时间内所应完成的工作量，以减少乃至消除工作活动中的无效作业时间，提高工作效率。

劳动定额是企业管理的一项重要基础性工作。正确地制定和贯彻劳动定额，对于组织和推动企业生产的发展，具有多方面的重要作用。

【推荐读物】

李军，孟春华．工作研究用于生产线再设计：案例研究．工业经济，2009（4）.

【复习与思考】

1. 工作扩大化与工作丰富化有何区别？
2. 为何要进行工作设计和工作研究？

3. 劳动定额有几种形式？分别起什么作用？

4. 试对你身边的某一工作流程进行优化。

【网上练习】

工业工程论坛：http：//www. chinaie. net.

【案例】

攀钢从实施安全标准化作业入手，进一步探索安全发展的推进方式，将全面推动攀钢安全工作登台阶、上水平，实现安全生产稳定顺行。

所谓标准，是社会中必要的概念、物、方法、程序所作的统一规定，经主管部门批准发布，作为共同遵守的准则和依据。标准化是制定标准、推行标准、应用标准的有组织活动。安全管理工作，应用标准化，是把安全管理提高到深层次。安全管理，推行标准化作业，是现代安全管理的一个重要组成部分，是从根本上解决保护劳动者生命安全和健康的一个新途径。在此基础上，攀钢特别制定了安全标准化作业卡。

1. 各车间根据生产现场各工序的所有作业列出详细清单（分为常态化作业清单和非常态化作业清单），确定每个作业具体的作业内容和工作步骤；

2. 各车间根据作业内容、工作步骤、所处的工作环境、作业对象、作业所使用的工器具等找出每项作业清单关键的危险因素；

3. 各车间结合岗位作业标准、专业安全技术、相关的法律法规制定安全防范措施和明确所要遵守的安全管理规定，组织车间领导、管理人员、班长、岗位职工进行讨论、评审，确认有无遗漏、错误和是否具有可操作性，制作成作业安全标准确认卡初稿；

4. 车间将作业安全标准确认卡初稿上报厂安全环保、设备、工艺、消防保卫部门审查，审查完后由安全环保部门汇总，上报厂安全标准化作业工作推进领导小组审查；

5. 下发作业安全标准确认卡到班组；

6. 对岗位职工进行下发的作业安全标准确认卡培训，确保熟悉、掌握作业安全标准确认卡内容；

7. 班组职工在现场作业时按作业安全标准确认卡上内容逐一进行确认后开始执行。

安全标准化作业，是实现"我要安全"的基础工作，作业安全标准确认卡制定以后，能否按作业安全标准确认卡去操作和确认是关键。

从攀钢在各厂、矿推行标准化作业的实践中，体会到制定标准、实施标准需要一段复杂的过程和较长时间，这是由于标准化作业把岗位人员的行动轨迹（操作、作业动作）实行了标准化。因此，要想作业安全标准确认卡制度贯彻好、执行好，必须使每个岗位人员能够从道理上懂，从习惯上改，达到在权威上树，在考核上严，实行标准评价，才能把安全标准化作业坚持下去。

从道理上懂，我们采取先易后难的方法，花半年的时间在试点车间试点，再花半年的时间在其他车间全面推开，后花一年的时间进行评价、修订、完善，从而保证安全标准化作业的稳步推进。

从习惯上改，这也是十分重要的，因为按标准作业，必须改变习惯作业、习惯领导、习惯管理。要做到这点必须转变观念、转变态度。长此以往形成的东西，要想一下转变过来，也是相当困难的，要注意晓之以理，动之以情，导之以行，我们要通过服从、同化、内化过程，使之从道理上懂，从习惯上改。

在权威上树，在考核上严，这是安全标准化作业能否坚持下去的又一关键问题。所说树权威，就是在执行标准上人人平等，树立标准本身的权威性，从各级领导到岗位操作者，都要按标准规范行事，都要严格考核。在考核上一视同仁，实行日检查记录，月汇总考核，年评比进档，与奖金挂钩，这样才能将安全标准化作业认真、有效地推行下去，才能实现我要安全，达到我会安全，才能保证你我他岗位劳动者的安全。

实行标准评价。作业安全标准确认卡执行后，要进行评价，通过评价来检查确认卡的可行性，以利进一步改进和完善。一是评价实用性。是不是把有重复特征的程序、动作，进行全部筛查了，达到了方便易行，岗位操作者先干什么、后干什么、怎么干、干到什么程度，是否一目了然，改变那种活好干条难背的现象。二是评价科学性。这是因为安全标准化作业建立在科学技术和实践的基础上，依照工人岗位的作业内容、严格的作业程序，要评价危险因素、防范措施是否优化。三是评价综合性。看它是否形成了多内容、多层次、多功能的管理体系。

资料来源：王刚. 攀钢安全标准化作业的推行之道［J］. 现代职业安全，2008（6）.

【讨论题】

结合本案例并联系实际谈谈标准化作业、标准化管理的必要性。

第6章

生产运作计划

【学习目标】

1. 了解生产运作计划体系及其编制的原则。
2. 掌握生产运作计划指标决策。
3. 认识生产运作能力计划及其影响因素。
4. 熟悉生产运作综合计划主要内容及其方法。

【管理案例】

春节过后忙赶工，海信科龙打响新春空调市场头炮

正月初六，派发完开工利是（红包），海信科龙空调厂房里就已经是一派繁荣忙碌景象，春节后按期返工的员工已经井然有序的站在了各自的岗位上，抓紧完成生产计划。

据海信科龙空调公司综管部部长徐湛介绍，今年，海信科龙空调公司是在"压力"中过的年，春节前后空调的排产相当紧张。由于计划前置性较好，春节前后的生产计划早在12月底就基本确定，1月份完成的出口产品产量较去年增幅超过30%。2月份尽管有春节长假的因素，排产量也远远高于往年同月。

徐湛说，随着订单的大幅增加，努力缓解人力资源的紧张成为当务之急。为了及时完成生产计划，空调公司提前做好春节期间各项福利、慰问计划，以吸引的员工按时返工。为了能让员工及时返乡回家过年，同时解决年后返程车票难求的问题，公司安排了统一包车送员工回家及返工。而对过年期间留厂员工，公司也开展了"抽奖、团年晚宴"、"吃水饺，看春晚，发除夕压岁钱"等众多的娱乐和慰问活动，很好地保证了外地员工节前的稳定和节后的及时回流。目前，海信科龙空调公司的员工已经全线到位。

为了进一步扩大产能，更好地满足市场需求，在生产设备方面，海信科龙空调公

司从 2010 年淡季就已经开始实施技改规划，三个生产基地总计投入技改费用近亿元，大部分项目目前已经实施完成。此部分技改项目的投入，极大地增强了生产配套能力，为 2011 年及时完成订单打下了坚实的基础。

据海信科龙营销公司副总经理王瑞吉介绍，在 2010 年上半年海信科龙完成白电资产重组后，公司整体业绩取得了较大发展，进一步巩固了白电行业三强地位。中怡康统计数据显示，海信空调、科龙空调 2010 年 1~12 月市场份额之和稳居行业第四位。王瑞吉说，2011 年，海信空调和科龙空调将继续推进高端战略，大力推广海信双模无氟变频空调和科龙双高效变频空调，将高效、变频、节能进行到底。

资料来源：http：//www.shm.com.cn，2011.02.11.

【重要概念】

生产运作计划体系（Operations Planning）；生产运作计划指标（Indicators of Operations Planning）；生产运作能力（Operations Capacity）；学习曲线（Learning Curve）；综合生产运作计划（Aggregate Production Planning）；年度出产计划（Master Production Schedule）。

6.1　生产运作计划体系及其编制原则

6.1.1　企业运作计划的层次和职能计划之间的关系

1. 计划的层次

按照计划来管理的生产经营活动叫做企业计划管理工作。在企业里有各种各样的计划，这些计划是分层次的。一般可以分成战略层计划、战术层计划与作业层计划三个层次，如表 6-1 所示。

战略层计划涉及产品发展方向、生产发展规模、技术发展水平、新生产设备的建造等。战术层计划是确定在现有资源条件下所从事的生产经营活动应该达到的目标，如产量、品种、产值和利润。作业层计划是确定日常的生产经营活动的安排。三个层次的计划有不同的特点，从表 6-1 中可以看出，从战略层到作业层，计划期越来越短，计划的时间单位越来越细，覆盖的空间范围越来越小，计划内容越来越详细，计划中的不确定性越来越小。

表6-1   不同层次计划的特点

项目　　　　　　计划层次	战略层计划	战术层计划	作业层计划
计划期	长（5年以上）	中（1年）	短（月、旬、周）
计划时间单位	粗（年）	中（月、季）	细（工作日、班次、小时、分）
空间范围	企业、公司	工厂	车间、工段、班组
详细程度	高度综合	综合	详细
不确定性	高	中	低
管理层次	企业高层领导	中层、部门领导	低层、车间领导
特点	涉及资源获取	资源利用	日常活动处理

2. 企业各种计划之间的关系

　　企业战略层计划主要涉及企业长远战略目标和发展规划。长远发展规划是一种十分重要的计划，它关系到企业今后的发展方向和重大决策的取向。战略计划下面最主要的是经营计划，也称年度综合计划，再往下是各种职能计划。这些职能计划不是孤立的，它们之间的联系如图6-1所示。本章主要讨论的是生产计划。生产计划是实现企业经营目标的最重要的计划之一，是企业内部生产运作系统正常运行的关键，也

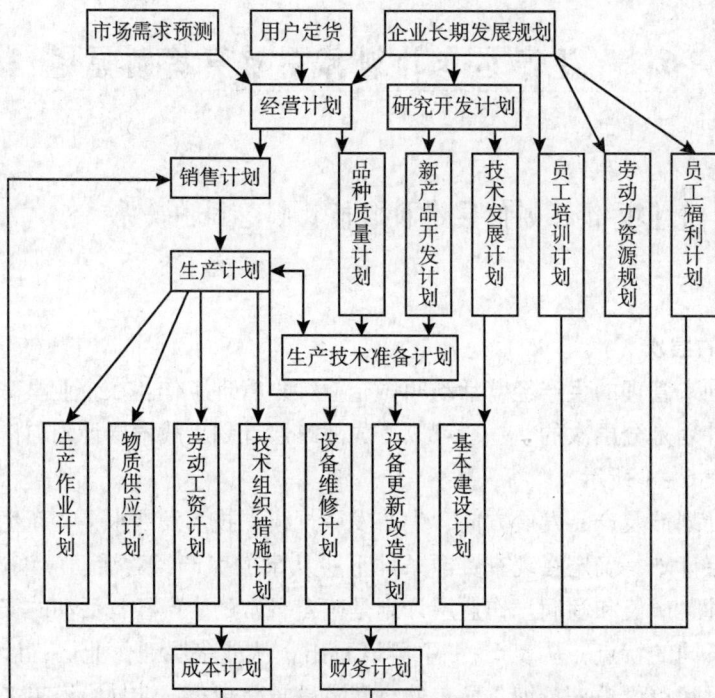

图6-1　企业各种职能计划之间的关系

是企业内部生产计划体系中的龙头计划，是编制生产作业计划，指挥企业生产活动的大纲。在本企业内部，各分厂、各车间的生产计划要服从全厂的整体计划，保证企业年度生产任务的完成。

6.1.2　生产运作计划的编制原则

鉴于生产计划工作的重要性，在计划的编制过程中必须遵循正确的指导思想和原则。

1. 合理地利用生产能力原则

企业的生产计划要体现对生产能力的充分利用，既不能低于生产能力而造成资源浪费，又不能由于生产能力不足而导致生产计划的最终落空。生产计划是编制物资供应计划、劳动工资计划和技术组织措施计划的重要依据；各种职能计划又是编制成本计划和财务计划的依据；成本计划和财务计划是编制经营计划的重要依据。

企业能否合理地利用生产能力，既有外部条件的制约，又受内部条件的限制。所谓外部条件是指企业的上级主管部门采取的措施，如组织全国或地区的生产能力配套；合理安排所属企业的生产规模；最大限度地支持企业对现有设备进行更新改造。对于企业内部而言，合理利用生产能力，首先要做好市场分析预测，改进企业的计划工作、物资供应和厂外协作；其次要对现有设备进行技术革新和技术改造，提高设备集约性利用率；最后要减少工作班时间内的设备停工，增加动用固定资产的数量，提高设备粗放性利用率。

2. 定性分析与定量分析相结合原则

确定生产计划指标，必须通过定性分析、定量分析两者的结合实现对生产计划的优化，二者不可偏颇。首先要进行定性分析。诸如企业面临的经济形势、市场需求、资源供应情况，以及国家现行税收政策、财政政策、货币政策及其变化趋势等，这些方面对企业生产计划指标的确定有十分重要的影响，而这些影响仅靠定量分析是很难全面表达的，所以在确定生产计划指标时首先要进行定性分析，在理论上、原则上明确方针、目标。接下来要通过定量分析方法，主要有盈亏平衡点法、线性规划法等，借助量化模型和计算机辅助手段，对生产计划进行优化，以获得较高的经济效益。

3. 综合平衡与优化原则

生产计划的综合平衡原则指生产计划工作是在全面性、连续性、科学性和严肃性基础上对产、供、销，人、财、物进行的综合平衡优化。全面性指生产计划的内容要全面，执行和控制要全面。连续性是指现行的生产计划既是上一期生产计划的延续，又是下期计划的基础，也是编制生产作业计划的依据，因此编制生产计划既要立足于过去和现在，又要具有前瞻性，以保持各期计划的平衡衔接。科学性指制定生产计划时使用的资料、数据要准确，以科学的态度保证指标的先进、合理、可行。严肃性指生产计划一旦确定，不能轻易变动，否则会影响国家计划的平衡、企业生产经营计划的平衡、打乱协作单位的生产秩序、影响职工的生产情绪，因此对生产计划的执行必须持严肃的态度。但是这并不否认计划的应变性。计划是在对未来预测的基础上制定的，而预测与实际不可能总是完全一致，人们的认识能力总有一定的局限性，所以计划人员在制定生产计划时要有应变理念，留有一定的余地，所制定的计划要具备适应市场环境变化的能力。

在遵循以上基本指导原则的基础上，还要动员广大员工以主人翁的态度对生产计划提出建设性意见，使计划的实施有坚实的群众基础。近年来，许多企业将生产计划指标体系与目标管理紧密结合，收到了较好的效果。

6.1.3 生产计划的编制步骤

编制生产计划的主要步骤大致可归纳为图 6 - 2。

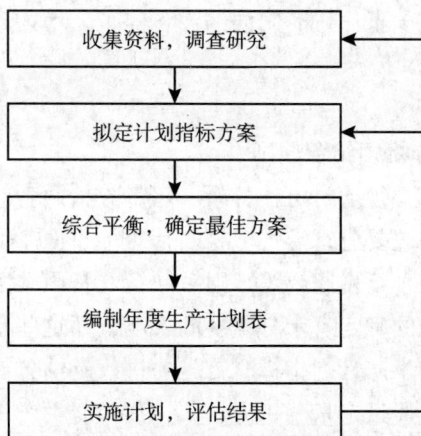

图 6 - 2　制定生产计划的一般步骤

1. 收集资料，调查研究

编制生产计划的主要依据是如下资料：

（1）国家与地区宏观发展情况；

（2）企业长期战略、发展规划；

（3）国内外市场调查、市场预测资料；

（4）计划期产品的预计销售量、上期合同执行情况及成品库存量；

（5）上期生产计划完成情况；

（6）计划生产能力与产品工时台时定额；

（7）新产品试制、物资供应、设备检修、外购件和外协件的保证程度等资料。

2. 拟定计划指标，进行方案优选

根据市场需求和企业实际生产能力，在统筹安排的基础上，初步拟定生产计划指标和可行方案。其中包括：

（1）产品品种、质量、产量、产值和利润等指标，出产进度的合理安排；

（2）各产品品种的合理搭配；

（3）将生产指标分解为各个分厂或车间的指标等工作。

计划部门拟定的指标和方案应该是多个，通过定性和定量分析、评价，从中选择较优的可行方案。

3. 综合平衡，确定最佳方案

对计划部门拟定的指标和方案，要从如下几方面进行综合平衡，使企业的生产能力和现有资源都得到充分的利用，以获得良好的经济效益。

（1）测算企业设备、生产面积对生产任务的保证程度，保证生产任务与生产能力的平衡；

（2）测算劳动力的工种、数量、劳动生产率水平与生产任务是否适应，保证生产任务与劳动力的平衡；

（3）测算原材料、动力、燃料、工具、外协件等的供应数量、质量、品种规格、供应期限对生产任务的保证程度以及生产任务同物资消耗水平的适应程度，保证生产任务与物资供应的平衡；

（4）测算产品设计、工艺方案、工艺装备、设备维修、技术措施等与生产任务的适应和衔接程度，保证生产任务与生产技术准备的平衡；

（5）测算流动资金对生产任务的保证程度和合理性，保证生产任务与资金的平衡。

4. 统筹安排，确定生产指标，报请上级主管部门批准或备案

经过反复核算和平衡，最后编制出产品产量计划和工业产值计划表。

5. 实施计划，评估结果

检查计划实施的结果是否达到预定目标。如不理想，找出原因，采取整改措施，同时也需要思考是否应当重新修改计划。

6.2 生产运作计划指标

企业的生产计划的内容是通过一系列指标来反映的。这些指标包括：产品品种、质量、产量、产值指标。这些指标有不同的内容和作用，其确定方法也有区别，它们从不同的角度反映对生产的要求。

6.2.1 产品品种指标

产品品种指标是指企业在计划期内出产的产品名称、型号、规格和种类。生产什么产品，是否适销对路，事关企业的生存和发展，所以确定品种指标是编制生产计划的首要问题。

通常有如下几种确定产品品种指标的方法：

1. 产品生命周期分析法

产品生命周期是指产品从试制、投入市场到最终被淘汰退出市场所经历的时间，可以划分为四个阶段，根据产品所处不同生命周期阶段，合理安排品种计划，并采取不同对策。

（1）投入期。新产品刚试制成功投放市场，由于市场认同需要一定的时间，所以销售量增加缓慢且不稳定。由于此时企业只能安排小批量生产，成本较高，所以只能处于亏本经营。这个阶段需要稳定质量、扩大宣传、合理定价，引导和创造市场需求，尽量缩短投入期。

（2）成长期。此阶段市场需求增加很快，企业应尽量提高生产能力，进行大批量生产，降低成本，扩大销量，搞好售后服务，争创名牌。

（3）成熟期。这一阶段产品销售量稳定，是企业获得利润最多的拳头产品，也是生产计划中的主要品种。为了尽可能延长成熟期，企业应不断进行技术创新，增加新功能，发展多系列，降低价格，改进服务，同时开始研制换代的新产品。

（4）衰退期。产品濒于淘汰，生产计划中应出现更新换代的新品种。

2. 象限法

是按"市场引力"和"企业实力"两大类因素对各产品进行评价，确定对不同产品所应采取的不同策略，进而从全局出发，确定企业最佳的产品组合方案。象限法是美国波士顿顾问中心提出的，通用电气（GE）公司首先采用并取得了良好的经济效益，后遂被推广应用。如图 6-3 所示。

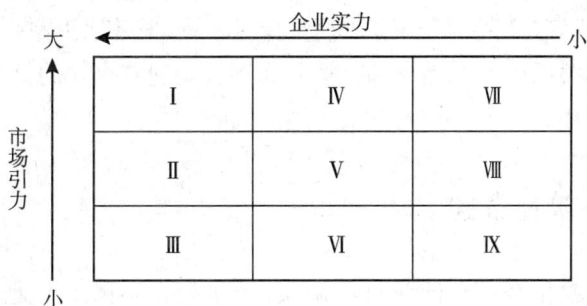

图 6-3　象限法示意图

把各种产品按各自市场引力和企业实力两种综合因素的总分，确定其所在象限位置，则生产计划品种决策的重点，应放在Ⅰ、Ⅳ、Ⅶ象限上，其中Ⅰ象限的产品是企业的优势产品，Ⅳ、Ⅶ象限的产品是市场需求的产品，有发展前途，应予重视。对Ⅱ、Ⅴ、Ⅷ象限的产品，一般采用改进、维持或逐步撤退的对策。对于Ⅲ、Ⅵ、Ⅸ象限的产品，采用停产、转产或淘汰的对策。

3. 收入盈亏顺序法

收入盈亏顺序法是按各产品的销售收入和盈亏状况的统计和预测资料，对产品进行排队，根据各产品在销售收入盈利顺序图上的位置，确定对不同产品采取的策略，形成相应的产品组合方案。

6.2.2　产品质量指标

产品质量指标是指企业在计划期内各种产品应当达到的质量标准，有国家标准、部标准、主管部门批准的企业标准和合同规定的技术要求等，企业不能自行随意修改。

质量指标水平制定得过高或过低，都会影响企业的经济效果。只有综合考虑质量与成本、销售额的关系，才能确定合理的产品质量指标。产品质量水平制定得越高，生产费用和管理费用就增加越多，使产品成本升高。随着产品质量水平的提高，产品受到用户的欢迎，销售额增加；也可能适当提高价格，优质优价，亦导致销售额增加。但当产品质量水平提高到一定程度，成本进一步提高，若售价超出广大消费者购买力时，产品对用户的吸引力减小，销售额随之下降。

产品质量指标通常分为两大类：一类是反映产品本身质量的指标，即反映产品技术性能的指标，取决于产品的内在质量与外在形态，如公差精度、表面光洁度、可靠性、标准化、操作安全、外观等。另一类反映工作质量指标，如合格率、返修率、废品率等。

产品质量指标关系企业的信誉和市场占有率，反映着企业的技术与管理水平的高低和工作业绩的大小。

6.2.3　产品数量指标

产品数量指标是指企业在计划期内应当生产的可供销售的工业产品的实物数量与工业性劳务的数量。它表示企业最直接、最基本的生产成果，反映企业的生产发展速度和水平、向社会提供的使用价值的数量，是企业进行物资平衡、产销平衡、编制生产作业计划、组织日常生产活动的重要依据。

产品产量指标的确定有以下几种方法：

1. 盈亏平衡点法

盈亏平衡分析的基本思想是根据产品的销售量、成本和利润三者的关系，分析各种拟定的产量指标对盈亏的影响，优选确定最佳产量指标。这一方法的关键在于盈亏平衡点的确定，即直角坐标上企业利润为零的那一点。

盈亏平衡点 Q^* 的计算公式为：

$$Q^* = \frac{F}{W - C_V}$$

式中：Q^* 为盈亏平衡点产量；

　　　　F 为固定费用总额；

　　　　W 为产品的单价；

　　　　C_V 为单位产品的变动成本。

当企业的目标利润为 P 时，则计划产量为：

$$Q_P = \frac{F + P}{W - C_V}$$

式中，Q_P 为目标利润时的产量。

若企业的产量指标等于或略高于盈亏平衡点的产量，一旦生产经营中出现意外，企业就会发生亏损。为了确保生产经营的安全，可以用经营安全率指标来预警控制。

经营安全率 = （销售量 – 盈亏平衡点产量）/销售量 × 100%

经营安全率在很大程度上能够反映企业经营状况的好坏，即经营风险的程度。经营安全率高，表示经营状况好，亏损的风险小；经营安全率低，表示亏损的风险大。只有企业安排的计划产量等于或大于经营安全时的销售量，才能确保企业真正赢利。

一般来说，经营安全率有如下参考标准，如表 6 – 2 所示。

表 6 – 2　　　　　　　　　　　经营安全率标准

经营安全率	经营状况
大于 30%	安全
25% ~ 30%	比较安全
15% ~ 25%	不太好
10% ~ 15%	要警惕
小于 10%	危险

盈亏平衡点法简单易用，在计划的初始时期是十分有效的决策工具，能够迅速确定计划的经济可行性。其缺陷在于前提过于苛刻：

（1）实际生产中，收入曲线和成本曲线有时并不是直线。只有当具备以下条件时两者才是直线：销售价格不变；固定成本不变；单位变动成本不变；产品全部售出。

（2）把总成本分为固定成本和可变成本只是从短期来看的，长期来看都是可变的。

（3）一定范围内产量的增加能带来盈利的增加，但产量超过一定数量时，需考虑增加固定资产投入，扩大生产能力，于是盈亏平衡点发生变化（上升）。

2. 线性规划法

线性规划是运筹学的一个分支，在生产计划和其他管理问题中有着广泛的应用。它是在一定的资源（人力、设备、物资、资金等）约束下，对产品品种统筹安排，确定产品产量的最优方案，以达到最佳经济效果的一种数学方法。

一般线性规划问题的标准型是：

$$\max Z = \sum_{j=1}^{n} C_j x_j \qquad\qquad 目标函数$$

$$\begin{cases} \sum_{j=1}^{n} a_{ij}x_j = b_i & (i = 1, 2, \cdots, m) \\ x_j \geqslant 0 & (j = 1, 2, \cdots, n) \end{cases} \qquad \text{约束函数}$$

6.2.4 产品产值指标

产值指标就是用货币表示的产量指标。为了进行商品交换和实行经济核算，有必要用货币单位计算产品产量，综合反映企业生产的总成果。产值指标不仅是计算企业全员劳动生产率和产值利税率等指标的重要依据，而且反映一定时期内不同企业，以及同一企业在不同时期的生产规模、生产水平和增长速度。

产值指标可分为：商品产值、总产值、净产值。

1. 商品产值

商品产值是以价值形式表现的企业生产可供销售的产品产量和工业性劳务数量。它包括的内容可用下列公式表示：

商品产值 = 自备原材料生产的成品价值 + 外销半成品价值

+ 用订货者来料生产产品的加工价值 + 对外承做的工业性劳务价值

商品产值的计算，一般采用现行价格。产品的现行价格是产品在报告期内的实际出厂价格，它包括成本、税金和利润。出厂价格一般由国家规定，也可按供求双方的协议或合同来议定。

2. 总产值

总产值是以价值形式表现的企业计划年度内应当完成的工作总量。总产值的计算一般采用不变价格，以消除各个时期价格变动的影响，保证不同时期总产值资料的可比性。总产值包括的内容可用下列公式表示：

总产值 = 商品产值 + 期末在制品、半成品、自制工具、模型的价值

- 期初在制品、半成品、自制工具、模型的价值 + 订货者来料的价值

总产值指标虽然受产品中转移价值比重大小的影响，不能正确反映企业生产成果，但是在计算企业生产发展速度和劳动生产率等指标时，还是要以总产值为依据。

3. 净产值

净产值是从总产值中扣除各种物资消耗的价值以后的余额，它是企业在计划期内新创造的价值。一般按现行价格计算。利用这一指标来反映企业生产成果时，可以避

免受转移价值的影响。但是，新创造的价值，仍要受价格的影响。它包括的内容可用下列公式表示：

$$净产值 = 总产值 - 各种物资消耗的价值$$

或　　　$$净产值 = 工资 + 税金 + 利润 + 其他属于国民收入初次分配性质的费用支出$$

6.3　生产运作能力计划

6.3.1　生产运作能力及其种类

1. 生产运作能力

企业的生产运作能力是指在计划期内企业参与生产的全部固定资产，在既定的技术组织条件下，可能生产或提供的一定种类和一定质量的产品的最大数量，或者能够加工处理一定原材料的数量。它是反映企业加工或作业能力的技术参数，同时也反映企业的生产或服务规模。生产运作能力是否与市场需求相适应是每个企业主管所关心的问题，需求旺盛时要考虑增加生产运作能力以满足需求增加；需求不足时要考虑缩小规模，避免能力过剩，以尽可能减少损失。

2. 生产运作能力种类

根据核算生产运作能力所依据的条件和用途不同，企业的生产运作能力可分为三种。

（1）设计能力。设计能力是企业设计任务书和技术设计文件中所规定的生产运作能力，它是生产或服务性固定资产在最充分利用工作时间和最完善技术组织条件下应达到的最大生产或服务能力。企业建成投入运营后一般要经过一段时间才能逐步达到设计能力。

（2）查定能力。查定能力是指企业在没有设计能力资料，或者虽然有设计能力资料，但企业由于生产或服务方案、协作关系和技术组织条件已经发生了很大的变化，而原有设计能力不能反映实际情况时，由企业重新调查核定的生产或服务能力。查定生产运作能力时，应以现有固定资产等条件为依据，并考虑采取各种技术组织措施或者进行技术改造后在提高生产运作能力方面取得的效果。

（3）计划能力。计划能力即现有能力，是指企业在计划年度内依据现有生产或服务技术条件，并考虑到能够实现的各种技术组织措施效果而计算出的实际能达到的生产运作能力。

上述三种生产运作能力指标，有着各自不同的用途和特点，主要表现在：

它们计算所依据的定额基础不同。设计能力和查定能力是根据先进的定额水平计算和查定的，计划能力是根据平均先进定额水平核定计算的。

它们的作用不同。设计能力和查定能力是说明企业所拥有的潜力，是经过一定时间所能达到的最大可能的生产运作能力，主要用做编制企业长远规划的依据；而计划能力只表明目前企业生产能力水平，用以编制中短期计划。

它们查定和核算的时间长短也不相同。查定能力一般是两三年查定一次，而计划能力在每次编制计划时都要进行一次核算。在同一年度内进行生产运作能力查定和计划能力核算工作，其结果数值也不会相同，查定能力应大于计划能力。

6.3.2　影响生产运作能力的因素

企业生产运作能力的大小，受许多技术经济因素的影响，如产品品种或服务项目的多少，产品结构的复杂程度，质量要求，零部件或作业标准化、通用化水平，机器设备的数量、性能、状况、组成和利用程度，有效生产面积的大小，工艺方法和专业化程度以及生产组织和劳动组织形式，员工业务技术水平和劳动积极性等。

1. 决定生产运作能力的三个基本因素：

（1）生产中固定资产的数量。生产中固定资产的数量通常指机器设备和生产面积。计算生产能力的设备数量是指企业拥有的全部能够用于生产的机器设备数量，包括现有的全部能用于生产的设备，不论是运转的、待修的、正在修理的、已到厂尚待安装的，还是因为任务不足而暂停使用的，但不包括规定为备用的设备、已批准决定封存报废的设备以及出租或变价转让的设备。生产面积包括厂房、其他生产用建筑物和场地的面积，一切非生产用房屋面积和场地，都不应列入生产能力计算范围。

（2）固定资产的工作时间。固定资产的工作时间指有效工作时间，与企业规定的工作班次、轮班工作时间、全年工作日数、设备计划预修制度以及轮班内工人的休息制度直接相关。在连续生产的条件下，则按全年日历天数，每日三班，每班 8 小时计算。在间断生产条件下，则从日历时间中扣除节假日，每日工作两班，再扣除设备因计划修理所需必要的停工时间。季节性生产企业的有效工作时间应按全年可能的生产天数计算。

（3）固定资产的生产效率。固定资产的生产效率指单位设备的产量定额或单位产品的台时定额。生产率定额受产品品种构成、产品结构、质量要求、加工工艺方法、员工业务技术水平等一系列因素的影响，因此是决定生产能力的三个因素中最易变化，而且变化幅度最大的因素。计算生产能力时所用的定额，应充分反映先进的技术因素和组织因素。

2. 服务业生产能力的特殊性

服务业的生产能力（服务能力）与制造业的生产能力受许多相同因素的影响，但也有许多差别。服务能力对服务时间和服务场所的依赖性更大，复杂多变的服务需求以及服务设施的利用率也在很大程度上影响着服务质量。

（1）时间方面。不同于制造业产品，服务不能够为以后的使用而储存起来，而必须在需要服务的那一刻及时提供。例如，某次航班已经满员，航空公司不可能告诉前来搭机的顾客给他安排了上次航班中空余的座位。

（2）场所方面。在制造业中，企业可以在一个地方生产，然后将成品送到远方客户的手中。而在大多数服务业中，服务能力必须存在于顾客周围，然后才可能发生服务活动。例如，一座城市里的出租车或旅馆对另一座城市中的人们来说几乎没有立即服务的可能。

（3）需求的多变性方面。服务业面临比制造业多得多的需求改变，原因主要有三点：一是由于服务不能储存，服务业不可能像制造业那样用库存满足需求；二是服务业面对大量个性化的客户需求，这就出现了服务能力最小是多少的问题；三是对服务的需求量受顾客行为的影响，而顾客的行为受太多不定因素的左右。正是由于需求的多变性，服务业的部门需要在很短的时间内，如 20～30 分钟，做好合理可行的能力计划，以应付突然变化的需求水平。相对来说，制造业产品的需求变化就平稳得多。

6.3.3　生产运作能力核定

对于流程式生产，生产运作能力是一个比较准确和清晰的概念，生产运作能力就用出产的产品数量表示，如发电厂发了多少千瓦时的电，炼油厂出产了多少吨的油等。面对加工装配式的生产，不同的产品组合，表现出的生产运作能力不一样。大量生产，品种单一，可用具体产品数表示生产运作能力；对于成批生产，品种数少，可用代表产品法计算生产运作能力；对于多品种生产则只能用假定产品表示生产运作能力。

1. 制造业单一品种生产运作能力的核定

当设备组生产单一品种时，生产能力可用产品实物量表示：

设备组生产运作能力 = 设备数量 × 单位设备有效工作时间 × 单位设备产量定额

或　　　　设备组生产运作能力＝设备台数×单位设备有效工作时间/单位产品台时定额

在生产运作能力主要决定于生产面积时，则：

生产面积的生产运作能力＝生产面积数量×生产面积利用时间×单位时间单位面积的产量定额

或　生产面积的生产运作能力＝生产面积数量×生产面积利用时间/单位产品占用生产面积时间

在核定流水生产的生产运作能力时，按流水线的有效工作时间和节拍计算，即：

流水线的生产运作能力＝流水生产线有效工作时间/节拍

2. 制造业多品种生产条件下生产运作能力核定

（1）代表产品法。在多品种生产企业中，从结构、工艺和劳动量构成相似的产品中选出代表产品，以生产代表产品的时间定额和产量定额来计算生产能力，即将多品种换算为单一品种。代表产品一般选择代表企业方向，在结构工艺相似的多品种系列产品中，选择产量与劳动量乘积最大的产品。

（2）假定产品法。假定产品是实际上并不存在的产品，只是为了结构与工艺差异较大的产品在计算生产能力时有一个统一的计量单位。假定产品工时定额的计算方法是：

$$t_j = \left(\sum_{i=1}^{n} t_i \cdot Q_i \right) / \sum_{i=1}^{n} Q_i$$

式中：t_j 为假定产品的工时定额；

t_i 为产品 i 的工时定额；

Q_i 为产品 i 的产量。

3. 制造业生产任务与生产运作能力的平衡

在编制生产计划时，要进行生产任务与生产运作能力之间的平衡，以检查生产运作能力同生产任务是否相适应，了解生产运作能力对完成生产任务的保证程度和生产运作能力的利用程度。生产任务与生产运作能力平衡方法有产量平衡法和台时平衡法两种。

（1）产量平衡法。以产量单位为计算单位进行生产运作能力和生产任务的试算平衡。假设以 B 为代表产品的车床组生产运作能力为 2 203 台，生产任务换算成 B 产品的产量为 1 720 台，生产运作能力大于计划任务，表示能力有富余，可适当增加负荷。

（2）台时平衡法。以台时为计算单位进行生产运作能力和生产任务的计算平衡。首先计算为完成生产计划所需的设备组台时数：

$$T_j = \left(\sum_{i=1}^{n} Q_i \cdot t_{ij} \right)(1 + r)$$

式中：T_j 为完成生产任务所需的 j 设备组的台时数；

Q_i 为产品 i 的计划产量；

t_{ij} 为单位产品 i 在 j 设备组加工的计划台时；

r 为考虑补偿废品的台时损失系数。

其次计算设备组的年有效台时数：

$$T_j^0 = F_e \cdot S \cdot (1 - \alpha)$$

式中：T_j^0 为设备组 j 年有效台时；

F_e 为设备组 j 的单台设备年有效工作小时数；

S 为设备组 j 的设备台数；

α 为设备停修率。

最后计算出设备组的生产运作能力利用系数 K：

$$K = T_j / T_j^0$$

当 $K < 1$ 时，生产能力有富余；

$K = 1$ 时，生产能力与任务平衡；

$K > 1$ 时，生产能力不足。

前两种情况说明完成任务有保证，计划是落实的；后一种情况说明生产任务尚未落实，必须采取具体措施，提高生产运作能力或修改计划任务。

6.3.4　生产运作能力管理[①]

1. 长期生产运作能力决策

（1）能力互补。在制定一项长期产能规划时，一家公司必须在产能成本和没有足够产能的机会成本之间做出基本的经济平衡。产能成本包括设施设备的初期投资以及运营维修保养的年度成本。没有足够产能的成本就是由于销量损失和市场份额减少而造成的机会损失。

长期产能规则必须紧密地同组织的战略相联系，即结合要提供什么产品和服务。例如，许多产品和服务都是季节性的，淡季会造成产能过剩。许多公司提供互补产品和服务，这些产品和服务是使用同样的公司可用资源进行生产或交付，但是它们的季节性需求模式互不相同。互补产品或服务平衡了季节性需求周期；从而利用了超量的可用产能。例如，割草机的需求在春夏最高。为了平衡制造产能，厂商就可以在秋天

---

① 科利尔，埃文斯著．马风才译．运营管理．机械工业出版社，2011.

生产落叶吹风机和吸尘机，冬天生产吹雪机。

（2）能力扩充。产能需要很少是不变的，市场和产品线以及竞争的改变都将最终导致公司规划增加或减少长期产能。这样的策略需要确定数量、时机以及产能改变的形式。为了说明产能扩充决策，让我们来做两个假设：一是产能是一次增加或逐渐增加；二是需求稳定增长。

在某固定时间范围内扩充产能的四个基本策略显示在图6-4中（这些概念还可以应用到产能缩减中）：

①一次大量产能增加（如图6-4A）。

②配合平均需求的少量产能增加（图6-4B）；

③超前需求的少量产能增加（图6-4C）；

④迟于需求的少量产能增加（图6-4D）；

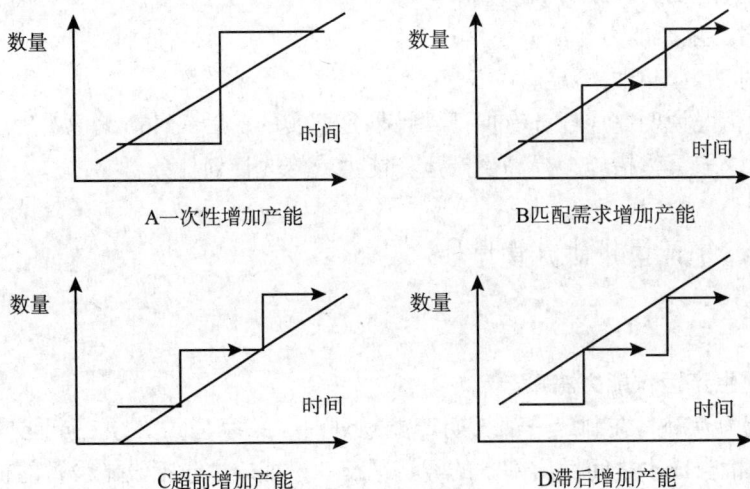

图6-4 产能扩大四种情况示意图

图6-4A中的策略涉及产能在一段具体时期内一次大的增长。一次大的产能增长的优点在于施工和运营系统设置所需的固定成本只会发生一次，因而公司将这些成本分摊到一个大的工程中。但是这种方法也有一些缺点。该公司在进行大规模产能扩充时，未必能获得大量资金。还要注意如果总需求呈现稳步增大，设施在一段时间内就不会得到充分利用，因为产能水平只在时间跨度末期进行了规则。其他确定的因素包括新的和未预料到的产品和技术、政府政策以及其他可能改变产能需求和加工能力

的因素。备选方案就是逐步扩充产能，见图 6 - 4B、图 6 - 4C 和图 6 - 4D。

图 6 - 4B 说明了尽可能地把产能增加同需求相配合的策略。这通常被称为产能跨越战略。当产能高于需求曲线时，公司就有过量的产能；当低于需求曲线时，就出现产能短缺。在这种情况下，会有短期的资源过量或资源利用不充分。图 6 - 4C 显示了一种保持足够产能的扩充策略。在这种策略下，很少有不能满足需求的情况发生。在此，产能扩充领先于需求，因此被称为产能引导战略。因为总是存在过量的产能，所以要提供满足来自大订单或新顾客的未预期需求的安全产能。图 6 - 4D 说明了一种产能滞后的策略，会产生持续的产能短缺。这种策略会一直等待需求增长到一个需要额外产能的水平时再扩充。需要很少的投少，产能利用率更高，因此有一个更高的投资回报率。然而，它会由于加班、分包导致顾客满意度下降，进而造成生产力下降，减少长期利润。在长期运营中，这种策略会导致部分市场的永久损失。

2. 短期生产运作能力管理

（1）短期产能弹性与柔性调整。如果短期需求很稳定，同时有足够的产能，那么为满足需求而实行运营管理就很简单了。但是，当需求波动高于或低于有效产能水平时，如图 6 - 4 中说明的，公司就有两种基本的选择。第一，他们可以通过改变内部资源和能力，调整产能来适应需求的改变。第二，通过转移和刺激需求来管理产能。

当短期需求超过产能时，公司必须增加其短期产能，否则就不能满足所有需求。同样，如果需求降低到产能水平以下，那么闲置资源就会减少利益。短期产能调整可能过以下各种方式进行。

①增加或共享设备。由于高额的资本费用，受机器和设备可用性所限制的产能水平在短期运营中更难改变。但是，可以根据需要租赁设备完成，更具成本效益。另一个方法就是通过创新的合作关系安排以及产能共享。例如，每一家医院都不可能承担所有昂贵的专用仪器的采购。但是几家医院可以成立一个联盟，每一家都集中于一个专科并共享服务。

②出售闲置的产能。那些很难减少的固定资产在低需求时期会消耗利润。一些公司可能会把类似电脑存储空间和运算能力的闲置产能出售给外来买家甚至是竞争对手。例如，旅馆通常要发展合作伙伴关系，当竞争对手预约超额时为其顾客提供住宿。

③改变劳动力产能和调度。劳动产能通常通过短期改变劳动水平和调度可以很容易实现。加班、加点、临时工以及外包都是增加产能的常用方式。调整劳动力配置，更好地符合需求模式是另一种方式。例如，医院和呼叫中心根据对不同时段都在改变的需求预测，创立了每天的工作时间表。许多快餐厅聘请了大量兼职人员，他们各自

工作时间表都不同。

④改变劳动技能搭配。聘请合适的人员，可以很快学会并针对不断变化的工作要求做出调整，对其进行交叉培训执行不同的任务，这些都为了满足波动性的需求提供了可行性。以超市为例，对于员工来说繁忙的时候从事收银的工作，不忙时就帮助整理货架。

⑤把工作转移到空闲时段。例如，旅馆职员可以在登记和结账的客人比较少的晚上，准备票据并进行别的书面工作，这使他们在白天有更多的时间来服务顾客。制造商往往在淡季建立库存，为高峰期保存产品。

（2）通过延迟或刺激需求管理产能。影响顾客将需求从产能不足的时期转移到产能过量的时期，有如下一些常用方法：

①改变产品或服务价格。价格是影响需求的一个最有力的方法。比如，旅馆可以提供最后1分钟特价房，以填补空房间；航空公司可以在星期三这样的非高峰提供最好的价位；餐厅在晚上9点以后半价刺激需求；电影院日场提供最便宜的电影票。类似地，厂商一般会在进货过多时进行销售折扣来刺激需求，平衡生产进度以及人员需求，同时减少库存。

②提供顾客信息。例如，许多呼叫中心，在给顾客的票据上附送注释，或用自动语音留言告知最佳呼叫时间。像迪士尼这样的游乐园在某些游戏器材相当繁忙时，使用警示牌或印刷物告知顾客。

③广告和促销。广告在需求影响中扮演了重要角色。例如，为节后销售进行高强度的广告宣传，努力在这样一个传统销售低谷期吸引顾客。产品或服务优惠券在销售低谷库存过多时拉动了需求增长。

④增加附属产品或服务。附属产品或服务可以增加到顾客价值包中，在淡季增加需求。电影院在非高峰期为其观众提供商务会议租赁场地和专门的服务。购物中心提供游戏中心来吸引十几岁的年轻人。快餐连锁店提供生日聚会服务来填补高峰就餐时间之间的需求低谷期。延长时间也代表着附属服务：许多超市一周营业7天，一天24小时，并鼓励消费者在晚间购物，减少高峰期需求量。

⑤提供预约。预约就是对未来某时提供某项产品或服务的承诺。典型的例子就是预约旅馆房间、飞机座位以及外科手术室。预约是一种影响需求并将其同可用产能相配合协调的方式，可以减少产品或服务供应者和顾客的不确定性。通过预先知道顾客需求何时会发生，运营管理者们可以更好地规划设备和运营动力设置，而不用过多依赖于预测。

6.3.5　生产运作能力学习曲线

1. 学习效应

一般情况下，随着组织或者个人重复同一过程并从他们自己的经历中获得技能和提高效率时，组织或个人的学习能力会得到相应的提高，这就是所谓的"学习效应"，也就是我们常说的"熟能生巧"。学习效应既可以出现在一个组织当中，也可以产生于个人的学习过程，即学习效应包括两个方面，个人学习效应和组织学习效应。

个人学习效应，是指当一个人重复地生产某一产品时，由于动作逐渐熟练，或者逐渐摸索到一些更有效的作业方法后，个人的劳动技能随之提高，生产一件产品所需的直接劳动时间会随着劳动产品积累数量的增加而减少。组织学习效应则意味着管理方面的学习效应，它是指一个企业在产品设计工艺设计、组织结构、制度安排、资本投资等方面不断积累经验，改进管理方法，从而使组织的生产与运作效率不断提高。

学习效应受许多因素的影响，主要有：

（1）操作者的动作熟练程度。这是影响学习曲线的最基本因素。

（2）管理技术的改善，正确的培训、指导，充分的生产准备与周到的服务，工资奖励及惩罚等管理政策的运用。

（3）产品设计的改善。

（4）生产设备与工具的质量。

（5）各种材料的连续供应和质量。

（6）信息反馈的及时性。

（7）专业化分工程度。

2. 学习曲线

学习曲线现象最早是在航空工业中被认识到的，它实际上是学习效应的数学化。在飞机装配过程中发现，随着产量增为原来的 2 倍，工人每生产一件产品的生产小时数将会下降20%。因而，如果生产飞机 I 需用 100 000 小时，那么生产飞机 II 需用 80 000 小时，生产飞机 IV 将花 64 000 小时，生产飞机 VIII 只花费 IV 工时的 80%，依次类推。因为20%的降低率意味着生产产品 $2x$ 时间仅为生产产品 x 的80%，把产量和时间联系起来的坐标系图线就称为"80%学习曲线"（传统上，用百分学习率来表示任何给定指数的学习曲线）。见图 6 – 5。

学习曲线意在表示单位产品生产时间同所生产的产品总数量之间的关系，用公式表示为：

$$Y_x = Kx^{-b}$$

式中：Y_x 为生产第 x 台产品的直接人工工时；

x 为生产的台数；

K 为生产第一台产品的直接人工工时；

b 为幂指数 $= -\lg p/\lg 2$；

p 为学习率。

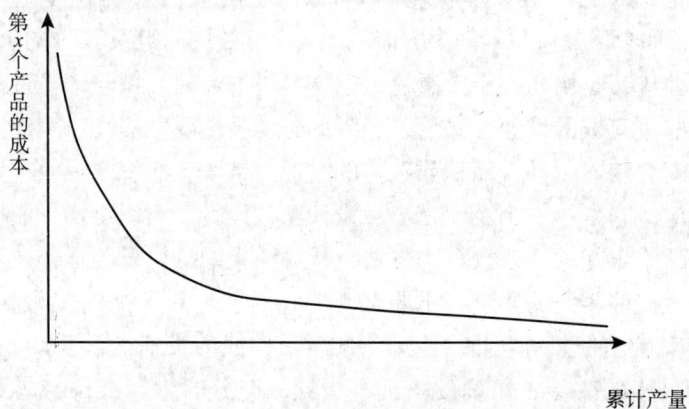

图 6 - 5　学习曲线

　　学习曲线是基于学习效应而产生的，如果工作全部由机器来完成就不存在学习现象了。学习曲线的变化率取决于机器工作与人工工作的比例。实践表明，当人工工作时间与机器工作时间的比例为 3∶1（即人工占总生产工时的 3/4）时，学习曲线的（工时改善）变化率，简称学习率，估计为 80% 比较适当；当该比值为 1∶3 时，常设为 90%；当两者基本接近时，则取 85% 为宜。

　　学习（或经验）曲线理论在企业界有非常广泛的应用。在生产制造方面，它可以用来估计产品设计时间和生产时间，同时它也可用来估计成本。学习曲线的重要性毋庸置疑。有时对它的忽视可能会造成准时化生产系统的失败，因为该系统中丢掉了长期积累的经验方面的优势。学习曲线在设计公司战略（如价格决策、资本投资和基于经验曲线的操作成本）方面也具有不可缺少的作用。

　　学习曲线基于以下三条假设：

　　（1）每次完成同一性质的任务后，下一次完成该性质任务或生产单位产品的时间将减少；

　　（2）单位产品生产时间将以一种递减的速率下降；

（3）单位产品生产时间的减少将遵循一个可预测的模式。

学习曲线最先应用在航空工业上，并已证明以上三条假设都是正确的。

3. 学习率的估计

学习曲线的学习率可利用相同或相似产品的历史资料来估计。当产品的工艺过程与相似产品的工艺过程相同时，就可利用相似产品的学习率来计划该产品的改善速率。若产品不尽相似，则在利用历史资料时要考虑产品设计、生产产量、使用工艺装备以及订货批量等的差别加以调整。

学习曲线是企业进行科学管理的重要工具，它可以帮助企业制定能力计划和成本计划，也可以帮助企业选人用人和进行人力资源开发，还可以帮助企业制定合理的竞争战略。但对于管理者来说，运用学习曲线理论来改进工作的行为和过程不会自动发生，而且是无止境的。它要求管理者通过制定激励或奖励措施来持续推动组织学习和个人学习，从而促进组织整体竞争力的提高。

6.4 综合生产运作计划与年度出产进度计划

6.4.1 年度生产运作任务的安排

1. 综合生产运作计划及其内容

综合生产运作计划又称生产（服务）计划大纲，是一种中期的生产运作计划，一般是指产品或服务大类年度计划，它规定了某年度内企业生产或服务主要经济指标，如品种、产量、产值等。

综合生产运作计划的基本任务是产品品种或服务项目选择（或订单选择）、产量优化、进度安排，在本章6.2节已经介绍上述内容和方法。

2. 制造业编制产品出产进度计划的基本要求

产品出产进度计划或主生产计划（MPS）的确定，是在综合生产运作计划中确定了年度生产计划指标后，还要按品种、规格、数量将全年的生产任务具体地分配到各季度、各月份，并且安排各个品种、规格产品的出产先后次序。合理地安排产品出产进度，可以进一步落实企业的全年生产任务，保证销售计划和订货合同所规定的品种、数量和交货期限；同时也是生产技术准备、物资供应与企业外协以及各生产环节之间衔接平衡的依据；另外，为企业组织均衡生产，充分利用物资资源，提高劳动生产率，降低成本，节约流动资金，提高经济效益创造了良好条件。

在编制产品出产进度计划时应遵循以下基本要求：

（1）各种产品的出产进度计划，要保证国家计划和订货合同规定的品种、质量、数量和期限，成套地完成任务。在安排生产顺序时应当先重点后一般，先外贸后内销。

（2）合理搭配各种产品，确定各个时期产量的增长幅度，使企业和各车间在全年各季、各月的生产能力均衡负荷，充分利用各种资源。

（3）使生产进度的安排同技术组织措施投入生产的时间相结合，使生产任务的实现有可靠保证。

（4）使原材料、外购件、外协件等的供应时间和数量与生产任务的安排协调一致，避免供应与生产脱节，影响生产正常进行。

6.4.2 不同生产类型产品出产进度的方法

不同生产类型的企业产品出产进度的安排是不同的，表现在方法上、安排的重点上，以及所考虑的具体因素上，都各具特点。

1. 大量大批生产出产进度安排

大量大批生产的特点是品种少，每种产品的产量大，因此安排产品出产的主要内容是决定各种产品的产量在各季各月的分配问题，常用的分配方法有三种：

（1）均衡分配法。将全年的生产计划平均地分配到各季、各月。这种方法适用于产品需求稳定的情况。

（2）均匀递增分配法。将全年计划产量均匀递增地安排到全年各季、各月。此方法适用于对该产品需求不断增加，且企业劳动生产率稳步提高的情况。

（3）抛物线型递增分配法。将全年计划产量按照年初增长较快，之后增长较慢的方法在各季、各月内分配。此方法适用于新产品投入生产的情况。

2. 成批生产出产进度安排

成批生产企业的特点是产品品种较多，各种产品产量大小不一，产品出产进度安排的主要问题是组织不同时期（季、月）产品品种的合理搭配，减少每季（月）生产的品种数目，增大每种产品的生产批量，同时使设备、劳动力负荷比较均衡，以合理利用人力、物力，提高经济效益。具体安排方法如下：

（1）首先安排企业的"主流产品"。在满足合同交货期的前提下，"细水长流"，在全年做比较均衡的安排，保持生产的稳定性。

（2）对于产量较少的产品和同类型、同系列的产品，采用"集中轮番"的安排方式，尽可能扩大批量，在较短时间内完成全年任务，简化管理。

（3）新老产品交替有一定交叉时间。在交叉时间内，新产品产量要逐渐增加，老产品产量逐渐减少，避免齐上齐下，出现较大生产波动。

（4）尖端产品与一般产品、复杂产品与简单产品、大型产品与小型产品等，均应合理搭配，使各工种、设备及生产面积得到均衡负荷。

（5）考虑物资供应期限，保证生产技术准备、技术组织措施项目的安排与产品出产进度安排衔接配合。

可见，成批生产企业安排出产进度比较复杂，存在不少交叉和矛盾，计划部门可以拟定几个不同方案进行分析比较，最后确定最佳方案。

3. 单件小批生产出产进度安排

单件小批生产的特点是产品品种很多，但每种产品的产量很少，而且不重复或很少重复生产。因此在安排出产进度时，首先要考虑保证订货合同规定的产品出产日期和数量，同时兼顾其他，如同类产品的集中安排，新产品和需要关键设备加工的产品按季分摊等，以提高企业生产的经济效益。具体安排时应遵循以下原则：

（1）安排已明确的生产任务，对尚未明确的任务粗略分配至各季、各月，随着各项订货的逐步落实，通过季、月度计划对原初步安排进行调整。

（2）考虑生产技术准备工作进度和负荷的均衡，保证订货按期投入生产。

（3）做好生产能力的核算，保证设备、人员和生产能力均衡。

综上可见，产品年度生产任务的安排是一项极为复杂的工作，而市场经济条件下环境的多变性又对产品进度安排提出了更高的要求。随着计算机技术的日益普及，生产管理和订货管理的工作质量和工作效率大大提高，企业产品进度安排会日趋科学化。

【本章小结】

生产计划是企业经营计划的重要组成部分，是组织和控制企业生产活动的依据。它根据市场调查和市场预测的结果，充分利用企业的现有资源和生产能力，实现均衡生产并合理地控制库存，确保按质、按量、按期交货。生产运作计划是一个复杂的系统，围绕本章的中期年度生产计划、第7章短期生产作业计划和第9章物料需求计划这条主线，还有需求预测、生产能力计划、库存管理、生产控制等多种相关的计划和管理。因此，生产计划的编制不但需要丰富的生产管理经验，还必须熟练运用各种有效的计划、调度方法，掌握生产计划的全局。在美国许多企业要求生产计划人员必须通过美国生产与库存控制协会（APICS）的资格考试，足见对生产计划人员素质的要求之高。

【推荐读物】

1. 陈志祥 . 生产运作管理教程 . 清华大学出版社，2010.
2. 申元月，张鸿萍 . 生产运作管理 . 山东人民出版社，2005.
3. 李环祖 . 生产计划与控制 . 中国科学技术出版社，2008.

【复习与思考】

1. 简述生产运作计划编制的原则和步骤。
2. 什么是代表产品？什么是假定产品？如何进行生产任务与生产能力的平衡？
3. 谈谈综合生产运作计划及其内容。
4. 为什么编制生产运作计划要定量分析、定性分析相结合？
5. 不同生产类型条件下，安排产品出产进度各有何特点？
6. 生产运作能力计划有何作用？
7. 谈谈学习效应与学习曲线应用。

【案例】

南海机器厂

王厂长所创立的南海机器厂于1982年开张，虽然前两年很艰苦，但是企业却稳定发展，到1995年，销售额已超过2 500万元。南海机器厂生产各种小金属配件，供给当地的其他制造业厂家，其中50%的订货是同一品种，订货量为1~500件不等，平均订货量是35件。

工厂采取工艺专业化的生产组织方式，拥有32台机器，价值为350万元。工厂的人员都受过良好训练，每人能操作几种不同的机器。工厂付给工人的工资带有激励性质，从每小时7元开始至12元不等。工厂目前实行单班制，每周工作5天。决定工厂生产能力的主要因素是设备能力，一般要超额完成任务只有加班加点。

工厂的一个瓶颈加工中心有4台机器，运行时每台需要一名工人看管，每个工人每小时的工资是10元。由于这些机器的利用率很高，王厂长给每台机器配备一名固定工人。在这样的专业化程度下，生产率较高，但是这些工人的工作却比较单调。根据对未来销售趋势和经济状况的预测，王厂长认为将来该类型的加工还会增加，如果仍是单班制、全年工作时间算作 2 000 小时的话，大约共需 4～10 台机器，下表是王厂长对未来几年该类加工需求概率分布的直观估计。

需求量（个）	800	1 200	1 600	2 000
概率	0.10	0.25	0.50	0.15

王厂长现在必须决定为了未来的发展购买几台新机器，因为向机器供应商购买机器需要提前 6 个月订货。购买和安装一台机器的费用为 31 000 元，设备折旧使用直线折旧法，虽然每台机器的经济寿命为 10 年，但是按计划 8 年内提完折旧。所得税税率为 33%，资金利率为 14%。加工中心最经济的运行方式是使用正常工作时间，每个产品的标准加工时间为 10 小时，这意味着在单班制正常工作的情况下，每台机器全年可以加工 200 个产品，除直接劳动成本以外，每个产品的材料消耗和其他间接费用为 120 元。如果正常工作时间内的设备生产能力不足，王厂长就必须决定如何最好地安排生产。

第一种方案是加班，加班报酬为平时的 1.5 倍，但是每周加班时间最多不能超过 15 小时，因为工人虽然愿意加班以增加收入，但不愿加班太多，厂长同时也顾虑，如果加班变成经常性的，可能会影响到生产率，比如说，加工每个产品的时间会从 10 小时变成 11 小时。

第二种方案是外协加工，可以把部分工作承包给其他同行来做，价格是：批量 100 件以下时每件 310 元，批量更大时每件 295 元。可供选择的同行生产能力足够大，可以吸收任何王厂长想让他们承包的量。

第三种方案是在自己工厂的生产能力饱和后，不再争取或接受订货。但这种做法不仅会使工厂失去眼前利益（该加工中心生产出来的产品每件售价 350 元），而且可能使一部分顾客以后再不向南海机器厂订货。

第四种方案是实行两班或三班制来缓解工厂的生产能力不足状况。但这样一来，必须再聘用二班三班的领班，而且寻找合适的人选也不是一件容易的事。生产率还可能不高，生产质量也不好控制，另外还要支付倒班津贴。最后，王厂长还考虑，需要的时候扩大招工，但以后需求一旦减少时又该怎么办呢？

如果王厂长购买的机器之能力超过明年的需求，他又会遇到一系列不同的问题。如果机器得不到充分利用，有可能改变每台机器安排一个固定工人的现行做法，随时安排他们到工厂的其他环节去。但工厂的其他环节吸收这些劳动力的能力也是有一定限度的。如果需求大减，一些新招收并经过训练的工人就必须裁减；对于过剩的设备能力，则有两种解决办法：一种是卖掉多余的机器；另一种是使机器闲置，期待以后需求增加。

资料来源：刘丽文著. 生产运作管理案例集. 清华大学出版社，2001.

【讨论题】

1. 为南海机器厂制定一个生产能力计划。该厂的瓶颈加工中心如果购入机器，应购入多少？说明并论证你的方案。

2. 对于你所建议的机器购买数量，如需求超出生产能力你打算如何做？是选择上述四种方案中的一种还是另有其他方案？无论选择什么方案，说明你的理由及论证过程。

3. 如果生产能力超出需求，你打算采取什么措施？说明你的理由。

第7章

生产过程时间组织与作业计划

【学习目标】

1. 了解现代企业的生产过程及其时间组织。
2. 掌握流水、成批、单件小批生产作业计划与控制方法。
3. 熟悉服务业作业计划与随机服务系统等方面内容和方法。

【管理案例】

河北正大公司 800 吨浮法玻璃生产线二期工程 2 线玻璃窑于 2009 年 12 月 26 日顺利点火,至此,由中钢耐火公司硅质分厂(新线)为河北正大首次生产的 3 600 多吨优质玻璃窑硅砖开始正式"服役"。

河北正大公司生产线是目前国内较大的浮法玻璃生产线,其中玻璃窑使用的优质硅砖由中钢耐火硅质分厂(新线)生产。该合同也是硅质(新线)接到的第一份整套玻璃窑优质硅砖生产合同。接到正式生产作业计划后,分厂自上而下高度重视,针对合同量大、型号多、交货期短等不利因素,多次召开协调会,制定了详细的生产作业计划,确立了"以质保量"的生产方针,保证生产计划稳步推进。

在生产过程中各工序严格把关,严格控制,特别针对客户对砖的尺寸公差要求严格的情况,技术科加强对半成品的管理,加大对半成品尺寸的抽查力度,严格控制半成品单重和成型的冲压次数,确保半成品尺寸公差 100% 合格。在生产观察孔砖时,由于砖的厚度较大,压力机的冲程不够用,造成无法生产,分厂及时组织设备科、维护工段和成型工段召开"诸葛亮"会,对压机结构进行改造,保证了两个型号的顺利造坯,从而为确保整份合同保质保量按时完成奠定了基础。

在河北正大玻璃窑砌筑施工过程中,硅质(新线)派出技术人员,全程跟踪做好售后服务工作。施工方和客户对该批优玻砖的产品质量给予了很高的评价,并表达了进一步合作的意向。硅质分厂新线的优质产品和良好服务赢得了客户的赞誉,河北正大 3 线优玻砖合同已于 2009 年 12 月中旬与中钢耐火顺利签订,目前,硅质新线的生产组织工作也在紧锣密鼓地进行中。

资料来源：http://www.c-bm.com/news/2010/2-23/，中国建材网.

【重要概念】

生产过程（Productive Process）；流水生产作业计划与控制（Planning and Controlling of Assembly Line）；成批生产作业计划与控制（Planning and Controlling of Batch Production）；需求管理（Demand Management）；随机服务系统（Random Service System）；作业计划（Scheduling）；作业排序（Sequencing）。

7.1 生产过程及其时间组织

7.1.1 生产过程及其构成

1. 生产过程构成

就制造业而言，产品的生产过程是指从原材料投入到成品出产的全过程，通常包括工艺过程、检验过程、运输过程、等待停歇过程和自然过程。

工艺过程是生产过程的最基本部分，检验和运输过程也是必不可少的，但应该尽可能缩短。等待停歇过程如属于制度规定，则是合理的，若由于组织管理不善造成，则应该消除，自然过程，如冷却、干燥、发酵、时效，是技术上要求的，是不可免的。

不论哪一类生产过程，其组成可按其在生产阶段中的不同作用，分为生产技术准备过程、基本生产过程、辅助生产过程和生产服务过程。上述四部分既有区别，又有联系，核心是基本生产过程，它是企业生产过程中不可缺少的部分，其他部分则可根据具体情况（如生产规模大小、管理体制、专业化程度等），或包括在企业的生产过程之中，或由独立的专门单位来完成。例如，生产技术准备过程可由公司、总厂的研究所、设计单位来完成，也可由社会上其他专业单位来完成；动力生产、工具制造、设备修理可由专门的协作工厂来完成；分析化验、运输等工作可由专门的生产服务部门（如化验站、运输公司）来完成。随着社会专业化协作水平的提高，企业的生产过程将趋向简化，企业之间的协作联系将日益密切。

基本生产过程按照工艺加工的性质，可划分为若干相互联系的生产阶段（局部生产过程）。如机械制造企业的基本生产过程，一般分为三个工艺阶段，即准备阶段、加工阶段和装配阶段。准备阶段主要是采用铸造、锻造、调直下料等工艺方法，为加工阶段提供毛坯和材料。加工阶段主要是采用机械加工、冲压、铆焊、热处理、电镀等工艺方法，为装配阶段提供各种合格的零件。装配阶段是将各种零件装配成部件、成品。

每个生产阶段又可按劳动分工和使用的设备、工具，划分为不同的工种和工序。工序是组成生产过程的基本单位。组织生产过程就是要合理地安排工序，组织好各工序之间的协作配合。工序是指一个或几个工人，在一个工作地上对一个（或几个）劳动对象连续进行的生产活动。工作地是工人使用劳动工具对劳动对象进行生产活动的地点。它是由一定的场地面积、机器设备和辅助工具组成的。在生产过程中，一件或一批相同的劳动对象，顺序地经过许多工作地，这时，在每一个工作地内连续进行的生产活动就是一道工序。超出了一个工作地的范围，那就是另一道工序了。如果劳动对象固定在工作地上不移动，而由不同工种的工人顺序地对它进行加工，这时，每一个或一组工人在这个工作地上连续进行的生产活动，就是一道工序。

工序按其作用可分为：工艺工序、检验工序、运输工序。工艺工序是使劳动对象发生物理或化学变化的工序；检验工序是对原材料、半成品和成品的质量进行检验的工序；运输工序是在工艺工序之间、工艺工序与检验工序之间运送劳动对象的工序。

工序的划分对于组织生产过程、制定劳动定额、配备工人、检验质量和编制生产作业计划等工作有着重要的影响。工艺工序的划分，主要取决于生产技术的要求，应按照采用的工艺方法和机器设备来划分工序，不要把采用不同工艺方法、不同机器设备的生产活动划为同一道工序。在工艺方法相同的情况下，工序的划分主要考虑劳动分工和提高劳动生产率的要求。在大量大批生产条件下，劳动分工比较细，工序划分就应细一些，这样有利于提高劳动生产率和组织平行作业。在单件小批生产条件下，劳动分工不宜太细，工序划分就相应要粗一些，以免造成工人、设备的负荷不足和增加管理工作的复杂性。

2. 组织生产过程的基本要求

组织生产过程是企业内部的工作，但它也必须与外界需求相适应。生产过程是一个创造价值的过程，其有效性体现在生产过程中发生的成本是否比对手低，生产产品质量是否达到客户要求，速度与柔性是否形成对市场竞争支持。所以应当对生产过程从技术和管理各方面进行优化，控制不同层次的持续改善活动，从保持连续性、比例性、平行性、均衡性（节奏性）与准时性等方面入手，使生产过程成为企业竞争力的重要源泉之一。

7.1.2 生产过程时间组织

生产过程组织的重要目标之一，就是要节约时间，提高时间利用率。为了合理地组织并有节奏地进行生产，提高劳动生产率，缩短生产周期，减少资金占用量，不但要求生产过程的各个组成部分在空间上的密切配合，合理布局，而且还要求在时间上的相互衔接，保证生产过程不间断进行。

生产过程的时间组织，主要是研究劳动对象在工序间的移动方式。劳动对象在工序间的移动方式是指零部件从一个工作地到另一个工作地之间的运送形式。如果制造的产品只有一件，那么就只能加工完一道工序之后，再把零部件送到下一个工作地去加工下一道工序；如果加工的不是一件而是一批产品，那么就可以采用三种不同的移动方式。

1. 顺序移动方式

顺序移动方式的特点是整批移动，即一批零部件在上道工序全部加工完了以后，才转移到下道工序去进行加工。这种方式的特点是生产过程的时间很长。例：某批零件的批量 $n=4$，有五道工序，各工序的单间作业时间分别是，$t_1=10$ 分钟，$t_2=5$ 分钟，$t_3=12$ 分钟，$t_4=7$ 分钟，如图 7-1 所示。

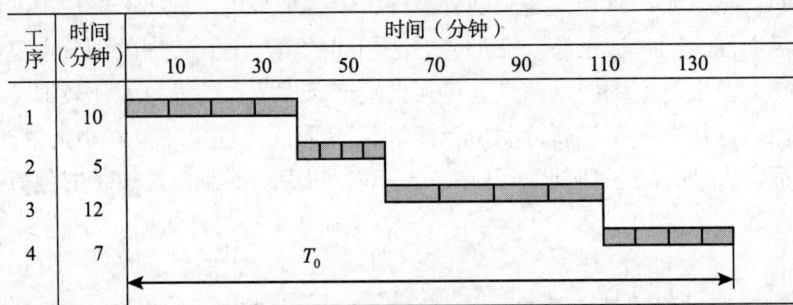

图 7-1 顺序移动方式示意图

在顺序移动方式下，加工时间长度与每批零部件个数和每个零部件在一切工序上的加工时间成正比例。假设该批零件在生产工序之间无停放等待时间，工序间的运送时间忽略不计，则顺序移动方式条件下的加工时间，可按下列公式计算：

$$T_0 = nt_1 + nt_2 + \cdots + nt_m = n \sum_{i=1}^{m} t_i$$

式中：T_0 为顺序移动方式的加工周期；

　　　n 为批量；

　　　t_i 为零件在第 i 工序的单件工时；

　　　m 为工序数目。

在上例中，加工该批零件所需时间为：

$$T_0 = 4 \times (10 + 5 + 12 + 7) = 136 \text{（分钟）}$$

顺序移动方式由于是整批加工，组织和计划工作相对比较简单，能保证工序内加工过程连续性，有利于减少设备调整时间，提到设备利用率。同时，整批运送，管理与运输方便。但是，因各道工序加工不存在平行或交叉作业现象，时间没有重叠，故加工周期最长，资金周转慢。这种方式适用于批量小，单件工序时间短、重量轻的零件，以及用工艺专业化原则组建的生产单位。

2. 平行移动方式

平行移动方式的特点是单件移动，即一批零部件在一道工序加工完了一个零件以后，立即转移到下道工序去进行加工。这样，一批零部件在各道工序上的加工时间是平行的，如图 7－2 所示。

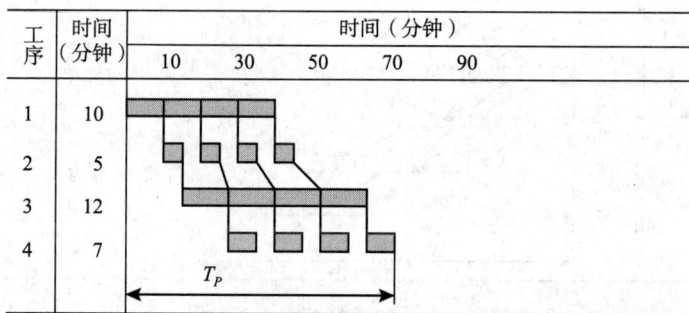

图 7－2　平行移动方式示意图

在平行移动方式的条件下，每批零部件的加工时间，可以按下列公式来计算：

$$T_P = \sum_{i=1}^{m} t_i + (n-1) t_L$$

式中：T_P 为平行移动方式的加工周期；

t_L 为最长的单件工序时间。

将上例的单件工序时间代入上式，可求得 T_P 为：

$T_P = (10 + 5 + 12 + 7) + (4 - 1) \times 12 = 70$（分钟）

平行移动方式使多道工序同时对一批零件进行加工，故生产周期最短，但是运输工作量大。而且在前后工序生产效率不同时，会出现设备停歇或等待加工现象，也就是说当各单件工序时间不相等时，时间较短的工序会出现加工中断现象，而时间较长的工序会出现零件等待加工现象。当工序时间相等时，则设备可连续进行生产。

一般情况下，这种方式适用于批量大、单件加工时间长、重量较大的零件或赶急时，以及用对象专业化原则组建的生产单位。

但是，由于必须使各道工序时间长短划一（时间一致），所以在实际工作中除流水生产以外，就很少可能采用平行移动方式。而采用平行顺序移动方式，能够克服上述缺点。

3. 平行顺序移动方式

平行顺序移动方式的特点是将前两种方式结合起来，存长避短。具体来讲，产品在加工过程中的移动既不是整批移动，也不是单纯的单件移动，而是在保证每批零部件在一道工序上是连续加工的，没有停顿时间，并要使各道工序的加工尽量做到平行。如图 7-3 所示。

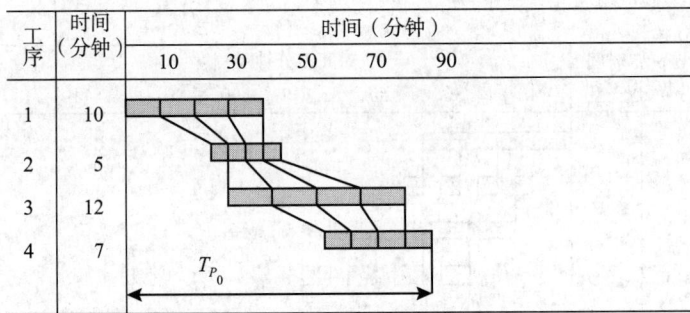

工序	时间（分钟）	时间（分钟）				
		10	30	50	70	90
1	10					
2	5					
3	12					
4	7	T_{P_0}				

图 7-3 平行顺序移动方式示意图

平行顺序移动方式的加工周期为：

$$T_{P_0} = n \sum_{i=1}^{m} t_i - (n - 1) \sum_{i=1}^{m-1} t_{si}$$

式中：T_{P_0} 为平行顺序移动方式的加工周期；

t_{si} 为每相邻两工序中较短的单件工序时间。

将上例单件工序时间代入上式，可求得 T_{P_0} 为：

$$T_{P_0} = 4 \times (10 + 5 + 12 + 7) - (4 - 1) \times (5 + 5 + 7) = 85 \text{（分钟）}$$

显然，这种方式既吸收了前两种方式的优点，保证工序内加工不中断，使多道工序能同时对一批零件进行加工，又把平行移动方式中工作地出现的零碎、间断时间集中起来，便于充分利用。但在移动过程中，每次向下工序转移零件的时间各不相同，管理比较复杂。批量大、单件工序时间长的零件，以及用对象专业化原则组建的生产单位宜采用这种方式。

上述三种移动方式，是产品加工过程中组织工序在时间上衔接的三种基本方式，实际生产要复杂得多。从生产周期看，平行移动方式的生产周期最短，平行顺序移动方式次之，顺序移动方式最长；在设备利用方面，在平行移动时生产率高的工序可能会出现停顿现象；在组织管理上，平行顺序移动方式最为复杂。

三种移动方式各有其优缺点，在选择采用时，应结合具体条件来考虑。一般要考虑的因素主要是：（1）生产类型。单件小批，宜采用顺序移动方式，大量大批，特别是组织流水线生产时宜采用平行顺序移动方式或平行移动方式。（2）生产任务缓急情况。对于濒临交货期或其他紧急任务，为赶时间，可采用平行移动方式或平行顺序移动方式。（3）生产单位专业化形式。按对象原则组建的生产单位，宜采用平行移动方式或平行顺序移动方式，按工艺原则组建的生产单位，宜采用顺序移动方式。（4）工序劳动量的大小。零部件加工时间短，可采用顺序移动方式，而零部件加工时间长，为减少资金占用可采用平行顺序移动方式或平行移动方式。（5）设备调整工作量大小。在改变加工对象时，如设备调整劳动量较大，应考虑采用顺序或平行顺序移动方式，反之，则可采用平行移动方式。

7.1.3　流水生产过程组织

流水生产方式产生于 20 世纪 20 年代的美国福特汽车公司。1913 年，福特在泰勒科学管理的基础上，通过标准化把分工理论应用到极限，首创汽车装配流水线，使生产效率大大提高。采用流水线，可以使用专用的设备和工具，提高工作效率，改善产品质量，可以减少在制品，缩短生产周期，取得专业化生产的经济效益。因此，它是一种先进的生产组织形式。

1. 流水线生产的特征

流水线就是劳动对象按照既定的工艺路线和速度，从一台设备到另一台设备，从一个工作地到另一个工作地，似流水般地完成每道工序的加工任务并出产产品的生产

组织形式。典型的流水线具有以下特征:

(1) 工作地的专业化程度很高。流水线上的作业分工很细,组成流水线的各种工作地都固定地做一道或少数几道工序。

(2) 工艺过程相对封闭。流水线是按对象原则组建,在流水线上,劳动对象的加工过程是连续不断进行的,不必跨越其他生产单位就可完成全部或大部分加工。

(3) 流水线上各工序(各工作地)的加工时间之间规定着相等的关系或倍数的关系。

(4) 按照规定的时间间隔或节拍出产产品。

2. 组织流水线生产的条件分析

流水线是一种先进的生产组织形式,能够使生产过程较好地符合连续性、比例性、平行性及均衡性的要求,而且由于专业化生产,广泛地采用专用设备、工艺装备和机械化的运输装置,有着很高的生产效率,在市场需求状况较好的情况下,可以取得较好的生产效益。但是,流水线的最大缺陷是不够灵活,且投资较大。所以,在采用流水线这种生产组织形式的时候,一定要进行可行性分析,从技术和经济等方面全面分析权衡,以便正确选择和确定流水线生产的加工对象和具体形式。一般情况下,采用任何形式的流水线,都应该具备一定的先决条件。这些条件是:

(1) 零部件和产品的产量相当大;

(2) 工艺过程可以根据需要进行适当的分解和合并;

(3) 产品设计应具有良好的结构工艺性;

(4) 必要的厂房条件。

此外,还要求流水线生产所需的原材料、外协件必须是标准化、规格化的,并能保证供应;对设备进行综合管理,保证机器设备经常处于完好状态;质量管理工作必须符合标准和要求,产品检验能随生产在流水线上进行,等等。

3. 单一品种流水线的组织设计

单一品种流水线是最基本的一种流水生产方式,多对象流水线生产方式是在此基础上发展起来的。虽然目前中小批量生产已成为主流,实际运转的单一品种流水线已不多见,但它的组织设计原理与方法是设计多品种流水线的基础。整个设计过程为:

(1) 确定流水线的节拍和节奏。节拍是流水线的基础参数,是指流水线上连续出产前后两件产品的时间间隔。它表明了流水线的生产速度,规定了流水线的生产能力,也是流水线其他一切设计计算的出发点。

$$节拍 = \frac{计划期有效工作时间}{计划期产量}$$

　　如果计算出来的节拍数值很小，同时零部件的体积也很小，不便于单件运输，需要按运送批量来运输，那么还要计算流水线的节奏。

$$节奏 = 节拍 \times 运送批量$$

　　（2）组织工序的同期化（同步化）。所谓工序同期化是指通过技术或组织措施来调整流水线各工序时间，使它们等于流水线节拍或者与节拍成整数倍比关系。可见，工序同期化是提高设备负荷，提高劳动生产率和缩短产品生产周期的重要手段，它也是组织连续流水线的必要条件。

　　在机械加工工序上，可以通过提高设备机械化水平，采用高效率的工艺装备，改进操作方法，提高工人技术熟练程度，改进工作地布置等措施来提高工序同步化程度；在手工装配工序上，主要是通过分解与合并某些工序，合理调配工人，改进装配工艺等措施来提高同步化程度。

　　（3）计算和确定流水线上的设备（工作地）数量。计算设备需要数是按每道工序分别计算的。

$$某工序设备需要数 = \frac{工序单件时间}{节拍}$$

　　（4）计算设备的负荷率和流水线的总负荷率。

$$设备的负荷率 = \frac{计算的设备需要数}{实际采用的设备数}$$

　　在流水线中，机床的平均负荷率不应低于 0.75（手工为主的流水线应不低于 0.85）。如果负荷率太低，则表明不适于采用流水线。

　　（5）计算和配备工人。在机械化生产中，流水线所需的工人人数的确定，要考虑工人同时看管的设备数及是否需要配备后备工人。

$$流水线配备的总人数 = (1 + 后备工人百分比) \times \sum \frac{某工序实际采用设备数 \times 工作班次}{某工序看管定额}$$

　　在以手工作业和使用手工工具为主的流水线上，每个工作地需要的工人人数可按下式计算：

$$某工序需要的工人数 = 工作地上同时工作的工人数 \times 工作班次$$

　　整个流水线配备的总人数就是所有工作地人数之和。

　　（6）选择运输装置。流水线上采用的移动运输装置种类很多，常用的运输装置有传送带，传送链、滚道、重力滑道、各种运输车辆等。选取何种形式的运输装置既要考虑产品形式、尺寸、重量、精度要求，又要考虑流水线的类型和实现节拍的方法。在连续流水线上必须采用机械化的运输装置，如传送带。间断流水线在选用运输工具时，要考虑在制品的储存问题。当运输装置采用传送带时，要确定传送带的长度和速度。

　　传送带的长度可按下列公式计算：

传送带的长度 = 2（流水线上各工作地长度之和）+ 技术上需要的长度

工作地长度包括工作地本身的长度和相邻两个工作地之间的距离。传送带的速度与移动方式有关，当传送带采用连续移动方式时，可用下式计算：

$$传送带的速度 = \frac{流水线上两件产品的中心距离（米）}{节拍（分）}$$

当传送带采用脉动移动方式时，即每隔一个节拍（或节奏）往前移动一次，每次移动的距离等于两件制品间的中心距离。

（7）进行流水线的平面布置。平面布置应当有利于工人操作，零部件的运输路线最短，流水线之间合理的衔接，以及有效地利用生产面积等。流水线的形状有直线形、L 形、U 形、E 形、环形和 S 形等。直线形用于工序及工作地较少的情况，当工序或工作地数较多时，可采用双行直线排列，或采用 L 形、U 形、S 形等。E 形一般用于零部件加工和部件装配结合的情况。环形在工序循环重复时采用。流水线上工作地排列要符合工艺路线顺序，整个流水线布置要符合产品总流向，以尽可能缩短运输路线，减少运输工作量。

7.2　生产作业计划与控制

生产作业计划作为指导企业日常生产活动的执行性计划，有着丰富的工作内容。其主要工作内容包括生产能力的细致核算与平衡，生产作业准备的检查，期量标准的制定与修改，作业顺序的安排，日常生产派工等内容。

编制生产作业计划的主要依据是：企业年、季度生产计划和各项订货合同，产品设计及工艺文件，现有生产能力及利用情况，期量标准的贯彻情况，劳动定额及其完成情况，原材料、外购件、工具的库存及供应情况等。

由于企业的生产类型、产品品种及结构、采用的生产技术和组织方法等的不同，生产作业计划的编制及控制方法也有很大区别。最具有代表性的是大量流水生产、成批生产和单件小批生产的作业计划及其控制方法。

7.2.1　流水线生产作业计划与控制

1. 流水线生产作业计划的期量标准

期量标准也叫做作业计划标准。期量标准就是经过科学分析和计算机确定的，为加工制造产品而规定的期限和数量方面的标准数据。它是编制生产作业计划的重要依据。

期量标准实质上是科学地规定了生产过程各个环节之间在生产数量和生产期限上的内在联系。科学合理的期量标准，可以正确迅速地编制生产作业计划，对于保证生产过程的连续性、配套性，保证按时出产产品，对于建立正常的生产秩序和工作秩序，对于充分而合理地利用各种资源，提高企业的生产效益都具有非常重要的作用。

期量标准随产品品种、生产类型、生产组织形式而有所差别，在大量流水线生产条件下，期量标准一般包括节拍、节奏、流水线标准作业指示图表、在制品占用量定额。

（1）节拍、节奏。见 7.1.3 节流水生产过程组织内容。

（2）流水线标准作业指示图表。大量流水生产中，每个工作地都按一定的节拍重复地完成规定的加工任务。为确保流水线按规定的节拍高效率地进行，就必须对每个工作地详细规定它的工作进度，编制作业指示图表，协调整个流水线的生产。正确制定流水线作业指示图表对提高生产效率、设备利用率、减少在制品起着重要作用，它还是简化生产作业计划提高生产作业计划质量的工具。

流水线作业指示图表是根据流水线的节拍和工序时间定额来制定的。流水线作业指示图表的编制随流水线的工序同期化程度不同而不同。下面分别介绍连续流水线和间断流水线作业指示图表的编制。

①连续流水线作业指示图表的编制。连续流水线的工序同期化程度很高，各个工序的节拍基本等于流水线的节拍，因此工作地的负荷率高，这时就不存在工人利用个别设备不工作的时间去兼管其他设备的问题。因此连续流水线的作业指示图表比较简单，只要规定每条流水线在轮班内的工作中断次数、中断时刻和中断时间即可。表 7－1 是连续流水线作业指示图表。

②间断流水线作业指示图表的编制。间断流水线由于各工序的生产率不一致，因而在生产中可能发生零部件等待工作地，或者工作地等待零部件进行加工的情况。间断流水线作业指示图表的编制比较复杂，其关键是确定流水线的看管期，在此基础上确定看管期各工作地产量及负荷、看管期内各工作地工作时间长度、工作地工作起止时间、每个工作地的工人数量及劳动组织形式等。

在间断流水线中，各工作地的生产效率不同，为了保证工作的工作负荷相对均衡，就必须考虑为负荷较小的工人安排多设备看管，从而使每道工序在工人所看管设备的范围内巡回一次的时间内能生产相同数量的产品。这段时间就是间断流水线的看管期。

在编制流水线作业指示图表时，首先要确定看管期的长短，因为看管期的长短对其他经济指标有直接的影响。看管期长可以减少工人在工作地间往返的次数，便于实施多机床管理，有利于提高劳动效率，降低疲劳程度，但是在制品占用数量较多，会占用较多的流动资金；看管期短则正好相反。所以应当根据制品的特点及工人看管的设备之间的距离来确定合理的看管期。看管期一般应大于一个小时，小于一个轮班而且最好是轮班的约数。如表 7 - 1 所示，间断流水线作业指示图表。

表 7 - 1 　　　　　　　　　　　　连续流水线作业指示图表

流水线特点	小时								一班总计		
	1	2	3	4	5	6	7	8	间断次数	间断时间	工作时间
装配简单产品			■				■		2	20	460
装配复杂产品			■				■		2	30	450
机加工（使用耐用期长的工具）			■	■			■	■	4	40	440
机加工（使用耐用期短的工具）	■	■	■			■	■	■	6	60	420
热处理	■	■	■		■	■	■		6	60	420

（中间休息位于第4小时与第5小时之间）

（3）在制品定额。在制品定额，是指在一定的技术组织条件下，为保证生产的正常地连续进行，生产过程各个环节所需占用的最低限度的在制品数量。在制品是指生产过程中（从原材料投入到产品入库为止）尚未完工的所有零件、组件、部件、产品的总称。

由于生产类型不同，在制品定额的制定方法也不一样。在大量流水生产中，在制品占用量按存放地点分为流水线内部在制品定额和流水线之间在制品定额；按性质和用途可分为工艺在制品、运输在制品、周转在制品和保险在制品。

①流水线内部在制品定额的制定。

工艺在制品。工艺在制品是指正在各工作地上加工、装配和检验的在制品。工艺在制品定额的确定，取决于流水线的工序数、第 i 道工序的工作地数和第 i 道工序每个工作地同时加工的零件数。在连续流水线上工艺在制品数量是相对稳定的，而在间断流水线上则是可变的。

运输在制品，运输在制品是指处于流水线内部运输过程中或在运输装置中等待运输的在制品，它取决于运送方式、运输批量的大小等因素。

表 7－2　　　　　　　　　　　间断流水线作业指示图表

流水线产品名称		班次	日产量	节拍	运输批量	节奏	看管周期	看管周期产量
××零件		2	300	2分	1件	2分	120分	60件

工序号	工时定额	工作地号	工人号	劳动组织	10	20	30	40	50	60	70	80	90	100	110	120	看管周期产量
					每个看客周期（2小时）标准工作进度												
1	4	01	01	多机床看管	■	■	■	■	■	■	■		■	■	■	■	30
		02	01		■	■	■	■	■	■	■		■	■	■	■	30
2	2	03	02		▲	▲	▲	▲	▲	▲	▲		▲	▲	▲	▲	60
3	3	04	03	兼管 06 工作地	★	★	★	★	★	★	★		★	★	★	★	40
		05	04		☆	☆	☆	☆	☆	☆	☆						20
4	1	06	04									☆	☆	☆	☆	☆	60
5	2.5	07	05	兼管 9 工作地	◎	◎	◎	◎	◎	◎	◎	◎	◎	◎	◎	◎	48
		08	06		●	●											12
6	1.5	09	06				●	●	●	●	●	●	●	●	●	●	60
7	1.8	10	07		◇	◇	◇	◇	◇	◇	◇	◇	◇	◇	◇	◇	60

周转在制品。在间断流水线中，由于前后两道工序生产效率不同或作业起止时间不同，因而同一时间内相邻工序的产量不同。这种在制品周而复始地形成与消耗，因而称为周转在制品。周转在制品有两个非常明显的特点：一是由于前后两道工序的生产效率不同而产生；二是周转在制品的数量始终在零和最大值之间周期性地来回变化。需要说明的是，周转在制品只存在于间断流水线中，连续流水线不存在周转在制品。

保险在制品。保险在制品有两种：一是为整条流水线设置的保险在制品；二是为关键工序和容易发生故障的工序设置的专用保险在制品。为整条流水线设置的保险在制品通常集中在流水线尾，如果出现废品或设备出现故障，就用这类保险在制品以保证生产正常进行。当这类在制品不足时，就用加班的办法来补足。为工序设置的专用保险在制品通常放置在工作地，当某工序实际工作效率与流水线节拍不一致或产生废品或设备临时出现故障时，就动用这类保险在制品。确定保险在制品占用量的大小主要是根据经验和以往的统计资料，同时要参考生产周期、在制品价值、工艺复杂性、设备可靠程序、设备调整时间、工人技术水平等因素。

②流水线之间在制品定额的制定。

流水线之间的在制品有运输在制品、周转在制品和保险在制品三种。在前后流水线生产效率不同时，在制品只包括周转在制品和保险在制品；在前后流水线的生产效率一致时，在制品则包括运输在制品和保险在制品两种。

运输在制品。流水线之间运输在制品占用量的计算方法与流水线内运输在制品占用量的计算方法基本相同，在此不再详述。

周转在制品。流水线之间的周转在制品，从性质上来说主要是用于协调前后流水线的工作，它实际上是由于前后相邻流水线生产效率或工作制度不同而设置的。如果只考虑前后流水线的生产效率这一个因素，周转在制品就取在制品积存量的最大值。如果在计算周转在制品时，同时考虑生产效率、工作班次、工作的起止时间等因素，其计算将会复杂得多，在此不再详述。

保险在制品。流水线之间的保险在制品，是在考虑到前流水线可能因故交货延期时，为保证后流水线正常生产而设置的库存在制品。

2. 流水线生产作业计划的编制

生产作业计划的编制通常是由企业内部的各管理层次分别负责进行的。一般的编制方法是，先把企业年（季）度生产计划中明确的生产任务分配到车间，然后由车间进一步把生产任务分配到工段、班组和工作地。

（1）流水生产厂级生产作业计划的编制。厂级生产作业计划是由厂级生产管理部门分别为各车间编制的。它是根据企业年（季）度生产计划，编制各车间的月、旬、周、日的生产作业计划，包括出产的品种、数量（投入量、产出量）、日期（投入期、产出期）和进度（投入进度和产出进度）。为各车间分配生产任务必须与生产能力相平衡，并且使各车间的任务在时间上和空间上相互衔接，保证按时、按量、配套地完成生产任务。编制厂级生产作业计划要正确选择计划单位并确定各车间的生产作业任务。

①计划单位的选择。计划单位是编制生产作业计划时规定生产任务所用的计算单位。它反映了生产作业计划的详细程度及各级分工关系。在流水线生产中，编制厂级生产作业计划可供选择的计划单位主要有产品、部件、零件组、零件四种。

②选择计划单位，实际是厂级对生产管到什么程度的问题。一般来说，计划编制的集中程度高，有利于各生产环节的衔接配合，但厂部的计划工作量较大，不利于根据车间的生产实际情况调整生产安排，如车间的生产类型，各种产品的产量及生产稳定性，产品结构的复杂程度和工艺特点等。而且，在一个企业中可以同时存在几种计划单位。不同的产品可以采用不同的计划单位；同一种产品的不同生产阶段，也可以采用不同的计划单位；同一种产品的不同零件可以采用不同的计划单位。如关键件、主要件采用零件计划单位，而一般件则采用产品计划单位。

③确定车间生产任务的方法。安排车间生产任务的主要依据是企业生产计划中明确的生产任务。企业生产计划制定出以后，就要根据企业的生产计划，编制车间的作业计划，为每个车间正确地规定每一种制品（部件、零件）的数量和期限要求。安排车间生产任务的方法随车间的生产类型和生产组织形式而不同。如果各车间是按对象原则组织，每个车间都分别独立平行地完成一定的生产任务，彼此之间没有依次提供半成品的关系，那么车间生产任务的确定就比较简单，只要将计划期的生产任务根据各车间的产品专业分工、生产能力及其他生产技术条件直接分配给各车间即可。如果车间是按工艺原则组织，各车间彼此之间有提供半成品的关系，安排车间生产任务就较为复杂。规定生产任务时就需考虑各车间生产能力的平衡和在产品品种、数量、期限上的衔接，需要在综合平衡的基础上逐个安排各个车间的作业计划。具体的安排方法主要有两种：在制品定额法和订货点法。

在制品定额法。在制品定额法是以预先制定的在制品数量标准，即在制品、半成品定额为主要依据，规定车间任务的方法。在大批量生产企业中，产品的品种较少，产量比较大，各车间的工艺、分工协作关系及生产要求比较稳定，因而各生产环节所占用的在制品经常保持一个稳定的数量，将其制定为标准即在制品定额。用此定额作为检查在制品结存量是否合理的标准，就可以保证生产能按照定额水平进行，从而保证各生产环节之间的衔接与配合，使生产过程顺利地进行。

订货点法。订货点法一般适用于标准件的生产。由于市场需求的不确定性，标准件在不同时期的生产任务波动比较大。但是由于标准件的加工劳动量一般较小，生产工艺较为简单，设备调整的工作量也不大，所以，为了提高劳动生产率，取得规模生产效益，可以采取集中生产的办法。为此，需要规定一个发出开始生产指令的数量界限，即"订货点"。一般情况下，订货点法以月度计划为依据，主要用于编制旬（周）的生产作业计划。根据已接到的订单、市场需求信息、以往市场销售统计资料、实际库存和生产能力分品种编制作业计划，然后把任务分配到各车间，由各车间据此再编制本车间的作业计划。订货点的计标方法和相关内容参见后面的经济批量法。

（2）流水生产车间生产作业计划的编制。车间内部生产作业计划的编制，是由车间负责计划和调度工作的职能组进行编制的，其主要形成是车间生产作业计划日历安排、工段（班、组）生产作业计划的编制、工段（班、组）内部生产作业计划等。

在大量流水线生产条件下，每个工作地的加工对象基本固定，一条流水线可以完成零件的全部或大部分加工任务。因此，车间内部生产作业计划主要就是工段的月度生产作业计划，企业给车间下达的计划所规定的产品品种、数量和进度，略加分解就可以确定出工段的产品品种、数量和进度。比如，厂级生产作业计划采用的计划单位是零件，那么对其略加修改就可作为车间内部的生产作业计划，不必再做计算；如采用的计划单位是部件或零件组，则首先要分解，然后再以零件为单位将任务分配到各流水线（工段）。

（3）流水生产作业计划的实施与控制。虽然车间作业计划规定了内部各生产单位的作业任务，但在生产活动开始之前还必须进行一系列的准备工作，即进行日常生产派工。日常生产派工就是在生产过程开始之前，根据工段和班组的生产作为计划、上期生产完成情况及工作地实际情况为每个工作地分派生产任务，并做好作业准备以使生产过程顺利开始的活动。日常生产派工是作为计划实施的前提，也是生产作业控制的开始，通过生产派工把生产任务分解落实到各个工作地，成为工作地进行日常生产活动的依据。

在日常生产派工工作中，由于大量大批生产的工段（班组）中的工作地和工人的担负的工序数目比较少，而且是固定重复的，因而工作地的作业安排就可以标准化，通过编制标准作业指示图表来实现。标准作业指示图表就是把工段（班组）所加工的各种制品的投入和产出顺序、期限、数量等全部制成标准固定下来。实际上就是把派工工作标准化了。根据作业指示图表，就可以指导各工作地的日常工作，而不必要每天或每个轮班为工作地分派生产任务。同时，以标准作业指示图表为依据，可以有计划地做好生产前的各项准备工作，保证生产按计划进行。当月计划任务有变化时，派工工作只需对日工作量适当地调整就可以了。

①流水生产作业控制的重点。无论是生产计划还是生产作业计划都是预告制定的，虽然制定计划时已充分考虑了各种条件和因素，但计划在实施过程中由于各种原因，往往造成实施情况与计划要求偏离。而生产作业控制就是生产作业计划执行过程中，对有关产品（零部件）的数量和生产进度进行的控制。造成计划出现偏差的原因是多方面的，或者是产品设计有缺陷、工艺方案不成熟，或者是随机因素的影响，甚至企业环境的动态性都会对实际生产发生影响，这些都使得实际生产难以按计划进行。当实际情况与计划发生偏离，就要采取措施。要么使实际进度符合计划要求，要么修改计划使之适应新的情况。

大量生产的基本特点是在工作地上连续生产相同的产品，专业化程度比较高，多采用流水生产线生产。因此，大量生产中作业计划所要解决的主要矛盾，就是如何保证整个生产过程及其各个环节按规定的节拍进行生产。

大量生产企业，生产任务稳定，品种比较单一，各生产环节之间的分工联系也比较固定。在这种条件下，可以利用在制品定额与在制品结存量进行比较，就能及时了解各生产环节之间可能发生的脱节，或者是过多占用在制品的情况。因此，只要通过控制和掌握在制品定额水平，就能保证生产协调、均衡地进行。

②流水生产作业控制的要素。

控制标准。标准就是生产计划和生产作业计划及其依据的各种标准。没有标准就无法衡量实际情况是否发生偏离。生产计划规定的产品出产期，MRP 系统生成的零部件投入生产计划，通过排序方法得出的车间生产作业计划，都是实际生产控制的标准。

控制信息。要取得实际生产进度与计划偏离的信息。控制离不开信息，只有取得实际生产进度偏离计划的信息，才知道两者发生不一致。计算机辅助生产管理信息系统能有效地提供实际生产与计划偏离的信息。通过生产作业统计模块，每天都可以取得各个零部件的实际加工进度和每台机床负荷情况的信息。

控制措施。即对将要产生或已经产生的偏离做出纠偏措施。纠正偏差是通过调度来实行的。

③流水生产进度控制内容。生产进度控制，是指从生产前准备到制成品入库，从时间和数量上对作业进度进行控制，检查分析已经发生或可能发生的脱离作业计划的偏差，从而采取措施加以解决，保证生产均衡进行的活动。生产进度控制包括投入进度控制和出产进度控制两方面的内容。

投入进度控制，是指按计划要求控制产品开始投入的日期、数量和品种。投入进度控制是预先性控制，投入不及时或数量不足，必然造成生产忙闲不均，产品不能按期交货，甚至生产中断；投入过多，又会造在积压、消费、等待加工等，降低经营效果。

出产进度控制，是对产品（零、部件）出产的日期、生产提前期、出产的均衡性和成套性的控制。它是保证生产过程中各个环节之间的衔接、各零部件生产的配套、实现均衡生产、按时按量完成生产计划的有效手段。

投入出产进度控制主要是从生产实际进度与计划进度的偏离中，观察生产运行状态。偏离不大，可以不管；偏离超过一定范围，就要调查原因，采取适当的措施加以调节。在大量生产条件下，投入出产进度控制的方法和形式主要有：

投入出产进度表。投入出产进度表既是作业核算表，也是控制投入出产进度的控制表，还是逐日产量比较表、日程进度表。其特点是数字明确，逐日比较，反映每天的生产波动。编制此表，要求每天统计、上报确切的数字。在大量生产条件下，投入与出产的控制往往是分不开的。计划与实际、投入与出产均反映在同一张投入出产日历进度表内。

产量进度线。大量生产条件下，还可采用产量进度线的方式来观察、控制。图7-4 中，虚线是计划进度线，表示计划累进出产量。实线是实际进度线，表示实际累进产量。每天延长线条，比较长短，掌握生产进度。产量进度线不要求准确的数字，只是概括地掌握生产进度。其特点是直观形象，一目了然。

产量	20	30	40	50	60	70	80	90	100	110	120	130	140	150
计划														
实际															

图7-4 产量进度线

生产进度坐标图。大量生产条件下，产量是相对稳定的，因而可以根据作业计划的要求，确定一条日产量的稳定线。每天实际产量的波动情况就可以反映出来。

生产进度坐标图中（见图7-5），横坐标是日历时间，纵坐标是产量。坐标图主要用以反映每天的产量波动。当产量波动不大时，可以不管，当产量波动超出一定的范围，就要调查原因，加以调整。

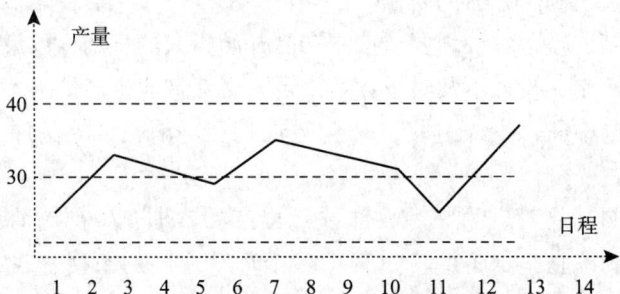

图7-5 生产进度坐标图

大量生产条件下，除对生产进度进行控制外，还需要控制在制品的占用量。在制品占用量的控制方法通常是采用轮班任务报告单，结合生产原始凭证或台账来进行控制。也就是说，把各工作地每一轮班的实际占用量与标准的在制品定额进行比较，发现偏差及时采取措施加以纠正，使在制品占用量始终保持在合理的水平上。

（4）流水生产作业计划的动态调整。企业生产运作活动和供应商和市场需求有着密切联系。当企业制定出生产计划并正处于执行过程中时，供应商或者市场需求已经发生某种变化，如果没有采取相应措施的话，实际的生产量就可能与市场需求不一致了。企业计划部门就必须根据新的市场信息和当前在品库存量修改生产计划。这是非常重要的，否则，就会造成生产数量在一个较长时间内的波动。为了尽量避免这一情况出现，企业应改善信息传递渠道，注意直接从市场上获得信息，减少信息延迟时间，使企业及时针对市场变化作出计划调整，以保证生产与市场需求的协调共振。

7.2.2　成批生产作业计划与控制

成批生产类型的生产过程及生产组织形式与大批量流水线生产有很大差异，一般都采用通用设备，按工艺专业化做机群式布置，所以它的生产作业计划及其控制与流水生产有很大的不同。在成批生产类型中，生产过程组织与管理的追求的目标是尽可能提高设备利用率，控制在制品数量对资金的占用，缩短生产周期以提高交货速度，提高零部件的配套率。

1. 成批生产作业计划的期量标准

成批生产与大量流水生产相比，生产组织与管理要复杂得多。在成批生产中，有的产品市场需求较为稳定和均衡，有的产品则需求变化很大。对于前一种情况，可以按一定的批量和生产间隔期组织多品种产品的周期性轮番生产，而对于后一种情况则需按照订货组织生产。但不管是哪一种情况，编制作业计划、组织成批生产都必须依据一定的数量和期限方面的标准，即期量标准。最常用的期量标准主要是批量和生产间隔期、生产间隔期、生产周期、生产提前期和在制品定额。

（1）批量和生产间隔期。批量和生产间隔期是成批生产特有的两个期量标准。在成批生产中，产品的体积往往较大，结构复杂，产品品种多，所以不能像大量流水生产那样按运送批量来进行投料，必须确定一个合理的生产批量，以此来组织生产。生产间隔期是与批量有着最为密切关系的一个期量标准，它与批量成正比关系。

批量。批量是指同一种产品（或零部件）一次产出或投入的数量，或指花费一次准备结束时间所生产同种产品的数量。

在成批生产的企业中，按批量来组织生产是一个非常重要的特征。批量的大小对其生产效益有着直接影响。在生产计划制定出来以后，产品的年生产任务已基本明确。在这种情况下，生产采用的批量越大，则生产组织的轮番次数就越少，生产过程相对稳定，产品品种更换的次数也就相应减少，花费在调整设备和工艺装备等准备结束工作上的时间和费用较少，有利于提高劳动生产率和设备利用率。但批量大，每批产品的生产周期比较长，生产中占用在制品数量及占用的生产面积和仓库面积就会增加，会增加流动资金占用量和在制品库存保管费用等。而如果批量小，生产中在制品占用数量就可以减少，与在制品数量有关的各项费用支出就可以相应减少。但批量小，生产中产品更换的次数就会增加，准备结束工作的工作量会增大，因此准备结束工作费用增加，在组织管理不力的情况下会降低劳动生产率。为提高成批生产的经济效益，必须用科学的方法来确定产品的生产批量。由于批量和生产间隔期存在着密切的相互关系。因此，在确定批量的同时，必须考虑到生产间隔期，把两者结合在一起来确定。具体来讲，确定批量的方法，主要有以量定期法和以期定量法两种。

①以量定期法。这种方法的基本思路是先从经济角度出发确定批量，然后推算生产间隔期并进行修正后，再对批量进行调整加以确定。

最小批量法。它是以保证设备的合理利用和提高生产率为主要目标的一种批量计算法。这种方法的主要着眼点就是把设备的调整时间控制在允许的范围内，其计算公式是：

$$Q_{\min} = T/kt$$

式中：$Q_{\min}$ 为最小批量；

　　　T 为更换品种时对设备工装进行调整的时间；

　　　k 为设备调整允许损失系数；

　　　t 为单件工艺工序时间。

设备调整允许损失系数，一般取 0.02 ~ 0.12（主要根据经验确定），参见表 7-3。这种方法在确定批量时，通过选取不同的 k 值，既考虑了零部件价值对流动资金的影响，也考虑了不同生产类型对设备利用率的约束。

表 7-3　　　　　　　　　　　　　　　设备调整允许损失系数表

零部件价值	生产类型		
	大批	中批	小批
低	0.02	0.03	0.05
中	0.03	0.05	0.08
高	0.05	0.08	0.12

经济批量法。它是以最佳经济效果为目标的一种批量计算方法。批量大小对生产费用的影响主要有两方面：设备调整费和库存保管费。批量大，设备的调整费用就小，而存货费就会增加。反之，批量小，设备的调整费用就大，而存货费用就会减少。费用和批量的关系可以用图 7-6 表示。

图中 a 线为调整费用曲线，b 线为存货费用曲线，c 线为上述两种费用之和。当两种费用之和最小时，所对应的批量就是经济批量（Q）。

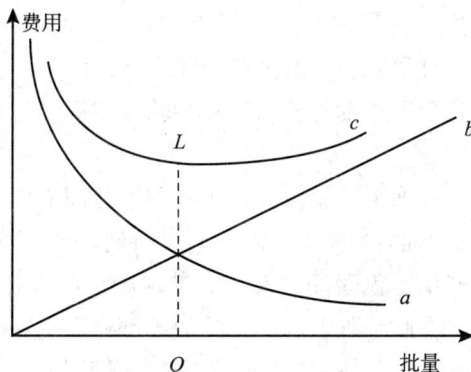

图 7-6 经济批量模式图

$$Q = \sqrt{2NA/Ci}$$

式中：A 为一次设备调整费用；

N 为年产量；

Q 为批量；

C 为单位产品成本；

i 为年存货保管费用率。

用上述公式计算的经济批量，需在一定的假设条件下才能成立。比如产品的需求是连续而均匀的，边生产边供应，始终按成批轮番方式组织生产等。

一般来说，在用上述公式计算了经济批量后，还要根据其他因素进行调整，以利于简化生产管理，协调生产环节，降低其他费用的开支。修正批量需要考虑的因素主要有：

批量大小应尽量使同一批制品在各个主要工序的加工时间不少于一个或半个轮班的产量，使同一批制品在各车间的批量相等，或存在简单倍数的关系；

批量大小尽可能与工具使用寿命期间内的产量相等，或是它的简单倍数；

批量大小应考虑各生产单位的工艺顺序，一般毛坯批量应大于零件加工批量，零件加工批量应大于装配批量，它们相互间最好成整数倍比关系；

批量大小应和装具、夹具等工装数相适应；

批量大小应和零部件占用面积与生产面积相适应。

②以期定量法。它是根据标准的生产间隔期来确定批量的一种方法。当产品的年产量确定以后，生产间隔期和批量关系可用以下公式表示：$Q = R \times q$，R 为生产间隔期，q 为平均日产量。这种方法只要有了标准的生产间隔期，批量很快就可确定，特别是产量任务变更的情况下，这种方法的优越性就更为明显。

（2）生产间隔期。生产间隔期是指相邻两批同种产品投入（或出产）的时间间隔。生产间隔期是批量的时间表现，按生产间隔期来组织生产，有利于加强成批生产的成套性和均衡性，有利于提高设备利用率和劳动生产率，有利于建立良好的生产秩序，提高经济效益。

确定生产间隔期首选要确定产品在装配车间的生产间隔期。确定的根据是每种产品的全年计划产量、单位产品价值、产品的生产周期、产品的体积和企业的生产面积、生产组织形式、生产稳定程度等因素，把各种产品的装配生产间隔期规定为日、周、旬、月、季等几种，在此基础上确定产品的零部件和毛坯的生产间隔期。根据零部件和毛坯的价值、体积、工艺技术的复杂程度、生产周期等，把零部件和毛坯分成若干类后，对每类零部件和毛坯分别确定生产间隔期，比如按 1 日、3 日、6 日、8 日、1/2 月、1 月、1 季等。一般来说，确定产品（或零部件、毛坯）的生产间隔期时，凡是价值大、体积大、工艺技术复杂、生产周期长的产品（或零部件、毛坯），生产间隔期可短一些，反之，可长一些。各类零部件、毛坯在各车间的生产间隔期，应与该种产品的装配生产间隔期相等，或成简单倍数的关系。

（3）生产周期。生产周期是指某种产品从原材料投入生产过程开始，一直到成品出产为止的全部日历时间。生产周期是编制生产作业计划以及确定产品和零部件在各工艺阶段生产进度的主要依据，是成批生产企业中一项重要期量标准。缩短生产周期能更好地保证产品的交货期，提高劳动生产率，减少在制品占用量，加速流动资金周转，降低产品成本，提高生产的经济效益。

生产过程组织的一个重要内容是时间组织，所追求的目标就是提高时间利用率，缩短产品的生产周期。而产品生产周期的长短，取决于多方面的因素，如生产设备的先进程度、工艺技术水平、生产组织与管理水平、劳动组织设计以及计划管理工作水平等。从生产组织和计划管理工作来看，可以通过确定合理的批量，尽可能采用平行移动方式或平行顺序移动方式，减少产品加工过程的等待时间，加强工序之间协调配合等各方面来缩短产品的生产周期。

（4）生产提前期。生产提前期是指产品（毛坯、零件）在各生产环节出产（或投入）的时间，比成品出产的时间所要提前的时间。每一种产品在每一个生产环节都有投入和出产之分，因而提前期也分为投入提前期和出产提前期。

生产提前期是成批生产企业编制生产作业计划不可缺少的期量标准。生产提前期和生产周期有着密切的关系，它是在各生产环节生产周期确定的基础上制定的。正确地制定生产提前期，对于组织各个生产环节的生产活动在时间上的紧密衔接，缩短生产周期，减少在制品占有量，提高企业生产活动的经济效果有着重要作用。

（5）在制品定额。在制品定额是成批生产企业在编制作业计划时所依据的一个期量标准。在成批生产的条件下，在制品定额可分车间内部和车间之间半成品两种情况制定：

车间内部的在制品占用量的制定。在定期成批轮番生产条件下，在制品定额是按照产品的生产周期、生产间隔期和批量等标准，用图表法来确定。

车间之间库存半成品占用量的制定。车间之间的在制品也称为半成品，是为了保证前后车间生产衔接而形成的，其中还包括保险储备量，一般是根据过去的统计资料而确定的。

2. 成批生产作业计划的编制

成批生产类型由于是多品种轮番生产，零件数量又不相同，各生产环节所结存的在制品品种和数量经常不一样，很难掌握在制品的变动情况，因而不能采用在制品定额法，作业计划的难度比较大。但由于成批生产中主要产品的期量标准是比较固定的，可以根据这些标准数据来安排各生产环节的生产任务。在成批生产企业中，作业计划分厂部计划和车间计划两级计划。

（1）厂级作业计划。在成批生产条件下，厂级作业计划一般只以产品作为计划单位，如果产品结构比较简单，工艺不是很复杂，厂部计划部门的计划和协调能力又很强，也可作部件计划。在明确了期量标准后，可据此确定各车间的投入和出产任务以及投入出产的时间，形成产品的进度计划，这也就是厂级计划的主要内容。实际上，在成批生产企业中，厂级计划部门都是依据订单来安排月度计划，当订单涉及的品种数量比较多时，要为每种产品的各生产阶段都做出进度计划很困难，这时的厂级计划主要下达月度的生产总量和具体的产品品种规格，并根据订单的交货要求下达产品的出产日期、毛坯的投入出产期和机加工的投入出产期，选择产品单位作为计划单位。部件和零件的作业计划由车间考虑。

在成批生产企业中，累计编号法是编制生产作业计划常用的一种方法。累计编号法是根据最终产品的平均日产量将生产提前期转化为提前量，并由此确定各生产单位应该达到的投入和出产累计号数的一种计划方法。它适用于市场需求相对稳定，周期性成批轮番生产的产品。采用这种方法，必须对产品进行累计编号。所谓累计编号，是从这种产品年初或开始出产的第一件产品起，按照成品出产的先后顺序，依次把号数累计上去，为每一件产品编一个号码。用这种累计编号可以表明车间出产各种产品的任务数量。

（2）车间作业计划。在成批生产尤其是品种较多的情况下，车间接到的生产任务是一个计划期的总生产量，车间要进一步细分任务，分批生产。在车间作业计划中，既要考虑生产能力的平衡、生产的成套性、设备利用率的提高，又要尽量缩短生产周期、减少在制品资金占用量，所以计划难度很高。大多数企业都是凭经验安排计划。

车间安排工段（班组）生产任务和方法。对于按对象原则组织起来的工段（班组），如果生产任务和生产能力相适应，就可以按原有的分工，由车间计划组把各个工段（班组）分别承担的任务直接分配下去。实际工作中，一些零件的加工往往需要在有关工段（班组）之间流转，做到在品种、数量、期限和协作工序方面紧密衔接。

对于按工艺原则组织起来的工段（班组），车间就要按照工艺过程的反顺序，根据不同生产类型和生产的稳定程度，选择使用上面介绍的累计编号法或后面介绍的生产周期法，在进行设备负荷核算和考虑生产技术准备工作情况下，分配工段（班组）的生产任务。

工段（班组）安排工作地（工人）生产任务的方法。在成批生产的工段（班组）中，每一个工作地和每一个工人要轮番生产好多种零部件，轮番执行好多种工序。为了使各道工序能够相互衔接地进行，为了使机器设备能够有充分的负荷，就必须安排零部件工序进度和机床负荷进度计划。由于编制这种计划的工作量很大，所以在品种较多的情况下，往往编制某些关键零部件的加工进度和某些关键设备的负荷进度，以保证关键零部件的生产及关键设备的负荷。

3. 成批生产作业控制

在成批生产中，生产过程和采用的工艺比较复杂，再加上许多不确定因素的影响，作业计划在执行过程中很容易出现偏差，造成计划出现偏差的原因主要有加工时间的估计不是很准确、加工路线的多样性、随机因素的影响等。

（1）投入出产进度控制。成批生产的投入进度控制比大量大批生产复杂。因为要生产的品种多，又要满足订货的期限要求。所以，既要控制投入的品种、批量和成套性，又要控制投入提前期。控制的方法主要是利用进度计划、配套计划表、加工路线单、生产周期综合进度表、派工指令等来分配任务。成批生产条件下出产进度控制的主要任务是保证产品成套地按批量出产同一种产品，可以参照大量生产条件下的几种控制方式，通过比较在规定时间内应该达到的数量和实际达到的数量来控制成批生产的进度。别外，还可以用配套进度表的形式来控制成套产品的进度和数量。

（2）工序进度控制。工序进度控制是在成批和单件小批生产条件下，对产品（零部件）在生产过程中经过的每道加工序的进度进行控制。因为影响这类生产正常进行的因素很多，为使生产尽可能按计划进行，对那些周期长、工序多的产品（零、部件），除控制投入和出产进度外，还必须控制工序进度。工序进度控制采用的工具主要有：

①单工序工票。它以工序为单位，一序一票。在进行工序进度控制时，一般是把

单工序工票和台账结合起来进行控制。每一工序完工后，就在台账上对该工序进行登记，直到最后完成。只要控制工票，就可随时控制工序加工进度。单工序工票的优点是周转时间短，使用灵活。缺点是工作量大，增加了统计工作量。通常在加工批量相对较大的情况下，使用这种派工单比较适宜。

②加工路线单。加工路线单是以零件为单位，综合地发布指令，指导生产工人按规定的工艺路线进行加工。在使用这种工具时，要在加工路线单上标明加工对象所要经过的全部工序，并随加工对象一起转移。

生产管理部门对工序进度的控制，首先要为需投入生产的零件开列加工路线单，作为派工指令下达给第一道工序，并按工艺路线的顺序转入下道工序，直到零件制成交库，收回路线单。加工路线单既是生产作业指令，也是领料、检验和入库的凭证，又是作业核算与统计的凭证，所以是掌握生产顺序加工和控制的一种好工具。因此，加工路线单在成批和单件生产企业中得到广泛应用。但是，加工路线单流经的工艺路线较长，可能会因中间交接环节多而损失或丢失。所以，在实际工作中，可根据实际情况单独使用或分段使用，或与工票结合使用，提高其使用效果。

③看板，它是日本丰田汽车公司在实施准时生产制时采用的重要工具。详细内容参见第12章。

4. 成批生产在制品占用量的控制

加强在制品管理，控制在制品占用量，对于提高企业的生产效益有着重要的经济意义。在制品占用量的控制是对生产过程各个环节的在制品实物和账目进行控制。在成批和单件生产条件下，对在制品的控制既要控制车间内各工序之间流转的在制品，又要控制跨车间协作工序间流转的在制品。对车间内在制品占用量可采用工票或加工路线单来控制，并通过在制品台账来掌握在制品占用量的变化情况，发现偏差，使在制品占用量被控制在允许范围之内；对跨车间协作工序间在制品的控制，一般采取由主要工序车间归口管理的方法，避免无人负责的现象。为了有效地控制在制品，必须注意做好以下几个方面的工作：

首先，建立和健全在制品管理制度。在制品的收发领用，要有入库单、领料单等原始凭证，要计量、签署、登账，严格地实行按计划限额收发在制品制度。

其次，对在制品要正确及时进行记账核对。在工作地之间、工段之间、工段与车间内部仓库之间、车间之间、制造车间与中间库之间，在制品的收发数量必须及时记账，及时结清账存，要建立定期的对账制度，做到账实相符和账账相符。

再次，合理地存放和保管在制品，充分发挥库存保管的作用。对在制品应按其价值、占用流动资金的大小等进行分类管理。

最后，做好在制品的清点、盘存工作。生产过程中的在制品不断流动变化，为了确实掌握它们的数量，除了要经常记账核对以外，还要做好清点、盘存工作。

7.2.3 单件小批生产作业计划与控制

1. 单件小批生产作业计划的期量标准

在所有的生产类型中，单件小批生产是最为复杂的。单件小批一般是根据用户要求按订货组织生产的，生产的特点是产品品种多，每种产品只生产单件或数量很少。因此，单件小批生产企业的生产作业计划所要解决的主要问题是控制好产品的生产流程，按订货要求的交货期准时交货。生产周期、生产提前期是单件小批生产最基本的期量标准。

2. 单件小批生产作业计划的编制

在单件小批生产中，由于是订货生产，产品品种很多而每种产品的产量单一或很少，生产的稳定性和重复性很差。所以，生产过程中结存的在制品种类很多而占用量又很难确定，不可能制定出在制品占用量标准。编制单件小批生产的作业计划，既不能采用在制品定额法，也不能采用累计编号法。该类企业在编制作业计划时，各种产品的数量任务完全取决于订货的数量，不需要再进行任何计算。唯一的问题便是生产的产品在各车间出产和投入的时间能够互相衔接起来，并最后保证交货期限。解决这类问题，一般采用生产周期图表来组织协调和确定各车间的生产任务，其步骤如下：

（1）为每一项订货产品编制一份生产周期进度图表。编制产品的生产周期图表是从装配开始按反工艺顺序进行的。首先要编制装配系统图，表明各种零部件装配成产品的各项工作顺序；其次是计算部件装配和总装配各道工序的装配时间，计算机加工、毛坯制造和主要零件各道工序的加工制造时间；再次是以交货期为限制条件，确定毛坯制造、零件加工、组装、部装等工艺阶段的投入提前期和出产提前期；最后绘制出产品生产周期图表。

（2）编制各种产品投入出产综合进度计划。即根据各种产品的生产周期图表已初步规定出的投入出产期限，协调各种产品的生产进度和品种的合理搭配，并进行车间生产能力与任务的平衡。最后编制出各种产品综合进度计划，如表 7 - 4 所示。

表 7-4 产品投入出产综合进度计划

序号	订货号	产品	订货货位	数量	1月			2月			3月			4月		
					上	中	下	上	中	下	上	中	下	上	中	下
11	7721	A	××	10	■	■	●	▲	▲	▲	▲	●	◆			
12	7725	B	××	8			■	■	●	▲	▲	▲	▲	▲	●	◆
13	7810	C	××	1				■	●	▲	▲	●	◆	◆		
14	7814	D	××	1					■	●	▲	●	◆	◆	◆	

注：■毛坯准备；▲机械加工；◆装配；●保险期。

（3）编制各车间投入出产计划任务表。编制综合进度计划后，将各种产品在各加工阶段的投入与出产任务摘录出来，再加上上月结转和临时承接的任务，就可编制车间的投入与出产计划任务表，如表 7-5 所示。

表 7-5 机械加工车间 3 月份投入出产进度计划表

序号	订货号	产品代号	计量单位	数量	投入期	出产期
1	8921	A	台	10	2 月 1 日	3 月 1 日
2	7835	B	件	8	2 月 21 日	3 月 11 日
3	3456	C	套	4	3 月 1 日	4 月 1 日
4	8934	D	台	6	3 月 2 日	4 月 21 日

3. 单件小批生产作业控制

（1）生产进度控制。单件小批生产面临更多的品种和交货期的要求，用户订货的随机性更强，因而生产过程和采用的工艺较大量大批和成批生产更为复杂，不确定因素更多，作业控制更加困难。

在单件小批生产条件下，进度控制的主要任务是根据生产周期综合进度表，控制各项订货的出产期限和成套产品的出产量以及加工进度，保证按期交货。主要方法是按订货规定的日期，把主要工艺阶段的实际进度同计划进度进行比较，一般用甘特图或网络计划技术图形工具解决。

（2）生产调度工作。生产调度是以生产作业计划为依据，具体组织执行生产作业计划的一项管理职能，它是所有生产类型的企业都不可缺少的一项重要工作，尤其是在单件小批生产企业中，加强企业的生产调度工作，对于及时了解、掌握生产进度，控制在制品占用量是非常重要的。

①生产调度工作的主要内容：

检查、督促和协助有关部门做好生产技术准备；

合理调配劳动力，督促检查原材料等生产所需物资的供应情况和厂内运输工作；

检查各生产环节的在制品占用和生产进度情况，及时反映生产中存在的问题，积极采取措施加以解决；

对各生产环节和生产单位轮班、日、周等计划完成情况的统计资料和其他生产信息进行分析研究，并采取相应的措施；

检查生产设备的运转状况。

②生产调度工作的机构设置：

要做好生产调度工作，需要建立一个全厂统一的、具有权威性的生产调度系统。厂部、车间、工段（班组）以及其他有关生产部门都要建立生产调度组织。厂部由负责生产的厂级领导或总调度长主管，由生产科执行这方面业务；车间在车间主任领导下设车间调度组；工段一般可由工段长兼任；在劳动、工具、机修、供应、运输等部门也要设立专业性质的调度组织。这样，就可形成一个上下贯穿、左右协调、集中统一的生产调度系统，把全厂的生产调度工作抓起来。

全厂调度工作的业务归厂部生产计划部门负责，各个生产环节要服从它的指挥。生产计划部门要协调各生产环节的工作，做好日常生产调度工作。为了做好工作，厂部可按业务类别设置调度人员。例如，分别按生产、设备、材料、劳动、运输等部门指定专人负责调度工作，也可以按车间设置调度人员，或按产品设置调度人员等，以便调度人员各司其职，做好各自工作。

车间调度组和工段（班组）调度员在上级调度机构领导下，做好本职位范围内的生产调度工作，解决好本单位范围内生产协调、进度衔接等问题。

厂部调度人员的分工，一般有以下两种形式：一是按车间、部门分工，即每个调度员负责联系一个或几个车间。厂部对车间所有的调度指示，全由负责该车间的调度员下达，可以避免对车间进行多头指挥。这种分工方式对于按对象专业化原则组织的车间比较合适，但是对于多品种中小批量生产企业，产品不是封闭在一个车间内加工，需要经过多个车间时，不利于调度员掌握产品生产的全过程，增加了相互间交接协调的工作量。二是按产品分工，即每个调度员负责一种或几种产品的调度工作。这种分工方式有利于调度员掌握产品生产的全部过程，有利于组织产品生产过程的衔接和产品零部件生产的成套性。但是在多品种生产类型每个车间都生产多种产品时，这种分工方式容易造成多个高度员对一个车间提出各自的要求形成多头指挥的情况。

以上两种分工方式各有优点和缺点。在具体应用时要根据企业生产品种的多少和调度人员对产品和车间生产情况熟悉的程度，扬长避短进行组织分工。

③生产调节工作制度：

为了做好生产调度工作，需要建立和健全调度工作制度，采取有效的调度方法和手段。重要的调度工作制度有：

生产调度会议制度。建立生产调度会议制度主要为解决当前生产中的关键问题和急需解决的问题。调度会议一般分厂部、车间两级。厂部调度会议由生产副厂长主持，生产调度科长召集，有关科室和车间负责人参加。车间调度会由车间主任主持，生产调度组长召集，各职能组长和班长参加。调度会议本身应当迅速和高效率。因此，在调度会上不应当再去对情况作一一了解，因为了解工作要靠日常作业核算和会前的调查研究，而调度会的重点应放在处理和解决问题方面。会议要检查上次调度会议的执行情况、生产进度和各方面活动不协调问题是否解决，并根据新的情况再作新的决议。

调度值班制度。为了对生产不间断地进行监督，应建立调度值班制度。每个工作班组和车间（分厂）都设值班调度员，以便能及时发现并随时处理生产中临时发生的问题。值班调度要做好交接班工作和记好调度日志，以保证各班之间调度工作的连续性和衔接性。

调度报告制度。通过建立调度报告制度企业各级领导可以按时收到调度机构逐级汇总上报的调度报告。调度报告以生产日报、旬报、月报的形式反映生产作业计划的执行情况及存在的问题和处理意见。据此各级领导可以比较全面和系统地掌握生产的进展情况。

另外，为了提高生产调度工作的效率，有条件的企业可以为生产调度系统配备各种先进的调度技术装备。比如专用的调度电话网和无线电话机、工业闭路电视、电传打字机和无线电传真机等远距离文件传送设备以及自动记录仪、电子计算机和各种电子信息处理设备组成的电子自动记录系统等。

7.2.4　作业排序[①]

在制定编制成批生产作业计划与单件小批量生产作业计划过程中，由于生产多种产品，对生产设备的需求会发生冲突。因此，需要解决各个生产层次中生产任务的加工顺序问题，这里既包括哪个生产任务先投产，哪个生产任务后投入，还包括在同一设备上不同工件的加工顺序。这一过程称为作业排序。作业计划（scheduling）与作业排序（sequencing）是两个不同的概念。排序是确定工件在设备上的加工顺序，而作业计划不仅包括确定工件的加工顺序，还包括确定设备加工每个工件的开始时间和结束时间。只是当确定出加工顺序后，通常都是按照最早可能开始（结束）时间来

---

① 李环祖．生产计划与控制．中国科学技术出版社，2008．

编制作业计划。因此，人们经常将这两个概念不加区别地使用。给出一个加工顺序并不十分困难，问题的难点在于不同的作业排序的结果差别很大。因此，排序的目标是，如何在尽可能满足各种约束条件下，给出一个令人满意的排序方案。

1. 作业排序的分类

（1）基本形式的作业排序。在制造业和服务业中，两种基本形式的作业排序是：劳动力排序，主要是确定人员何时工作；生产作业排序，主要是将不同的工件安排在不同的设备上，或安排不同的人员做不同的工作。

（2）按设备的数量。分为单台设备排序问题与多台设备排序问题。对于多台设备排序问题，可进一步按照工件加工路线的特征，分为单件车间（job-shop）排序问题和流水车间（flow-shop）排序问题。前者的基本特征是加工路线不同，而后者的基本特征是所有的工件的加工路线相同。

（3）按工件到达车间的情况。可分为静态排序与动态排序问题。当进行排序时，所有的工件都已经到达，可以一次对它们进行排序，称为静态排序问题；若工件是陆续到达，要随时安排加工顺序，称为动态排序问题。后者又可按照工件到达时间是确定性的，还是随机性的，分为确定性动态排序问题和随机性动态排序问题。

（4）按排序目标函数的性质。可分为单目标排序问题和多目标排序问题。按照目标的不同又可划分为不同的排序问题，如使平均流程时间最短的排序问题、使总流程时间最短的排序问题、使平均误期时间最短的排序问题、使最大平均误期时间最短的排序问题等。

2. 影响生产作业排序的因素

（1）生产任务的到达方式。在实际生产过程中，尤其是在单件小生产条件下，反映生产任务的订单到达方式有两种：一种是成批到达（称为静态到达）；另一种是在一段时间段内按某种统计分布规律到达（称为动态到达）。静态到达并不意味着用户们同时提出订单，只是计划人员将一段时间内的订单汇总，一起安排生产作业计划。而在动态到达情况下，生产任务随到随安排，这就要求对生产作业计划不断进行修改，反映这些追加的生产任务。

（2）车间中的设备种类和数量。设备数量的多少明显地影响作业排序的过程。如果只有一台设备，作业排序问题将非常简单。而当设备数量及种类增多，各种生产任务将由多台设备的加工才以完成，则问题变得较为复杂，很可能找不到有效的排序方法。

（3）车间中的人员数量。在进行生产任务的排序时，不仅是将生产任务分配给设备，同时也是分配给相应设备的操作人员。对于特定的生产操作人员数量少于设备数量的情况下，尤其是服务系统，生产操作人员成为排序时必须考虑的关键资源。

（4）生产任务在车间的流动模式。在单件小批量生产条件下，生产任务在车间内的流动路线是多种多样的。如果流动路线相同，称为流水车间或定流车间。与流水车间相对应的另一个极端是流动路线均不一样的情形，工件是按照某种概率分布从一台设备流向满足加工需要的设备中的某一台设备，称它为单件车间或随机路线车间，这类排队服务系统在医院中是常见的。在现实生产中，更多是介于两者之间的混合式加工车间。

（5）作业计划的评价标准。作业排序是编制生产作业计划的核心工作之一，其具体排序方法的选择与作业计划的评价标准密切相关。作业计划评价标准有三类：任务完成的程度，设备利用的程度以及达到企业整体目标的程度。由于可操作性的缘故，通常对作业计划的评价集中在任务完成的程度方面，常见的有：

①总流程时间最短。总流程时间是指一批工件从进入某一车间或工艺阶段开始，到这一批工件加工完，全部退出该车间或工艺阶段为止的全部完工时间。如果这批工件完全相同，则总流程时间与这一批工件的生产周期或加工周期相同；如果不同，则总流程时间与这批工件实际生产周期或加工周期中最大的相同。

②平均流程时间最短。平均流程时间是指这批工件实际生产周期或加工周期的平均值。

③最大延迟或最大误期最短。延迟是指工件的实际完成时间与预定的交货期之间的差额。这里既包括实际完成时间比预定的交货期晚，即通常意义下的延误，也包括实际完成时间比预定的交货期早的情况。提前完成生产任务并非一定是件好事，因为这意味着库存量的增加及生产资金提前被占用。误期是指通常意义下的延误。

④平均延迟或平均误期最短。指延迟或误期的平均值。

⑤平均在制品占用量最小。

⑥总调整时间最小。在加工一批不同工件时，每加工一个工件，设备需要调整一次，该批工件的调整之和称为总调整时间。

除了上述标准之外，还有延期罚款最小、生产费用最小、总利润最大、设备利用率最大等。由于实际生产过程中各种不确定因素的作用，使得实际标准具有不确定性，可用具有平均值和偏差的统计分布来表示。需要注意的是这些标准彼此之间并不完全独立，例如使平均流程时间最短意味着在制品占用量减少。

3. 作业排序的优先调度规则

作业排序是管理科学中的一个重要的理论研究领域，许多研究工作者提出了优化作业排序的算法。由于作业排序问题大都属于 NP 难题，所谓 NP 难题是指就算法复杂性而言，目前尚未找到多项式求解方法的一类问题。对于这类问题通常采用近似算法或启发式算法进行求解。因此，目前大多数排序算法均采用优先调度规则（优先安排哪一个任务的规则）解决生产任务对设备需求发生的冲突。

（1）FCFS（First Come First Served）规则：优先选择排队等待的任务中最早进入的任务。

（2）SPT（Shortest Processing Time）规则：优先选择加工时间最短的任务。该规则能有效地缩短任务的流程时间，同时，有利于提高设备的利用率，减少在制品占用量。

（3）EDD（Earliest Due Date）规则：优先选择完工期限最早的任务，尽可能保证交货的规则。

（4）SST（Shortest Slack Time）规则：优先选择松弛时间短的工件。松弛时间是指在不影响交货的条件下任务的机动时间。该规则与 EDD 规则类似，但更能反映任务的紧迫程度。

$$ST = DD - CD - \sum L_i$$

式中，ST 为松弛时间；DD 为交货期；CD 为当前日期；L_i 为剩余工序的加工时间（不含等待时间）。

（5）MWKR（Most Work Remaining）规则：优先选择余下加工时间最长的。

（6）SCR（Smallest Critical Ratio）规则：优先选择关键比最小的任务。关键比为任务允许停留时间和任务剩余工序加工时间之比。

$$CR = (DD - CD) / \sum L_i$$

式中，CR 为关键比。

（7）LWKR（Least Work Remaining）规则：优先选择余下加工时间最短的任务。

（8）MOPNR（Most Operations Remaining）规则：优先选择余下工序最多的任务。

（9）RANDOM 规则：随机地挑选任务。

优先调度规则可以分为局部优先规则和全局优先规则两类。局部优先规则决定任务的优先分配顺序仅以单个设备前队列中的任务所代表的信息为依据，例如，SPT、EDD、FCFS 等规则。全局优先规则决定任务的优先分配顺序不仅考虑正在排序的设备的情况，还要考虑其他设备的有关信息，例如，SCR、MWKR、LWKR 以及 MOPNR 等规则。

迄今为止，人们已提出了 100 多个优先顺序规则，不同的规则有不同的特点。在具体排序中，应结合排序方案的评价标准进行选择。有时，仅采用单一规则还不能完全确定加工顺序，需要采用优先规则的组合进行排序。例如，SPT + MWRK + RAN-DOM，含义是首先选用 SPT 规则选择下一个待加工的任务，若同时有多个任务被选中，则采用 MWRK 规则再次选择，若仍有多个任务被选中，最后采用 RANDOM 从中随机选择一个作为下一个待加工的任务。

7.3　服务业作业计划

服务业作业计划与制造业作业计划有共同点，但服务动作也有其自身特点，因此需要专门讨论如何更好地协调服务供给与需求来提高服务能力使用率。

7.3.1　服务业运作的特点

服务业提供的是无形的产品，而且不能预先产出，也无法用库存来调节顾客的随机性需求。为了达到满意的服务水平，其人员、设施以及各种物质性准备都要在需求到达之前完成，而当实际需求高于这种能力储备时，服务水平立刻下降（如排队等待时间加长、拥挤，甚至取消服务）。

服务产品另一个特殊的地方在于与顾客的接触程度。对于服务业来说，顾客需要在动作过程中接受服务，其本身往往就是投入的一部分。例如，在医院、教育机构、百货商店、娱乐中心等，顾客在提供服务的大多数过程中都是介入的，这就对运作过程的设计提出了不同的要求。也有一些企业，在其组织内的某些层次与顾客接触较多，而在其他层次较少，有明显的"前台"和"后台"之分。例如，邮局、银行、保险公司、航空公司等。在这种情况下，还需要分别考虑对前台和后台采取不同的运作管理方式。

服务产品第三个特殊的地方是对顾客需求的响应时间。对服务业来说，必须在顾客到来后的几分钟内做出响应。由于顾客是随机到达的，因此服务业想要保持需求和能力的一致难度很大。而且，顾客到达的随机性在不同的日子里、1 日内不同的时间段里可能不同，这就使得短时间内的需求也有很大的不确定性。

此外，还有市场容量和流通、运输的可利用性。由于服务的不可运输性，服务水平的提高有赖于对最终市场的接近与分散程度，设施必须靠近顾客群，从而一个只能服务于有限的区域范围，这导致了服务企业在选址、布局等有不同的要求。

7.3.2　需求管理与服务能力计划

1. 需求管理策略

由于服务的产生和消费是同时进行的，如果服务需求相对于服务能力不足，结果将导致服务人员和设备闲置。由于服务需求的波动性，给在动态环境中管理服务业的经理人员提出了很大的挑战。通过调节需求，可以降低服务需求周期性的变化。虽然顾客到来的时间间隔总是随机，但平均到达率在长期中将会是稳定的。

（1）划分需求：对某种服务的需求很少来自于单一来源。例如，航空顾客分为工作日顾客和周末旅游顾客。需求经常可划分为随机需求和计划需求。例如，银行可以预期它的商务客户每天在大概的固定时间光顾，而个人客户则是随机光顾的。由此可以对计划需求进行控制。比如，作一个分析表格，对计划中的顾客的到来时间和人数作一个统计，再根据本单位的工作人员配置情况做调整。

（2）提供价格诱因：使用价格诱因可以刺激低谷期的需求和分流高峰期的需求。有很多差别定价的做法，如长途电话的周末和夜间收费低；电影院的日场或在下午6点以前实行降价；位于旅游观光点的宾馆在非旅游季节的房价；公共事业公司在高峰需求的定价等。

（3）促进非高峰期的需求：寻找需求的不同来源会导致对高峰期服务能力创造性的利用。例如，在旅游淡季将宾馆用于招待商务人员或作为公司职员的休息场所。采用促进非高峰期需求的策略有利于提高服务设施在其他时间的充分利用。例如，百货商店鼓励顾客"提前购物以避免圣诞节的商场购物高峰"。

（4）开发互补性服务：很多饭店已经认识到增加一个酒吧来提供互补性服务的好处。在饭店最繁忙时刻，把顾客引入酒吧既可以为饭店带来利润，又可以缓解顾客等待的心情。开发互补性服务是扩展市场的一种自然方法。

（5）使用预订系统及处理超额预订问题：预订等于预先提供了潜在服务。当预订做出之后，顾客的服务需求就会被转移到同一组织内相同设施的其他适宜服务时间或转移到其他服务设施上。预订服务还可以通过减少等候时间和保证随时提供服务来使顾客收益。然而，当顾客未能履行其预订时，问题就出现了。通常，顾客不会因其未履行预订而承担经济责任。比如，有些乘客防止意外而向航空预订了好几个班次的机票。面对由于未履行预订而出现的空座问题，航空公司采取了一种未履行预订的策略。接受数量超过飞机可利用座位总数的预订，航空公司可以防范出现大量未履行预订的风险。如果航空公司接受太多的预订就有可能使已预订机票的乘客无法坐上飞机。对于这个问题，美国联邦航空管理局做出规定，要求航空公司赔偿由于超额预订而未能乘机的乘客，并且要为他们提供下班飞机的座位。同样，许多宾馆也要为因为超额预订而未能入住的客人免费提供附近宾馆的相同档次的房间。一个好的超额预订策略应该既能最大限度地降低由服务空闲产生的机会成本，又能最大限度地降低由于未能提供预订而带来的成本。因此，采用超额预订策略要对一线员工进行培训，以应付那些未能获得预订服务的客人。

2. 供给管理策略

对许多服务企业来说，顾客的风俗和生活习惯使服务的波动具有某一种不确定性。因此，需要考虑调节服务供给来与需求匹配。

（1）应用每日工作班次计划：通过仔细制定全天的工作班次计划，我们可以使服务供给水平接近于需求。工作班次对于许多面临需求的服务组织来说是一个重要的人员安排问题，例如电话公司、医院、银行和警察局。该方法首先要对每小时的需求进行预测，然后将这种预测转化成每小时对服务人员的需求。时间间隔可以少于 1 小时。例如，快餐业可以将时间定为 15 分钟以便在整个就餐时间对工作进行计划。下一步是制定工作时间或班次的计划，以便尽可能适应人员安排需求。最后，要将特定服务人员分配到不同的工作时间或班次中去。

（2）休息时间有限制的每周工作班次计划：制定班次计划以适应每日需求仅仅是问题的一部分。公共服务组织，例如警察局、救火和医院的紧急救护部门，都必须在 1 周的每一天和每天 24 小时随时提供服务。对于这些组织来说，典型的员工每周工作 5 天，连续休息两天，但这两天不一定是周六周日。这个问题可以用一个线性模型来准确表述。

（3）提高顾客的参与程度：自我服务的快餐业最好地解释了提高顾客参与程度的策略。顾客（现在是合作生产者）不仅要从有限的菜单中直接点菜，而且要在饭后清洁餐桌。顾客期望得到更快的服务和更便宜的食物来补偿这种付出。服务提供者也能够在多方面受益，例如需要加以监督和付给工资的员工减少了。但是更重要的是，顾客作为合作生产者恰好在需要的时间提供了人力。这样，服务能力就不是固定不变的，而是更直接随需求而变化。但是，也要注意，由于服务经理不能完全控制劳动力的质量，因此会存在一些自助服务的弊端。

（4）创造可调整的能力：一部分服务能力可通过设计成为可变化的。比如，航空公司为了适应乘客组合的变化，会常规性地调整一等舱和二等舱的配比。

（5）共享能力：服务传递系统经常需要在设备和设施上进行大量投资。在闲置时，可能会找到这些服务能力的其他用途。航空公司以这种方式合作多年了。比如，在一些小型的机场里，航空公司共享相同的入口、跑道、箱包处理设施以及地面服务人员。

（6）交叉培训员工：一些系统由几种作业构成，多面手能创造出灵活的能力来满足高峰需求。

（7）雇用临时工：当业务高峰时持续而且是可以预测的时候，比如在就餐时间或银行的发薪日，雇用临时工能补充正式员工的不足。在服务业雇用临时工来适应服务的变化，如同制造业采用库存调节生产一样。

3. 随机服务系统

尽管采取上述措施能够改变和处理需求的不均匀性，但每当服务的现有需求超过提供该项服务的现有能力时，排队就会发生。一般来说，顾客的到达时间和服务时间都是随机变量，这是排队现象的根本原因。

（1）一般排队系统的基本组成部分。

①输入过程。其特征有：顾客源的组成是有限的或无限的；顾客单个到来或成批到来；到达的间隔时间是确定的或随机的；顾客的到来时相互独立或有关联的；顾客相继到达时间分布和所含参数（如期望值、方差等）都与时间无关或有关。

顾客的到达规律服从参数为 λ 的泊松过程，服务时间服从参数为 μ 的负指数分布。

λ 为平均到达率，表示单位时间平均到达的顾客数。

μ 为平均服务率，表示单位时间能被服务完的顾客数（期望值），而 $1/\mu$ 就表示一个顾客的平均服务时间。在排队论中"平均"就指概率论中的期望，这是一种习惯用法。

这两个参数都需要实测的数据经过统计学检验来确定，λ/μ 有着重要意义，它是相同时间内顾客到达的期望值与能被服务的期望值之比，这个比是刻画服务效率和服务机构利用程度的重要标志。

②排队规则。其特征是对排队等候顾客进行服务的次序有下列规则：先到先服务，后到后服务，有优先权的服务（如医院对于病情严重的患者给予优先治疗），随机服务等；还有具体排队（如在候诊室）和抽象排队（如预约排队）。排队的列数还分单列和多列。

排队规则中最常用的优先法则是先来先服务。这种方法对所有的顾客一视同仁，因而对于排队等待服务的顾客来说是公平的。该法则是指队列中的顾客接受服务的次序以他们的到达顺序为根据，而与其他特征无关。由于这一方法只根据顾客在队伍中的位置来决定下一位接受服务的顾客，除此之外，不需要任何其他信息，因而是一种静态的规则。唯一缺点是它忽视了要求短时间服务的顾客。

（2）排队模型①。大致上，排队列根据模型特征可以分为四种，如表 7 - 6 所示。

---

① 四种队列模型的求解可参见：申元月．生产运作管理．山东人民出版社，2005：237 - 238.

表 7 - 6　　　　　　　　　四种队列特征

模型	1	2	3	4
分布	单通道	单通道	多通道	单通道
服务阶段	单一	单一	单一	单一
顾客源	无限	无限	无限	无限
达到人数分布	泊松	泊松	泊松	泊松
排队规则	先来先服务	先来先服务	先来先服务	先来先服务
服务时间分布	指数	常数	指数	指数
队列长度	无限	无限	无限	有限
典型例子	银行出纳员服务系统；大桥收费系统	自行洗车系统	汽车销售公司零件柜台系统	工厂故障机器的维修服务

（3）关于排队问题的几条建议①。为顾客确定一个可接受的等待时间。根据顾客愿意等待的时间范围，来确定运作目标。

在顾客等待过程中应尽可能分散他们的注意力。通过播放音乐、录像或其他娱乐形式使顾客暂时淡忘其正在等待。比如北京城乡超市因为有顾客反映排队时间过长不得不放弃购物，管理层采取了播放滑稽录像的方式来分散顾客的注意力，得到很好的效果。

及时告诉顾客他们所期望了解的情况。当顾客等待时间比通常情况要长时，必须告诉他们要等待这么长时间，以及服务系统将如何缓解这种情况。

对顾客进行分类。如果一级顾客所需服务很快就可完成，就将他们分为一队，这样他们就不必等那些较慢的顾客了。

绝不能让顾客看到雇员没有在工作。如果雇员本应该为顾客提供服务，但却没能做到，顾客将会感到扫兴。

对服务人员进行培训，使他们的服务态度更为友好。问候一下顾客或提供其他一些特别的关照可以在很大程度上消除长时间等待的负面影响（比如微笑）。

鼓励顾客在非高峰期到达。设法告诉顾客他们在哪些时间不必排队等待，同时也要告诉他们哪些时间是顾客到达的高峰期，这有助于使工作负荷均衡化。

对于消除排队有一个长期的计划，制定可以改善顾客服务的计划。

4. 收益管理

自从限制解除，允许航空公司可以自行定价以来，一种被称为收益管理的收入最大化的新方法出现了。收益管理实际上是一个很复杂的系统，它包括了多种管理

---

① Richard B. Chase 等. 运营管理（第 9 版）. 机械工业出版社，2003.

策略。

收益管理开始是由航空公司开发，目的是以最大利益方式分配一趟航班的座位，以达到固定能力来匹配各细分市场的潜在需求。尽管航空公司率先开发了收益管理，但其他服务受到限制的服务企业（如旅馆、汽车出租公司、海运公司）也正在采用这种方法。

收益管理适用于具有下属特征的服务企业：

（1）相对固定的能力。在设施上大量投资的服务企业，可以说是受能力限制的。一旦一趟航班的所有座位都已售出，乘客的进一步需求就只能通过下一趟航班来满足了。相比之下，在同一个城市里有多个场所的连锁汽车旅馆就具有一定的灵活性，因为在一个旅馆找房间的旅客可以转到同一家公司的另一个旅馆去找。

（2）细分市场能力。要使收益管理有效，服务企业必须能将市场分为针对不同类型的顾客。通过要求持打折机票的旅客必须周六晚乘机，航空公司可以辨别出对时间敏感的旅客和对价格敏感的乘客。对于使用收益管理的企业来说，开发各种价格敏感性服务是一种主要的挑战。

（3）易逝的存货。对于受服务限制的，可以将每个房间或座位看成是待售的单位。对于航空来说，未售出的座位的收入就永远失去了。考虑到飞机座位时效性特性，在一个至少有一个空座的航班上为一个顾客提供免费服务，航空毫无损失。

（4）事先售出产品。服务企业采用预订系统售出自己的服务能力（在使用前）时，要面对一种不确定性：是接受提前的打折预订呢，还是等待出高价的顾客来买。在这个问题上，可以根据1周中某一特定日期和1年中某一特定季节的房间预订记录画出一个需求控制图。由于需求的某些变化是可预见的，因此可以围绕预期预订累计量曲线画出一个可以接受的范围。如果需求高于预期，则停止提供折扣而只接受标准价预订。如果预订数量降到可接受范围以下，也可以接受打折预订。

（5）波动需求。通过需求预测，收益管理可以使管理者在低需求期提高服务能力的使用率，在高需求期增加收入。通过控制折扣价的可获性，管理者可以将限制性服务的总收入最大化。在实践中，收益管理的实施是通过打开或关闭某些预订部分实现的，如果需要的话甚至会以小时为基础做出这样的变化。

（6）低边际销售成本和高边际能力改变成本。销售额外的单元库存的成本必须要低。例如为一个飞机提供零售的费用可以忽略。然而，由于一些必要的总体设施投资，增加能力的边际成本很大。

【本章小结】

生产过程时间组织与作业计划控制是生产运作系统运行管理的最基层的管理活

动，它将中高层计划落实到具体岗位、设备、人员，并通过控制手段维持计划真正实现。本章从介绍现代企业的生产过程及其时间组织基本知识入手，首先阐述流水线组织设计，进而比较全面介绍用于流水、成批、单件小批生产类型作业管理的期量标准、计划与控制方法，最后阐述服务业作业计划与随机服务系统等方面内容和方法。

【推荐读物】

1. 陈志祥. 生产运作管理教程. 清华大学出版社，2010.
2. 申元月. 生产运作管理. 山东人民出版社，2005.
3. 李环祖. 生产计划与控制. 中国科学技术出版社，2008.
4. 制造业信息化门户：http：//www. e-works. net. cn.

【复习与思考】

1. 谈谈生产过程构成及其主要要求是什么？
2. 流水生产的前提条件是什么？
3. 什么是生产作业计划？
4. 如何选择作业计划单位？
5. 流水生产作业计划期量标准有哪些？
6. 成批生产作业计划期量标准有哪些？如何确定？
7. 单件小批生产作业计划期量标准有哪些？
8. 常见排序规则有哪些？各有什么特征？
9. 举例说明服务需求管理策略应用。
10. 设计排队系统注意哪些因素？

【案例】

王裁缝的难题

王裁缝是某服装厂的退休工人，因技术水平高，经常被人请去做技术指导。时间一长，经不起别人劝说，就自己开了家小服装店。虽然生意十分火暴，但也令王裁缝非常烦恼。原因是来的人太多，他自己根本赶不出来。以下是他今天的顾客情况。其中，任务 A、B、C、D、E 是他给顾客所要求内容的编号。分别对应于普通西装、礼服、裙子、高级西装、西装短裤等；时间（天）是他干每一件活儿的工作时间；交货期是顾客要求的时间。

序号	任务	时间（天）	交货期（天）
1	A	3	5
2	B	4	6
3	C	2	7
4	D	6	9
5	E	1	2

按照正常的工作时间，王裁缝根本不可能按期完成这些工作，以下是他老伴为他做出的几种选择：

选择方式	准则	总加工时间	平均加工时间	平均延迟时间
1	FCFS	50	10	4.6
2	SOT	36	7.2	2.4
3	EDD	39	7.8	2.4
4	LCFS	46	9.2	4.0
5	STR	43	8.6	3.2

其中，准则中字母的含义如下：

FCFS——First Come First Served；

SOT——Shortest Operating Time；

EDD——Earliest Due Date；

LCFS——Last Come First Served；

STR——Slack Time Remaining。

除此以外，他老伴还反复叮咛他对一些老邻居（D）和街道主任（E）的活儿一定要提前做（Preferred Customer Order, PCO）。这使王裁缝在为难的情况下，又加了几分气愤。

【讨论题】

王裁缝到底应该怎样选择呢？你能为王裁缝提出更好的建议吗？

第8章

库 存 管 理

【学习目标】

1. 定义库存并对库存进行分类。
2. 了解库存的利弊及降低库存的策略。
3. 理解独立需求库存控制系统。
4. 掌握独立需求库存的基本模型。

【管理案例】

零距离、零库存、零运营资本

海尔认为，企业之间的竞争已经从过去直接的市场竞争转向客户的竞争。海尔 CRM 联网系统就是要实现端对端的零距离销售。海尔已经实施的 ERP 系统和正在实施的 CRM 系统，都是要拆除影响信息同步沟通和准确传递的阻隔。ERP 是拆除企业内部各部门的墙，CRM 是拆除企业与客户之间的墙，从而达到快速获取客户订单，快速满足用户需求。

传统管理下的企业根据生产计划进行采购，由于不知道市场在哪里，所以是为库存采购，企业里有许许多多水库。海尔现在实施信息化管理，通过三个 JIT 打通这些水库，把它变成一条流动的河，不断地流动。JIT 采购就是按照计算机系统的采购计划，需要多少，采购多少。JIT 送料指各种零部件暂时存放在海尔立体库，然后由计算机进行配套，把配置好的零部件直接送到生产线。海尔在全国建有物流中心系统，无论在全国什么地方，海尔都可以快速送货，实现 JIT 配送。库存不仅仅是资金占用的问题，最主要的是会形成很多的呆坏账。现在电子产品更新很快，一旦产品换代，原材料和产成品价格跌幅均较大，产成品积压的最后出路就只有降价，所以会形成现在市场上的价格战。不管企业说得多么好听，降价的压力就来自于库存。海尔用及时配送的时间来满足用户的要求，最终消灭库存的空间。

运营资本，国内把它叫做流动资产，国外叫做运营资本。流动资产减去流动负债等于零，就是零营运资本。简单地说，就是应该做到现款现货。要做到现款现货就必须按订单生产。

海尔有一个观念：现金流第一，利润第二。现金流第一是说企业一定要有现金流的支持，因为利润是从损益表看出的，但是资产负债表和损益表编制的原则都是权责发生制。产品出去以后就产生了销售，但资金并没有回来。虽然可以计算成销售收入，也可以计算利润或者是税收，但没有现金支持。所以国家有关部门提出，上市公司必须编制第三张表：现金流量表。

加入 WTO 以后，中国企业将面临更加激烈的竞争。海尔将保持 CRM 精神，优化 SCM 效果，推广 ERP 应用，支持海尔的第三方商流和第三方物流的发展要求，成为第三方的信息应用平台，使海尔融入全球一体化经济的大潮。

资料来源：http://www.maigoo.com/maigoocms/2010/0701/38006.html.

【重要概念】

库存（Inventory）；持有成本（Holding Cost）；订货成本（Ordering Cost）；经济订货批量（Economic Order Quantity）。

库存管理是企业管理中的一个古老的课题，但又一直是探索的前沿，几乎每一个社会经济组织，不管是营利的还是非营利的，都在生产、使用、储存和分配库存。库存的大量发生，使得每一个组织每年要花大量的人力、资金、设施、费用去计划和控制库存，这种看似必要的活动，实质上可能潜伏巨大的浪费。

多数企业都面临资金短缺的问题，而库存往往是占用资金最大的项目。因此，如何在保证均衡生产和满足顾客需求的前提下尽可能降低库存，就成为企业管理的一个重点。从财务角度看，存货周期率是企业运营效率的重要指标，对企业的资产收益率起着决定作用。企业资产收益率的提高，可以通过降低成本、提高销售利润的途径来实现，也可以通过加快资产周转率薄利多销来实现，而加快存货的周转率是加快资产周转率的关键。

8.1 库存管理的基本问题

8.1.1 库存的概念

一般来说，库存是指为了满足未来需要销售或使用而暂时闲置的资源。资源的闲置就是库存，与这种资源是否放在仓库中没有关系，与资源是否处于运动状态也没有关系。汽车运输的货物处于运动状态，但这些货物是为了未来需要而暂时闲置的，就是一种在途库存。实际上人、财、物、信息等各方面的资源都有库存问题，如专门人才的储备就是人力资源的库存，计算机硬盘贮存的大量信息是信息的库存。

库存在历史上曾被当作财富的象征。衡量一个商人的财富，是看他存有多少担粮食、多少头牛、多少匹布和多少两黄金白银。直到 20 世纪科学管理运动兴起以后，企业管理者才摒弃了一味生产存货的观点，开始重视存货的流动性，并最终将存货周转率作为衡量企业效率的重要指标。

库存周转率可用下式表示：

$$库存周转率 = 年销售额/年平均库存值$$

还可细分为以下三种：

$$成品库存周转率 = 年销售额/成品平均库存值$$
$$在制品库存周转率 = 生产产值/在制品平均库存值$$
$$原材料库存周转率 = 原材料消耗额/原材料平均库存值$$

注意：上面各式分子分母数值均应指相同时间段内的数值。

库存周转率越快表明库存管理的效率越高，反之，库存周转慢意味着库存占用资金大，保管等费用发生多。库存周转率对企业经营中至关重要的资金周转率指标也有极大的影响作用。但是库存周转率在许多国家由于各方面条件的限制呈现出很大的不同，很多北美制造业企业一年为 6~7 次，而一些日本企业 1 年可达 40 次之多，我国有的企业却一年仅周转 2~3 次。

8.1.2　库存的分类

从不同的角度对库存可以有多种不同的分类，简单介绍如下：

1. 按其在生产和配送过程中所处的状态划分

按其在生产和配送过程中所处的状态划分，库存可为原材料库存、在制品库存和成品库存。如图 8-1 所示，三种库存可以放在一条供应链上的不同位置。

2. 按库存的作用划分

按库存的作用划分，库存可分为周转库存、安全库存、调节库存和在途库存。

周转库存：当生产或订货是以每次一定批量，而不是以每次一件的方式进行时，这种由批量周期性形成的库存就称为周转库存。成批生产或订货一是为了获得规模经

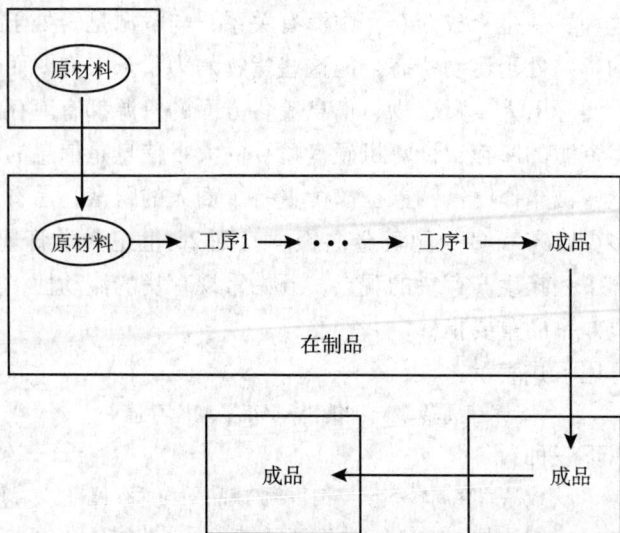

图 8-1　三种库存在一条供应链中的不同位置

济，二是为了享受数量折扣。由于周转库存的大小与订货的频率有关，所以如何在订货成本与库存成本之间做出选择是决策时主要考虑的因素。

安全库存：又称缓冲库存，是生产者为了应付需求的不确定性和供应的不确定性，防止缺货造成的损失而设置的一定数量水平的库存。例如供货商未能按时供货，生产过程中意外停电停水等。安全库存的数量除受需求和供应的不确定性影响外，还与企业希望达到的顾客服务水平有关，这些是安全库存决策时主要考虑的因素。

调节库存：是为了调节需求或供应的不均衡、生产速度与供应速度的不均衡、各个生产阶段的产出不均衡而设置的一定数量的库存。比如空调、电扇的生产商为保持生产能力的均衡在淡季生产一定数量的产品置于调节库存，以备旺季（夏天）的需求。有些季节性较强的原材料，或供应商供应能力不均衡时，也需要设置调节库存。

在途库存：是处于相邻两个工作地之间或是相邻两级销售组织之间的库存，包括处在运输过程中的库存，以及停放在两地之间的库存。在途库存的大小取决于运输时间和运输批量。

在具体的库存管理实践中，针对上述四种库存，为达到降低的目的，常采取以下基本策略和具体措施方案，如表 8-1 所示。

表 8 - 1 降低库存的策略和措施

库存类型	基本策略	具体措施
周转库存	减小批量	降低订货费用 缩短作业交替时间 利用相似性扩大生产批量
安全库存	订货时间尽量接近需求时间 订货量尽量接近于需求量	改善需求预测工作 缩短生产周期与订货周期 减少供应的不稳定性 增加设备与人员的柔性
调节库存	使生产速度与需求变化符合	尽量拉平需求波动
在途库存	缩短生产—配送周期	标准品库存前置 慎重选择供应商与运输商 减小批量

3. 按用户对库存的需求特征划分

按用户对库存的需求特征划分，库存可为独立需求库存和相关需求库存。来自用户的对企业产品和服务的需求称为独立需求。其最显著的特点是需求是随机的，企业自身不能控制而由市场决定，与企业对其他库存产品所做的生产决策没有关系。正是由于独立需求的对象和数量的不确定性，它的测定只能通过预测的方法粗略地估计。相关需求也称非独立需求，它与其他需求有内在的相关性，可以根据对最终产品的独立需求精确地计算出来，是一种确定性的需求。例如，某汽车制造厂年产汽车 30 万辆，这是独立需求所确定的。一旦 30 万辆的生产任务确定之后，构成该型号汽车的原材料的数量和需求时间则可精确地计算得到。

8.1.3 库存的利弊分析

一般来说，库存设置主要基于三个目的：预防不确定的、随机的需求变动；保持生产的连续性、稳定性；以经济批量订货。但是持有库存会发生费用，还会带来其他一些管理上的问题，因此库存的作用及其弊端之间有一个折衷、平衡的问题。

1. 库存的作用

归纳起来，库存的作用主要表现在如下方面：

（1）缩短顾客订货提前期。当厂商维持一定数量水平的成品库存时，顾客就能够及时得到所需的物品，于是缩短了客户的订货提前期，改善了客户服务质量，有利于争取更多的顾客。

（2）保持生产的均衡性。激烈的市场竞争中外部需求变化多端，而企业一方面要满足客户的需求，另一方面又要保持内部组织生产的均衡性。库存将外部需求和内部生产相连接，像水库一样起着稳定作用。

（3）节省订货费用。订货费是指订货过程中为处理每份订单和发运每批订货而产生的费用，这种费用与订货批量的大小无关。所以如果通过持有一定量的库存而增大订货批量，就可以减少订货次数，从而分摊订货费用。

（4）提高人员与设备的利用率。持有一定量的库存可以从三方面提高人员与设备的利用率：减少作业更换时间，这种作业不增加任何附加价值；防止某个环节由于零部件供应缺货导致生产中断；当需求波动或季节性变动时，使生产均衡化。

2. 库存的代价

库存具有上述几方面的重要作用，但是企业管理改进的方向是不断降低库存，而不是增加库存，因为库存是要付出代价的。

（1）占用大量资金、场地。企业的资金是有限的，而仓库里的库存却是一堆堆静止不动的资金，不但不能给企业带来效益，而要占用大量存储空间，发生很多费用，包括占用资金的利息、储藏保管费、保险费、库存物品价值损失费等。

（2）掩盖企业经营、生产管理中存在的问题。库存可能被用来掩盖产品、零部件的质量问题。一般来说，当废品率或返修率较高时，企业会将加大生产批量、增加在制品或成品库存当作权宜之计；库存可能被用来掩盖工人的缺勤问题、技能训练差的问题、操作不规范的问题、劳动纪律松弛和现场管理混乱的问题；库存可能使用来掩盖供应商或外协厂家的原材料质量问题、外协件质量问题、交货不及时问题；库存可能被用来掩盖和弥补作业计划安排不当、生产控制制度不健全、需求预测不准、产品配套性差等问题。

此外，如产品设计不当问题、工程改动问题、生产过程组织不适应等问题，都可以在库存这里找到安全的靠垫。总之，是生产管理不善，最终导致库存水平居高不下。

庞大而精准的库存

埃德·纳吉是沃尔玛公司 880 号分店的经理，该店位于美国德克萨斯州欧文镇。平时埃德·纳吉喜欢在店内来回走动，一边看着熙熙攘攘的顾客购物，一边盘算着如何降低成本。如果看到货架上的毛巾或者香皂等任何一种商品不多了，埃德·纳吉只要扫描一下毛巾或者香皂的条形码，就知道这家分店内现在还有多少该商品，已经预定了多少该商品，预定的商品中有多少正在运输过程中，什么时间到达，有多少在配送中心等。通过该商品的条形码，埃德·纳吉还可以理解上周甚至是上年 880 分店卖了多少该商品。埃德·纳吉之所以了解得这么详细，就是因为沃尔玛有统一的货品代码，商场当中的所有商品都有一个统一的产品代码 UPC 代码，更重要的是沃尔玛公司实现了每个分店与配送中心、公司总部甚至供应商的信息实时共享。

在沃尔玛的任何一个分店，在顾客购物付款的同时，与 POS 机相联的计算机已经通过卫星把顾客的购物信息传到了与分店不远的配送中心和位于美国阿肯色州本顿维尔市的沃尔玛总部，直至 5 000 多家供应商。沃尔玛公司总部只是一座普通的平房，但与其相连的计算机控制中心，却是一座外貌形同体育馆的庞然大物，公司的计算机系统规模仅次于五角大楼甚至超过了联邦航天局。沃尔玛 4 000 千兆容量的数据库、5 500 多个工作站以及不计其数的服务器和 PC 机，保证了沃尔玛能在一个小时内对全球 4 500 多个店铺内每种商品的库存、上架、销售量全部盘点一遍。

依靠这套庞大的信息系统，本顿维尔总部的经理们再也不用专心致志地研读来自每个商店或地区上个月或者上个星期的报告了，他们可以轻而易举地跟踪任何一件商品的销售情况，比如某款服装或者某类钓鱼竿，并在各个地区之间进行比较，这使得依据当地习惯选择商品品种和进行实验性销售更容易。他们可以把同样的商品在不同的商店里以不同的方式摆放，然后很快告知所有的商店都采用效果最好的那种。而各分店的经理则依靠历史数据适时调整订货数量和品种。

资料来源：http://zhidao.baidu.com/question/48297524.html.

8.2　独立需求的库存控制系统

库存控制系统有输入、输出、约束和运行机制四个方面，如图 8 - 2 所示。

库存控制系统的输入是各种资源，输入是为了保证系统的输出（对需求的供给），而没有资源的转化形式。约束条件指资金、空间等的约束，运行机制包括控制哪些参数以及如何控制。对于独立需求库存控制系统，输出端是不可控的，而输入端，如库存系统向外发出订货的提前期亦为随机变量，可以控制的一般是订货点（即何时发出订货）以及订货量（一次订多少）这两个参数，库存控制系统正是通过控制订货点和订货量来满足外界需求并使总体库存费用最低。

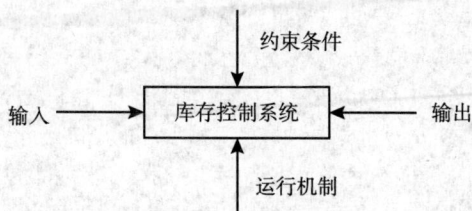

图 8-2　库存控制系统

任何库存控制系统都要回答两个基本问题：什么时候再订货？下次订货的数量是多少？

在库存管理中，针对上面两个问题，对独立需求库存的控制可分为两大类：一是定量控制系统，通过观察库存是否达到重新订货点来实现；二是定期控制系统，通过周期性的观测实现对库存的补充。

8.2.1　定量订货控制系统

定量订货库存控制也称订货点控制，如图 8-3 所示。

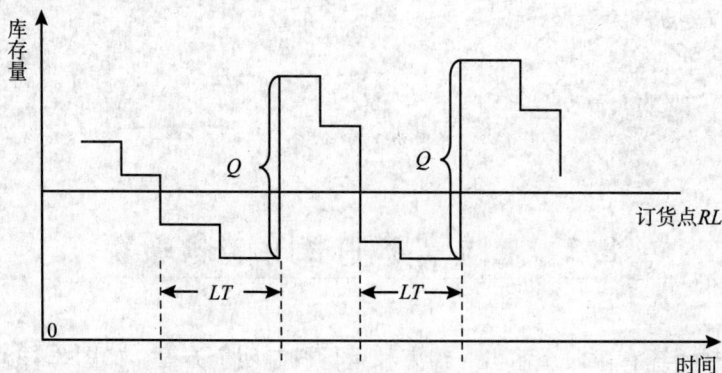

图 8-3　定量订货库存控制

图 8 - 3 中 Q 是每次的订货量，LT 为订货提前期，是从发出订货至到货的时间分隔，包括订货准备时间、发出订单、供方生产、产品发运、产品到货验收、入库等过程，一般是随机变量。定量订货就是预先设定一个重新订货点，在日常生产活动中连续不断地监视库存水平，当库存量下降到订货点时就发出订货通知。每次按相同的订货批量 Q 补充库存。这种控制方法虽然工作量较大，但对库存量控制得比较严密，一般适用于重要物资的库存控制。有时为了减少工作量，可采用双仓控制（two-bin system），即将同一种物资分放两仓，一仓用完即发出订货。

8.2.2 定期订货控制系统

针对定量订货费用较大、工作量较大的缺陷，定期订货控制系统按照预先确定的时间间隔，周期性地检查库存量，随后发出订货，将库存补充到目标水平。如图 8 -4 所示。

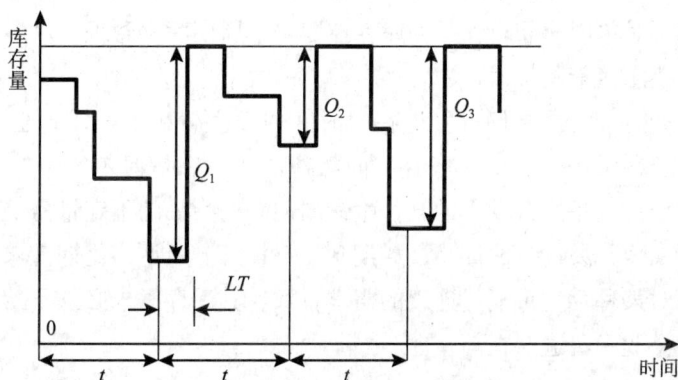

图 8 - 4 定期订货控制系统

图 8 -4 中的 Q_1、Q_2、Q_3 是各次的订货量，t 是库存检查周期，LT 仍为订货提前期。定期订货控制系统没有订货点，每次只按预定的周期检查库存，依据目标库存和现有库存状况，计算出需要补充的数量 Q，然后按订货提前期发出订货，使库存达到目标水平。

定量订货控制系统与定期订货控制系统的基本区别在于定量订货系统是"事件驱动"，而定期订货系统是"时间驱动"。表 8 -2 列出了两系统的区别。

表 8 - 2　　　　　　　　　　　　　　　两种系统的特征因素比较

因素	定量订货系统	定期订货系统
订购量	每次订购固定批量 Q	每次订购量 Q_i 不同
何时订购	当库存量降至订购点	经固定周期 t
库存记录	每次出库都需记录	只在经 t 后时刻
库存量大小	较定期订货模型小	
工作量	较定期订货模型大	
适合物资类型	较昂贵、关键、重要的物资	

资料来源：理查德·B·蔡斯等著.生产与运作管理：制造与服务（第8版）.机械工业出版社，1999.

8.3　独立需求库存的基本模型

　　库存周期的管理就是通过库存周期控制模型，在保证生产连续性的同时，达到了存货的经济性。根据库存是单周期需求，还是多周期需求，把库存分为单周期存和多周期库存两类。对单周期需求物品的库存控制是单周期库存管理，对多周期物品的库存控制是多周期库存管理。

　　所谓单周期需求，是指仅仅发生在短时间内发生较少的需求，也叫一次性订货量。单周期需求在工业企业中一般有下面两种情况：一是偶尔发生的某种物品的需求，如圣诞贺卡；二是经常发生的某种生命周期短的物品的不定量需求，如易腐物品或其他生命周期短并易过时的商品，如期刊、日报等。所谓多周期需求，是指在足够长的时间内，对某种存货重复、连续的需求，致使其库存需求必须不断地补充。多周期需求在工业企业中普遍存在。

8.3.1　单周期库存模型

　　对于单周期需求来说，库存控制的关键在于确定订货批量。订货量就等于预测的需求量。由于预测误差的存在，根据预测确定的订货量和实际需求量不可能一致。如果需求量大于订货量，就会失去潜在的销售机会，导致机会损失——订货的机会（欠储）成本。另外，假如需求量小于订货量，所有未销售出去的物品将可能以低于成本的价格出售，甚至可能报废还要另外支付一笔处理费。这种由于供过于求导致的费用称为陈旧（超储）成本。显然，最理想的情况是订货量恰恰等于需求量。

　　为了确定最佳订货量，需要考虑各种由定货引起的费用。由于只发出一次订货和只发生一次订购费用，所以订货费用为一种沉没成本，它与决策无关。库存费用也可视为一种沉没成本，因为单周期物品的现实需求无法准确预计，而且只通过一次订货满足，所以即使有库存，其费用的变化也不会很大。因此，只有欠储成本和超储成本对最佳订货量的确定起决定性的作用。确定最佳订货量可采用期望损失最小法、期望利润最大法或边际分析法。

1. 期望损失最小法

期望损失最小法就是比较不同订货量下的期望损失，取期望损失最小的订货量作为最佳订货量。

$$期望损失 = 超储损失之和 + 缺货损失之和$$

已知库存物品的单位成本为 C，单位售价为 P。若在预定的时间内卖不出去，则单价只能降为 $S(S<C)$ 卖出，单位超储损失为 $C_0 = C - S$；若需求超过存货，则单位缺货损失（机会损失）$C_u = P - C$。

设订货量为 Q 时的期望损失为 $E_L(Q)$，则取使 $E_L(Q)$ 最小的 Q 作为最佳订货量。

$$E_L(Q) = \sum_{d>Q} C_u(d-Q)p(d) + \sum_{d<Q} C_0(Q-d)p(d)$$

式中，$p(d)$ 为需求量为 d 时的概率。

例：依据过去的销售记录，顾客在夏季对某便利店微风扇的需求分布率如表 8-3 所示。

表 8-3　　　　　　　　　　　某商店微风扇的需求分布率

需求 d（台）	0	5	10	15	20	25
概率 $p(d)$	0.05	0.15	0.20	0.25	0.20	0.15

已知，每台微风扇的进价为 $C=50$ 元，售价 $P=80$ 元。若在夏季卖不出去，则每台微风扇只能按 $S=30$ 元在秋季卖出去。求该商店应该进多少微风扇为好。

解：设该商店买进微风扇的数量为 Q，则：

当实际需求时 $d<Q$，将有部分微风扇卖不出去，每台超储损失为：

$$C_0 = C - S = 50 - 30 = 20（元）$$

当实际需求 $d>Q$ 时，将有机会损失，每台欠储损失为 $C_u = P - C = 80 - 50 = 30$（元）。

当 $Q = 15$ 时，则：

$$E_L(Q) = [30 \times (20-15) \times 0.20 + 30 \times (25-15) \times 0.15] + [20 \times (15-0)$$
$$\times 0.05 + 20 \times (15-5) \times 0.15 + 20 \times (15-10) \times 0.02] = 140 \ (元)$$

当 Q 取其他值时，可按同样方法算出 $E_L(Q)$，结果如表 8-4 所示。由表可以得出最佳订货量为 15 台。

表 8-4　　　　　　　　　　　　　期望损失计算表

订货量 Q	实际需求 d						期望损失 $E_L(Q)$ (元)
	0	5	10	15	20	25	
	p (D=d)						
	0.05	0.15	0.20	0.25	0.20	0.15	
0	0	150	300	450	600	750	427.5
5	100	0	150	300	450	600	290.0
10	200	100	0	150	300	450	190.0
15	300	200	200	0	150	300	140.0
20	400	300	200	100	0	150	152.5
25	500	400	300	200	100	0	215.0

2. 期望利润最大法

期望利润最大法就是比较不同订货量下的期望利润，取期望利润最大的订货量作为最佳货量。

期望利润 = 需求量小于订货量的期望利润 + 需求量大于订货量的期望利润

设订货量为 Q 时的期望利润为 $E_p(Q)$，则：

$$E_p(Q) = \sum_{d<Q} [C_u d - C_0(Q-d)] p(d) + \sum_{d>Q} C_u Q p(d)$$

例：已知数据同上例，求最佳订货量。

解：当 $Q = 15$ 时，

$$E_p(15) = [30 \times 0 - 20 \times (15-0)] \times 0.05$$
$$+ [30 \times 5 - 20 \times (15-5)] \times 0.15 + [30 \times 10 - 20$$
$$\times (15-10)] \times 0.20 + (30 \times 15) \times 0.25 + (30 \times 15)$$
$$\times 0.20 + (30 \times 15) \times 0.15$$
$$= 287.5$$

当 Q 取其他值时，可按同样方法算出 $E_p(Q)$，结果如表 8-5 所示。由表可以得出最佳订货量为 15，与期望损失最小法得出的结果相同。

表 8 – 5 期望利润计算表

订货量 Q	实际需求 d						期望利润 $E_p(Q)$（元）
	0	5	10	15	20	25	
	$p(D=d)$						
	0.05	0.15	0.20	0.25	0.20	0.15	
0	0	0	0	0	0	0	0
5	– 100	150	150	150	150	150	137.5
10	– 200	50	300	300	300	300	237.5
15	– 300	– 50	200	450	450	450	287.5
20	– 400	– 150	100	350	600	600	275.0
25	– 500	– 250	0	250	500	750	212.5

3. 边际分析法

假定原计划订货量为 D，考虑追加一个单位订货的情况。追加 1 个单位的订货，使得期望损失变化，如果 Q 为最佳订货量，则无论增加或减少都应使损失加大。

则临界缺货概率：

$$P(D^*) = \frac{C_0}{C_0 + C_u}$$

当实际需求大于订货量 D 的概率 $P(D)$ 等于 $P(D^*)$ 时，D 就是最佳的订货量。若不存在一个 D，使得 $P(D) = P(D^*)$ 成立，则满足条件 $P(D) > P(D^*)$ 且 $P(D) - P(D^*)$ 最小的 D 就是 D^*。确定了 D^*，然后再根据经验分布就可以找出最佳订货量。

例：某批发商准备订购一批圣诞树供圣诞节期间销售。该批发商对包括订货费在内的每棵圣诞树要支付 \$2，树的售价为 \$6。未售出的树只能按 \$1 出售。节日期间圣诞树需求量的概率分布如表 8 – 6 所示（批发商的订货量必须是 10 的倍数）。试求该批发商的最佳订货量。

表 8 – 6 圣诞树需求量的概率分布

需求 d（台）	10	20	30	40	50	60
概率	0.10	0.10	0.20	0.35	0.15	0.10
p（d）	1.00	0.90	0.80	0.60	0.25	0.10

$$P(D^*) = \frac{C_0}{C_0 + C_u} = \frac{2-1}{(2-1) + (6-2)} = 0.20$$

查表可知，实际需求大于 50 棵的概率为 0.25，再结合求 D^* 的条件可以求出最佳订货量为 50 棵。

8.3.2 多周期库存模型

下面将要讨论多周期条件下的独立需求库存的基本模型：经济订购批量模型、经济生产批量模型、价格折扣模型。

1. 与库存有关的费用

与库存有关的费用分为两种：一种随库存量的增加而增加，另一种随库存量的增加而减少，正是由于这两种费用的相互作用，才有最佳经济批量。

（1）随库存量增加而增加的费用。

①资金成本。生产和存储库存物资占用了资金，虽造成机会损失，但却是维持库存物资本身所必需的花费。

②仓储空间费用。要维持库存必须建造仓库、配备设备，还有供暖、照明、修理、保管等开支。

③物资变质和陈旧。在闲置过程中，物资会发生变质或陈旧，如金属生锈、药品过期等，会造成一定的损失。

④税收和保险。两者显然与数量成正比。

如果仅有以上与库存数量正相关的费用发生，显然我们会追求库存越少越好。但是由于同时存在着以下随库存量增加而减少的费用，使得库存物资既不能太多，也不能太少。

（2）随库存量增加而减少的费用。

①订货费。订货费与发出订单活动和收货活动有关，包括评判要价、谈判、准备订单、通讯联系、收货检查等，它一般与订货次数有关，而与一次订多少无关。如果大批量订货、则分摊到每项物资上的订货费就少。

②生产管理费。指企业自己制造库存物资的费用，包括两类：一是设备调整准备费，如组织或调整生产线的有关费用，它和组织生产的次数有关，而和每次生产的数量无关；二是生产管理费，加工批量大，则每件物资分摊的管理工作量就少。

③缺货损失费。当库存不足时会造成销售机会的损失、停工待料损失、延期交货的额外支出、对需方的损失赔偿等。当不允许缺货时，缺货费用作无穷大处理。

库存总费用则是上述费用之和，模型进行优化的目标是使库存总费用最小。

2. 经济订货批量

订货批量是指花费一次订货费用所采购某种产品的数量。经济订购批量（Economic Order Quantity，EOQ）就是从库存总费用最小的原则出发确定的订货批量。经济订购批量模型最早是由 F. H. Wharris 提出的。该模型有如下假设条件：

（1）外部对库存系统的需求率已知，需求率均匀且为常量，年需求以 D 表示，单位时间需求率以 d 表示；

（2）一次订货无最大最小限制；

（3）采购、运输均无价格折扣；

（4）订货提前期已知，且为常量；

（5）订货费与订货批量无关；

（6）维持库存费是库存量的线性函数；

（7）不允许缺货；

（8）补充率为无限大，全部订货一次交付；

（9）采用固定量系统。

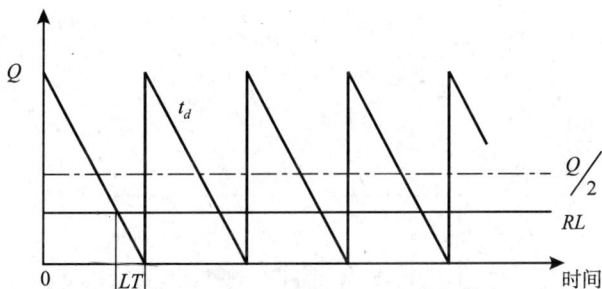

图 8 - 5　经济订货批量假设下的库存量变化

在以上假设条件下，库存量的变化如图 8 - 5 所示。从图 8 - 5 可以看出，系统的最大库存量为 Q，最小库存量为 0，不存在缺货。库存按数值为 d 的固定需求率减少。当库存量降低到订货点 RL 时，就按固定订货量 Q 发出订货。经过一固定的订货提前期 LT，新的一批订货 Q 到达（订货刚好在库存变为 0 时到达），库存量立刻达到 Q。显然，平均库存量为 $Q/2$。

在 EOQ 模型的假设条件下：

$$C_T = C_H + C_R + C_P = H(Q/2) + S(D/Q) + pD$$

式中：C_T 为年库存总费用；

　　　C_H 为年维持库存费；

　　　C_R 为年补充订货费；

　　　C_P 为年购买费（加工费）；

S 为一次订货费或调整准备费；

H 为单位库存维持费，（$H=p \cdot h$，p 为单价，h 为资金效果系数）；

D 为年需求量。

年维持库存费 C_H 随订货批量 Q 增加而增加，是 Q 的线性函数；年订货费 C_R 与 Q 的变化成反比，随 Q 增加而下降，不计年采购费用 C_P，总费用 C_T 曲线为 C_H 曲线 与 C_R 曲线的叠加。C_T 曲线最低点对应的订货批量就是最佳订货批量，如图 8-6 所示。

$$Q^* = EOQ = \sqrt{\frac{2DS}{H}}$$

式中，Q^* 为最佳订货批量或称经济订货批量。

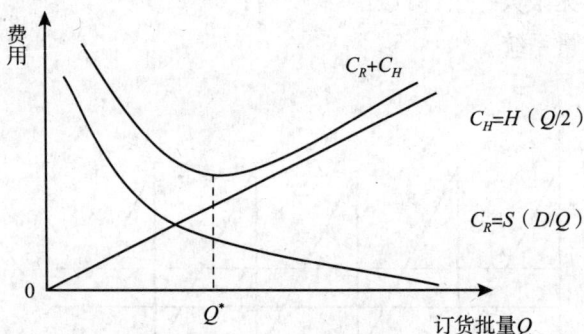

图 8-6 年费用曲线

订货点 RL 可按下式计算：

$$RL = D \cdot LT$$

在最佳订货批量下：

$$C_R + C_H = S(D/Q^*) + H(Q^*/2) = \frac{DS}{\sqrt{\frac{2DS}{H}}} + \frac{H}{2}\sqrt{\frac{2DS}{H}} = \sqrt{2DSH}$$

例：根据生产的需要，某企业每年以 20 元的单价购入一种零件 4 000 件。每次订货费用为 40 元，资金年利息率为 6%，单位维持库存费按所库存物价值的 4% 计算。若每次订货的提前期为 2 周，试求经济订货批量、最低年总成本、年订购次数和订购点。

解：由已知可知 $p = 20$ 元/件，$D = 4\,000$ 件/年，$S = 40$ 元，$LT = 2$ 周。H 则由两部分组成，一是资金利息，一是仓储费用，即：

$$H = 20 \times 6\% + 20 \times 4\% = 2 \text{ 元/件·年}。$$

因此, $EOQ = \sqrt{\dfrac{2DS}{H}} = \sqrt{\dfrac{2 \times 4\,000 \times 40}{2}} = 400（件）$

最低年总费用为:

$C_T = p \times D + (D/EOQ) \times S + (EOQ/2) \times H = 4\,000 \times 20 + (4\,000/400) \times 40 + (400/2) \times 2 = 80\,800$（元）

年订货次数 $n = D/EOQ = 4\,000/400 = 10$（次）

订货点 $RL = (D/52) \cdot LT = 4\,000/52 \times 2 = 153.8$（件）

注意:上面的 EOQ 模型是针对单一物资而言的,如果对于多项物资,则可通过对每项物资独立使用 EOQ 模型来整体优化。

EOQ 模型的实用性

EOQ 模型最早由 F. W. Harris 于 1915 年提出,在库存决策中广泛应用。该模型一个比较实用的特性是参照经济批量 Q^* 设置库存量 Q,即使由于其他条件限制而与 Q^* 有一定的偏差,对平均库存总成本的影响也较小。

下面对 EOQ 模型这种颇似"方向标"的特性加以证明。

库存总费用 $TC(Q) = \dfrac{1}{2}QCI + \dfrac{D}{Q} \cdot S + CD$

不考虑上式中的常数项 CD,并将经济批量 Q^* 代入,则得:

$$TC(Q^*) = \frac{1}{2}Q^*CI + \frac{D}{Q^*} \cdot S$$

同时 $TC(Q) = \dfrac{1}{2}QCI + \dfrac{D}{Q} \cdot S$

于是有 $\dfrac{TC(Q)}{TC(Q^*)} = \dfrac{(Q^2CI + 2DS) \cdot Q^*}{(Q^{*2}CI + 2DS) \cdot Q}$

已知经济批量 $Q^* = \sqrt{\dfrac{2DS}{CI}}$ 有 $2DS = Q^{*2}CI$,代入上式

$$\frac{TC(Q)}{TC(Q^*)} = \frac{(Q^2CI + 2DS) \cdot Q^*}{(Q^{*2}CI + 2DS) \cdot Q} = \frac{1}{2} \cdot \frac{Q^{*2} + Q^2}{Q^2 \cdot Q} = \frac{1}{2}\left(\frac{Q}{Q^*} + \frac{Q^*}{Q}\right)$$

由上式可见,如果 $Q/Q^* = 2$,即 Q 的偏差高达 100%,但 $\dfrac{TC(Q)}{TC(Q^*)} = \dfrac{1}{2} \cdot \left(2 + \dfrac{1}{2}\right) = 1.25$,即库存总成本仅增加 25%。如果对单位产品成本和年需求量的估算有一定误差,对库存总成本也不会造成太大的影响,这正是 EOQ 模型比较实用的特性,经济批量 Q^* 是库存设置的"方向标"。

资料来源:马士华著. 现代生产与运作管理. 经济管理出版社,1997.

3. 有数量折扣的经济订货批量问题

前面讨论 EOQ 模型时的一个基本假设是设有数量折扣，而现实生活中，"量大从优"却是商家经常给予的价格优惠，以刺激需求诱发购买行为。如图 8 - 7 所示，有两种数量折扣的情况，采购批量小于 Q_1 时，单件为 P_1；当采购批量大于或等于 Q_1 而小于 Q_2 时，单价为 P_2；当采购批量大于或等于 Q_2 时，单价为 P_3。同时有 $P_3 < P_2 < P_1$。

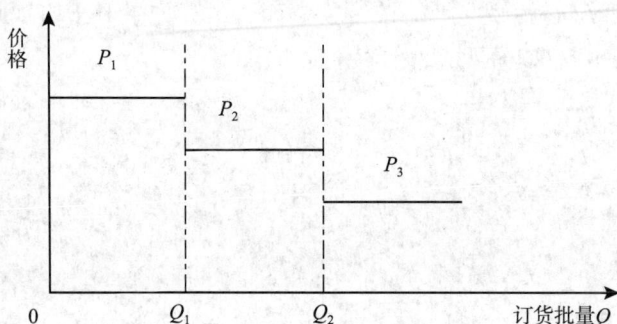

图 8 - 7 有数量折扣的价格曲线

如果订货量大于供应商规定的折扣数量，如图 8 - 7 的 Q_1 或 Q_2，则购买者自然愿意接受优惠的价格。但是当订货量小于这一限量时，购买方是否应该增大订货量而争取数量折扣则应该仔细考虑。因为购货厂家在争取数量折扣时，虽然可以使库存的单位成本下降，订货费用减少，运输费用降低，缺货损失减少，抵御涨价的能力增强，但同时库存量加大，库存管理费用上升，流动资金周转减慢，库存货品还可能陈旧、老化。综合考虑可见，问题的关键在于增加订货后是否有净收益，若接受折扣所产生的总费用小于订购 EOQ 经济批量所产生的总费用，则应增加订货量而争取数量折旧。

有数量折扣的经济批量模型的假设与 EOQ 模型假设区别仅有一点，即允许有价格折扣，这时物资单价不是固定的，而库存保管费用与物资单价有关，于是导致不同价格水平下库存总费用不同。图 8 - 8 所示模型中 P_1、P_2、P_3（$P_3 < P_2 < P_1$）分别是三种不同订货数量界限下的价格，年订货费与价格折扣无关，于是总费用曲线是一条不连续的曲线，最经济的订货批量仍然是总费用曲线上最低点所对应的数量。

求有数量折扣的经济批量可按如下步骤进行：

第一步：取最低价格代入基本 EOQ 公式求出最佳经济批量 Q^*，若 Q^* 落在 TC 曲线上则可行，即得到最优订货批量。否则转第二步。

第二步：取次低价格代入基本 EOQ 公式求出 Q^*，若 Q^* 可行，计算订货量为 Q^*

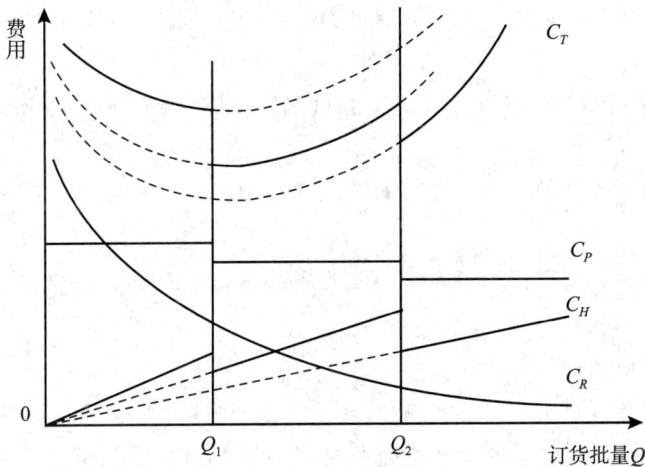

图 8-8 有两个折扣点的价格折扣模型的费用

时的总费用 TC 以及所有大于 Q^* 的数量折扣点（TC 曲线中断点）所对应的总费用，取其中最小者对应的数量作为最优订货批量，停止。

第三步：若第二步中求得的 Q^* 不可行，则重复第二步直至找到一个可行的 EOQ 为止。

例：某公司每年要购入 3 600 台电子零件。供应商的条件是：①订货量大于等于 125 台时，单价 32. 50 元；②订货量小于 125 台时，单价 35. 00 元。每次订货的费用为 10. 00 元；单位产品的年库存维持费用为单价的 15%。试求最优订货量。

解：这是一个典型的数量折扣问题，求解步骤如下：

第一步，当 $P = 32. 50$ 时，$H = 32. 50 \times 15\% = 4. 88$，$S = 10. 00$，$D = 3\ 600$。

则：

$$EOQ(32. 50) = \sqrt{\frac{2 \times 3\ 600 \times 10}{4. 88}} = 121 \text{（台）}$$

因为只有当订货量大于等于 125 台时，才可能享受单价为 32. 50 元的优惠价格，也就是说，121 台是不可行的（即 121 台所对应的点不在曲线 C_T 的实线上）。

第二步，求次低的单价 $P = 35. 00$ 元时的情况。此时：

$$H = 35. 00 \times 15\% = 5. 25,\ S = 10. 00,\ D = 3\ 600。$$

$$EOQ(35. 00) = \sqrt{\frac{2 \times 3\ 600 \times 10}{5. 25}} = 117 \text{（台）}$$

当单价为 35. 00 元时，经济订货批量取 117 台时，这与供应商的条件是不矛盾的，因而 117 台为可行的订货量。在这里，订货量大于 117 台的数量折扣点只有一个，即 125 台。因此应该分别计算订货量为 117 台和 125 台时的总成本 C_T（117）和 C_T（125）。

$$C_T(117) = (117/2) \times 5.25 + (3\ 600/117) \times 10.00 + 3\ 600 \times 35.00 = 126\ 614.82$$
（元）

$$C_T(125) = (125/2) \times 4.88 + (3\ 600/125) \times 10.00 + 3\ 600 \times 32.50 = 117\ 593.00$$
（元）

由于 $C_T(125) < C_T(117)$，所以最优订货批量应为 125 台。

4. 经济生产批量模型

EOQ 假设整批订货在一定时刻同时到达，补充率为无限大。这种假设不符合企业生产过程的实际。一般来说，在进行某种产品生产时，成品是逐渐生产出来的。也就是说，当生产率大于需求率时，库存是逐渐增加的，不是一瞬间上去的。要使库存不致无限增加，当库存达到一定量时，应该停止生产一段时间。由于生产系统调整准备时间的存在，在补充成品库存的生产中，也有一个一次生产多少的最经济的问题，这就是经济生产批量问题。经济生产批量（Economic Production Lot，EPL）模型，又称经济生产量（Economic Production Quantity，EPQ）模型，其假设条件除与经济订货批量模型第 8 条假设不一样之外，其余都相同。

图 8-9 描述了在经济生产批量模型下库存量随时间变化的过程。生产在库存为 0 时开始进行，经过生产时间 t_p 结束，由于生产率 q 大于需求率 d，库存将以（$q-d$）的速率上升。经过时间 t_p，库存达到 I_{max}。生产停止后，库存按需求率 d 下降。当库存减少到 0 时，又开始了新一轮生产。Q 是在 t_p 时间内的生产量，Q 又是一个补充周期 T 内消耗的量。

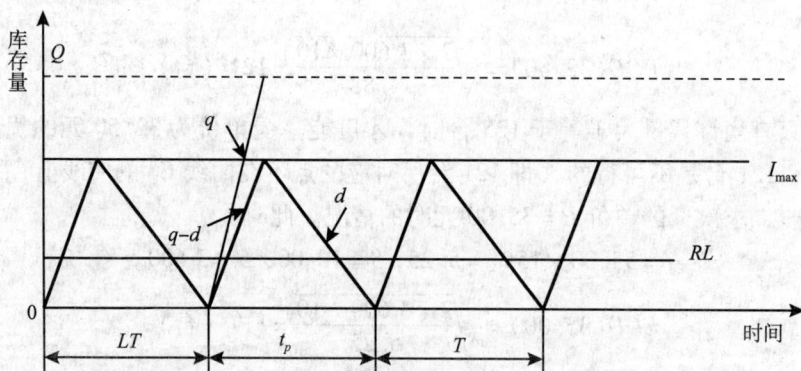

图 8-9 经济生产批量模型假设下的库存量变化

图 8 -9 中，q 为生产率（单位时间产量）；d 为需求率（单位时间出库量），$d < q$；t_p 为生产时间；I_{max} 为最大库存量；Q 为生产批量；RL 为订货点；LT 为生产提前期。

在 EPL 模型的假设条件下，C_P 与订货批量大小无关，为常量。与 EOQ 模型不同的是，由于补充率不是无限大，这里平均库存量不是 $Q/2$，而是 $I_{max}/2$。于是：

$$C_T = C_H + C_R + C_P = H(I_{max}/2) + S(D/Q) + qD$$

问题现在归结为求 I_{max}。由图 8 -9 可以看出：

$$I_{max} = t_p(q - d)$$

由 $Q = qt_p$，可以得出 $t_p = Q/q$。所以：

$$C_T = H(1 - d/q)Q/2 + S(D/Q) + qD$$

可以得出：

$$Q^* = EPL = \sqrt{\frac{2DS}{H\left(\frac{1-d}{q}\right)}}$$

例：根据预测，市场每年对某公司生产的产品的需求量为 9 000 台，一年按 300 个工作日计算。生产率为每天 50 台，生产提前期为 4 天。单位产品的生产成本为 60 元，单位产品的年维持库存费为 30 元，每次生产的生产准备费用为 40 元。试求经济生产批量 EPL、年生产次数、订货点和最低年总费用。

解：这是一个典型的 EPL 问题，将各变量取相应的单位，代入相应的公式即可求解。

$d = D/N = 9\,000/300 = 30$（台/日）

$$EPL = \sqrt{\frac{2DS}{H(1 - d/q)}} = \sqrt{\frac{2 \times 9\,000 \times 40}{30 \times (1 - 30/50)}} = \sqrt{60\,000} = 245\text{（台）}$$

年生产次数 $n = D/EPL = 9\,000/245 = 36.7$（次）

订货点 $RL = d \cdot LT = 30 \times 4 = 120$（台）

最低年库存费用

$C_T = H(1 - d/q)Q/2 + S(D/Q) + qD = 30 \times (1 - 30/50) \times (245/2) + 40 \times (9\,000/245) + 60 \times 9\,000 = 542\,939.4$（元）

EPL 模型比 EOQ 模型更具一般性，EOQ 模型可以看作 EPL 模型的一个特例。当生产率 q 趋于无限大时，EPL 公式就同 EOQ 公式一样。

EPL 模型对分析问题十分有用。由 EPL 公式可知，一次生产准备费 S 越大，则经济生产批量越大；单位维持库存费 H 越大，则经济生产批量越小。在机械行业，毛坯的生产批量通常大于零件的加工批量，是因为毛坯生产的准备工作比零件加工的准备工作复杂，而零件本身的价值又比毛坯高，从而单位维持库存费较高。

【本章小结】

库存水平的高低，对企业的生产经营将产生重要的影响。必要的库存数量是防止供应中断，交货期延误，保证生产连续和稳定的重要条件，它有利于提高供货的弹性，适应需求变动、减少产销矛盾。但过多的库存掩盖生产中的各种问题，如计划脱节、管理不到位、废次品和在制品过多等问题。因此，在一定的生产技术和经营管理水平下，加强库存控制，使库存保持在经济合理的水平上就显得尤为重要。

库存控制系统的主要控制因素有两个，即时间和数量。库存控制是通过订货的时间和订货的数量实现库存控制的。库存控制就是要解决何时订货和每次订多少货这两个基本问题。使库存水平不但在时间上，而且在数量上都经济合理。在订货数量一定的条件下，订货时间过迟，将造成物资供应脱节，生产停顿；订货时间过早，将使物资储存时间过长，储存费用和损失增大。在订货时间一定的条件下，订货数量过少，会使物资供应脱节，生产停顿；订货数量过多，会使储存成本上升和储存损耗增大。选择合适的库存模型和库存制度使库存水平在时间和数量上经济合理，是库存理论研究的主要内容。

【推荐读物】

1. 梁修臣，王俊松. 一汽丰田"零库存"供应商管理 [J]. 科技信息，2010（20）.

2. 张正祥，牛芳. 供应链管理环境下的单周期库存控制建模及优化 [J]. 工业工程与管理，2002（4）.

【复习与思考】

1. 库存在生产过程中起着怎样的作用？
2. 什么是最能反映库存本质的分类标准？
3. EOQ 模型有哪些假设条件？它如何在生产实际中应用？

【网上练习】

美国生产与库存管理协会（APICS）：http：// www. apics. org/.

【案例】

北京某空调批发公司的库存管理

1. 背景

北京一家空调批发公司，它的客户既有像西单、蓝岛、双安这样的大商场，也有北京街头很多地方可看到的空调专卖店，大致能有几十家，大商场的销售占主要部分。公司主要出售三家公司的空调产品：美的、日立、三菱，其中美的的产品占公司绝大部分，经营空调的品种大约为 50 种，公司的销售已经达到了 1 亿元。假设一个空调的平均单价为 2 000 元，1 年销售空调的数量将大致为 5 万台，这 5 万台空调绝大部分集中在 1 年的 3 个月或更短时间中销售，公司的财务部人员为 5 位，主要业务就是核算与供应商及客户的往来账和库存商品的明细账。公司的仓库较小，仅有一位库管员。它的主要供应商"美的"必须采用预付款的方式进行往来结算，而其他两家可以采用赊购的方式。

2. 存货系统现状

这个企业在库存管理上，存在三个方面的问题：

（1）由于 5 万台空调集中在比较短的时间里采购与销售，在空调热卖的日子里，每天出入库的单据特别多，加上公司的人手少，手工根本无法完成库存明细账的记录，所以经常当公司经理想知道哪种空调库存还剩多少的时候，财务部不能提供信息，这样就会带来很多问题：第一，因为库存信息的不准，不好判断未来将要采购多少。第二，有可能丧失销售的好机会。第三，由于库存账的混乱，可能会引起库存商品的丢失，造成公司的损失。所以对企业的库存管理，公司经理非常着急。

（2）因为企业的库存账是依据入、出库单记录的，所以当空调已经销售开票，卖给客户了，只要暂时尚未出库时，库存商品账将不能反映这种"出库"，由此，企业"真正的"库存信息就不能加以披露，这样可能会为企业采购决策的制定带来问题，同时，也会影响企业的销售。

（3）因为一个完整的空调是由室内机、室外机和其他的零部件组成，在手工条件下的库存品明细账上，很难进行空调的零部件组合，进行"成套件"管理。

3. 应用效果分析

该公司应用了商业进销存软件之后，解决了三大问题：第一，库存商品明细账记录得准确、清楚、及时了。尤其是库存结余信息的及时披露，为企业的采购与销售环节的管理提供了依据。库存商品账的清楚也防止了库存管理中的漏洞。由于绝大部分入、出库单由采购进货单与销售发票直接产生，消除了手工管理中某些环节，把进销存三个环节紧密地联系在一起，这种联系手工是无法做到的。第二，根据企业管理的需要，库存结余信息的披露既考虑到了已采购但暂时未入库的因素，又考虑到已销售但暂时未出库的因素，为企业采购与销售的管理提供了更为全面的依据。第三，成套软件管理的应用，使库存信息提供的更加准确、清楚。这些效果的取得，是企业在计算机系统的帮助下，规范企业的业务处理流程，去掉不必要的中间管理环节，规范原始的业务单据而取得的。对这个企业可以说，计算机系统的应用使企业的管理提高了一大步。

资料来源：http：//jingpin. sqzy. edu. cn/ec2006/C139/jxzy.

【讨论题】

存货管理系统应该为管理者提供哪几种库存信息？你认为在企业的库房必须有一台与企业其他部门联网的计算机吗？如果需要，此台计算机将要输入哪些单据？如何处理这些单据？这些单据是如何产生的？

第9章

物料需求计划技术发展与实施

【学习目标】

1. 掌握物料需求计划（MRP）基本原理及其计算过程。

2. 认识物料需求计划（MRP）发展过程及其制造资源计划（MRPⅡ）基本原理和功能。

3. 理解制造资源计划（MRPⅡ）在信息化供应链运作模式新发展企业资源计划（ERP）功能。

4. 了解企业资源计划实施组织常见问题处理方法。

【管理案例】

天津泵业 ERP 应用效果"用数字说话"

王昕和他的同事们，爱把自己供职的天津泵业机械集团有限公司称为"天津泵业"。而说起天津泵业的历史，往往又会追溯到最早的"天津水泵二厂"——创建于1956 年的一家纯粹的国家重点骨干大型企业。天津泵业是我国第一台螺杆泵、船用离心泵和潜油电泵的诞生地，同时每年可向石油、化工、机械、造船、冶金、纺织、电站、食品、农业、建筑、造纸、水利、环保、国防等国民经济行业提供130 多个系列、600 多个品种、4 000 多个规格型号的产品；产品制造技术达到国际先进水平，并已出口新加坡、加拿大、希腊、韩国、伊朗、叙利亚、巴基斯坦、越南、印度、俄罗斯、苏丹等国家；天津泵业集团年产值可达3 亿元。

尽管王昕并不是"土生土长"的天津泵业人，尽管他加盟天津泵业才有不到2年的时间，尽管他主要是负责企业信息化工作，身为天津泵业的信息部部长，一直在策划和经营着天津泵业的信息化事业。通过与王昕交流，得知他的机械专业背景让他在泵业生产中有了用武之地，但是自2003 年开始接触企业 ERP 项目之后，王昕就着手钻研 ERP，并调查和研究了多家企业 ERP 上线的得与失，最终把自己的经验运用到了天津泵业 ERP 上线的工作中。

天津泵业 ERP 项目是在 2008 年 2 月份开始实施，项目实施分为了三期：一期进销存物流管理、二期生产管理和三期财务及成本管理。进销存物流管理部分是在 2008 年 7 月开始试运行，生产管理部分在 2008 年 11 月开始试运行，财务成本管理部分在 2009 年 4 月开始试运行。目前天津泵业使用的 ERP 管理系统已经全面上线，ERP 系统中物料品号有 4 万多种，产品 BOM 有 1 万多个，实现了从接单、计划排产、材料采购、生产制造、物流发货的全面信息化管理。

但是，项目实施的周期还是比较长，王昕认为主要原因是耽误在了对基础数据的收集和整理上，用时长达 8 个月。尽管如此，最终还是通过 ERP 系统的数据验证，使得 BOM 的准确率达到了 95%。

天津泵业有 20 座仓库，包括各车间仓库，每个月的工单量在 2 500 张，其中委外工单有 500 张左右。生产计划按照销售订单用净需求进行计算，并自动生成车间工单和采购单。

以前，天津泵业在销售部门内以简单软件处理订单及出货作业，相对其他部门是一个典型的"信息孤岛"，而生产计划系统、应收管理系统全靠手工传递信息。当受订的商品种类及客户数繁多时，对于相关文件的调阅查询和异动信息的登录、更新，都是非常繁琐，容易出错且延误时效，对出货的进度也难以控制。

ERP 销售管理子系统上线的目的，就是要将销售、生产、存货、应收、成本管理集成到一个平台下，最大限度地满足客户的交期需求。

在采购管理方面，天津泵业以前的采购管理基本上是靠采购员的经验及各自的方式管理，对供应商的控制、进度控制等显得薄弱。而在应用了规划的采购管理系统之后，只需将每笔采购单录入系统，即可获得料件采购进度查询、预计进货查询、供应商进度查询等，极大地提高了采购满足于生产的能力。

至于存货管理的基本工作，除了记载和保留出入库的交易信息外，最重要是要实时提供各种相关报表，以供管理者了解库存状况，而后才能做出适当的采购或存货处分等决策。但天津泵业以前的存货管理工作，只能做到记录库存交易信息，对于相关报表的编制则感到力不从心，即使勉强为之，又因作业费时常常会失去时效性。

存货管理系统上线以后，库存管理得到极大的改善。进销存上线 3 个月后甩掉了手工账，实现了通过 ERP 系统报表进行库存数量的实时查询。可以利用计算机的快速处理及大量保存能力，替换人工完成各项作业。同时，库存金额账完全由 ERP 系统进行计算，财务进行跟踪和稽核，摆脱了过去库管手工和金额账都管，却又都不准的现象，做到了职责明细。财务成本核算以前采用计划价，后改为实际成本（月加权平均），通过 ERP 系统能够计算每张工单的实际成本。

王昕把天津泵业 ERP 上线的应用效果也做了相应的概括：销售管理实现了订单进度即时查询，实现了信息控制，降低了呆、死账的风险；实现了应收账款逐笔分析账龄；生产管理在做生产计划排程时，由过去的 2 天缩短为 10 分钟，实现了净需求计算对降低库存、成本控制产生的积极影响，且每笔工单进度可即时跟踪；存货管理中的库存状况，各岗位可以即时查询，盘点时间由过去的 3 天盘不清，改善为 1 天盘清；成本管理通过超交控制、超领控制、超入控制等环节，完成了人工管理不可能做到的生产成本控制，实现了按工单、按产品计算实际生产成本。

王昕最后"用数字说话"："ERP 上线一年后，我们的存货金额降低了 50%，剔除因产值下降备货量减少等因素后，降低了 25%；订单交期符合率提升至 95%；在销售额降低的背景下，净利润较 2008 年同期提高 48.9%。"

资料来源：http://erp.vsharing.com, 2011-2-12.

【重要概念】

物料需求计划（Material Requirement Planning）；制造资源计划（Manufacturing Resource Planning）；企业资源计划（Enterprise Resource Planning）；企业资源计划实施（ERP Implementation）。

9.1 物料需求计划

物料需求计划是 20 世纪 60 年发展起来的一种计算物料需求量和需求时间的系统，是对构成产品的各种物料的需求量与需求时间所做的计划，它是企业生产计划管理体系中作业层次的计划。这里的"物料"泛指原材料、在产品、外购件以及产成品。物料需求计划极大地提高了制造业生产计划的准确性和可靠性，真正起到了指导生产实际的作用。

9.1.1 MRP 的基本原理

1. 物料需求计划的基本思想

MRP 是英文 Material Requirements Planning 的缩写。MRP 系统与传统的库存管理方法不同，它不是直接反映市场环境的独立需求关系，而是表现为伴随着产品生产的相关需求关系。20 世纪 20 年代以来，在生产计划和库存管理方面一直流行的是订货点法，随着新产品、新材料的不断涌现，以及企业由大量生产转入多品种小批量的生产，早期在大量生产中行之有效的许多生产管理方法在多品种小批量生产中已经不适应了。订货点法无法预测未来需求的变化，不能按照各种物料真正需要的时间来确定订货日期，不得不靠较大数量的安全库存来适应市场的变化。于是，生产管理学家开始探索怎样才能在规定的时间、规定的地点、按照规定的数量得到真正需要的物料，1975 年美国的约瑟夫·奥里奇提出了 MRP 的思想，即根据生产计划实现准时制生产，并减少库存。

物质资料的生产是将原材料转化为产品的过程。对于加工装配式生产来说，如果确定了产品出产数量和出产时间，就可按产品的结构确定产品的所有零件和部件的数量，并可按各种零件和部件的生产周期，反推出它们的出产时间和投入时间。物料在转化的过程中，需要不同的制造资源（机器设备、场地、工具、工艺装备、人力和资金等），有了各种物料的投入出产时间和数量，就可以确定对这些制造资源的需要数量和需要时间，这样就可以围绕物料的转化过程，来组织制造资源，实现按需要准时生产。

按照 MRP 的基本思想，从产品销售到原材料采购，从自制零件的加工到外协零件的供应，从工具和工艺装备的准备到设备维修，从人员的安排到资金的筹措与运用，都要围绕 MRP 的基本思想进行，从而形成一整套新的方法体系，它涉及企业的每一个部门、每一项活动。因此，我们说，MRP 是一种新的生产方式。

具体来说，MRP 是以计算机辅助生产计划、作业计划和库存控制为中心的系统，它能根据产品构成表和库存状态自动地编制出组成产品的零部件与物料的需要量，并按交货期制定出零部件的生产进度和原材料、外购件的供货日程。情况发生变化时，还可以根据紧急情况调整生产的优先顺序，重新编制出符合新情况的生产作业计划。MRP 的处理过程如图 9－1 所示。

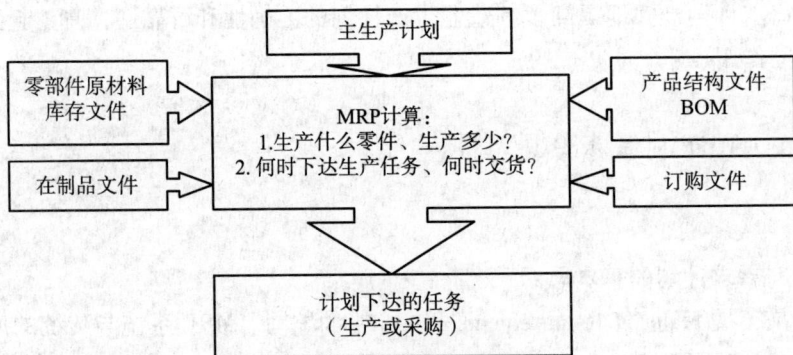

图 9－1　MRP 的处理过程

2. 物料需求计划中的几个基本概念

（1）独立需求与相关需求。企业所有系统的目的都是为了满足顾客的需求。一个产品及其零部件各有不同的需求来源。某些需求取决于其他的需求，而另一些需求则来自于顾客的指定。事实上，从某种意义上来说，第一种需求也间接地受到顾客需求的影响。因此，可以将产品或零件的需求分为独立需求与相关需求。

独立需求。指某种库存项目的需求与其他库存需求是无关的，即此种需求不会受到其他产品或需求的影响。如纸张的需求量是根据市场预测或订货合同确定的，该种需求是由企业外部因素确定的，属独立需求。

相关需求。指某种库存项目的需求与其他库存项目需求直接相关，即一个需求项目的变化会导致另一个需求项目的变化，这种相互影响的需求项目就是相关需求。

需求项目之间的相互影响有两种方式：一种是纵向相关，即当一种产品是由其他零部件组成时，对这种产品的需求就必然会导致对它组成部件的需求，例如照相机与闪光灯之间的相关性；另一种相关性是横向相关，即一种需求的变化会引起另一种需求的变化，如照相机的需求量增加会引起胶卷的需求量的增加。

对独立需求和相关需求的认识，是 MRP 的重要原理之一，是库存理论的一大进步，生产中的库存控制主要对象就是相关需求。两者的关系是：当独立需求，即企业的最终产品确定以后，对零部件的需求可根据产品与零部件的关系计算出来。产品的需求量决定了部件的数量，部件的数量决定组件的数量，组件的数量决定了零件的数量，这是一种纵向的从属关系。另外，还有横向的从属关系，如随产品出厂的备件、附件等，数量较少，是次要的。

MRP 系统主要是为装配型产品生产所设计的生产计划与控制系统，它的基本工作原理是满足相关需求。MRP 中的物料指的是构成产品的所有物品，包括零部件、外购件、标准件以及生产零部件所需的毛坯和原材料等，这些物料的需求属于相关需求，其特点是：

首先，需要量与需要时间明确并且是已知的。产品中各种物料的需求取决于产品的需求量。因为单位产品所需的零部件种类与数量在产品设计中已经确定。所以当产品生产计划确定下来以后，构成产品的物料的需要量也随之确定，并可以直接根据产品计划定额计算出来。

其次，需求呈现批量性且分时段。产品装配生产的间断性决定了对产品零部件需求的成批性和分时性，即每一段时间出产一批，呈现出离散性。它们的生产或采购的批量要按实际的需求量确定。

最后，保证供应。对物料的需求是根据产品生产计划确定的，并且必须要保证产品生产所需全部物料的供应。这就要求企业必须按生产计划的时间和数量的要求，保证供应产品所需要全部物料。这种保证不能单纯依靠加大库存量或储备保险储备量，而是要靠周密的计划和控制。

（2）时间分段。所谓时间分段是指生产计划的最小时间单元。在传统的多品种批量生产类型的库存控制中，往往以月份为计划期长度，并且只计划产品的产出量，不计划零件库存的出库时间，即库存状态记录没有时间坐标。MRP 要实现准时生产，需要建立库存的时间坐标，所以要有时间分段。

按时间分段计算物料需求是 MRP 的另一重要原理。时间分段通常以工厂日历为依据。工厂日历是扣除节假日和厂休日以后的日历。分段长度可以是天、周、月等，按生产周期的长度和计划控制精度确定，时间分段越短，计划精度越高，但计算时间也会成倍增加，管理难度也增大。目前大多数企业取周为时间分段。

下面通过表 9 - 1 来说明 MRP 是如何利用时间分段作库存计划与控制的。

表 9 - 1　　　　　　　　　　　　　　　物料需求计划

记录项目	时间分段								
	0	1	2	3	4	5	6	7	8
需求量		30		10	40			45	35
期初库存量	50	50	20	20	10			30	15
计划入库					30		30	30	30
计划订单下达			30		30	30	30		

表 9 - 1 的零件订货（生产）批量为 30 件，订货提前期为 2 周。在时间分段的第 1、3、4、7、8 周有需求，期初库存量为 50 件。由于第 1、3 周的需求量总共只有 40 件，小于库存数，所以在第 1 周不下达订单。到第 4 周初只有 10 件库存，而需求是 40 件，所以要提前 2 周，在第 2 周下达订单，一批 30 件，到第 4 周入库，加上库存 10 件，正好满足需求，这时库存为 0。由于第 7 周的需求为 45 件，订一批不够，所以在第 4、5 两周连续各下达订单，在第 6、7 周各入库一批零件，并在第 7 周发出 45 件。到第 8 周有库存 15 件，不能满足 35 件需求；所以在第 6 周下达订单，第 8 周入库。由此可见，MRP 的零件计划完全根据产品需求的数量与时间计算，基本上达到准时生产的要求。为零件确定订购批量是为使零件生产计划更规范，更便于管理。

3. MRP 适应相关需求的功能设置

为适应相关需求的特点，MRP 系统应具有以下的计划与控制功能：

（1）向生产和供应部门提供准确和完整的物料清单，包括它们的需要期限；

（2）充分利用库存来控制进货量和进货时间，在保证满足生产需要的前提下把库存保持在最低水平；

（3）按照产品的生产进度要求，并根据零部件的工艺路线和定额工时，提出对各生产周期内有关生产单位的生产能力需要量计划；

（4）对物料项目做合理的顺序安排，列出每个周期应优先处理的项目，以保证生产活动始终按产品的生产进度的要求进行；

（5）动态跟踪生产计划的实施，保证物料需求计划的灵活性。

4. MRP 的工作目标

结合相关需求的特点和改善企业生产经营需要，人们对 MRP 系统提出了以下的目标：

（1）最大限度地保证订货任务的按期完成；

（2）提高库存管理水平，最大限度降低库存量（包括中间库存和在制品库存），减少库存占用的资金；

（3）提高计划的实用性，实现均衡生产；

（4）集成管理职能，提高管理效率。

MRP 系统的基本指导思想是，在需要的时候，向需要的部门，按需要的数量，提供所需要的物料，既要防止物料供应无法满足生产的需求，也要防止物料过早过多的出产和进货，以免造成库存积压。

9.1.2　MRP 系统的基本组成

物料需求计划的制定需要依据产品的出产计划、产品的零部件组成和各种物料的库存量等的数据资料。因此，MRP 系统应包括对这些部分的管理功能，以及生成和输出 MRP 计划与其他计划与其他各种报表的功能。图 9 - 2 表示基本 MRP 系统的组成。

9.1.3　MRP 的输入

基本 MRP 系统由 3 个子系统组成：主生产计划、产品结构文件和库存状态文件。

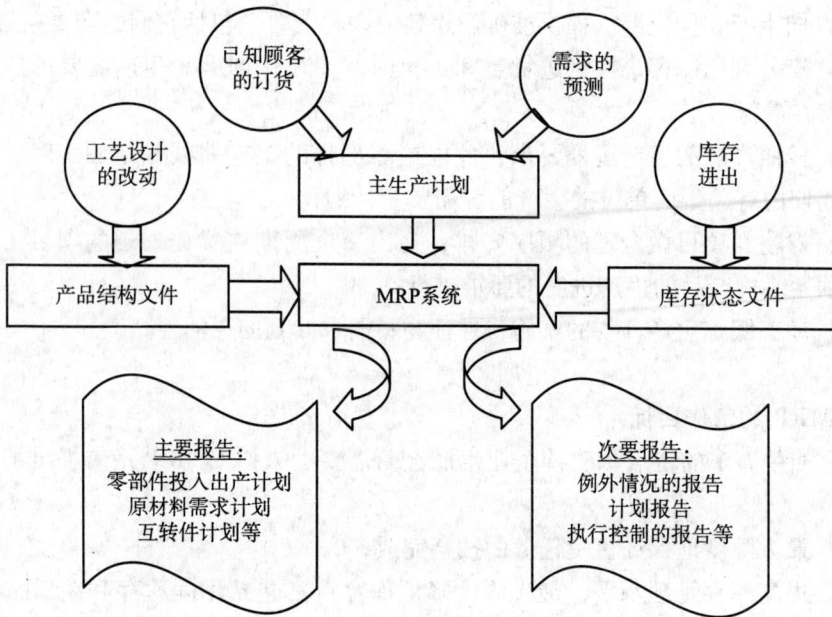

图 9 - 2　MRP 系统的基本组成

1. 主生产计划

主生产计划是 MRP 的系统的主要输入，是 MRP 的驱动力量。主生产计划中所列的是最终产品项。它可以是完整的产品，也可以是零部件，总之，是企业向外界提供的东西。

主生产计划中规定的出产数量可以是总需要量，也可以是净需要量。如果是总需要量，需要扣除现在库存量，才能得到需要生产的数量；若是净需要量，则说明已扣除现在库存量，可按此计算对下层元件的总需要量。一般来说，在主生产计划中旬出的为净需要量，即需要生产的数量。于是，由顾客订货或预测得出的总需要量不能直接列入主生产计划，而要扣除现在库存量，算出净需要量。

表 9 - 2 是一个主生产计划的一部分。表示产品 A 的计划出产量为：第 5 周 10 台，第 8 周 15 台；产品 B 的计划产量为：第 4 周 13 台，第 7 周 12 台；配件 C，第 1~9 周每周出产 10 件。

表 9 - 2　　　　　　　　　　　　　主生产计划

周次	1	2	3	4	5	6	7	8	9
产品 A（台）					10			15	
产品 B（台）				13			12		
配件 C（件）	10	10	10	10	10	10	10	10	10

主生产计划的计划期，一定要比最长的产品生产周期长。否则，得到的零部件投入出产计划不可行。主生产计划的滚动期应同 MRP 的运行周期一致。如果 MRP 每周运行一次，则产品出产计划每周更新一次。

另外，可以把主生产计划从时间上分成两部分，近期为确定性计划，远期为尝试性计划。这是由于近期需要的产品项目都有确定的顾客订货，而远期需要的产品，只有部分是顾客订货，而另一部分是预测。确定性计划以周为计划的时间单位，尝试性计划可以以月为计划的时间单位。没有尝试性计划往往会失去顾客，因为很多顾客订货较迟，而交货又要求比较急。随着时间的推移，预测的订货将逐步落实到具体顾客身上。

2. 产品结构文件

产品结构文件（产品结构树）又称为物料清单文件（Bill of Materials，BOM），它不只是所有零部件的清单，还反映了产品项目的结构层次以及制成最终产品的各个阶段的先后顺序。参见图 9－3。

产品结构文件由零部件名称、相互组合关系和构成产品所需的零部件数量三部分组成。产品结构文件要求每一零部件只出现在同一层次上，如果同一零部件在不同层次上出现，就取其最低层次号作为该零部件的层次号，把其调整到同一个层次上，以方便计算。

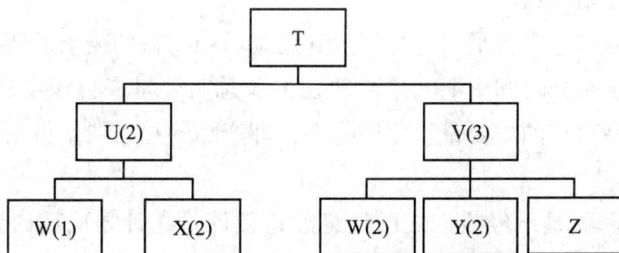

图 9－3　T 产品结构

3. 库存状态文件

产品结构文件是相对稳定的，库存状态文件却处于不断变动之中。MRP 每运行一次，它就发生一次大的变化。MRP 系统关于订什么、订多少、何时发出订货等重要信息，都存储在库存状态文件中。

这里的库存主要指的是半成品库和毛坯库等中间库存，MRP 系统把库存控制作为生产作业计划工作的一个有机组成部分。在确定物料需要量时，它要把物料的库存量计算进来，根据它的剩余或短缺情况计算生产量或采购量。MRP 系统要求其库存管理子系统建立和维护好物料出入库和结存量的数据资料。这种数据资料可分为两类：一类是固定数据，又称主数据，包括物料的代码、名称、材质、单价、供应来源（自制或外购）、供应提前期、批量政策、保险储备、库存类别（按资金占用量划分的 ABC 分类）等。这类数据说明物料的基本特征，在一定时期内不会变动。另一类是变动数据，它们有物料的现有库存量、最小储备量、最大储备量、预留库存量、预计到货量等。这些数据随时间推移而变动，需要经常加以维护，即要根据最近的出入库数据和报废报失等情况及时进行账目更新，保持物账一致。

库存数据的准确性对 MRP 系统的成功运行有着极为重要的作用。它的准确度是衡量 MRP 系统实施绩效的一项重要指标。因此，必须建立专门的管理制度并严格执行制度，做好数据的记录和维护更新工作。

9.1.4 MRP 的计算方法

1. 物料需求计划的计算项目

物料需求计划包含两种基本的决策变量：数量和时间期限。具体地说，物料需求计划中共有 6 个计划项目。

总需要量。或称毛需要量。它是指为满足其母项物料的需求而要求该物料提供的数量。这种需要量是分时间周期（周）提出的。总需要量来自该项物料的直接母项，而不是按最终成品对它的需要量。零层物料，即产品的总需要量就是主生产计划的产品产量。

计划到货量。这是已经投产或已经订购，预计可在计划周期内到货入库的物料数量。

可用库存量。即在满足总需要量后尚有剩余可供下个周期使用的存货量。习惯上，用周期末的库存量代表。

净需要量。当可用库存量不够满足该期总需要量时，其短缺部分就转为净需要量。

计划订货量。即向生产部门或供应部门下达的订货任务量。一般地说，净需要量就是计划订货量。但在实际生产或供应时，需考虑它们的经济性和计划节奏性等因素对净需要量加以调整。

计划投入量。是指投入生产或提出采购的数量。它在数量上一般等于计划订货量，只是将时间从订货量的交货时间反推一个提前期，以得到投入的时间。

2. 批量调整

MRP 计划中每项物料的订货量都是为了满足其母项物料的需要，即要保证物料之间的相关关系。这个特点对批量选择提出了必要的基本条件或基本假设。归结起来，相关性需求的批量确定方法应遵循下列假设：在计划期内，各时间周期的物料需要量已知，而且必须满足；订货批量可以而且只能覆盖一个或几个周期的需要量。不能把一个周期内的需要量拆开，再分成几批去订货；满足当期需求的批量直接发送用户，不入库储存，因此不发生保管成本。

在实际工作中常用的批量规则主要有：

固定订货量法。这种方法为物料的订货规定一个固定的订货批量，每次订购或生产这种物料时都按这个批量订货。其数量可凭经验以及某些生产条件决定，如考虑生产设备的可利用能力、工模具的寿命、仓库的可用面积等。固定批量又常取成最小批量，即规定成物料的最小订货批量；若净需要量小于该最小批量时则将批量增加到最小批量，以保证订货的经济性；若净需要量超过最小批量，则按净需要且订货，以保证计划的需求。

直接批量法。它直接将净需要量定为计划订货量。这是最简单的一种批量确定方法，且能大大降低库存保管成本。但它会由于订货频繁而造成较大的订购成本或生产成本，这是它的缺点。

另外还有固定订货间隔期法等。

3. 物料需求计划的运行程序

物料需求计划的计算过程是按产品结构层次，由上而下，逐层进行的。计算从分周期地读入主生产计划产品产量开始，它们是最终成品的总需求量。然后查询该产品的库存量和在制品量，计算出它的净需要量。若计算结果大于零，即存在净需要量，需根据批量规则调整成计划订货量，而可用库存量则转为零。若计算出的净需要量为负数，即库存量大于总需要量，这时取净需要量为零，同时按前公式修正可用库存量。该库存量即为下个时间周期的期初库存量。该项订货量的交货时间就是主生产计划中对该产品的需要时间。它的投入时间，用提前期从交货时间反推得到。最后计算它的子项物料总需要量。这时，需查询该产品物料单，找出它的子项物料和单台所需要数，将它们与产品的投入量（即计划订货量）相乘，算出每项子项物料满足该产品订货量的总需要量。算完一个时间周期的需求计划，将时间推进一个周期，按上述循环计算出下一时间周期内的各项需要量。整个计划期的时间需求计划都计算完后，转入下一项产品的需求计算，直至该层级所有产品都计算完为止。该层物料计算完后，转入下一层物料的计算，按同样的循环一层层地计算下去，直至全部的物料都计算完毕为止。

在最高层零层以下的各层计算中，有两点必须注意：一是要注意是否有同一物料在几个层级上都存在。对这种物料，在没有到达最低层级时只计算总需要量，把计算结果暂存起来，只是当达到最低层级时才计算它们的全部需要量。二是应把所有最终成品的通用零部件合并起来，将它们的总需要量汇总成全部产品对该物料的总需要量，以后按汇总的总需要量计算其余的计算项目。

9.1.5 MRP 的输出[①]

MRP 系统可以提供多种不同内容与形式的输出，其中主要的是各种生产和库存控制用的计划和报告。现将主要输出列举如下：

（1）零部件投入出产计划。零部件投入出产计划规定了每个零件和部件的投入数量和投入时间、出产数量和出产时间。

如果一个零件要经过几个车间加工，则要将零部件投入出产计划分解成"分车间零部件投入出产计划"。分车间零部件投入出产计划规定了每个车间一定时间内投入零件的种类、数量及时间，出产零件的种类、数量及时间。

（2）原材料需求计划。规定了每个零件所需的原材料的种类、需要数量及需要时间，并按原材料品种、型号、规格汇总，以便供应部门组织供料。

（3）互转件计划。规定了互转零件的种类、数量、转出车间和转出时间、转入车间和转入时间。

（4）库存状态记录。提供各种零部件、外购件及原材料的库存状态数据，随时供查询。

（5）工艺装备机器设备需求计划。提供每种零件不同工序所需的工艺装备和机器设备的编号、种类、数量及需要时间。

（6）计划将要发出的订货。

（7）已发出订货的调整。包括改变交货期，取消和暂停某些订货等。

（8）零部件完工情况统计，外购件及原材料到货情况统计。

（9）对生产及库存费用进行预算的报告。

（10）交货期模拟报告。

例如，某企业生产 A 产品，该产品由部件 B 和 D 组成，其中部件 B 需要 2 个，部件 D 需要 1 个；部件 B 又由 2 个 D 和 1 个 C 组成。A 产品除整体销售外，还出售零

---

① 陈荣秋，马士华. 生产与运作管理. 高等教育出版社，1999.

部件。为了制订 A 产品的 MRP，我们要做如下工作。

（1）预测需求。产品需求分为两部分：一部分是顾客订货，属于已知的确定性需求；另一部分是临时购买，属于未知的随机需求。需求预测主要是针对后面一种需求而言。设需求预测结果如下（见表 9 - 3）。

表 9 - 3　　　　　　　　　　　　　　　　需求预测

月	产品 A		部件 B		部件 D	
	已知需求	随机需求	已知需求	随机需求	已知需求	随机需求
3	1 000	350	400	80	250	100
4	800	350	350	80	400	100
5	500	350	450	80	300	100
6	700	350	450	80	350	100

（2）确定产品出产进度。根据上面的预测，可以进一步确定出产进度。由于需求预测是以月为单位作出的，而出产进度要以周为单位安排，假定每月的需求在该月的第一周一次发生，并据此安排出产进度，表 9 - 4 给出了 3 月、4 月两月的出产进度安排。

表 9 - 4　　　　　　　　　　　　　　　　产品出产进度

	周								
	9	10	11	12	13	14	15	16	17
产品 A	1 350				1 150				850
部件 B	480				430				530
部件 D	350				500				400

（3）确定产品结构（如图 9 - 4 所示）。

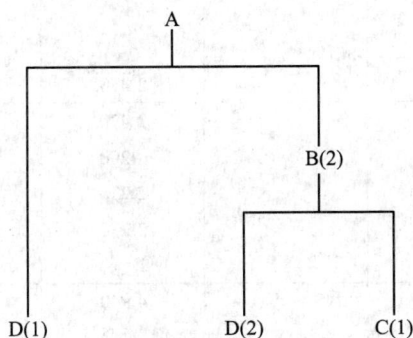

图 9 - 4　产品结构

（4）确定库存状态文件。库存记录给出产品 A 及其部件的库存状况和交货期，如下所示：

项目	现有库存	交货提前期（LT，周）
A	75	1
B	80	1
C	200	2
D	175	2

（5）根据上述资料，运行 MRP 程序，得到的 MRP 图表见表 9 – 5。

表中 LT 代表交货提前期；总需求是对产品或部件的全部需求量；净需求为总需求减去现有库存；计划收货量是指按 MRP 规定到期应收到或交付的产品、部件数量；计划订货量是指按 MRP 规定到时应发出订货或生产指令时的订货或生产数量。

有时可以按照实际需求的多少来组织订货与生产，如在示例中所作的；有时则必须按一定的批量进行生产或订货，这时每次生产或订货的数量必须是批量的整数倍。前一种方法称为按需求生产，后一种方法称为按批量生产。

表 9 – 5 物料需求计划

		周				
		5	6	7	8	9
A LT = 1	总需求量					1 350
	现有库存					75
	净需求					1 275
	计划收货量					1 275
	计划到货量				1 275	
B LT = 1	总需求量				2 550	480
	现有库存				80	0
	净需求				2 470	480
	计划收货量				2 470	480
	计划到货量			2 470	480	
C LT = 2	需求量			2 470	480	
	现有库存			200	0	
	净需求			2 270	480	
	计划收货量			2 270	480	
	计划到货量	2 270	480			
D LT = 2	总需求量			4 940	1 275	350
	现有库存			175	960	0
	净需求			4 765	0	350
	计划收货量			4 765	2 235	350
	计划到货量	4 765	2 235	350	2 235	

9.1.6 闭环 MRP

MRP 可以将产品出产计划变成零部件投入出产计划和外购件、原材料的需求计划。但是，仅仅知道各种物料的需要量和需要时间是不够的，如果不具备足够的生产能力，计划将会落空。考虑生产能力，从内部必然涉及车间层的管理，从外部必然涉及采购。这就要求从 MRP 发展到闭环 MRP。

闭环 MRP 是在初期 MRP 的基础上，引入资源计划与保证、安排生产、执行监控与反馈功能，具有双重含义：一是闭环 MRP 不单纯考虑物料需求计划，还将与之有关的能力需求、车间作业计划和采购等方面考虑进去，使整个问题形成闭环；另一方面，从控制论的观点，计划制定与实施后，需要取得反馈信息，以便修改计划与实行控制，这样又形成闭环。具体处理过程如图 9 - 5 所示。

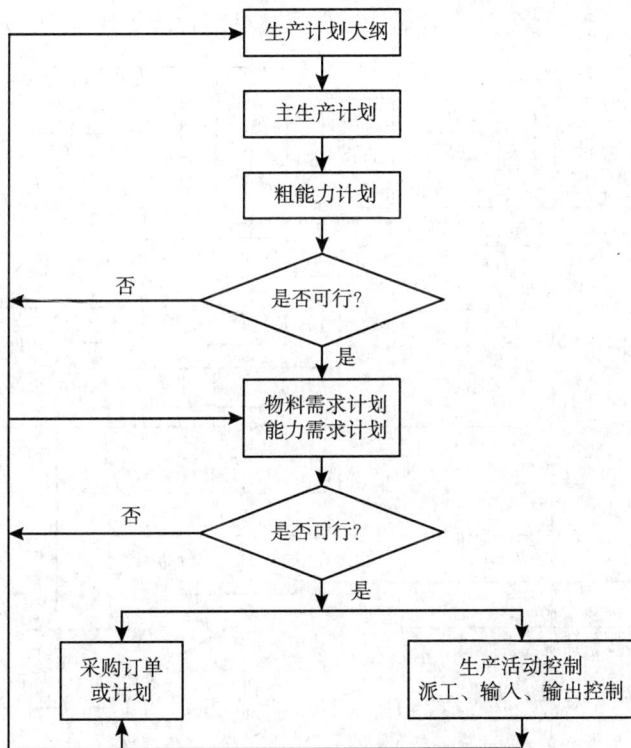

图 9 - 5 闭环 MRP 具体处理过程

有了上述的闭环系统，才能把计划的稳定性、灵活性和适用性统一起来，成为一个完整的生产计划与控制系统。其中生产能力平衡计划的工作原理如下：

1. 粗能力平衡计划

该计划在进行 MRP 计算之前进行，对进行主生产计划的生产能力进行初步的分析，判断实施主生产计划的可能性，确定基本的主生产计划或重新进行修订。这时对生产能力粗平衡的能力计量单位是产品，只是对关键工作中心进行月度或季度范围内的生产任务与能力平衡，是比较粗线条的。

2. 能力需求计划

经过粗能力平衡后的主生产计划，基本上可以认为从较长时间范围看是有能力完成的。但是对于多品种小批量生产的企业来说，生产的品种、数量每个月各不相同，生产能力需求变化大，年总量核算平衡时，每个生产周期，每个工作中心不可能全都平衡，所以还要按较短的时间周期（如周等）、更小的能力范围（各个工作中心）进行详细的核算和平衡，称为能力需求计划，具体处理过程如图 9-6 所示。

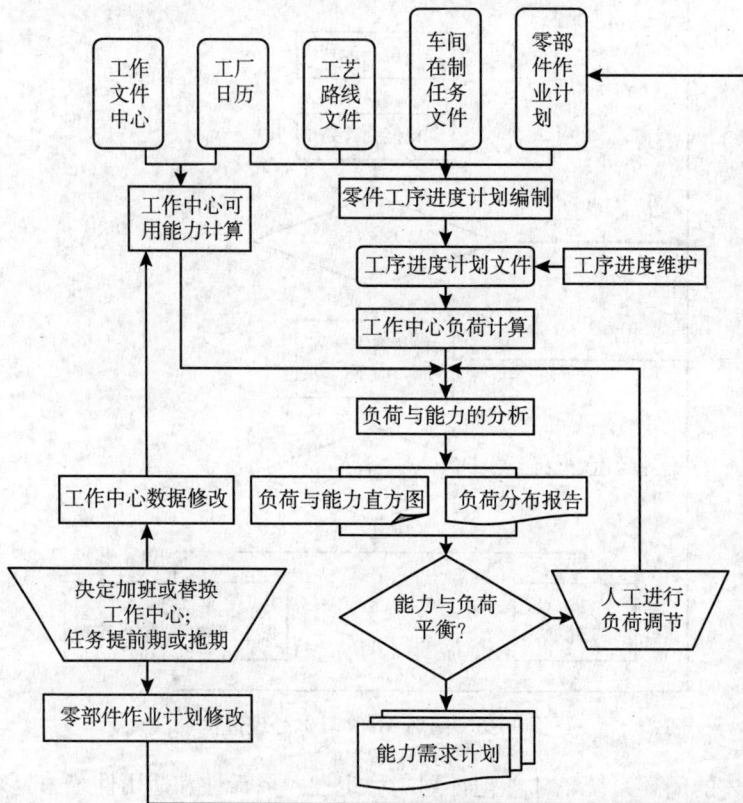

图 9-6 能力需求计划具体处理过程

3. 生产活动控制

通过能力需求计划，各工作中心能力与负荷需求基本平衡，为组织生产活动、派工打下了基础。生产活动控制就是对生产的输入输出信息、作业的安排进行控制。一是运用排序的理论和方法编制设备或加工中心的作业顺序和作业完工期；二是监视每个工作中心的活动，及时反馈实际生产情况的信息，采取相应的对策进行控制。

闭环 MRP 由于具有计划—执行—反馈的结构，已经具备了对生产作业计划和实施的控制功能，处于向 MRPⅡ过渡的状态。

9.2　制 造 资 源 计 划

20 世纪 80 年代发展起来的制造资源计划（Manufacturing Resource Planning，MRPⅡ）不仅包括物料，而且涉及生产能力和一切制造资源，是涵盖整个制造资源的信息系统。

9.2.1　从 MRP 到 MRPⅡ

MRP 主要面对的是制造业的"产供销"信息集成管理。众所周知，制造业的基本流程是从供应方购买原材料，经过加工或装配，制造出产品，销售给需求方。MRP就是从产品的结构或物料清单出发，实现了物料信息的集成一个上窄下宽的锥状产品结构：其顶层是出厂产品，是属于企业销售部门的业务；底层是采购的原材料和配套件，是企业物资供应部门的业务；介于其间的是制造件，是生产部门的业务。MRP是一种保证既不出现短缺又不积压库存的计划方法，解决了制造业所关心的缺件与超储的矛盾。MRP 解决了企业的物料信息，是管理信息的一大进步。但 MRP 对于企业的重要业务——资金管理却无能为力。为了实现对企业资金信息的管理，MRPⅡ应运而生。

MRPⅡ并不是一种与 MRP 完全不同的新技术，而是在 MRP 基础上发展起来的一种新的生产方式。在成功地实施了闭环 MRP 后，人们开始思考：既然库存记录足够精确，为什么不可以根据它来计算费用？既然 MRP 得到的是真正需要制造和采购的零部件及原材料，为什么不根据它来做采购方面的预算呢？既然生产计划已被分解为确定要实现的零部件的投入产出计划，为什么不可以把它转化为货币单位，使经营计划与生产计划保持一致呢？把生产活动与财务活动联系在一起，是从闭环 MRP 向 MRP Ⅱ 迈出的关键一步。于是在闭环 MRP 的基础上，围绕物料需求计划的分析思想，企业对财务管理、采购管理、库存管理、设备管理等方面提出了全面规划、整体安排的要求，将它们与原来的物料需求计划、能力需求计划相连接，构成了 MRP Ⅱ 的总体结构，如图 9 - 7 所示。

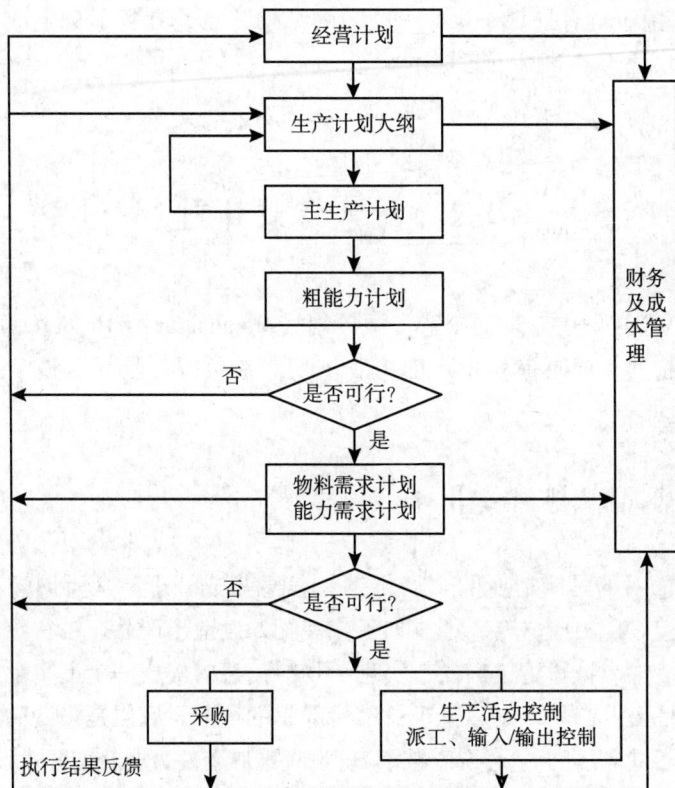

图 9 - 7　MRP Ⅱ 示意图

MRP Ⅱ 是 MRP 的进一步延伸。它运用管理会计的概念，用货币形式说明了执行企业"物料计划"带来的效益，实现了物料信息同资金信息的集成。衡量企业经营效益首先要计算产品成本，产品成本的实际发生过程，还要以 MRP 系统的产品结构为基础，从最底层采购件的材料费开始，逐层向上将每一件物料的材料费、人工费和制造费累积，得出每一层零部件甚至最终产品的成本。再进一步结合市场营销，分析各类产品的获利性。MRP Ⅱ 把传统的账务处理同发生账务的事务结合起来，不仅说明账务的资金现状，而且说明事务的来龙去脉，例如，将体现债务债权关系的应付账、应收账同采购业务和销售业务集成起来，同供应商或客户的业绩或信誉集成起来，同销售和生产计划集成起来等，按照物料位置数量或价值变化，定义事务处理，使与生产相关的财务信息直接由生产活动生成。在定义事务处理相关的会计科目之间，按设定的借贷关系，自动转账登录，保证了"资金流（财务账）"同"物流（实物账）"的同步和一致，改变了资金信息滞后和物料信息的状况，便于实时做出决策。

9.2.2 MRP Ⅱ 的特点与效益

管理的基本哲理是对企业的资源进行计划、组织、领导、控制以实现企业的目标。MRP Ⅱ 系统包含的制造资源范围较广，是对企业的物料、人员、设备、资金、信息、技术、能源、市场、空间、时间等制造经营资源的统称。MRP Ⅱ 系统以生产计划为主线，对企业的制造资源进行计划、组织、领导、控制，使企业的物流、信息流、资金流成为畅通无阻、清澈见底的动态反馈系统，进而为客户提供满意的服务，获取企业竞争力。此外，MRP Ⅱ 系统还融合了准时生产、全面质量管理、电子数据交换等先进的管理思想和方法，支持企业多个服务网点、多级仓库的跨时空区域管理，控制企业跨国经营中的产、供、销、人、财、物等管理资源的一体化。

MRP Ⅱ 系统能够提出一个完整而详尽的计划，使企业内部各部分的活动协调一致，形成一个整体。各部门共享数据，消除了重复工作和不一致性，密切了各部门之间的关系，提高了整个企业的管理效率。总结 MRP Ⅱ 的特点，可以看到如下几方面：

1. 统一物流、资金流

MRP Ⅱ 系统将生产作业与财务管理系统整合在一起，把实物形态的物流直接转换为价值形态的资金流，使用一套数据，同步处理各种管理事务。财务部门及时得到资金信息来控制成本，通过资金流动状况反映物流和生产作业情况，随时分析企业的经济效益，参与决策，指导经营和生产。

2. 具有模拟能力

这是 MRP Ⅱ 系统对管理决策支持的重要特征。MRP Ⅱ 中的数据具有极高的可信度，利用这些数据进行模拟能够预见相当长的计划期内可能发生的问题，事先采取应对措施。

3. 能够动态应变

MRPⅡ是一个闭环系统，它要求跟踪、控制和反馈瞬息万变的实际情况，及时调整决策，保证生产计划正常进行。MRPⅡ的动态应变性使企业能够保持较低的库存水平，缩短生产周期。

4. 实现数据共享

MRPⅡ系统使企业内部各部门依据同一数据库的信息进行管理，任何一种数据的变化都能及时反映给所有部门，做到数据共享，改变了传统管理模式下信息不通、情况不明、盲目决策、相互矛盾的现象。

正是由于 MRPⅡ 的上述特点，使企业生产经营的管理水平和效率得到提高，由原来对产品的管理进入到以零件为对象的管理，实现了对企业制造资源的准确计算，避免了库存的盲目性，做到了准时生产，取得显著的经济效果。根据对美国成功实施 MRPⅡ的企业调查，有如下统计结果：

库存减少	25% ~ 30%
库存周转率提高	50%
准时交货率提高	55%
装配车间劳动生产率提高	20% ~ 40%
采购资金节约	5%
降低成品库存	30% ~ 40%
缩短生产周期	10% ~ 15%
提高生产率	10% ~ 15%
突击加工减少	25%

MRPⅡ是企业管理史上的一个里程碑，是管理思想与信息技术相结合的产物，预示着信息技术将在管理中发挥越来越大的作用。

MRPⅡ比 MRP 更加功能强大和完善。但随着企业多元化、跨地区和全球化的发展，MRPⅡ也渐渐不能满足新形势的需求。20 世纪 90 年代初，美国特纳公司（Gartner Group Inc.）提出 ERP 的概念，根据计算机技术的发展和供需链管理推论出制造业在信息时代管理信息系统化的发展趋势和变革。这一推论现在早已成为现实。20 世纪 90 年代以来，随着网络通信技术的发展与普及，许多跨国企业已迈向更高的管理信息系统层次——ERP 管理。

9.3　企 业 资 源 计 划

企业资源计划（Enterprise Resource Planning，ERP）最初是一种基于企业内部供应链的管理思想，是由制造资源计划（MRPⅡ）发展而来的，是将制造业企业的制造流程看作是一个密切相关的"供应链"，从供应商、制造工厂、分销网络到客户。ERP 系统的基本目标是将"供应链"有效运转并运用计算机软、硬件手段尽力缩短这个"供应链"，提高其运转效率，为企业产品质量、市场需求和客户满意提供保障，最终提高企业市场竞争能力。

9.3.1　ERP 对 MRPⅡ 的 超 越

ERP 和 MRP、MRPⅡ是一脉相承的，但 ERP 的功能更强大，适应性更强，应用更广泛。ERP 采用了计算机和网络通信技术的最新成就，实现了面向供需链的管理，不仅适用于制造业，而且适用于各行各业。

ERP 是在 MRPⅡ的基础上发展起来的，目前是最先进、最科学的管理信息系统。它不仅扩充了企业的人力资源、产品研制、服务等信息，实现了企业内部全部信息的集成，而且包括供应商和客户资源的信息，实现了企业内部资源和与企业相关的外部资源的信息集成。ERP 把管理信息系统拓展到企业外部，使其突破 MRPⅡ的制造业范围，扩展到金融、商业以及教育等诸多行业，走向全产业和全社会。

ERP 在 MRPⅡ的基础上，主要扩展了以下方面的功能：

（1）决策支持。提供高层领导信息系统，支持专家系统与人工智能或基于规则的决策支持系统；针对行业和企业特殊需要进行裁剪，提供有效的解决方案。

（2）市场与销售管理。市场分析、开拓与客户关系和供应商管理；销售分析、多维数据查询、联机分析处理和实时决策支持；MRPⅡ与 CRP（客户关系管理）同步运算，各地销售人员对企业的远程访问和模拟操作；售后现场服务和维修支持，备品备件管理。

（3）组织与流程管理。满足敏捷制造和虚拟企业的需要；适应企业的业务流程重组（BRP）和组织机构变革。

（4）生产经营保障。质量管理、实验室管理和设备维修管理等；运输管理和地区仓库管理。

（5）项目与投资管理。企业投融资和资本运作管理；股东财富增长分析。

（6）协同管理。支持集团化和跨地区、跨国界运行；多语种实时切换、多币制、多税制和多工厂实时管理。

（7）人力资源与知识管理。

（8）法规、条例与标准管理。

9.3.2 ERP系统与MRPⅡ的区别

ERP是在MRPⅡ基础上进一步发展起来的企业管理信息系统，为了进一步理解ERP系统的概念及其主要功能，需要弄清ERP与MRPⅡ之间的区别。

1. 在资源管理范围方面的差别

MRPⅡ主要侧重对企业内部人、财、物等资源的管理，ERP系统提出了供应链（Supply Chain）的概念，即把客户需求和企业内部的制造活动以及供应商的制造资源整合在一起，并对供应链上的所有环节进行有效管理。这些环节包括订单、采购、库存、计划、生产制造、质量控制、运输、分销、服务与维护、财务管理、人事管理、实验室管理、项目管理、配方管理等。

2. 在生产方式管理方面的差别

MRPⅡ系统把企业归类为几种典型的生产方式来进行管理，如重复制造、批量生产、按订单生产、按订单装配、按库存生产等，针对每一种类型都有一套管理标准。而在20世纪80年代末、90年代初期，企业为了紧跟市场的变化，多品种、小批量生产以及看板式生产成为企业主要采用的生产方式，而ERP则能很好地支持和管理这种混合型制造环境，满足了企业多元化经营需求。

3. 在管理功能方面的差别

ERP除了MRPⅡ系统的制造、分销、财务管理功能外，还增加了支持整各个环节之间的运输管理和仓库管理；支持生产保障体系的质量管理、实验室管理、设备维修和备品备件管理；支持对工作流（业务处理流程）的管理。

4. 在事务处理控制方面的差别

MRPⅡ是通过计划的及时滚动来控制整个生产过程，它的实时性较差，一般只有实现事中控制。而ERP系统支持在线分析处理OLAP（Online Analytical Processing）、售后服务及质量反馈，强调企业的事前控制能力，它可以将设计、制造、销售、运输等通过集成来并行地进行各种相关的作业，为企业提供了对质量、适应变化、客户满意、效绩等关键问题的实时分析能力。在 MRP II 中，财务系统只是一个信息的归结者，它的功能是将供、产、销中的数量信息转变为价值信息，是物流的价值反映。而 ERP 系统则将财务计划功能和价值控制功能集成到整个供应链上，如在生产计划系统中，除了保留原有的主生产计划、物料需求计划和能力计划外还扩展了销售执行计划和利润计划。

5. 在跨国（或地区）经营事务处理方面的差别

现代企业的发展，使得企业内部各个组织单元之间、企业与外部的业务单元之间的协调变得越来越多和越来越重要，ERP 系统运用完善的组织架构，从而可以支持跨国经营的多国家、多地区、多工厂、多语种、多币制应用需求。

6. 在计算机信息处理技术方面的差别

随着 IT 技术的飞速发展，网络通信技术的应用，使得 ERP 系统的以实现对整个供应链信息进行集成管理。ERP 系统应用客户/服务器（C/S）体系结构和分布式数据处理技术，支持 Internet/Intranet/Extranet、电子商务（E-commerce）、电子数据交换 EDI，此外，还能实现在不同平台上的互操作。

9.3.3 ERP 发展方向

1. ERP 同 CRM（客户关系管理）的进一步整合

实现市场、销售和服务一体化，CRM 与 ERP 处理过程集成，并更多的提供个性化的服务，提高顾客的满意度。

2. ERP 同电子商务、SCM（供应链）、协同商务的进一步整合

新一代的 ERP 系统必须能使企业与业务伙伴、客户之间的协作实现数字化的业务交互过程。ERP 供应链管理将得到加强，通过电子商务进行企业供需协作。全球化市场环境、价值链共享、过程优化、计划准确、管理协调、协同商务等将不断地出现在企业关于 ERP 发展的计划中。

3. ERP 同 PDM（产品数据管理）的进一步整合

ERP 同 PDM 的集成能减少数据管理和数据准备时的工作量，也加强了系统与

CAD、CAM 的集成，提高整个仓业运作的效率。

4. ERP 同 MES（制造执行系统）的进一步整合

ERP/MES/SFC 系统集成后能够实时的对生产过程进行控制，这也是工业企业管控一体化发展的一大趋势。

另外，加强数据仓库和联机分析处理 OLAP 功能、ERP 系统动态可重构性、ERP 软件的实现技术和集成技术等方面都是 ERP 未来的发展趋势。

9.4　企业资源计划实施的组织

9.4.1　ERP 选型[①]

ERP 选型的对象包括 ERP 软件产品和实施商，ERP 从 20 世纪 60 年代的"产供销"系统起步，历经 MRP、MRP Ⅱ、ERP 多个阶段的演化，其出现、演化、发展、升华前后跨越 60 多年，截至目前国际、国内已经有上千种 ERP 软件。相对于 ERP 软件产品，ERP 实施商也同样存在数量多、经验积累差异大、擅长行业有向的现状。正确的选型应从充分发挥企业自身主观能动性、科学地选择 ERP 软件、合理选择实施商三个方面着手。

1. 充分发挥主观能动性

（1）提高企业自身素质。ERP 项目选型的过程，就是做决策的过程，所以选型组人员素质是 ERP 项目选型关键，大部分企业正是因为缺乏合适的选型团队，才会导致项目选型不当，进而影响项目后期进展效果，一个合格的 ERP 选型组里至少应包括下列成员：

①业务人员：ERP 系统除了满足领导层的决策需求，更主要的是为了优化业务流程，保证日常业务有序、高效开展。而真正了解一线业务的就是业务人员，业务人员往往也了解日常工作中哪些业务需要通过信息化来改进，所以，业务人员应是选型组的核心成员之一。所选业务人员必须是对信息化有充分了解的业务专家，他们的任务就是评价具体 ERP 产品是否真正能对业务改进产生最大价值。

---

① http：//www.themanage.cn/201011/388580.html.

②IT 技术人员：IT 技术人员在选型组中扮演技术顾问的角色。他们的任务主要是对供应商的技术方案、软件进行测试和评估，从技术的角度评价软件和方案在技术上的先进性、完整性、可行性，同时评估 ERP 软件是否可在所在企业环境中像预期的那样运转和发挥作用，在技术层面把关。所以 IT 技术人员必须是对 ERP 有深入了解，对业务亦有切身体会。

③财务人员：ERP 项目的引入，作为一种投资行为必然是为了获得最大的收益，就需要来自财务人员对项目进行成本收益分析、比较各种可选方案对公司财务的影响，同时还要分析项目延期和变动对成本收益的影响。在选型组中，他们的任务是最终明确选择当前 ERP 产品是否为最具成本收益的选择。

④商务人员：他们通常来自采购部门。因 ERP 项目一般合同金额都较大，所以商务人员的责任是尽可能获取最优惠的价格和条款、帮助企业从商业角度而不是技术的角度来完成交易，以最低的价格，最小的风险赢得交易。商务人员应非常了解国际及国内主流 ERP 软件及实施商服务的市场情况并具备丰富的谈判技巧。

⑤高层管理者：ERP 是一把手项目，选型组中一定要有可以代表整个企业、可做决定的高层管理者，否则选型组很容易进入议而不决的情况。高层管理者的任务是制定采购标准、做出采购决策、监控双方遵守合同的情况并执行合同，并全局的角度决定上 ERP "值不值？做不做？"

（2）充分做好知识储备。很多企业 ERP 选型不当，结果导致 ERP 项目不畅或者未达到预期目标，原因在于企业 ERP 选型前没做充分准备，就匆忙去看 ERP 供应商的产品演示和介绍，结果感觉一个比一个先进，一个比一个功能齐全，导致不知所措，选型最终沦为被供应商主导。所以在 ERP 选型前，除了组织合适的选型组，还应做好企业自身的准备工作，准备工作至少应包括：基础知识储备、明确企业需求和目标。

①基础知识储备。基础知识储备主要包括：了解什么是 ERP、什么是 ERP 项目实施、熟悉 ERP 市场主流产品和公司。

企业职工特别是高层和中层领导对 ERP 知识进行学习，初步懂得什么是 ERP，ERP 能做什么，ERP 先进的企业管理理念。

ERP 软件不同于买传统产品，买来即用，ERP 软件的引入更多地是引入先进的管理理念和管理经验，而且 ERP 软件的引入需要长则几年，短则几个月的实施过程，所以需要企业相关人员尤其是高层领导对项目实施有深入了解，包括：项目实施的原因、实施的目的、实施方法论、实施的重点和难点，只有这样，才能在选择实施商时，不被实施商的轻易承诺迷惑。

ERP 行业发展至今，已经林林总总产生了上千种 ERP 软件品牌和数不胜数的

ERP 实施商，不同的 ERP 软件适用的行业是不同的，其侧重点也是不同的，所以需要在选型之前对 ERP 主流市场进行充分了解，避免选择的 ERP 软件和实施商擅长点与企业特点或者需求不匹配，从而导致项目的失败。

②确认企业需求和目标。部分企业"为了上 ERP 而上 ERP"，目标的缺失导致 ERP 软件的使用效果不尽如人意，所以在上 ERP 之前企业要对自身进行全面评估，找到经营管理的缺陷以及需要通过 ERP 软件改进的地方，充分明确 ERP 实施的目标、意义、实施后希望达到的效果，做到心中有数，明确企业需求可通过企业自身分析，也可以通过聘请独立的第三方咨询公司，明确企业需求和上 ERP 的目标，可有效降低 ERP 实施风险。

2. 科学地选择 ERP 软件

（1）选择技术完善的软件。ERP 虽然主要服务于业务、服务于管理，但它作为软件的本质并没有改变，所以在选择 ERP 时，软件本身的技术水平也是关键之处，管理方法和软件技术二者是相辅相成。有的企业认为：软件的开发工具都是相同的，技术人员水平也不会相差悬殊，那么决定软件产品价值的主要因素就是先进的管理理念。所以，在 ERP 选型时，偏重于软件"管理思想"的对比，而轻视软件技术的分析，这就走入一个误区，其实管理思想好，不见的软件就好用，所以选择 ERP 时要从先进性、可扩展性及开放性、可靠性、安全性、实用性、集成性、实时性、可移植性几个方面进行考查。

先进性：主要考察软件的管理理念是否先进，软件技术是否先进，软件是否有完善的开发平台、应用平台；是否支持主流的先进的软件技术，如 SOA、组件化等；是否符合最新的国际标准、国家标准及行业标准。

可扩展性及开放性：一方面，软件应能通过简单地改进与升级适应企业的管理变化；另一方面，软件应有完整的符合国际标准的接口库，通过此接口库，可实现与其他信息系统，如 OA、SCM、CRM、电子商务等系统的整合，实现整个企业或者行业的业务流和信息流集成。有一些 ERP 软件公司，经常会对用户说："咱们要相互适应"。就是说，ERP 软件经过部分修改，某些部分会适应用户，但仍有一部分需要用户去适应软件。而现实是企业能够接受那些所谓适应自己的部分已属不易，被动地改变正常的业务去适应软件难度更不必说。结果使用了 ERP，对工作效率和管理水平的改进效果未必明显，有的甚至退步，试想软件在交付之初就没有适应企业的需求，日后适应企业管理的发展变化又从何谈起呢？

同时，其他几个特性也缺一不可，ERP 系统覆盖了企业大部分的关键业务，同时也是企业各级领导做决策的"智库"，系统一刻不容中断，所以可靠性至关重要；

ERP 系统记录了企业大部分的重要数据，如人资数据、财务数据、生产机密数据，所以需要充分保障系统的安全性，防止业务数据被盗取、篡改；软件系统一种企业管理的工具，主要是为业务人员提供服务，所以 ERP 必须实用、易用、人性化；企业和员工都需要在 ERP 系统中实时获取业务数据，指导工作和生产，所以实时性是 ERP 系统必备特性之一；目前国际上存在几大主流技术平台，各有千秋，根据企业发展战略和发展需求，系统需要在不同的平台上部署、迁移和使用，所以 ERP 系统必须保证可移植。

（2）选择适合自己的软件。"没有最好的 ERP，只有最适合的 ERP"，这句话已得到 ERP 行业的公认，所以在选择 ERP 软件时要注意两点：

①综合评估自身需求和自身条件，选择适合的 ERP 产品。在招标 ERP 产品之前，一定要有自己明确的目标，合理地召集几家 ERP 厂商，让他们提出针对本企业的 ERP 产品功能和有关优势，选择最适合企业的 ERP 产品。当然有时也可能所有的 ERP 产品都不适合企业，这时考虑自行开发也不失为一种明智的选择，很多厂商在这方面都有成功的案例。总而言之，在 ERP 选型时要避免盲目进行，没有自身的目标，看着哪个都好，很容易导致后期 ERP 实施方向偏离，或者没有验收标准。

②选择 ERP 并非多多益善。现有国内外 ERP 厂商 1 000 多家，每个 ERP 厂商的发展背景、实力、产品类型、擅长行业各有千秋，游说的动机也不尽相同。企业认为选择越多的 ERP 厂商会得到越多的意见，ERP 选型会越合理，其实往往适得其反。大量的 ERP 厂商只会让企业游移不定，太多的 ERP 概念炒作只会让企业混淆视听，所以在 ERP 选型前就要进行市场调研，筛选几家符合企业自身行业需求的优良 ERP 软件进行深入调查。

3. 合理选择实施商

同 ERP 软件相同，目前在国际及国内可进行 ERP 实施的供应商也有上千家，选择合适的实施商至少需要从经验、实施水平和职业素养三个方面着手。

实施经验通常是考察 ERP 实施商最重要的标准之一，实施经验的载体是资深的咨询顾问，所以归根结底，对实施商实施经验的考察就是对实施商咨询顾问经验的考察。唯有充足的实施经验，顾问才会真正发现企业面临的问题以及问题的解决方法，而且很多问题解决的过程中是需要技巧的，有时走曲线比走直线更能快速的解决企业业务的问题；唯有充足的实施经验，顾问才会在项目启动伊始，就会全局把握项目实施过程，才会预测到项目进展到各阶段可能会遇到的问题，并提前将问题消灭在萌芽中，正如"好的顾问可以解决问题，高超的顾问可以防患于未然，不让问题发生"，这正是经验的价值所在。

实施水平主要指实施商处理问题的水平、把控项目的水平、挖掘需求的水平和制定方案的水平。因业务人员对信息化了解较浅，提出的需求往往并不是本质需求，有的实施商只能了解用户的表面需求，按表面需求做出的软件，并不能实现用户的真正目的，而好的实施商可以深层地挖掘客户本质需求，设计合理的解决方案，从根本上解决问题。ERP 项目往往涉及面广、涉及部门多、情况复杂、实施周期长，所以经常会出现项目的实施偏离正常轨道、项目延期、项目效果不尽如人意的现象，这时就需要实施商把控项目的能力。

ERP 实施商的职业素养往往影响一个项目的走向，积极的、职业的态度与消极的、不职业的态度对项目的成败起到关键作用。所以选择具有良好服务和职业素养的 ERP 厂商至关重要。职业素养主要表现在是否能够对用户反映的问题进行认真对待，特别是一些看起来很困难的需求是否具有良好的态度和理解力，是否能站在用户的角度为用户排忧解难，深层挖掘问题，冷静思考问题的症结，积极地寻求解决问题的办法。所以，企业需要利用各种途径了解实施商的口碑、实施商成功案例的真实性。

选择实施商的过程，归根结底是选择咨询顾问的过程，在选择了合适的实施商后，更重要的是要通过充分的技术监督和考核手段让实施商提供最杰出的顾问团队。有的企业换了好几家实施商，项目的效果都不尽如人意，关键就在于一直把眼光放在实施商的选择上，却没有更深入地去控制实施商提供的顾问团队水平。

9.4.2　ERP 实施的运作流程及其关键点[①]

ERP 是指建立在信息技术基础上，以系统化的管理思想，为企业决策层及员工提供决策运行手段的管理平台。ERP 不仅仅是一个软件，更重要的是一个管理思想，它实现了企业内部资源和企业相关的外部资源的整合。通过软件把企业的人、财、物、产、供、销及相应的物流、信息流、资金流、管理流、增值流等紧密地集成起来，实现资源优化和共享。

1. ERP 实施的运作流程

ERP 是一个集组织模型、企业规范和信息技术、实施方法为一体的综合管理应用体系。所以在考虑实施 ERP 之前应该考虑各方面的因素，要进行有效的规划。在实施的过程中要根据实施 ERP 的条件和要求转变思想，进行各方面必要的改革。

一个典型的 ERP 实施进程主要包括以下几个阶段：

---

① http：//www. e-works net. cn，制造业信息化门户网.

（1）项目的前期工作。这个阶段也就是软件安装之前的阶段，它非常重要，关系到项目的成败，但往往为实际操作所忽视。这个阶段的工作主要包括：

①领导层培训及 ERP 原理的培训。主要的培训对象是企业高层领导及今后 ERP 项目组人员，使他们掌握 ERP 的基本原理和管理思想。

②企业诊断。由企业的高层领导和今后各项目组人员用 ERP 的思想对企业现行管理的业务流程和存在的问题进行评议和诊断，找出问题，寻求解决方案，用书面形式明确预期目标，并规定评价实现目标的标准。

③需求分析，确定目标。企业在准备应用 ERP 系统之前，还需要理智地进行立项分析。

④软件选型。在选型过程中，首先对企业本身的需求进行细致的分析和充分的调研，然后要弄清软件的管理思想和功能是否满足企业的需求。

（2）实施准备阶段。这一阶段主要是对数据和各种参数进行准备和设置，要建立的项目组织和所需的一些静态数据可以在选定软件之前就着手准备和设置，在这个准备阶段中，要具体做这样几项工作：

①项目组织。包括领导小组、项目实施小组、业务组，每一层的组长都是上层的成员。

②数据准备。在运行 ERP 系统之前，要准备和录入一系列基础数据，这些数据主要包括一些产品、工艺、库存等信息，还包括了一些参数的设置，如系统安装调试所需信息、财务信息，需求信息等。

③系统安装调试。在人员、基础数据已经准备好的基础上，就可以将系统安装到企业中来了，并进行一系列的调试活动。

④软件原型测试。这是对软件功能的原型测试（prototyping），也称计算机模拟（computer pilot）。由于 ERP 系统是信息集成系统，所以在测试时，应当是全系统的测试，各个部门的人员都应该同时参与。

（3）模拟运行。这一阶段的目标和相关的任务是：模拟运行及用户化、制定工作准则与工作规程和验收。

（4）切换运行。在这个阶段，所有最终用户必须在自己的工作岗位上使用终端或客户机操作，处于真正应用状态，而不是集中于机房。如果手工管理与系统还有短时并行，可作为一种应用模拟看待（live pilot），但时间不宜过长。

（5）新系统运行。一个新系统被应用到企业后，实施的工作其实并没有完全结束，而是将转入到业绩评价和下一步的后期支持阶段，通过对系统实施的结果作出自我评价，以判断是否达到了最初的目标，从而在此基础上制定下一步的工作方向。

2. 成功实施 ERP 的关键

（1）分析需求，确定目标。企业在准备应用 ERP 系统之前，需要理智地进行立项分析，然后将分析的结果写成需求分析和投资效益分析正式书面报告，从而做出是否上 ERP 项目的正确决策。

（2）领导重视，全员参与。领导者决定企业的经营目标，实施 ERP 是为了配合企业经营目标的实现，因此作为企业经营目标的决策者当然应该对此给予足够的重视。职工对新的管理思想与方法的学习热情高，对改革有信心是成功实施 ERP 的关键条件之一。

（3）供应商与咨询商服务、支持到位。ERP 不是一个简单的软件应用问题，而是代表着先进的业务流程和管理思想。其实施是一个复杂的工程，是 IT 技术创新和管理创新的有机融合。这需要 ERP 供应商和企业长期共同努力，甚至需要第三方专业咨询服务商的参与才能够真正完全实现 ERP 应用，达到预期目标。

（4）加强培训，提高认识。培训是成功实施 ERP 系统的重要因素，通过培训可以使用户的各级管理人员不仅要明确什么是 ERP，而且明确实施 ERP 后各个岗位的人员如何进行新的工作方式。

（5）完善企业信息的基础工作。为了提高系统的运行效率，企业对相应的数据应进行合理编码，这样有利于系统的信息跟踪与查询。

（6）建立与 ERP 管理思想相一致的企业文化。实施 ERP 这种管理系统软件，必然要带来企业文化的变革。在引入 ERP 美国式的企业文化时还要注意吸取中华民族自身的优秀文化，在兼收并蓄的基础上进行融合，最终形成中国特色的企业文化。

【本章小结】

通过本章学习，了解广泛应用于制造业的物料需求计划（MRP）、制造资源计划（MRP II）和企业资源计划（ERP）。物料需求计划是为组装细项的批量生产而制定生产计划和时间进度安排的技术。作为物料需求计划精细化系统性管理升级替代者，制造资源计划是一种适用于多品种、多级制造装配系统的、具有代表性的管理思想、管理规范和管理技术。它通过对企业的制造资源进行科学、周密的计划和严格的控制，保证其得到最充分、有效的利用，达到企业生产经营的最佳效益。

【推荐读物】

1. http：//www. jgxysx. net，浙江省高等学校精品课程《生产运作管理》网站.
2. http：//www. iechina. info，工业工程网.

3. http：//www. e-works. net. cn，制造业信息化门户网.

4. http：//www. vsharing. com，畅享网，中国管理人门户.

5. 刘平，王实编著. ERP 沙盘模拟管理综合实训手册. 机械工业出版社，2010.

6. 陆安生. ERP 原理与应用. 清华大学出版社，2010.

【复习与思考】

1. 为满足相关性需求物料的计划与控制需要，MRP 系统中应设置哪些功能?

2. 说明 MRP 系统的基本组成，以及它们之间的关系。

3. 闭环 MRP 系统包括哪些子系统，它们之间具有什么联系?

4. 简要说明 MRP Ⅱ 系统如何发展了基本 MRP 系统的功能，并讨论在制造企业建立 MRP 系统的迫切性和必要性。

5. 简述 ERP 与 MRP、MRP Ⅱ 的区别与联系。

6. ERP 如何正确的选型?

7. 简要说明 ERP 实施的运作流程及其关键点

【案例】

供应科长的难题

1998 年 4 月，蓝色梦幻食品公司物资供应一科刘科长正为如何控制物资库存量发愁。刘科长是北方人，中等身材，1984 年毕业于某师范大学哲学系，在武汉某大学教了几年政治经济学之后下海，先在一家农产品公司从事销售工作，后在一家饮料公司从事生产管理工作；1995 年应聘到蓝色梦幻食品公司工作，因其为人正直、工作认真负责、善于学习新知识，而被委以负责物资管理工作的重任。蓝色梦幻食品公司的主导产品是保健饼干，这种用生物工程技术制成的饼干对头晕头疼、食欲不振、失眠、消化不良、腹泻、肝功能不正常等多种疾病有明显的疗效和保健作用。该产品生产工艺独特，基本流程大致如下：

菌种制作—母液形成—配料—上流水线加工—内封装盒—装箱

虽然该产品才推出几年，但销售额却增长迅速（如下表所示），特别是 1997 年下半年，市场上甚至出现了产品供不应求的状况。于是 1998 年公司制定了"保 6 争 1"的目标，即销售额在 1998 年要达到 6 000 万元，力争达到 1 亿元。

年份	1994	1995	1996	1997
销售额（万元）	60	600	2 000	4 500
增长率（%）		900	233	125

供应一科是专门负责公司包装物资采购的部门，包装物资主要是包装箱，包装盒内垫片及塑料纸，其中包装盒的外层贴纸是从韩国进口的，刘科长在 1997 年曾试图用订货批量（EOQ）模型来控制库存量。EOQ 的基本公式是：

$$EOQ = \sqrt{2NC/H}$$

其中 N 为年需求量，C 为每次订货费，H 为单位物资年存储费用，但刘科长却发现这个公式看上去简单，用起来却并不简单。首先是年需求量难确定，因为公司主导产品的需求量波动幅度很大，1997 年初，公司认为当年销售额能达到 1 000 万元就不错了，谁料到实际销售额居然达到了 4 000 多万元。由于产品销量波动幅度大，难以预测，包装物资的年需求量也就难以预测，而且可以肯定，其波动幅度也会很大。即使给出了物资年需求量的估计值，刘科长又发现公式中的 C 和 H 这两值也难以估计：订货费 C 有时一次只要几十元钱，有时一次需要几千元钱，波动幅度很大，平均计算的可靠性自然不高；而单位物资的年存储费由于供应科组建时间不长，缺乏积累资料也难以精确估计。即使克服了诸多困难，估计出了计算所需的 3 个数据后，刘科长发现，不管如何计算或合理调整参数，按这个公式计算出的订货批量都不适用。1997 年 10 月刘科长按此模型确定订货批量后，不久就发生了缺货，因影响了生产而受到公司领导的批评。刘科长从此断了使用经济订货批量模型的念头。

1997 年底，一个偶然的机会，刘科长从一所大学从事物资管理教学的一位老教授处了解到了 MRP（物料需求计划），认识到 MRP 能降低库存量。刘科长如获至宝般从老教授处借来了大量 MRP 资料，并聘请一位曾为另一家企业设计了 MRP 软件的计算机专业的朋友进行有关软件的开发，因为公司产品的结构和生产工艺流程简单，软件开发似乎也很容易。但不久刘科长就发现，这个 MRP 好像也不能解决他的难题。MRP 要求生产计划可靠，但蓝色梦幻公司的产品销售计划变动很大，所以生产计划可以说是月月要变，而且，变动幅度很大。其次，刘科长发现，MRP 中实际上也存在一个订货批量的计算问题，虽然 MRP 有关资料中提出了多种批量的计算方法，但刘科长认为这些方法的实质似乎也未离开"经济订货批量"模型的思想。基于此，刘科长对 MRP 的热情也就急剧下降了。不过公司现正在推行计算机管理，所以刘科长前段在 MRP 的工作也可以说是没有白费。

1998 年农历年一过，公司产品销售形势发生了重大变化，似乎销售环节随着大年的过去而过去了。1998 年 2 月，销售量出现了下降，公司不得不把刚刚投产的两条生产线中的一条停了下来。但原来为应付销售量迅速增长而订购的大量物资却陆续到货，一时间，公司仓库的库存量大增。刘科长又忙着与供应商协商推迟或取消订单，但在与代理进口韩国纸的外贸公司协商时，刘科长颇为为难。因为进口物资一般要提前半年报计划，以便外贸公司安排洽谈订货、看样、签约、外币准备、运输等相关事宜。1997 年下半年，刘科长一再要求外贸公司增加订货，外贸公司克服了诸多困难，不断增加订货量，却不料蓝色梦幻公司现在又提出减少订货，取消一些订单。外贸公司对此很有意见，要求蓝色梦幻公司分担部分损失。

不过，有一条消息让刘科长感到存在一个很大的成本节约机会，那就是由于东南亚金融危机，导致韩元大幅贬值，贬值幅度高达 50% 之多。由于韩元贬值，韩国进口纸的价格大跌。刘科长觉得这好像又是一个机会。但由于现在仓库库存量较大，刘科长正犹豫要不要向公司提出利用这个机会的方案报告。

　　1998 年 3 月，公司聘请了国外有关管理专家来厂讲课。大家对这位管理专家所讲到的准时生产制（JIT）特别感兴趣。按准时生产制，公司库存应尽可能减少，库存量为零是最终的目标。如果能把库存降下来，刘科长粗算了一下，仅库存费一年就可节约几十万元。不过刘科长特别担心若实行准时生产制，肯定会发生缺货，那时所造成的影响生产的损失恐怕会远远超过库存的节约金额。所以在公司讨论是否实行准时生产制时，刘科长表示极力反对。刘科长觉得"准时生产制"离他自己还很遥远，眼下他所要做的是如何控制库存。

　　资料来源：厉以宁、曹凤岐主编．中国企业管理教学案例．北京大学出版社，1999.

【讨论题】

1. EOQ 模型与 MRP 方法的应用的前提条件是什么？有何不同？

2. 刘科长对 EOQ 和 MRP 这两种方法的看法正确吗？

3. JIT 能否在蓝色梦幻公司应用成功？

4. 刘科长应该如何应对"韩元贬值"这个现象？

5. 如果你是刘科长，你将如何控制库存量？你认为蓝色梦幻食品公司的物质需求有何特点？

第 10 章

质 量 管 理

【学习目标】

1. 理解全面质量管理的思想和工作方法。
2. 掌握常用的质量管理工具。
3. 了解 ISO9000 系列标准的内容。
4. 熟悉 TQM 的 PDCA 工作法。
5. 了解 6σ 质量改善。

【管理案例】

团队运用质量工具实现成本节约简化流程的目的

2005 年 7 月，拜耳科技材料公司的一名货运代表发现，公司选择运输方式存在着弊端。拜耳公司是生产聚合物的跨国公司，该公司为硬盘和汽车面漆提供原材料。公司每年会向成千上万的顾客运输几十亿磅的材料，因此运输成本也就成为商品成本的重要组成部分。

该货运代表抽取了货车运输数据的样本量，即从货车运输 16 000 磅到 25 000 磅货物的数据。该代表发现，83% 的货运任务都不是最佳选择方案，而是耗费了比必要费用高得多的成本。按这样非合理的货运率推算得出，如果货运被合理安排，则公司每年可以节约 100 多万元的成本。

基于此，拜耳公司的一支团队决定寻求降低货运成本、简化流程的方法。经过对问题的初步分析，团队成员认为，一旦货运问题解决了，将会产生以下的结果：

1. 实现组织的目标。目标包括开展精益六西格玛和增强核心竞争力等。
2. 实现高额的投资回报。团队确信，如果项目按他们的方式继续开展下去，公司将可以节省一大笔运输成本。
3. 获得大力的支持。关键的利益相关方也认为，货运问题是极其重要的大问题，他们愿意为解决该问题提供相应的资源。

该团队将项目"货车载重量及低于货车载重量的最优选择"中的发现制成了 PPT，并在 2008 年美国质量学会的"世界质量与改进大会"上进行了宣讲，并凭此获得了国际团队卓越竞赛的铜奖。

<small>资料来源：http：//www. asq. com. cn/lb_pxtz_Info. asp？ id = 661&class1 = asqyw&new_class = asq 译文.</small>

【重要概念】

质量（Quality）；ISO 9000 标准（ISO 9000）；全面质量管理（Total Quality Management，TQM）；6 西格玛管理（6σ）；统计过程控制（Statistical Process Control）。

质量是企业的生命线，是企业赖以生存和发展的保证，是企业获取竞争能力的行动准则，是打开国际国内市场的通行证。企业的产品能不能卖得出去，即企业的输出能不能被顾客接受，首先取决于其质量，因此质量是竞争中居首位的因素，是企业参与市场竞争并赢得顾客的必备条件。以质量开拓市场、以质量占领市场，已成为现代企业获取竞争能力的行动准则。不论是强手如林的国际市场，还是在竞争激烈的国内市场，没有质量上的优势，企业就难以在市场竞争中求得生存，更谈不上发展。提高产品质量水平，更好地满足社会和市场需求，是企业生存和发展的迫切需求。

10.1　质量概念与质量管理的演变

10.1.1　质量与质量管理

1. 质量

质量是质量管理的对象，要顺利开展质量管理工作，首先要对质量有全面、正确的理解。美国质量管理专家克劳斯比从生产者的角度将质量概括为"产品符合规定要求的程度"；国际标准 ISO8402—1986 将质量定义为"反映产品或服务满足明确或隐含需要能力的特性和特征总和"；世界著名质量管理专家朱兰（Joseph M. Juran）则从用户的角度出发，认为"质量就是适用性"（fitness for use）。现代质量管理认为，定义质量必须以用户的观点，因此朱兰博士的"适用性"成为最著名也是最流行的权威定义。

所谓适用性，就是产品或服务满足顾客要求的程度。为了使"适用性"这个比较抽象的概念具体化，美国质量管理专家戴维·戈文（David Garvin）教授将适用性的概念具体定义为8个方面的含义，即：

（1）性能。产品主要功能达到的技术水平和等级，如钟表的走时准确度、电视机的图像清晰度等。

（2）附加功能。为使顾客更加方便、舒适等所增加的产品功能，如音响遥控器、照相机的自动卷片功能等。

（3）可靠性。产品完成规定功能的准确性和概率。如电视机平均无故障工作时间，机床的精度稳定期限等。

（4）一致性。产品符合产品说明书的程度。如汽车百公里耗油是否不超过说明书规定数量、饮料中的天然固形物含量是否符合标识等。

（5）耐久性。产品或服务达到规定寿命的概率。如电冰箱达到规定无故障运行小时的概率。

（6）维护性。产品是否容易修理和维护。

（7）美学性。产品外观是否具有吸引力和艺术性。

（8）感觉性。产品是否使人产生美好联想。如服装面料的手感、广告用语使人产生的联想等。

美国著名作业管理专家理查德·施恩伯格认为上面8个方面的质量含义偏重于制造企业和产品。对于服务业来说，还应补充以下内容：

（9）价值。服务是否最大限度地满足了顾客的希望，使他觉得物有所值。

（10）响应速度。对于服务业来说时间是尤为重要的质量性能和要求。有资料显示，超市出口处的顾客等待时间超过5分钟，该超市的服务质量水平就会在顾客心中大打折扣。

（11）人性。不仅仅是对顾客笑脸相迎，还包括对顾客的谦逊、尊重、信任、理解、体谅和与顾客的有效沟通，这是服务质量中最难把握的但却是非常重要的。

（12）安全性。无任何风险、危险和疑虑。

（13）资格。具有必备的能力和知识，提供一流的服务。如导游的服务质量在很大程度上取决于导游人员的外语能力和知识素养。

产品质量虽然需要根据质量标准来衡量，但有时用户使用要求并不能完全在质量标准中反映出来，因此企业不能仅仅满足于达到现行质量标准，而应该根据用户的要求不断提高产品或服务的质量，更好地体现"适用性"。用户对"适用性"的评价因素很多，而且对于制造业和服务业来说又各有不同，如表10-1所示。用户对质量的评价因素往往会随时间的变化而变化，这些都对生产与运作管理提出更高的要求。

2. 质量管理

根据 ISO8402 – 1994 的定义，质量管理是指"确定质量方针、目标和职责，并通过质量体系中的质量策划、质量控制、质量保证和质量改进来使其实现的所有管理职能的全部活动"。从这个定义可以看到质量管理是一个组织管理职能的重要组成部分，必须由一个组织的最高管理者来推动，各级管理者各尽其责，全体员工积极参与。具体来说包括：

表 10 – 1 用户对质量的评价因素

行业	质量评价因素
服务业/制造业	**硬件** • 饭店布局、餐桌款式、灯光效果 • 牙医所用设备的新旧程度等 • 产品的外观 • 产品安装、使用的难易程度等
	产品或服务支持 • 银行业务中数据查询速度 • 对直接或间接应承担责任的态度等 • 付款手续的繁简及改正错误的难易程度 • 广告的可信度等
	心理影响 • 宾馆服务员的服务态度 • 顾客投诉办公室中的工作人员热情程度 • 产品销售人员对所售产品的了解程度 • 品牌的信誉等更新的挑战

（1）制定质量方针和目标。质量方针是指公司最高层领导人正式颁布的总的质量宗旨和目标，如产品质量要达到的水平，对企业质量管理活动的要求、售后服务的总原则等。质量方针是企业开展质量工作的指南。质量目标是企业按照质量方针所提出的一定时间内质量方面达到的预期成果，如废品率下降水平、故障成本在产品成本中所占比重等。

（2）建立质量体系。质量体系是指为实施质量管理所需的组织结构、程序、过程和资源。质量体系的意义不仅在于建立组织结构，更重要的是在于明确组织机构的职责范围和工作方式；不仅在于使企业各方面的质量工作有效地开展，更重要的是在于使这些工作相互协调，形成一个有机的整体，实现企业整体质量的完善。建立质量体系时，应形成必要的体系文件，如质量手册、管理性程序文件、技术性程序文件、质量计划、质量记录等。

（3）开展质量控制和质量保证活动。质量控制是指根据质量标准，监视质量环节的工作，使其在受控状态下运行，从而及时排除和解决所产生的问题，为满足质量要求所采取相应的作业技术和活动。

质量保证是指为使人们确信某实体能满足质量要求，在质量体系内开展的并按需要进行证实的有计划和有系统的全部活动。这意味着企业必须就是否具有满足质量要求的能力提供充分必要的依据，接受第三方权威机构的客观、公正评价。质量保证包括两个含义：一是指企业用户所做的一种质量担保，即让用户确信企业产品或服务的质量满足其规定的要求，因此它是一种企业取得用户信任的手段；二是企业为确保本企业产品或服务的质量满足规定的要求所进行的活动，因此它是一种管理手段。

（4）质量改进。质量改进是指为给组织及顾客提供更多的收益，在整个组织内所采取的旨在提高活动和过程的效益和效率的各种措施。质量改进是无止境的，只要不断地寻找问题，积极地改进，就可以提高企业的质量水平，增强企业的竞争力。

10.1.2 质量管理的历史演进

质量管理是一门科学，随着整个社会生产的发展而发展，也同科学技术的进步、管理科学的发展密切相关。考察质量管理的发展过程，有助于我们有效地利用各种质量管理的思想和方法。一般来说，我们把质量管理的发展过程划分为三个阶段。

1. 质量检验阶段（20 世纪 20 ~ 30 年代）

20 世纪初，资本主义生产力的迅猛发展使得生产过程日益庞杂，生产组织日臻完善，整个生产过程分工细化。许多美国企业根据泰勒的管理模式，纷纷设立检验部门，使得检验与生产分离开来，将原始的"操作者的质量管理"发展成为分工明确、独立实施的新型的质量管理，标志着质量管理步入了一个成熟的发展阶段，即"质量检验管理阶段"。

这一阶段的中心内容是通过事后把关保证不合格品不流入下道工序或送到用户手中，至今在企业中仍不可缺少，但是就生产过程而言，毫无预防不合格品的作用；而在生产终端，不合格品即使检出也无法挽回。而且在产量大幅增长或产品需要进行破坏性试验的情况下，根本难以全数检验。为了解决这些矛盾，质量管理方法做了相应的改进，进入统计质量控制阶段。

2. 统计质量控制阶段（20 世纪 40～50 年代）

早在 20 世纪 20 年代，美国贝尔实验室工程师休哈特就首先提出了"控制与预防缺陷"的概念，并与他人合作取得累累硕果，是最早把数理统计方法引入质量管理的先驱。可惜由于 30 年代资本主义经济危机，这些成果只好束之高阁。

第二次世界大战期间军需品的生产任务重，时间紧，事后检验立刻显现出其弱点，检验部门成为最薄弱的一环，这时休哈特等人的研究成果被重视起来，得到迅速的推广和应用。

这一阶段的手段是利用数理统计原理，预防产生废品并检验产品的质量，在方式上由专职检验人员转过来的专业质量控制工程师和技术人员承担，这标志着事后检验的观念转变为预防质量事故的发生并事先加以预防的概念，质量管理工作前进了一大步。

但是统计质量控制主要只是保证生产过程中的产品质量，而不能提高产品本身的质量。随着科技的发展，对质量提出了更高的要求，加之市场竞争日趋激烈，促使各个企业把改善产品的经济性和技术服务作为提高产品质量的重要内容。于是自 20 世纪 60 年代初起进入全面质量管理阶段。

3. 全面质量管理阶段（20 世纪 60 年代至今）

最早提出全面质量管理（Total Quality Control，TQC）概念的，是美国的费根堡姆（Armand V. Feigenbaum）。他指出："全面质量管理是为了能够在最经济的水平上，并考虑到充分满足顾客要求的条件下进行生产和提供服务，把企业各部门研制质量、维持质量和提高质量的活动构成为一体的一种有效体系"。费根堡姆之所以提出上述思想，主要源于以下原因：

（1）50 年代以来科学技术的飞速发展，出现了许多大型产品和复杂的系统工程，质量要求大大提高，特别是对安全性、可靠性的要求越来越高。这就要求用系统的观点，从全局来控制产品质量形成的各个环节、各个阶段。

（2）行为科学在质量管理中得到应用。重视人的因素，以社会学、心理学的角度研究社会环境、人的相互关系以及个人利益对提高工效和产品质量的影响，发挥人的能动作用，调动人的积极性，于是在质量管理中出现了"自我控制"、"QC 小组"等活动。

（3）全球性"保护消费者利益"运动的不断深入，促使各国政府出台相应法律要求企业对提供产品的质量承担法律责任和经济责任。这表明制造商提供的产品不仅要求性能符合质量标准，而且还要保证产品售后运行效果良好，安全可靠。于是质量管理中提出了质量保证和质量责任问题，要求企业建立全过程的质量保证系统对企业的产品质量实行全面的管理。全面质量管理由于符合生产发展和质量管理发展的客观要求，很快在世界各地得到推行和发展。经过多年实践，全面质量管理理论已经比较完善，在实践中也取得了较大成功。

全面质量管理为摩托罗拉提供了竞争优势

摩托罗拉公司一直追求在产品质量上成为世界领先者。的确，它做到了：摩托罗拉是马尔科姆·鲍里奇国家质量奖（Malcolm Baldrige National Quality Awards）的首位获得者。摩托罗拉坚信全面质量管理，并从管理高层，尤其是名誉董事长罗伯特·库尔文（Robert Galvin）开始推行全面质量管理。通过逐级影响带动，整个企业的高层管理人员身体力行，摩托罗拉的产品质量达到了优异水平。

为确保质量第一方针的实施，摩托罗拉采取了大量措施：

- 雄心勃勃地推行一项世界范围的教育计划，确保分布在全球各地的员工理解质量管理和统计工序控制的含义。

- 树立目标，即 6σ 计划。摩托罗拉的 6σ 计划意味着产品的缺陷率将低于百万分之几。

- 建立激励机制，鼓励所有员工积极参与并争取更好成绩。

摩托罗拉的各部门每两年都要做一次质量服务考核，由一个从公司各部门挑选其成员的五人小组来执行。考核之后，公司总经理及其助手与考核小组共同对结果进行复审。各部门质量管理活动的成就与不足都在会上得以讨论，并将改进建议传达给有关部门。这种做法使公司上下团结一致，对公司目标高度认同，是强有力的质量管理手段。

全面质量管理为摩托罗拉提供了竞争优势。

资料来源：[美] Jay Heizer，Barry Render. 生产与作业管理教程（第4版）. 华夏出版社，1999.

10.2　全面质量管理与 ISO9000

10.2.1　全面质量管理

1996年日本科学技术联盟作为日本全国性质量组织，从整个国际范围的形势发展考虑，为了适应企业所处环境的变化和提高企业的经营管理水平，认为要赋予 TQC 更广泛的内涵。于是从 1996 年 4 月起，将 TQC 改称为 TQM（Total Quality Management），在我国仍称为全面质量管理。

1. 全面质量管理的思想体系

国际标准 ISO8402—1994 中关于 TQM 的定义非常简洁：一个组织以质量为中心，以全员参加为基础，目的在于通过让顾客满意和本组织所有成员及社会受益而达到长期成功的管理途径。

全面质量管理是一个具有丰富内涵的理论，贵在一个"全"字，体现为以下四个方面的特点：

（1）全过程的质量管理。即将质量管理活动贯穿产品质量产生、形成和实现的全过程，全面落实预防为主的方针，涉及产品市场调查、设计试验、工艺制订、工装准备、物资供应、生产制造以及售后服务等所有环节。

（2）全面质量的管理。全面质量即不仅是产品质量，而且还包括与产品质量有关的工序质量和各项工作质量。要从抓好产品质量的保证入手，用优质的工作质量来保证产品质量，以求优质、经济地及时交货，服务周到，一切使用户满意。

（3）全员参加的质量管理。产品质量是企业活动的各个环节、各个部门全部工作的综合反映。企业中任何一个环节、任何一个人的工作质量都会不同程度地、直接或间接地影响产品质量。因此，必须将企业内所有人员的积极性和创造性充分调动起来，不断提高各级员工的素质，人人关心质量，才能生产出用户满意的产品。QC 小组、全员把关、质量教育是全员参加质量管理的根本途径。

（4）全社会推动的质量管理。要将全面质量管理深入持久地开展下去，仅仅是企业内部的重视是不够的，需要从质量立法、认证、监督等方面进行宏观控制引导。一方面，一个完整的产品，往往是由许多企业共同协作来完成的，仅靠企业内部的质量管理无法保证产品质量；另一方面，来自于全社会宏观质量活动所创造的社会环境可以激发企业提高产品质量的积极性和认识到必要性。所以说，全面质量管理的开展要求全社会的推动。

2. 全面质量管理的基本工作程序——PDCA 循环

PDCA 循环是全面质量管理工作的基本程序，最早是由美国质量管理专家戴明提出来的，所以又称"戴明环"。PDCA 四个英文字母在 PDCA 循环中所代表的含义如下：

P（Plan）——计划，D（Do）——执行，C（Check）——检查，A（Action）——

行动。

戴明环的四个阶段是由八个步骤组成的，其关系如表 10 - 2 所示。将表 10 - 2 制成图 10 - 1 则更为形象。

表 10 - 2   **PDCA 循环工作步骤**

阶段	步骤	备注
计划阶段（P）	①分析现状，找出问题 ②找出造成问题的原因 ③找出其中的主要原因 ④针对主要原因，制订措施计划	本阶段要明确五个"什么"一个"如何"，即"5W1H" ①为何制订此计划？（Why） ②计划的目标是什么？（What） ③何处执行此计划？（Where） ④何时执行此计划？（When） ⑤何人执行此计划？（Who） ⑥如何执行计划？（How）
执行阶段（D）	⑤按措施计划执行	
检查阶段（C）	⑥检查执行情况	排列图，直方图，控制图
处理阶段（A）	⑦对检查结果按标准化处理 ⑧不能作标准化处理的，转入下一轮循环，或作标准化动态更新处理	制定或修改相关规章制度

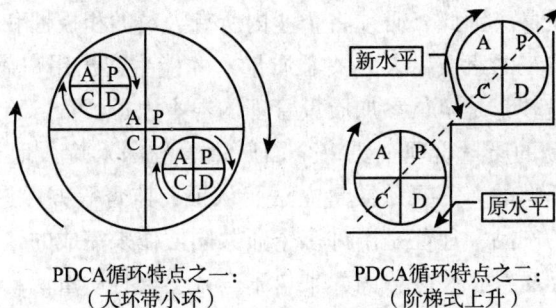

PDCA循环特点之一：
（大环带小环）

PDCA循环特点之二：
（阶梯式上升）

图 10 - 1   PCDA 循环

资料来源：湛东亥等．质量管理理论与实务．经济管理出版社，1997.

之所以称其为 PDCA 循环，是因为这四个过程不是运行一次就完结，而是要周而复始地进行。一个循环完了，解决了一部分问题，可能还有其他问题尚未解决，或者又出现了新的问题，进行下一个循环。PDCA 循环有如下三个特点：

（1）大环带小环。把整个企业的工作作为一个大的 PDCA 循环，那么各部门、小组还有各自小的 PDCA 循环，就像一个行星体系一样，大环带动小环，一级带一级，有机地构成一个运转的体系。如图 10 - 1 所示。

（2）阶梯式上升。PDCA 循环不是在同一水平上循环，而是每转一圈都有新的计划和目标，犹如爬楼梯一样逐步上升，使质量水平不断提高。坚持 PDCA 循环，就会使质量管理持续取得更新的成果。

（3）科学管理方法的综合应用。PDCA 循环应以 QC 七种工具为主的统计处理方法及工业工程（IE）中工作研究的方法，作为进行工作和发现、解决问题的工具，一切凭数据说话。

10.2.2 ISO9000 系列标准

1. ISO9000 系列标准的产生与发展

科技的发展使产品结构日趋复杂，其中相当一部分还具有高安全性、高可靠性和高价值的特征，如电站锅炉、核裂变装置等。这时用户很难凭自己的能力和经验来判断产品的合格程度，如果使用了有缺陷的产品，可能会造成巨大的损失和伤害。于是在产品质量形成过程中加强管理和实施监督，建立相应的质量体系并实行第三者客观的认证制度就成为企业提高信誉、获取信任的客观要求。同时，国际贸易的迅速发展，产品超越国界必然带来了与之有直接关系的国际产品质量保证和产品责任问题，于是要求在产品质量方面具有共同的语言、统一的认识和共同遵守的规范。在这样的背景下，国际标准化组织（International Standard Organization）于 1979 年建立了质量保证技术委员会，专门研究国际质量保证领域内的标准化问题和负责制定质量体系的国际标准。经过多年的努力，在总结世界各国质量管理和质量保证经验的基础上，于 1986 年 6 月 15 日正式颁布了 ISO8402《质量—术语》标准，于 1987 年 3 月正式公布了 ISO9000 系列标准，它标志着质量体系走向规范化、系列化和程序化的世界高度。经验表明，采用 ISO9000 系列标准是走向世界的通行证。

2000 年 12 月 15 日，ISO/TC176 正式发布了新版本的 ISO9000 族标准，统称为 2000 版 ISO9000 族标准。该标准的修订充分考虑了 1987 版和 1994 版标准以及现有其他管理体系标准的使用经验，它使质量管理体系更加适合组织的需要，可以更适应组织开展其商业活动的需要。

2000 版标准更加强调了顾客满意及监视和测量的重要性，促进了质量管理原则在各类组织中的应用，满足了使用者对标准应更通俗易懂的要求，强调了质量管理体系要求标准和指南标准的一致性。2000 版标准反映了当今世界科学技术和经济贸易的发展状况，以及"变革"和"创新"这 21 世纪企业经营的主题。

瑞斯飞机部件公司新战略：国际质量标准

面对日益下滑的销量，瑞斯公司采取了非同寻常的生存战略：执行 ISO9000 国际质量管理标准。ISO9000 系列标准，已得到全球 60 余个国家的认同。这些规则规定了企业应如何建立质量保证体制，尤其在程序、控制和文件汇集上。越来越多的美国公司，不论其大小，都认识到他们必须满足这些非强制性标准以在国外市场获得竞争优势，在国内赢得本土跨国公司的合同。

瑞斯的努力使这家位于纽约的飞机部件经销商从众多竞争对手中脱颖而出。执行这些严格的规定，瑞斯确保存货清单与实际状况保持一致，每次工作程序都在文件中详细说明，办公手册随时更新，一旦船运货物到达港口计算机便立即予以记录。

执行副总裁保拉·瑞斯（Paul Rise）表示，紧密联系 ISO9000 的公司新战略增加了公司利润并使其做成了更多重要业务。例如，瑞斯最近赢得了美洲航空公司一项 300 万美元的合同，这说明了美洲航空公司对像瑞斯这样的小公司也努力实行国际质量标准留下了深刻印象。

资料来源：［美］Jay Heizer, Barry Render. 生产与作业管理教程. 华夏出版社, 1999.

2. ISO9000 系列标准的组成

2000 版 ISO9000 族标准包括以下一组密切相关的质量管理体系核心标准：

ISO9000《质量管理体系基础和术语》，表述质量管理体系基础知识，并规定质量管理体系术语。

ISO9001《质量管理体系要求》，规定质量管理体系要求，用于证实组织具有提供满足顾客要求和适用法规要求的产品的能力，目的在于增进顾客满意。

ISO9004《质量管理体系业绩改进指南》，提供考虑质量管理体系的有效性和效率两方面的指南。该标准的目的是促进组织业绩改进和使顾客及其他相关方满意。

ISO19011《质量和（或）环境管理体系审核指南》，提供审核质量和环境管理体系的指南。

3. ISO9000 与 TQM 的关系

从本质上讲，ISO9000 与 TQM 有着共同的理论基础——质量管理学，因此首先两者有着一致性：

（1）遵循的原理是相同的。在全面质量管理理论中，描述产品质量的产生、形成和实现运动的规律是"朱兰质量螺旋形上升曲线"。而 ISO9000 系列标准中明确提出"质量体系建立所依据的原理是质量环"。质量环实际上就是以朱兰质量螺旋型上升曲线为依据，原理是相同的。

（2）基本要求是一致的。全面质量管理的基本特征"全过程、全面质量、全员参加、全面综合运用各种方法"在 ISO9000 中同样被贯彻。

（3）指导思想是相同的。TQM 与 ISO9000 都同样贯彻以下思想：系统管理、为用户服务、预防为主、过程控制、质量与经济相统一、用事实与数据说话等。

可见 TQM 与 ISO9000 在理论上是一致的，在采用方法上是相通的，在具体做法上也是相近的。但两者之间仍存在一些不同：

（1）ISO9000 与 TQM 都指全过程控制，但 ISO9000 强调文件化，而 TQM 更重视方法和工具。可以说，ISO9000 告诉人们必须"做到"什么，TQM 则更强调"怎么去做"。

（2）ISO9000 是通用的标准化的程序，而 TQM 没有规范化。

（3）ISO9000 可进行国际通用的认证，而 TQM 不能。

尽管有上述细微的不同，TQM 与 ISO9000 是可以相互结合、相互促进的。推行 ISO9000 系列标准可以促进全面质量管理的发展，使之规范化，同时 ISO9000 系列标准也从全面质量管理中吸取先进的管理思想和技术，不断完善系列标准。

10.3　常用质量管理方法

10.3.1　统计质量控制常用方法

1. 检查表法

利用统计表对数据进行整理和初步分析原因的一种工具，方法简单，实用有效。表 10 – 3 是其中的一种格式。

表 10 – 3　　　　　　　　　　　　　　　　统计分析

项目	统计	频数	排序
A	≡	3	3
B	≡	13	1
C	‖	2	4
D	‖	7	2

2. 数据分层法

这一方法就是将收集到的数据按不同目的加以分类，将性质相同，在同一生产条件下收集的数据归在一起，于是数据反映的事实暴露得更明显突出，便于找到问题原因。分层可以根据实际情况按多种方式进行，如按时间分、按操作人员分、按原材料分、按设备分、按不同检测手段分等。分层主要是为了分清责任，找出原因。数据分层法常与统计分析表结合使用。

3. 排列图法

排列图又称帕累托图，这是找出主要问题的一种有效图表方法。TQM 的经验之谈是：将主要问题解决一半，比彻底解决次要问题对提高质量更为有效。

根据表 10 – 4 的资料绘制帕累托图，并指出造成缺陷的主要原因。

表 10 – 4　　　　　　　　　　　　产品缺陷原因次数分布表

缺陷原因	发生次数	累计频数	频率（%）	累计频率（%）
变形	104	104	52	52
刮花	42	146	21	73
针眼	20	166	10	83
裂缝	10	176	5	88
斑点	6	182	3	91
有沟	4	186	2	93
其他	14	200	7	100
合计	200	—	100	—

由以上给定的资料，按下面步骤绘制：

第一步：画一个直角坐标系；

第二步：绘制条形图；

第三步：描绘出累计频数分布折线图。

从图 10-2 中可以看出，虚线右边的折线仍在上升，但总体比较缓慢，而左边的三个原因已占缺陷原因 80% 以上，所以变形、刮花和针眼是造成缺陷的主要原因。

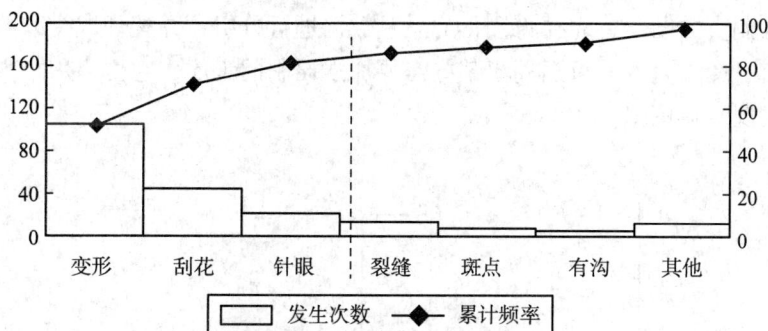

图 10-2　缺陷原因帕累托图

4. 因果图法

又称特征因素图法，是分析各种质量问题原因的有效方法。在分析原因时，可从设备、操作者、工艺方法、材料、环境等方面层层深挖原因，以线条箭头表示。于是图上呈现各种原因的分支线条，犹如树枝或鱼刺，故又称树枝图或鱼刺图，如图 10-3 所示。这种方法充分发动员工动脑筋、查原因，集思广益，适合在 QC 小组中实行质量的民主管理。当所有可能的原因都找出来后，下一步就是要结合排列图等方法找出主要原因。

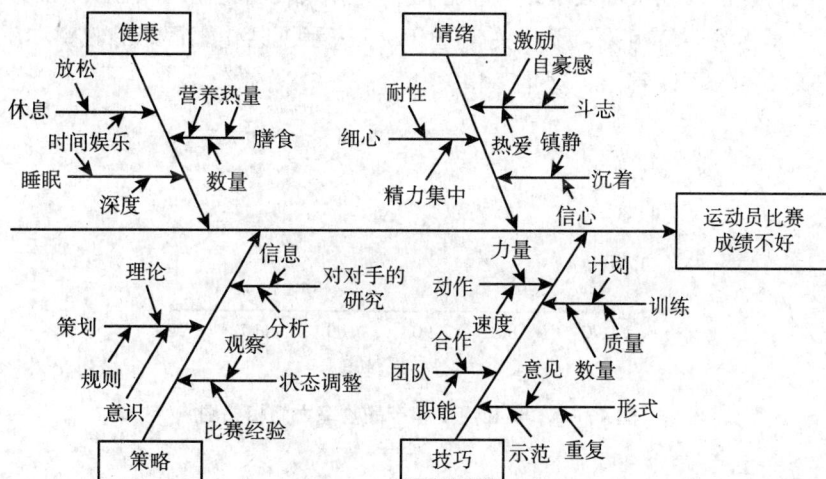

图 10-3　因果分析图

5. 直方图法

直方图又叫质量分布图，是通过整理抽查的质量数据，反映质量分布状态的统计图表。要绘制直方图，首先要将测得的质量数据进行分组，并整理成为频数表，然后据以绘制直方图。直方图可运用于某些需要加强控制的工序，它可以用来观察分析质量分布的情况，见图10-4。

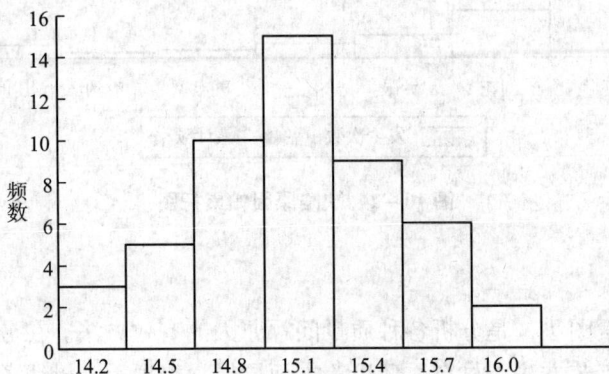

10-4   频率直方图

6. 散布图法

散布图又称散点图、相关图，是表示两个变量之间相互关系的图表法。横坐标通常表示原因特性值，纵坐标表示结果特性值，交叉点表示它们的相互关系。相关关系可以分为：正相关、负相关、不相关。图10-5表示了某化工厂产品收率和反应温度之间的相关关系，可以看出，这是正相关。

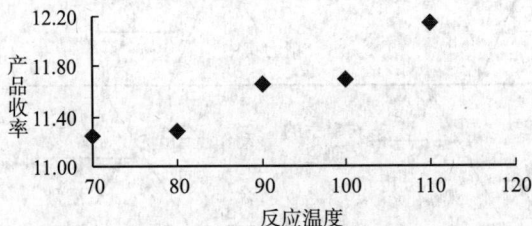

图10-5   反应温度和产品收率之间相关图

7. 控制图法

当工序的加工过程处在正常稳定的状态时，其加工精度的偏差是近似服从正态分布的。由正态分布的特性可知，加工偏差落在 1σ 范围内的概率为 0.6826；落在 2σ 范围内的概率为 0.9545；落在 3σ 范围内的概率为 0.9973。故在正常稳定的状态下，加工偏差超出 3σ 范围的概率仅为 3‰。根据这一统计性质作横线图，标出 3σ 的区域，然后将观察统计出的加工精度数据按时间顺序标在图上，就得到工序控制图。

控制图的基本样式如图 10 - 6 所示。横坐标为样本序号，纵坐标为产品质量特性，图上三条平行线分别为：实线 CL——中心线，虚线 UCL——上控制界限线，虚线 LCL——下控制界限线。在生产过程中，定时抽取样本，把测得的数据点一一描在控制图中。如果数据点落在两条控制界限之间，且排列无缺陷，则表明生产过程正常，过程处于控制状态，否则表明生产条件发生异常，需要对过程采取措施，加强管理，使生产过程恢复正常。

操作人员或监督人员通过观察加工精度数据在图上的落点和模式，可以很容易地判断出工序的加工状况是否处在正常稳定的状况下。一旦某个落点超出了 3σ 的范围，说明该工序出现严重异常，此时应考虑停机检查，排除原因，使工序恢复正常。因此，控制图是一种控制工序质量的有效工具。

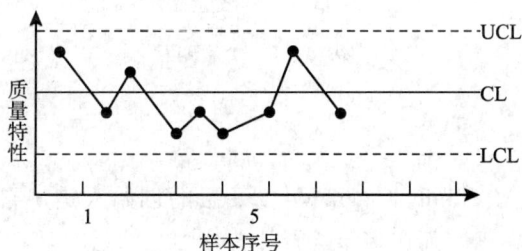

图 10 - 6 控制图

10.3.2 质量管理新七种工具

1. 关联图法

关联图法（Inter-relationship Diagram）是为了谋求解决那些有着原因与结果、目的与手段等关系复杂而互相纠缠的问题，并将各因素的因果关系逻辑地连接起来而绘制成关联图的方法，这种方法适用于有几个人的工作场所，经过多次修改绘制关联图，使有关人员澄清思路，认清问题，促进构想不断转换，最终找出并解决质量关键问题。

关联图法解决问题的一般步骤是：提出认为与问题有关的一切主要原因（因素）；用简明通俗的语言表示主要原因；用箭头表示主要原因之间，原因与问题之间的逻辑关系；了解问题因果关系的全貌；进一步归纳出重点项目，用双圈标出。

关联图法对于那些因果关系复杂的问题，可以采用自由表达形式，显示出它们的整体关系，见图 10 – 7。

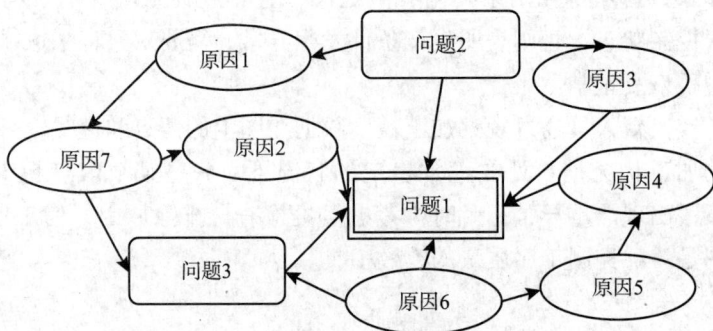

图 10 – 7　关联图

2. KJ 法

KJ 法又称亲和法（Affinity Diagram）。KJ 法的创始人是川喜田二郎，KJ 是他的姓名的英文缩写。川喜田二郎在多年的野外考察中总结出一套科学发现的方法，即把乍看上去根本不想收集的大量事实如实地捕捉下来，根据亲和性（亲缘关系）加以整理，绘制成图，发现问题的全貌，建立假说或创立新学说。后来他把这套方法与头脑风暴法相结合，发展成包括提出设想和整理设想两种功能的方法。KJ 法的基本步骤如图 10 – 8 所示。

准备
主持人和与会者4~7人。准备好黑板、粉笔、卡片、大张白纸、文具。

↓

头脑风暴法会议
主持人请与会者提出30~50条设想，将设想依次写到黑板上。

↓

制做卡片
主持人同与会者商量，将提出的设想概括2~3行的短句，写到卡片上。每人写一套。这些卡片称为"基础卡片"。

↓

分成小组
让与会者按自己的思路各自进行卡片分组，把内容在某点上相同的卡片归在一起，并加一个适当的标题，用绿色笔写在一张卡片上，称为"小组标题卡"。不能归类的卡片，每张自成一组。

↓

并成中组
将每个人所写的小组标题卡和自成一组的卡片都放在一起。经与会者共同讨论，将内容相似的小组卡片归在一起，再给一个适当标题，用黄色笔写在一张卡片上，称为"中组标题卡"。不能归类的自成一组。

↓

归成大组
经讨论再把中组标题卡和自成一组的卡片中内容相似的归纳成大组，加一个适当的标题，用红色笔写在一张卡片上，称为"大组标题卡"。

↓

编排卡片
将所有分门别类的卡片，以其隶属关系，按适当的空间位置贴到事先准备好的大纸上，并用线条把彼此有联系的连结起来。如编排后发现不了有何联系，可以重新分组和排列，直到找到联系。

↓

确定方案
将卡片分类后，就能分别地暗示出解决问题的方案或显示出最佳设想。经会上讨论或会后专家评判确定方案或最佳设想。

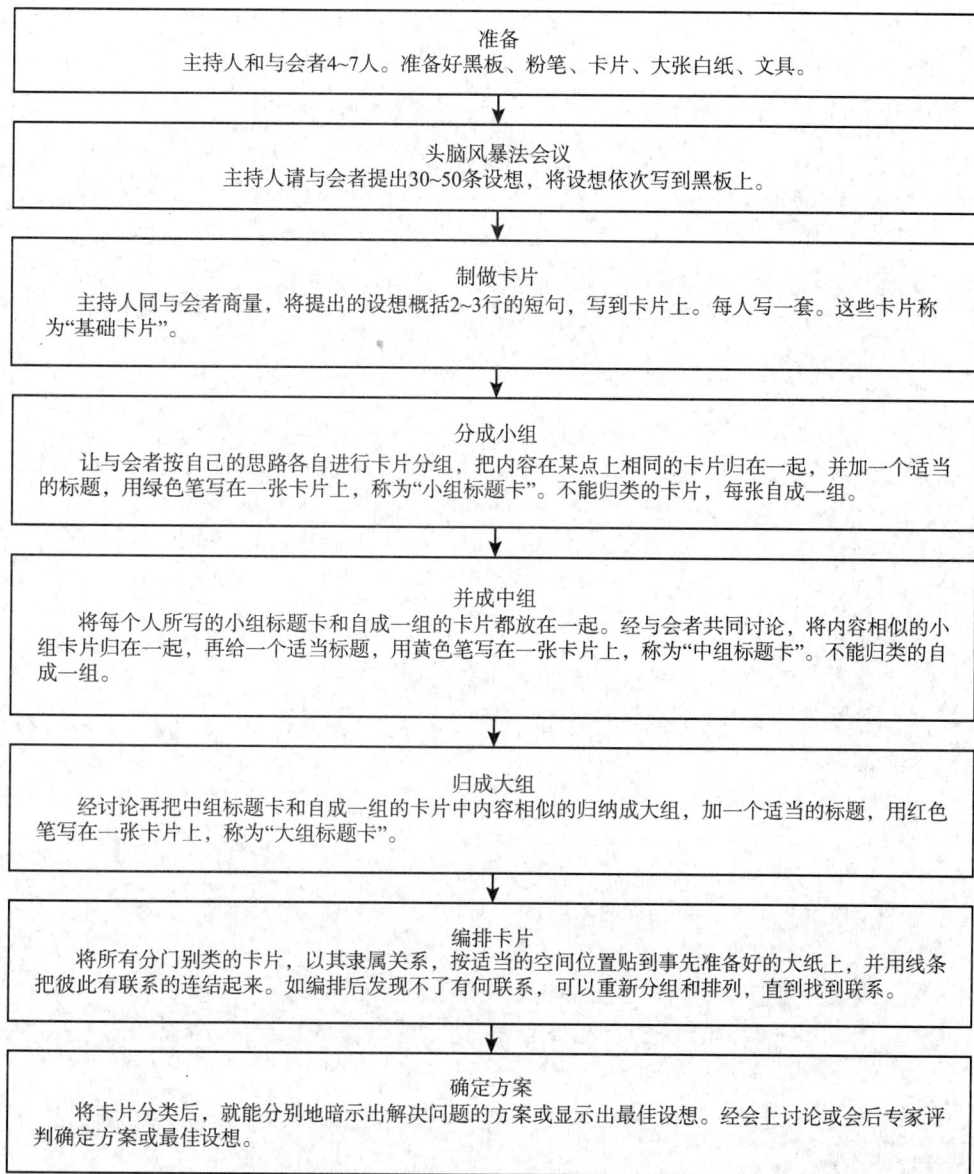

图 10 - 8 KJ 法步骤

资料来源：根据 http：//wiki. mbalib. com/wiki/KJ% E6% B3% 95 整理。

日本某公司 KJ 法案例

日本某公司通信科科长偶尔直接或间接地听到科员对通信工作中的一些问题发牢骚，他想要听取科员的意见和要求，但因倒班的人员多，工作繁忙，不大可能召开座谈会。因此，该科长决定用 KJ 法找到科员不满的方案。

第一步，他注意听科员间的谈话，并把有关工作中问题的片言只语分别记到卡片上，每个卡片记一条。例如：

有时没有电报用纸。

有时未交接遗留工作。

如果将电传机换个地方……

接收机的声音嘈杂。

查找资料太麻烦。

改变一下夜班值班人员的组合如何？

打字机台的滑动不良。

第二步，将这些卡片中同类内容的卡片编成组。例如：

其他公司有的已经给接收机安上了罩。

因为接收机的声音嘈杂，所以如果将电传机换个地方……

有人捂着一个耳朵打电话。

上面的卡片组暗示要求本公司"给接收机安上罩"。从下面的卡片组中可以了解到要求制定更简单明了的交接班方法。

在某号收纳盒内尚有未处理的收报稿。

将加急发报稿误作普通报稿纸处理。

接班时自以为清楚了，可是过后又糊涂了，为了作出处理，有时还得打电话再次询问。

第三步，将各组卡片暗示出来的对策加以归纳集中，就能进一步抓住更潜在的关键性问题。例如，因为每个季节业务高峰的时间区域都不一样，所以弄明白了需要修改倒班制度，或者是根据季节业务高峰的时间区域改变交接班时间，或者是考虑电车客流量高峰的时间确定交接班时间。

科长拟定了一系列具体措施，又进一步征求乐于改进的科员的意见，再次做了修改之后，最后提出具体改进措施加以试行，结果科员们皆大欢喜。

需要说明的是本例没有严格按照 KJ 法的程序进行。创新技法在现场实际应用时，往往不是一成不变地按程序进行。

资料来源：http：//wiki.mbalib.com/wiki/KJ%E6%B3%95。

3. 系统图法

系统图法（Systematic Diagram）即运用系统的观点，把目的和达到目的的手段依次展开绘制成系统图，以寻求质量问题的重点和最佳解决方法。系统图由方块和箭头构成，形状似树枝，又叫树枝系统图、家谱图、组织图等等，它是从基本目的出发，采取从上而下层层展开和自下而上层层保证的方法来实现系统的目标。

在质量管理中，为了达到某种目的，就需要选择和考虑某一种手段；而为了采取这一手段又必须考虑它下一级的相应的手段。这样，上一级的手段就成为下一级手段的行动目的，如图 10 – 9 所示。

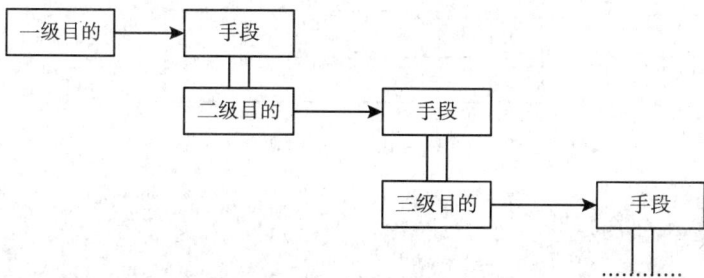

图 10 – 9　系统图

资料来源：http：//wiki. mbalib. com/wiki/% E7% B3% BB% E7% BB% 9F% E5% 9B% BE% E6% B3% 95.

利用系统图法的概念，把达到某一个目的所需要的手段层层展开成图形，就能对问题有一个全貌的认识，并且能抓住问题的重点，从而能够寻找出实现预定目的的最理想方法。系统图法不仅对于明确管理的重点、找出质量改进的方法和手段十分有效，而且是企业管理人员不可缺少的"目的—手段"的思考方法。

4. 矩阵图法

所谓矩阵图法（Matrix Diagram），就是从问题的各种关系中找出成对要素，并按数学上矩阵的形式，把问题及与其有对应关系的各个因素，按行和列排成图，并在其交点处标出两者之间的关系，从中确定关键点的方法。

在复杂的质量问题中，往往存在许多成对的质量因素，将这些成对因素找出来，分别排列成行和列，其交点就是其相互关联的程度，在此基础上再找出存在的问题及问题的形态，从而找到解决问题的思路。质量管理中所使用的矩阵图，其成对因素往往是要着重分析的质量问题的两个侧面，如生产过程中出现了不合格时，着重需要分析不合格的现象和不合格的原因之间的关系，为此，需要把所有缺陷形式和造成这些缺陷的原因都罗列出来，逐一分析具体现象与具体原因之间的关系，这些具体现象和具体原因分别构成矩阵图中的行元素和列元素，如图 10 - 10 所示。

矩阵图的最大优点在于，寻找对应元素的交点很方便，而且不会遗漏，显示对应元素的关系也很清楚。矩阵图法还具有以下几个特点：可用于分析成对的影响因素；因素之间的关系清晰明了，便于确定重点；便于与系统图结合使用。

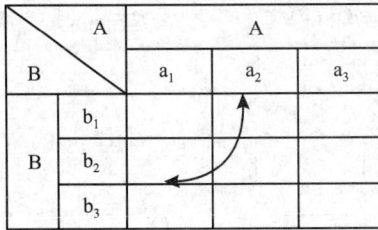

图 10 - 10 L 型矩阵图

实例：矩阵图的应用

某厂为提高产品的性能，从各工序和原料入手，分析查找原因，通过做 T 型矩阵图（如下图），对影响质量的工序和原材料进行分析筛选，找出了影响质量的主要工序和原料，并采取了有效措施，提高了质量。

	2.6 酚色泽深							
原料	催化剂含量大	○				△	△	
	甲酯酸值大	○				△	△	
原料 工序	质量特性	透光率	挥发粉	灰分	水分	澄清度	外观	黑点
生产工序	烷化	△						
	加成	○					○	
	中和	○						
	酯交换	○				●	●	

后处理工序	过滤	○		○		△	○	○
	结晶	○	△				△	
	离心	○	○			△	○	
	洗涤	○				△	●	
	运料	△		○		△	●	
	干燥	○	○	△	●	●	△	○
	包装			○	△			

注：●表示强相关，○表示弱相关，△表示可能有关或不相关。

资料来源：整理自 http://wiki.mbalib.com/wiki/%E7%9F%A9%E9%98%B5%E5%9B%BE%E6%B3%95。

某氧化剂产品质量矩阵图

5. 矩阵数据分析法

矩阵数据分析法（Matrix Data Analysis Chart），即在矩阵图的基础上，把各个因素分别放在行和列，然后在行和列的交叉点中用数量来描述这些因素之间的对比，再进行数量计算、定量分析，确定哪些因素相对比较重要的。

当我们进行顾客调查、产品设计或者其他各种方案选择，做决策的时候，往往需要确定对几种因素加以考虑，然后，针对这些因素要权衡其重要性，加以排队，得出加权系数。譬如，我们在做产品设计之前，向顾客调查对产品的要求。利用这个方法就能确定哪些因素是临界质量特性。

下面通过例子来介绍如何进行矩阵数据分析法。

（1）确定需要分析的各个方面。通过亲和图得到以下几个方面，需要确定它们相对的重要程度：易于控制、易于使用、网络性能、和其他软件可以兼容、便于维护。

（2）组成数据矩阵。用 Excel 或者手工做。把这些因素分别输入表格的行和列，如表 10-5 所示。

（3）确定对比分数。自己和自己对比的地方都打 0 分。以"行"为基础，逐个和"列"对比，确定分数。"行"比"列"重要，给正分。分数范围从 9 到 1 分。打 1 分表示两个重要性相当。譬如，第 2 行"易于控制"分别和 C 列"易于使用"比较，重要一些，打 4 分。和 D 列"网络性能"比较，相当，打 1 分……如果"行"没有"列"重要，给反过来重要分数的倒数。譬如，第 3 行的"易于使用"和 B 列的"易于控制"前面已经对比过了。前面是 4 分，现在取倒数，1/4 = 0.25。有 D 列

"网络性能"比，没有"网络性能"重要，反过来，"网络性能"比"易于使用"重要，打5分。现在取倒数，就是0.20。实际上，做的时候可以围绕以0组成的对角线对称填写对比的结果就可以了。

表 10 - 5　　　　　　　　　　　　　矩阵数据分析法

	A	B	C	D	E	F	G	H
		易于控制	易于使用	网络性能	软件兼容	便于维护	总分	权重（%）
1	易于控制	0	4	1	3	1	9	26.2
2	易于使用	0.25	0	0.20	0.33	0.25	1.03	3.0
3	网络性能	1	5	0	3	3	12	34.9
4	软件兼容	0.33	3	0.33	0	0.33	4	11.6
5	便于维护	1	4	0.33	3	0	8.33	24.2
6	总分之和						34.36	

（4）加总分。按照"行"把分数加起来。在G列内得到各行的"总分"。

（5）算权重分。把各行的总分加起来，得到总分之和。再把每行总分除以总分之和得到H列每个"行"的权重分数。权重分数越大，说明这个方面最重要，"网络性能"34.9分。其次是"易于控制"26.2分。

6. 过程决策程序图法

过程决策程序图法（Process Decision Program Chart，PDPC）是在制定计划阶段或进行系统设计时，事先预测可能发生的障碍（不理想事态或结果），从而对于事态可能的发展变化作了充分的设想，并拟订出不同的方案，以增加计划的应变能力和适应能力，以最大的可能引向最终理想结果。该法可用于防止重大事故的发生，因此也称之为重大事故预测图法。主要用于制定目标管理、技术开发的执行计划等，如图10 - 11 所示。

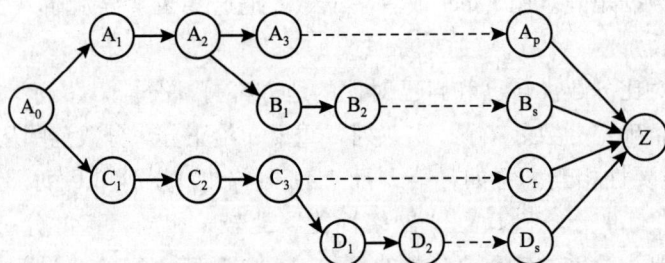

图 10 - 11　过程决策程序图

过程决策图法具有很多优点，具体来说主要有以下四点：

（1）能从整体上掌握系统的动态并依此判断全局。象棋大师可以一个人同时和20个人下象棋，20个人可能还下不过他一个人。这就在于象棋大师胸有全局，因此能够有条不紊，即使面对 20 个对手，也能有把握战而胜之。

（2）具有动态管理的特点。PDPC 法具有动态管理的特征，它是在运动的，而不像系统图是静止的。

（3）具有可追踪性。PDPC 法很灵活，它既可以从出发点追踪到最后的结果，也可以从最后的结果追踪中间发生的原因。

（4）PDPC 法能预测那些通常很少发生的重大事故，并在设计阶段预先考虑应付事故的措施。

换句话说，掌握了这些思考方法以后，所有的人都可以成为一个诸葛亮，做到运筹帷幄，料事于先。

PDPC 法在运输质量管理中的应用

PDPC 方法体现了全面质量管理"全过程管理"的思想，它以系统的动向为中心，掌握系统的输入和输出间的相互关系，能从某一输入出发，依次追踪系统的运转，找出"非理想状态"，追求全过程的、整体的效应。铁路运输系统点多、线长、面广、生产环节多、连续性、整体性强，其生产由"技术准备、基本生产、辅助生产、生产服务"等过程构成了客货在空间位置上位移的全过程。

铁路运输生产构成了一个复杂的系统。就是说从制定运输计划开始，到货物承运、装车、运输、卸货、交付是一个综合体系。如果按照货物运输做到"门到门"，服务还要加上汽车运输才能构成完整的运输系统。因而，研究货运质量至少必须考虑承运车站和到达车站货运质量的规律。也就是说运输质量管理的研究对象，应取动态的全过程的系统。

PDPC 方法体现了全面质量管理变事后把关为事先预防、变管结果为管因素，实行质量控制的思想。运输业的产品是非实物形态的，它和工业产品不同，它的质量问题可出现在运输过程从开始到结束每一个环节，且都能够造成运输终结时的质量事故。

比如货主托运一批箱装玻璃，在办理托运手续后，可能因入库（场）保管或堆码不当造成玻璃损坏，此时，尽管还没有发生位置移动，可是就造成了与运输终结时同样效果的质量事故。加之，运输生产环节诸多，作业场地变化大，受自然条件限制等多种因素的影响，保证运输生产的"产品质量"相对于其他生产部门难度更大。在组织运输生产时，事先对生产过程中可能发生的问题采取防范措施显得尤为重要。

PDPC 法在运输质量管理中具有运用灵活、方便的特点。如车站（货场）要解决货物货运质量差减少货赔问题可运用 PDPC 法，首先，作出两站间货物运输全过程的质量事故决策程序图，对从起运车站（货场）将受托运货物开始，到装车运输直到到达交付给收货人这中间可能出现的问题无遗漏的设想，并提出相应的对策减少货物运输事故。

对策 1：收货承运车站（货场）严把入库验收关，对进货包装不合格、标示不清、标签不牢的货物不予受理，不入库。重要物品要开箱检查、过磅、清点、计量准确，防止票货不符。同时要派人员深入货主单位，宣传"包装标准与要求"。

对策 2：货场（仓库）堆码标准化，按照装卸堆码"32 字"标准堆码，票货相符，保管妥善，交接班清楚，防潮、防鼠、防盗、防火。

对策 3：出仓上车、装卸操作按标准化作业，搬运轻拿轻放。

对策 4：装车作业工具使用恰当、件数准确、配装规范。

对策 5：交付货运员与装车货运员要交接清楚，防止漏装，做好运输途中的防雨、防盗、防火安全措施。

对策 6：到达卸货操作标准化，防止野蛮装卸。

对策 7：理货交接清楚，货主提货时尽量提供方便，并开展跟踪服务活动。

作出对策后，再按全面质量管理 PDCA 循环的工作程序，把对策措施落实到各个环节、各工序，重点工序建立质量管理点，重点控制。除此之外，PDPC 方法还可以用于制定运输生产，经营目标管理的实施计划。

资料来源：http://wiki.mbalib.com/wiki/PDPC% E6% B3% 95.

7. 网络图法

1956 年美国杜邦公司的数学家、工程师组成的小组，在兰德公司的配合下，提出了运用图论的方法来表示计划并把这种方法定名为"关键路线法"（Critical Path Method），简称 CPM 法。1958 年美国海军特种计划局在试制北极星导弹潜艇过程中也提出了网络分析为主要内容的"计划评审法"（Program Evaluation and Review Technique），简称 PERT 法。这两种方法以及有关的一些方法统称为网络分析技术，它在世界各国得到了极为遍的应用。1965 年，我国著名数学家华罗庚教授开始介绍这些方法，称为"统筹法"。

网络分析技术是把工程或任务作为一个系统加以处理，将组成系统的各项工作的各个阶段，按先后顺序通过网络形式联系起来，统筹安排、合理规划，分别轻重缓急并研究其发展变化，从而对系统进行控制和调整，达到以最少时间和消耗来完成整个系统预期的目标。因此，网络分析技术是一种系统的技术。它以工序（活动）之间相互联系的网络图和较为简单的计算方法来反映整个工程或任务的全貌，指出对全局有影响的关键工序和关键路线，从而作出切合实际的统筹安排。网络分析技术特别适用于一次性工程或任务。工程或任务越复杂采用网络分析技术收益越大。这时，也更便于应用计算机进行数据处理，从而加速工作的进展。

网络分析技术是质量管理中的常用工具之一，是取得每一 PDCA 循环活动成果的有效方法，是提高工作质量的重要途径。

当一项工程或任务的总完工期确定后，可画出网络图并计算出事项的最早可能开工时间、最迟必须完工时间；或者工序的最早可能开工时间、最迟必须开工时间以及时差等参数，还可在网络图上确定出关键路线。之后，就要进一步对各工序所需人力、材料和设备等进行合理安排。如果安排欠妥，工序的完成得不到保证，则会打乱全盘计划。安排欠妥，包括人力、物力不够，人力、物力过剩以及各工序间人力、物力安排不协调等，这都造成不必要的浪费。因此，对整个工程和任务的统筹安排，必须予以足够重视。人力、材料、设备的安排有以下几个内容：

在保证总完工期条件下，根据确定的方法对各工序所需的人力、材料设备计算出合理的数量和进度安排。

当人力、材料、设备有限制时，统筹调配各个工序，以保证总完工期。

在总完工期稍有调整时，使人力、物力有很大的节约。

在人力、物力确定并对工序间作了统筹安排后尚不能保证总完工期，这时应在技术和方法上采取措施。如采用先进工艺，进行技术革新等。

在网络分析计算中，各工序每单位时间所需人力、材料、设备等的数量，一般都用工程进度甘特图来表示。为了计算上方便，通常都是有某一种专业人员或者某一种物质的单一进度来表示与计算。计算时要优先保证关键路线上的关键工序的人力、物力、要充分利用时差来平衡协调人力、物力。

如图 10 – 12 所示，以工程对人力的需要为例作一统筹安排，箭杆上的数字前为工序时间（天数），后面括号内为人力（人数）。

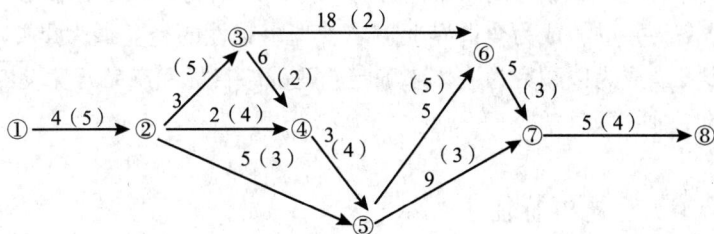

图 10 – 12 调整人力网络图

经过计算后，各工序的最早可能开工时间 TE、最迟必须开工时间 TL、工序总时差 R、工序单时差 r 如表 10-6 所示。

表 10-6 计算表

(1)	(2)	(3)	(4)	(5)	(6)	(7)	(8)
工序 i-j	人数 n	t(i, j)	TE(i, j) = TE(i)	TL(i, j)	TE(j)	R(i, j) (5)-(4)	r(i, j) (6)-(4)-(3)
①→②	5	4	0	0	4	0	0
②→③	5	3	4	4	7	0	0
②→④	4	2	4	15	13	11	7
②→⑤	3	5	4	15	16	11	7
③→④	2	6	7	11	13	4	0
③→⑥	2	18	7	7	25	0	0
④→⑤	4	3	13	17	16	4	0
⑤→⑥	5	5	16	20	25	4	4
⑤→⑦	3	9	16	21	30	5	5
⑥→⑦	3	5	25	25	30	0	0
⑦→⑧	6	5	30	30	35	0	0

由表 10-6 可见，总时差 R(i, j) 为零的工序为关键工序：

①→②→③→⑥→⑦→⑧是关键路线。要优先保证关键路线上的关键工序的人力、物力、要充分利用时差来平衡协调人力、物力。

10.4 6σ 管 理

六西格玛（Six Sigma）是在 20 世纪 90 年代中期开始被 GE 从一种全面质量管理方法演变成为一个高度有效的企业流程设计、改善和优化的技术，并提供了一系列同等地适用于设计、生产和服务的新产品开发工具。继而与 GE 的全球化、服务化、电子商务等战略齐头并进，成为全世界上追求管理卓越性的企业最为重要的战略举措。六西格玛逐步发展成为以顾客为主体来确定企业战略目标和产品开发设计的标尺，追求持续进步的一种管理哲学。

10.4.1 6σ 管理的特征

6σ 管理法是一种统计评估法，核心是追求零缺陷生产，防范产品责任风险，降低成本，提高生产率和市场占有率，提高顾客满意度和忠诚度。6σ 管理既着眼于产品、服务质量，又关注过程的改进。"σ"是希腊文的一个字母，在统计学上用来表示标准偏差值，用以描述总体中的个体离均值的偏离程度，测量出的 σ 表征着诸如单位缺陷、百万缺陷或错误的概率性，σ 值越大，缺陷或错误就越少。6σ 是一个目标，这个质量水平意味的是所有的过程和结果中，99.99966% 是无缺陷的，6σ 管理关注过程，特别是企业为市场和顾客提供价值的核心过程。因为过程能力用 σ 来度量后，σ 越大，过程的波动越小，过程以最低的成本损失、最短的时间周期、满足顾客要求的能力就越强。

作为持续性的质量改进方法，6σ 管理具有如下特征：

1. 对顾客需求的高度关注

6σ 管理以更为广泛的视角，关注影响顾客满意的所有方面。6σ 管理的绩效评估首先就是从顾客开始的，其改进的程度用对顾客满意度和价值的影响来衡量。6σ 质量代表了极高的对顾客要求的符合性和极低的缺陷率。它把顾客的期望作为目标，并且不断超越这种期望。企业从 3σ 开始，然后是 4σ、5σ，最终达到 6σ。

2. 高度依赖统计数据

统计数据是实施 6σ 管理的重要工具，以数字来说明一切，所有的生产表现、执行能力等，都量化为具体的数据，成果一目了然。

3. 重视改善业务流程

6σ 管理将重点放在产生缺陷的根本原因上，认为质量是靠流程的优化，而不是通过严格地对最终产品的检验来实现的。企业应该把资源放在认识、改善和控制原因上而不是放在质量检查、售后服务等活动上。6σ 管理有一整套严谨的工具和方法来帮助企业推广实施流程优化工作，识别并排除那些不能给顾客带来价值的成本浪费，消除无附加值活动，缩短生产、经营循环周期。

4. 积极开展主动改进型管理

掌握了 6σ 管理方法，就好像找到了一个重新观察企业的放大镜。人们惊讶地发现，缺陷犹如灰尘，存在于企业的各个角落。这使管理者和员工感到不安。要想变被动为主动，努力为企业做点什么。员工会不断地问自己：现在到达了几个 σ？问题出在哪里？能做到什么程度？通过努力提高了吗？这样，企业就始终处于一种不断改进的过程中。

5. 倡导无界限合作

6σ管理扩展了合作的机会，当人们确实认识到流程改进对于提高产品品质的重要性时，就会意识到在工作流程中各个部门、各个环节的相互依赖性，加强部门之间、上下环节之间的合作和配合。由于6σ管理所追求的品质改进是一个永无终止的过程，而这种持续的改进必须以员工素质的不断提高为条件，因此，有助于形成勤于学习的企业氛围。

10.4.2　6σ管理途径与方法论

6σ模式是一种自上而下的革新方法，它由企业最高管理者领导并驱动，由最高管理层提出改进或革新目标（这个目标与企业发展战略和远景密切相关）、资源和时间框架。推行6σ模式可以采用由界定、测量、分析、改进、控制（DMAIC）构成的改进流程和实施程序。

1. DMAIC流程

典型的6σ管理模式解决方案以DMAIC流程为核心，它涵盖了6σ管理的策划、组织、人力资源准备与培训、实施过程与评价、相关技术方法（包括硬工具和软工具）的应用、管理信息系统的开发与使用等方面。DMAIC可用于以下三种基本改进计划：①产品与服务实现过程改进；②业务流程改进；③产品设计过程改进。

为了达到6σ，首先要制定标准，在管理中随时跟踪考核操作与标准的偏差，不断改进，最终达到6σ。现已形成一套使每个环节不断改进的简单的流程模式：界定、测量、分析、改进、控制。

（1）界定（Define）：确定需要改进的目标及其进度，企业高层领导就是确定企业的策略目标，中层营运目标可能是提高制造部门的生产量，项目层的目标可能是减少次品和提高效率。界定前，需要辨析并绘制出流程。此阶段主要是明确问题、目标和流程，需要回答以下问题：应该重点关注哪些问题或机会？应该达到什么结果？何时达到这一结果？正在调查的是什么流程？它主要服务和影响哪些顾客？

（2）测量（Measure）：以灵活有效的衡量标准测量和权衡现存的系统与数据，了解现有质量水平。此阶段主要是分析问题的焦点是什么，借助关键数据缩小问题的范围，找到导致问题产生的关键原因，明确问题的核心所在。

（3）分析（Analyze）：利用统计学工具对整个系统进行分析，找到影响质量的少数几个关键因素。通过采用逻辑分析法、观察法、访谈法等方法，对已评估出来的导致问题产生的原因进行进一步分析，确认它们之间是否存在因果关系。

（4）改进（Improve）：运用项目管理和其他管理工具，针对关键因素确立最佳改进方案。拟订几个可供选择的改进方案，通过讨论并多方面征求意见，从中挑选出最理想的改进方案付诸实施。实施 6σ 改进，可以是对原有流程进行局部的改进；在原有流程问题较多或惰性较大的情况下，也可以重新进行流程再设计，推出新的业务流程。

（5）控制（Control）：监控新的系统流程，采取措施以维持改进的结果，以期整个流程充分发挥功效。根据改进方案中预先确定的控制标准，在改进过程中，及时解决出现的各种问题，使改进过程不至于偏离预先确定的轨道而发生较大的失误，见图 10 – 13。

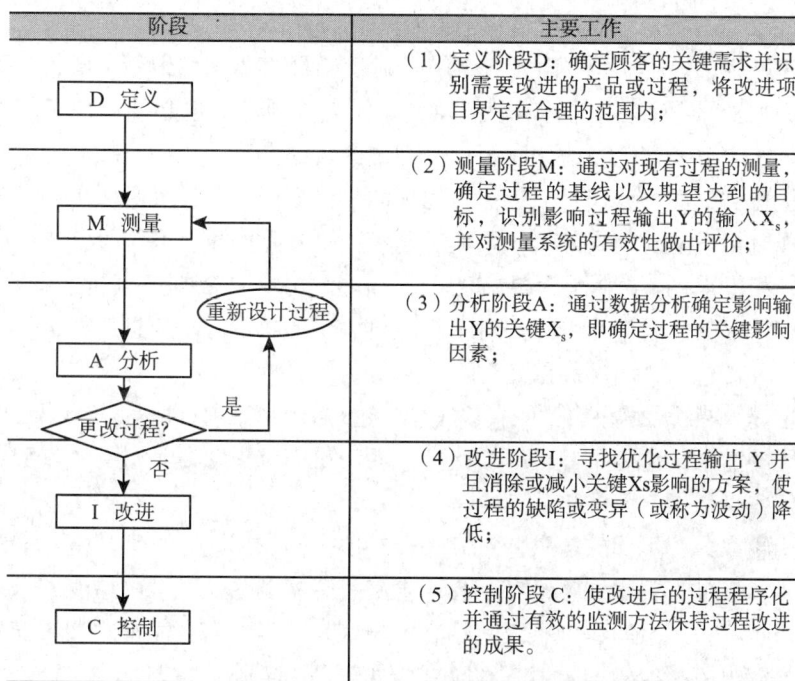

阶段	主要工作
D 定义	（1）定义阶段D：确定顾客的关键需求并识别需要改进的产品或过程，将改进项目界定在合理的范围内；
M 测量	（2）测量阶段M：通过对现有过程的测量，确定过程的基线以及期望达到的目标，识别影响过程输出Y的输入X_s，并对测量系统的有效性做出评价；
重新设计过程 A 分析 更改过程? 是 否	（3）分析阶段A：通过数据分析确定影响输出Y的关键X_s，即确定过程的关键影响因素；
I 改进	（4）改进阶段I：寻找优化过程输出 Y 并且消除或减小关键Xs影响的方案，使过程的缺陷或变异（或称为波动）降低；
C 控制	（5）控制阶段 C：使改进后的过程程序化并通过有效的监测方法保持过程改进的成果。

图 10 – 13 DMAIC 图

2. 6σ 管理的实施程序

（1）辨别核心流程和关键顾客。随着企业规模的扩大，顾客细分日益加剧，产品和服务呈现出多标准化，人们对实际工作流程的了解越来越模糊。获得对现有流程的清晰认识，是实施 6σ 管理的第一步。

①辨别核心流程。核心流程是对创造顾客价值最为重要的部门或者作业环节，如吸引顾客、订货管理、装货、顾客服务与支持、开发新产品或者新服务、开票收款流程等，它们直接关系顾客的满意程度。与此相对应，诸如融资、预算、人力资源管理、信息系统等流程属于辅助流程，对核心流程起支持作用，它们与提高顾客满意度是一种间接的关系。

②界定业务流程的关键输出物和顾客对象。在这一过程中，应尽可能避免将太多的项目和工作成果堆到"输出物"栏目下，以免掩盖主要内容，抓不住工作重点。对于关键顾客，并不一定是企业外部顾客，对于某一流程来说，其关键顾客可能是下一个流程，如产品开发流程的关键顾客是生产流程。

③绘制核心流程图。在辨明核心流程的主要活动的基础上，将核心流程的主要活动绘制成流程图，使整个流程一目了然。

（2）定义顾客需求。

①收集顾客数据，制定顾客反馈战略。缺乏对顾客需求的清晰了解，是无法成功实施 6σ 管理的。即使是内部的辅助部门，如人力资源部，也必须清楚了解其内部顾客——企业员工的需求状况。建立顾客反馈系统的关键在于：首先将顾客反馈系统视为一个持续进行的活动，看作长期应优先处理的事情或中心工作。听取不同顾客的不同反映，不能以偏概全。其次除市场调查、访谈、正式化的投诉系统等常规的顾客反馈方法之外，积极采用新的顾客反馈方法，如顾客评分卡、数据库分析、顾客审计等，以掌握顾客需求的发展变化趋势。对于已经收集到的顾客需求信息，要进行深入的总结和分析，并传达给相应的高层管理者。

②制定绩效指标及需求说明。顾客的需求包括产品需求、服务需求或是两者的综合。对不同的需求，应分别制订绩效指标，而一份需求说明，是对某一流程中产品和服务绩效标准简洁而全面的描述。

③分析顾客各种不同的需求并对其进行排序。确认哪些是顾客的基本需求，这些需求必须予以满足，否则顾客绝对不会产生满意感；哪些是顾客的可变需求，在这类需求上做得越好，顾客的评价等级就越高；哪些是顾客的潜在需求，如果产品或服务的某些特征超出了顾客的期望值，则顾客会处于喜出望外的状态。

（3）针对顾客需求评估当前行为绩效。如果公司拥有雄厚的资源，可以对所有的核心流程进行绩效评估。如果公司的资源相对有限，则应该从某一个或几个核心流程入手开展绩效评估活动。评估步骤如下：

①选择评估指标。标准有两条：首先这些评估指标具有可得性，数据可以取得。其次这些评估指标是有价值的，为顾客所关心。

②对评估指标进行可操作性的界定，以避免产生误解。

③确定评估指标的资料来源。

④准备收集资料。对于需要通过抽样调查来进行绩效评估的，需要制定样本抽取方案。

⑤实施绩效评估，并检测评估结果的准确性，确认其是否有价值。

⑥通过对评估结果所反映出来的误差，如次品率、次品成本等进行数量和原因方面的分析，识别可能的改进机会。

（4）辨别优先次序，实施流程改进。对需要改进的流程进行区分，找到高潜力的改进机会，优先对其实施改进。如果不确定优先次序，企业多方面出手，就可能分散精力，影响 6σ 管理的实施效果。业务流程改进遵循五步循环改进法，即 DMAIC 模式。

（5）扩展、整合 6σ 管理系统。当某一 6σ 管理改进方案实现了减少缺陷的目标之后，如何巩固并扩大这一胜利成果就变得至关重要了。

①提供连续的评估以支持改进。在企业内广泛宣传推广该改进方案，以取得企业管理层和员工的广泛认同，减少进一步改进的阻力；将改进方案落实到通俗易懂的文本资料上，以便于执行；实行连续的评估，让企业管理层和员工从评估结果中获得鼓舞和信心；任何改进方案都可能存在着需要进一步改进之处，对可能出现的问题，应提前制定应对的策略，并做好进一步改进的准备。

②定义流程负责人及其相应的管理责任。采用了 6σ 管理方法，就意味着打破了原有的部门职能的交叉障碍。为确保各个业务流程的高效、畅通，有必要指定流程负责人，并明确其管理责任，包括：维持流程文件记录、评估和监控流程绩效、确认流程可能存在的问题和机遇、启动和支持新的流程改进方案等。

③实施闭环管理，不断向 6σ 绩效水平推进。6σ 改进是一个反复提高的过程，五步循环改进法在实践过程中也需要反复使用，形成一个良性发展的闭环系统，不断提高品质管理水平，减少缺陷率。此外，从部分核心环节开始实施的 6σ 管理，也有一个由点到面逐步推开改进成果、扩大改进范围的过程。

【本章小结】

美国著名质量管理专家朱兰有句名言："生活处于质量堤坝后面。"质量正像大堤一样守卫着消费者的安全和幸福，然而，当质量大堤一旦出现问题，质量问题就会引发一系列的损害和灾难。因此，从这个意义上讲，做好质量管理工作，无论是对企业自身还是对消费者和整个社会，都是一件意义重大的工作，这也是我们学习质量管理理论和方法的宗旨所在。

本章讲述质量、质量管理、ISO 9000、全面质量管理和六西格玛管理。所谓质量，是指一组固有特性满足需求的程度。质量管理，是指"在质量方面指挥和控制组织的协调活动"，包括制定质量方针和质量目标，进行质量策划、质量控制、质量保证和质量改进等相关活动。本章介绍了质量管理的发展过程，重点讲解了全面质量管理思想及方法、ISO 9000 质量保证体系、六西格玛质量改进实质及过程，还介绍了质量过程控制的常用工具。

【推荐读物】

1. 克劳士比著. 杨钢，林海译. 质量免费：确定质量的艺术. 中国人民大学出版社，2006.
2. 戴明著. 钟汉清，戴久永译. 戴明论质量管理：以全新视野来解决组织及企业的顽症. 海南出版社，2003.

【复习与思考】

1. 为什么说全面质量管理是一场深刻的变革？
2. PDCA 循环有何特点？其应用有哪些步骤？
3. 试述 ISO9000 系列标准的意义及其重要作用。它与 TQM 有何联系？
4. 生产过程质量控制的目的是什么？如何利用质量控制工具来识别生产过程的质量状态？
5. 简述 6σ 实质和 DMAIC 流程。

【网上练习】

中国质量学会：http：//www. caq. org. cn
美国质量学会：http：//www. asq. com. cn
朱兰研究院：http：//juran. com

【案例】

F 公司的质量管理之路

F 公司成立于 1987 年，是一家生产制冷设备的大型制造企业，主导产品为空调器。公司拥有一流的产品研发中心和空调器检测中心，并引进具有国际先进水平的氦检漏设备、挥发油工艺、全自动高速冲床，建成了全性能空调检测、装配生产线，具备年产各类空调器 150 万台的规模化生产能力，产品远销欧美等地。

1. F 公司质量管理的产生背景和发展之路

在空调行业生产能力急速提升、市场竞争日益激烈的今天，生产空调似乎并不很难，但是要想在这个比较成熟的市场找到出路，领先于竞争对手，就必须在品质上不断追求精益求精。F 公司领导层从企业建立时就清醒地认识到"质量是企业的生命"，将产品质量的"高标准、零缺陷"作为企业孜孜以求的目标。公司的质量管理战略可以分为两个阶段：一是建立规范完善的质量系统；二是使用更精确的 6σ 管理方法。

在 20 世纪 90 年代初期，F 公司就开始着手建立企业的质量体系与制度，导入高标准、严要求、全过程、全员参与的质量管理理念，做到"一均为用户服务，一切以预防为主，一切用数据说话，一切依 PDCA 循环办事"，努力提高产品质量，满足用户要求。近年来，在建立规范质量系统的基础上，F 公司又引入更精确的质量管理方法——6σ，它把原来认为已经精确的管理再放大、再考量。6σ 代表的 3.4ppm 的质量水平，是一个卓越、完美的境界。如果企业能够达到这个境界，那么，企业的市场占有率、顾客满意度和盈利能力都将会是一流的。

2. 建立严格规范的质量体系

"没有规矩，不成方圆"，一流的产品质量必须要有完善的组织体制和管理制度作为保证。F 公司拥有《技术管理条例》、《质量手册》等系列完整的质量标准体系与管理制度，从产品开发、生产制造到人员素质等都有严格的标准，还建立了完善的质量管理软件平台，无论是设计、生产，还是测试、实验，均在严格的质量管理体系下规范运作，充分保证了产品质量。20 世纪 90 年代前期 F 公司在业内率先推行和通过了 ISO 9001 质量认证体系并在此基础上不断提高技术管理水平，在设计、生产和检测空调产品的整个过程中 F 公司都以世界范围内的行业最高水平为参照系，并以挑战空调质量标准极限为目标。

F 公司质量管理体系的一大特色是高标准、严要求。国家标准中对空调的试验项目是 42 项，而 F 公司制定的这 42 项试验指标全部高于国家标准。例如，国家标准规定空调室外机温度达到 43℃就可以停机保护，而 F 公司要求空调在 53℃的情况下仍可以正常运行；在电压指标方面，国家标准是 ±10%，而 F 公司要求空调在 ±15% ~20% 的电压波动范围内都不受影响，以适应中国电网的特点；在设计、制造工艺方面，F 公司对一些同行厂家不注意的"小节"也以同样苛刻的标准明文规定在技术质量管理细则中，如国家标准对空调的噪声、制冷量等指标的考核，只取上下限两个参数点检测，一般厂家仅围绕这两点做工作，而 F 公司采用"三全性能曲线"法设计，取 6 个参数点做试验，当 6 条曲线都达到最优化时才确定设计方案。

质量意识贯穿设计、供应、生产和服务的始终是 F 公司质量管理体系的另一个特色，F 公司称之为"四个零"，即设计零缺陷、供应零缺陷、生产零缺陷、服务零缺陷。

由于产品的质量水平和成本有 60% ~70% 是在设计阶段形成的，因此对设计质量的控制十分重要。F 公司从设计阶段开始就考虑到质量问题，公司投资兴建了自己的科研机构，专门从事技术研究、产品开发、工艺设计与改造、产品改进与提升等研究工作。强大的技术力量为达到设计零缺陷打下了坚实的基础，然而要真正做到无缺陷，关键还要靠规范化的管理。F 公司为设计流程制定了严格的管理规范，从市场获得信息反馈开始设计立项，再由设计到正式投产，总共经历 60 道环节的评审。此外，公司所有的设计人员都要轮流下车间熟悉不同的生产设备和工艺过程，在设计时充分考虑生产工艺，如制造的可行性、规范性，做到便于制造、便于实验。

高品质的产品必须从根源上保证质量，也就是做到元器件供应无缺陷。对于元器件供应商，F

公司专门成立了供应商质量管理团队，介入配套单位的产品设计、工艺、检验等管理环节，要求供应商按照 F 公司的标准操作，对配套单位工艺过程的确定和工艺文件的编制进行最终认可。例如，国家标准规定空调电机只需进行 1 小时的喷淋试验，为了保证空调电机的安全性能，F 公司要求配套厂家从多个角度进行 2 小时的喷淋试验。保护器、整流桥、球轴承等空调配件，国产件的某些性能指标尚不及进口件，一般的空调制造商从降低成本考虑多用国产配件，而 F 公司把质量摆在第一位，一直通过质量协议规定配套厂家使用进口产品。此外，F 公司还将产品质量的源头向供应链的上游进一步延伸，对于一些关键的元器件，不仅管理配套单位，而且还将配套单位的供应商也纳入受控范围，进行追溯管理，以确保元器件的供应质量。

F 公司的生产是严格按照 ISO 9001 质量体系标准有条不紊地规范运作的。为了加强生产中的质量控制，公司运用网络技术建立了快速高效的统计过程控制（SPC）反馈系统，通过计算机进行质量数据的采集、统计、分析和汇总，及时产生各类报表。当出现问题时，系统可以快速地作出追踪查询分析，SPC 已经成为公司质量控制的眼睛。此外，公司还在生产现场成立了数十个质量管理小组，通过一些活动交流介绍各小组质量管理的成果，使每个车间、每个班组的工人都参与到质量管理小组中来，充分发挥其主观能动性，使他们成为现场质量管理和质量保证的核心力量。

在售后服务上，F 公司力求从两个方面做到零缺陷：一方面是在客户需要时随时提供必要的服务，为此公司加强了客户服务部门的人员培训和管理，提高其服务意识和业务水平，努力为消费者提供最及时、最优质的服务；另一方面，由于产品质量高，纯粹维修的比例很低，因此公司把售后服务的重点放在增值服务上，定期为顾客免费咨询、免费清洗、免费检查、免费移机。

科学、严格的质量管理体系孕育了高质量的产品。F 公司已连续 10 余次通过国际权威机构的质量体系审核，并且十多年来始终保持 99.95%的开箱合格率，其空调在可靠性、安全性和实用性上都名列行业前茅。公司还多次获得质量管理先进企业称号，被评为全国市场同行业"产品质量服务质量无投诉用户满意品牌"，产销量连续十年名列同行业三甲，成为消费者信赖的首选品牌。

3. 引入精确的质量管理——6σ 法

尽管 F 公司已经严格执行 ISO 9001 质量标准体系，产品质量水平也一直保持行业领先地位，但 F 公司并没有就此止步，而是积极探索更加卓越的质量管理方法——6σ 法。

为什么有了 ISO 9001 还要再实施 6σ？因为 F 公司认识到，ISO 9001 只是为企业提供了相对稳定的程序和规范，而企业的质量管理是一个动态过程，企业内部要素、外部环境都在不断变化，所以管理体系也应该适时而变。而 6σ 强调通过过程重组及过程再设计去掉不合理的过程，以适应变化的环境，增强企业的核心竞争力。因此，公司领导层果断决定，在已有的良好基础上进一步实施 6σ，使企业做到持续改进。

任何新方法的采纳都需要领导者的支持与引导，6σ 也不例外。F 公司 6σ 管理始于 21 世纪初，当公司负责质量工作的管理者发现了这种能有效改进质量的方法并提出建议时，立即得到了高层管理者的认可，6σ 从此在 F 公司展开。在企业一把手的强力支持下，F 公司逐步外派骨干出国学习、进行员工培训，开始了各部门目标方针展开、全员一起投入的实践过程。在这个过程中，企业领导扮演着多重角色，既是远景的沟通者、价值的传播者、变革的创造者、资源的提供者，也是知识的分享者。

　　为了保证6σ顺利实施，F公司投入重金开展培训工作，主要包括培养黑带大师、黑带和绿带。黑带大师负责培训黑带，为黑带项目提供指导，并向上级管理者报告项目进展和成就；黑带的职责是实施6σ项目，正确引导项目，改进团队中的成员；绿带需要学习一些工具，在项目中协助黑带。此外，全公司范围内还开展了定期讲座和培训，目的是让所有员工都了解6σ持续改进的基本思想，掌握一些最基本的分析工具，成为6σ战略的拥护者。通过6σ培训，F公司培养了一支掌握系统分析问题与解决问题的先进理念、方法和工具的人才队伍，为公司进一步深入推广6σ、实施持续改善和保持持续健康发展提供了保障。目前，在公司内部初步形成了用6σ思路、方法和工具系统思考和解决问题的共同语言，有效减少了企业的沟通成本。

　　在具体实施上，F公司是以顾客为出发点进行项目选题，采用DMAIC方法开展项目的。DMAIC指的是定义、测量、分析、改善和控制，其中每个步骤都有一些特定的工具。F公司开展的6σ，项目首先集中在产品设计和生产领域的质量改进上，在获得一些成绩后，又进一步向其他部门推广。F公司希望经过几年的努力之后，6σ能够在整个企业全面展开。

　　通过不懈的努力，F公司成功地在许多方面取得了突破，如质量、成本（费用）、设计、生产周期和用户满意等方面，为公司创造了可观的经济效益。以质量为例，当F公司开始推动6σ时，当时的质量标准只达到3.5σ，也就是每百万件产品中还有22 700个可能产生错误；一年多后，F公司达到了4σ的目标，也就是每百万件产品中可能错误率下降为6 210个。目前，公司已到达4.74σ，也就是每百万件产品中可能的错误率下降为600个。与此同时，F公司的质量文化也发生了巨大变化，6σ成了公司内部共同的尺度和语言，成为企业文化的一部分。6σ致力于使用数据表示各种指标，所有的生产表现、执行能力等都会量化为具体的数据，这也使得企业逐步培养了决策必须建立在客观数据基础上的氛围。

　　没有最好，只有更好。6σ战略实施以来，F公司已经取得了引人注目的业绩，产品和服务品质不断提升，离6σ目标也越来越近。但是目标的达成并不代表脚步的停顿与静止，顾客对质量的要求只会越来越严格。品质的改善是永无止境的，6σ之路就是要不断进步，永不停止。

　　资料来源：陈荣秋. 生产运作管理习题及案例. 机械工业出版社，2005.

【讨论题】

　　F公司质量管理的成功经验表现在哪些方面？请对其进行总结。其质量管理的成功经验对其他企业有什么启示和借鉴？

第11章

设备综合管理与安全生产

【学习目标】

1. 了解设备综合管理概念。
2. 掌握设备选择与评价内容与方法。
3. 熟悉设备维修管理体系内容。
4. 了解全员生产维护和安全生产内容。

【管理案例】

海信引进 TPI/TPM 管理活动

海信投资 20 多亿元人民币新建了信息产业园、海信大厦，扩建了平度家电工业园，改建了"科技孵化园"，形成"三园一厦"的布局。海信的产能也因此大幅跃升，具备了彩电 400 万台、空调 150 万套、CDMA 手机 100 万部、计算机 50 万台的产能。

海信将"制造专家"作为企业的终极目标。海信集团要实现这个梦想，除了硬件之外，在软件方面，管理能力的提升同样十分重要。管理是中国企业参与世界竞争的"软肋"。

海信发现自己在管理上仍然存在着一些不够精细的地方，由于数据的缺乏，员工工作业绩的变化没有数据上的支持，员工考核起来相当困难，从而影响到员工的工作主动性和积极性的发挥。这给海信在管理上造成极大的困难。海信经过调查发现三星 SDI 公司在设备管理数据体系方面有很好的解决办法——TPI/TPM。

TPI 是"全员劳动生产率创新"的简称。即通过组织创新活动，使劳动生产率产生飞跃性的提高。而 TPM 是"全员生产保全"的简称，目的是在各个环节上持续不断地进行改善，积小善为大善，最终达成整体上的创新飞跃；同时通过标准化活动，将创新取得的成果持久地加以保持。TPM 则是 TPI 能够不断推行的基础。TPM 倡导全员参与，组成创新、创效小组，紧紧围绕 TPI 目标的实现，通过不间断的有组织的活动达成创新。

　　三星为了摆脱亚洲金融危机的影响开始大力推行 TPI/TPM。TPI/TPM 使得整个三星集团发生了脱胎换骨的变化。裁减冗员 30% 之后的三星集团从此开始步入高速发展轨道，不仅成功避过了风险，还渐渐凌驾于其他集团之上，处于独步江湖的地位。三星在中国的显像管生产厂——深圳三星 SDI 就是因为推行 TPI/TPM，从而强化了企业的基础管理，成为目前三星 SDI 在全球经营效益最好的一家子公司，也是全行业里世界上最好的公司。

　　海信集团经营层成员到三星 SDI 深圳公司考察后，决定在全集团分阶段地推行 TPI/TPM 计划，为此成立了 TPI/TPM 管理推进领导小组，负责推进的指导、组织培训、推进工作质量的考核。

　　第一年导入 TPI/TPM，海信决定重点围绕培训和管理方法引入展开，组织所属公司和集团层的骨干进行培训学习，并且将培训与个人的职位升迁挂钩。培训结束时，要求学员结合本职工作做方案，以检验培训效果。半年之后，这些接受培训的骨干将分流到各自部门及公司组织和推进 TPI/TPM。同时，"TPI/TPM 领导小组"根据影响集团总利润、收入目标实现的六个关键因素，针对这六个方面实施 TPI 管理。

　　第二年 3 月，海信开始试行 TPI 可视化管理——"各所属公司将各自的一二级目标上墙"。换言之，将"分月度目标值"和"实际完成值"以图表的形式公开展示，并附加主要措施。而集团管理层将据此重点进行讲评分析，交流推介好的经验，解剖分析差的原因，并将改进结果作为下一个月考核的重点，如此循环推进。为了更好地借鉴三星的 TPI/TPM 经验，海信集团还从三星请来专家做管理顾问。3 年之后，海信彩电取得了历史上的最好成绩。

　　资料来源：http：//www.chinafm.org，中国工厂管理网。

【重要概念】

　　设备管理（Equipment Management）；设备维修管理体系（Equipment Maintenance System）；全员生产维护（Total Productive Maintenance，TPM）；安全生产（Work Safety）。

11.1　设备综合管理概述

11.1.1　设备与设备管理

1. 设备

"设备"一词本身的含义极广，泛指为了组织生产或提供服务，为投入的劳动力和原材料所提供的各种相关劳动手段的总称。我们这里所讨论的"设备",主要指企业生产或提供服务时所需的除土地、建筑物以外的有形固定资产,如各种机器、机械电子装置、各种车辆等,短期消耗的工装模具不在此"设备"之列。随着科技的不断发展,机器由单台设备发展为成套设备,即为了完成某种功能,按体系加以配置或组合而成的一整套机械装置及其相关要素的综合体。如冶炼成套设备、火力发电设备、综合采煤机组等。

设备在生产或服务时有不同的用途,可以分为以下几类:

(1) 生产工艺设备。用来改变劳动对象(原材料、毛坯、半成品)的尺寸、形状和性能,使劳动对象发生物理或化学变化的那部分设备,如金属切削机床、锻压焊接设备等,是工业企业设备中的主要构成。

(2) 辅助生产设备。指为主要生产提供服务的设备,如制造业中的动力、运输设备等。

(3) 科研设备。指企业内部进行科研实验用的测试设备、计量设备等。

(4) 管理用设备。指企业经营管理中使用的各种计算机、复印机、传真机等办公设备。

(5) 公用福利设备。主要指企业内的医疗卫生设备、通讯设备、炊事机械设备等。

设备的分类也可以从其他的角度来进行,比如按工艺性质将机械制造业设备分为机械设备和动力设备。对设备进行合理的分类,有助于编制相关的设备台账,有利于设备管理的开展。

2. 设备管理

设备的运动表现为两种形态:物质运动形态和价值运动形态。前者是指设备调研、规划、设计、制造、选购、安装、使用、维修、改造、更新、报废等;后者是指设备的初始投资、维修费用支出、折旧、更新改造资金的筹措、使用和支出等。设备管理就是根据企业生产经营目标,通过一系列的技术、经济和组织措施,对设备整个寿命周期内的所有设备物质运动形态和价值运动形态进行的综合管理工作,其根本目标是达到设备的寿命周期费用最少而综合效能(包括产量、质量、成本、交货期、安全、环保等指标)最高。

设备管理的基本任务是:

(1) 根据企业经营目标及生产需要制定设备规划。

(2) 根据技术上先进、经济上合理、生产上可行的原则正确地选购设备,必要时组织设计和制造。

(3) 安装调试即将投入运行的设备,并对已投入运行的设备正确合理地使用。

（4）运用各种先进的检测手段，灵活采取各种维修方式、精心维护保养设备并及时检查设备运行状态，确保生产正常进行，并使设备综合效能最高。

（5）适时改造和更新设备，保证企业的技术进步，使企业的生产活动建立在最佳的物质技术基础之上。

随着科学技术的发展，生产的现代化水平不断提高，设备日益向高、精、尖发展，于是设备管理的重要性显得更加突出。

11.1.2 设备管理的发展

设备管理在以泰勒为代表的科学管理取代传统的经验管理之后最终独立为一个专门的职能，发展至今已有近百年的历史。随着科技的发展，设备现代化水平不断提高，设备管理逐步得到发展和完善。其发展过程可划分为事后修理、预防修理、生产维修、维修预防和设备综合管理五个阶段。

1. 事后修理

事后修理是比较原始的设备维修制度。设备发生故障后再进行修理，仅以修复原来的功能为目的，不坏不修。这种修理方法由于修理内容、时间长短等具有很大的随机性，且缺乏修理前的准备，因而修理停歇时间长，经常影响生产计划的顺利执行，很难适应现代化生产的要求。

2. 预防维修

随着机器设备的日益复杂，修理所占用的时间已成为影响生产的一个重要因素。因此，为了防止设备突发事故影响生产，20 世纪二三十年代美、苏等国提出了预防性维修的概念，由事后维修向定期预防维修转变。这种制度要求设备维修以预防为主，在设备使用过程中做好维护保养工作，加强日常检查和定期检查，根据零件磨损规律和检查结果，在设备发生故障前有计划地进行修理，这不但延长了设备的有效寿命，也使修理停歇时间大为缩短，提高了设备有效利用率。

3. 生产维修

生产维修是 1954 年出现的维修制度。它是针对预防维修有时工作量太大或造成过分保养而提出的，其目的在于从提高企业生产经营的经济效果出发来组织设备维修。根据企业的实际生产情况，对重点设备采用预防维修，对一般设备采用事后修理。这样既可以集中力量于重要设备的维修保养工作，又可以节省费用。

4. 维修预防

虽然设备的维修保养、修理工作进行得好坏直接影响设备故障率和利用率，但最终往往起决定性作用的还是设备本身的质量，先天不足往往使设备的修理工作难以有效进行，于是1960年出现了维修预防的设想，即在设备的设计、制造阶段就考虑维修问题，提高设备的可靠性和维修性。维修预防是设备维修制度方面的一个重大突破。

5. 设备综合管理

始于20世纪70年代，在设备维修预防的基础上，从行为科学、系统理论的观点出发，解决由于使用现代化设备而带来的一系列新问题，提高设备管理的技术、经济和社会效益。

（1）科技成果的广泛应用使设备的现代化水平大幅度提高，日益趋向高速化、精密化、电子化、多功能化等特点，在带来生产的高效率和高效益的同时，也导致设备故障损失大、环境污染严重、能源消耗大、设备腐蚀和磨损加快等负面后果。

（2）资金密集型的现代化设备使得设备的投资费和使用维修费都需要支付大量资金，对设备维修、管理的经济性提出了更加迫切的要求。

（3）随着设备结构的复杂程度不断提高，设备管理的环节增多，从研制、安装调试、使用、维修一直到报废，各环节相互影响、相互制约，任何一个环节的管理失误，都会影响整台设备的效益发挥。此外，设备管理中涉及的科学技术知识的门类越来越多，单凭某一学科的知识无法解决现代化设备中的重大技术问题和管理问题。

（4）随着设备现代化水平的提高，岗位分工越来越细，操作工人因工作单调易产生疲劳。同时，设备的操作由于仪表、按钮的增多使人们的感官能力较难适应。因此，需要研究人与机器的匹配关系，保证人与设备能够协调地动作，以保护操作工人的生产情绪与生产安全。

正是面对上述的新问题，在系统观点指导下，逐步形成设备综合管理的新制度。

11.1.3 设备综合管理

设备综合管理有两个典型的代表：一是英国的设备综合工程学，二是日本的全员设备维修制度。

1. 设备综合工程学

设备综合工程学1970年首创于英国，继而在欧洲各国广为流传。在其形成过程中，系统论、控制论、信息论起着重要作用。应当说，设备综合工程学实质上是"三论"的基本原理在设备管理中的体现和应用。同时它也吸收了科技方面的新成就，主要是故障物理学、可靠性工程、维修性工程、摩擦学等。

1974 年英国工商部对设备综合工程学的定义是：为了谋求设备最经济的寿命周期费用而把适用于有形资产的有关工程技术、管理、财务以及其他业务工作加以综合的科学。通俗地讲，设备综合工程是一门以设备一生为研究对象，以提高设备综合效率，使其寿命周期费用最经济为目的的综合性管理科学。

设备综合工程学有如下几个方面的特点：

（1）研究的目的是寻求设备的寿命周期费用最经济。寿命周期费用可以划分为两部分：一是设置费，包括研制费、购置费、运输费、安装费等；二是维持费，指设备投入运转之后发生的全部费用，如操作员工工资、能耗费、维护修理费、固定资产税金等费用。这两方面应该综合平衡考虑，售价低但维持费用高的设备不一定就是经济的设备。

（2）设备综合工程学运用工程技术、管理数学、经济学、心理学等多学科知识，对与设备有关的工程技术、财务、管理等方面进行综合性管理，符合现代化设备管理的客观要求。

（3）从设计阶段进行设备可靠性、维修性方面的研究，降低寿命周期费用，保证产品的产量、质量、交货期、操作安全性。

（4）强调对设备一生的研究和管理，即从"系统"的观点和方法出发，对设备的设计、制造、使用、维修、改造、更新等各阶段进行全面的、综合的、技术的、经济的管理。

（5）设备综合工程学是关于设计、使用效果、费用信息反馈的管理科学，追求对设备的不断改进或研制更高质量的设备。

2. 全员设备维修制度

日本在吸收设备综合工程学研究成果的基础上，结合本国的管理经验，在 1971 年提出了富有特色的全员设备维修制度（TPM），更具可操作性。

（1）TPM 的基本思想是"三全"，即全效益、全过程、全员参加。"全效益"就是追求设备一生的寿命周期费用最小、输出最大，即设备的综合效益最高；"全过程"是对设备从设计、制造、使用、维修、改造到更新的设备一生的管理；"全员参加"表明设备管理是一种群众性的管理，从最高管理部门到基层员工都要参与进来。

（2）全员设备维修制度全部吸取了预防维修制的维修方式，包括日常维修、事后维修、预防维修、生产维修、维修预防等，强调基层员工参加日常检查。

（3）通过推行设备维修目标管理来确定设备维修工作的方向和具体奋斗目标，并作为评定维修工作成绩和工作总结的依据。

（4）经常进行 TPM 教育，强调工作作风保证，开展 5S 活动。5S 活动是指整理（Seiri）、整顿（Seiton）、清洁（Seisoh）、清扫（Seiketsu）、素养（Shitsuke），目的是从思想上建立良好的工作作风。再先进的方法也要靠人去落实、去执行，特别是一线的操作工人，因此要特别重视对员工的经常性教育。不仅仅从操作技能上，更要从职业道德和敬业精神上开展不懈的教育活动，使员工能够自觉地执行各项规章制度。

综上所述，我们可以看到设备综合管理与传统的设备管理制度有许多方面的不同，总结起来如表 11 – 1 所示。

表 11 – 1　　　　　　　　　传统设备管理与设备综合管理的区别

项　目	传统的设备管理	设备综合管理
设备管理任务	保证设备处于良好的技术状态	贯彻企业经营方针
设备管理目标	个别环节个别方面的局部效果	追求寿命周期费用的经济性，追求综合效益最好
设备管理内容	维修及其管理	实行设备的全过程管理
设备管理手段	主要运用技术手段	运用技术、经济、组织措施
设备管理状态	恢复既定的出厂标准的静态化管理	服务于企业经营方针与技术进步的动态管理
参加人员	主要依赖设备专业人员	与设备有关的横向、纵向机构和人员

11.2　设备选择与评价

一般来说，由于社会分工的不断深入，企业自行研制的设备是极其有限的。企业在扩建或进行设备更新时，多数情况下要直接从市场采购，这就要对购置的设备进行技术经济论证，提出可供选择的多种方案，确定比较理想的最终方案，以购置到符合要求、性能良好，同时又经济合理的设备。

11.2.1　设备的选择

设备选择的根本目的是技术上先进、经济上合理、生产上可行，要综合考虑技术、经济、社会环境等方面的多重因素和问题，而这些因素往往是相互约束、相互影响的，所以设备的选择是一项复杂的工作，应组织管理、技术、生产、财务等多个部门的人员对设备进行全面的定量、定性分析，以正确选择。从技术角度通常应考虑以下因素：

1. 生产能力

设备生产能力一般用设备功率、效率等指标表现。购置设备时，既要考虑生产现状的需求，又要以发展的眼光看未来一定时期内的生产要求，生产能力的使用过度或不充分都是不可取的。如果刚刚购置的设备很快就超负荷，则当初的购置决策显然是不明智的；同样，如果购置的设备始终拥有并不需要的生产能力，尤其当设备价格较为昂贵时更是一种不可原谅的损失。因此在选择设备时必须客观评价生产的发展和设备的性能，使生产能力得到合理的充分发挥。

2. 可靠性

设备质量反映设备性能或精度的保持性、零件的耐用性及安全可靠性，是设备在规定条件下和规定时间内，完成所需功能的用概率表示的产品特性。在日益激烈的市场竞争中，要保证生产的连续性，保证严格的交货期必须拥有安全可靠的设备。

3. 可维修性

可维修性是指设备整体结构与零部件等需要修理的系统所具有的易于维修程度的大小以及可否修理的情况。由于绝大多数设备总是难免出现故障，因此在其他因素基本一致时，选择结构合理，易于检查、维护和修理的设备应该是选购时考虑的一个重要因素。

4. 互换性

新购置的设备应尽可能与企业的现有设备相关联，以节约人员培训、辅助装备等费用。

5. 安全性

由于设备的安全性对企业的生产安全、人员安全等方面关系重大，因此在选购时需谨慎选择。

6. 配套性

设备成套是形成企业生产能力的前提条件。在选择主机时应当将辅助设备的配套情况及其利用率作为决定因素来考虑，尤其是对于广泛应用的数控设备，如果缺乏相配套的软件，其作用很难发挥。

7. 操作性

过分复杂的操作易引起操作人员的疲劳和失误，还会增加培训费用，所以应考虑选择操作相对简便的设备。

8. 易于安装

选购设备前应对安装地点做到心中有数，对于一些大型设备还要考察运输路线，这样才能保证设备的可安装性、易安装性。

9. 节能性

节能性是指设备节约能源和节约原材料的能力。节能不但是降低产品成本的需要，也符合基本国策。

10. 对现行组织的影响

购置更为先进、精密的设备会对现行生产组织产生一定的影响，如工艺准备、生产计划、现场监控人员等方面都可能发生变化，这些均应在设备购置之前予以充分的评价。

11. 备件供应及售后服务

对于进口设备尤其要考虑其备件供应的情况，包括交货期、价格等。同时应考察供货厂家的安装、调试、人员培训及维修服务的条件，确保良好的售后服务。

12. 法律及环境保护

不能购置与政策、法律及环境不相容的设备。

上述因素是选择设备时主要应考虑的方面，要统筹兼顾，权衡利弊，购置到理想的设备。

11.2.2 设备的经济评价

在上一节"设备的选择"中主要讨论了技术方面的定性分析。事实上，要拥有技术先进而又经济合理的理想设备，不仅仅要考虑技术方面的可行性，还应当进行必要的定量分析，看经济上是否合理。

设备的经济评价主要是测算设备的寿命周期费用，即投资费和使用费。首先明确不同设备在购置时支付的售价、运输费、安装调试费等，然后估算不同设备在投产运行后平均每年必须支付的能源消耗费、维修费、固定资产税、保险费、操作人员工资等，采用设备投资的经济评价方法，确定设备寿命周期费用较小的方案。

1. 投资回收期法

投资回收期法是评价设备投资效益的主要方法。投资回收期是指用设备的盈利收入来偿还该设备支出所需要的时间。用这种方法评价设备时，先计算不同设备的投资费用，然后再计算投入设备所带来的净收益或节约额，确定投资回收期，然后选出最小的回收期作为最佳选择。

投资回收期（年）=设备投资额（元）/新设备运行带来的净收益或节约额（元/年）

考虑资金的时间因素，设：

T 为设备投资回收期；

R 为设备运行带来的年平均净收益；

I 为设备投资额；

i 为年利率。

则：$I(1+i)^T = R(1+i)^{T-1} + R(1+i)^{T-2} + \cdots + R(1+i) + R$

$$I(1+i)^T = R\left[\frac{(1+i)^T - 1}{i}\right]$$

$$I = R\left[\frac{(1+i)^T - 1}{i(1+i)^T}\right]$$

$$T = \frac{\lg R - \lg(R - iI)}{\lg(1+i)}$$

2. 年费法（又称年价法）

运用这种方法时首先把购置设备一次支出的设备费（指投资费）依据设备的寿命周期，按复利计算，换算成相当于每年的费用支出。然后加上每年的使用费，得出不同设备的总费用，进行比较、分析，选择最优方案。

设备的年费用计算公式如下：

$$C_i = I \cdot \frac{i(1+i)^n}{(1+i)^n - 1} + C_0$$

式中：C_i 为年费用；

C_0 为设备年使用费；

I 为设备最初投资费；

i 为年利率；

n 为设备寿命周期。

例如：设年利率为6%，A、B两种设备的相关参数如表11－2所示。

表 11 – 2   单位：元

设备	初始投资	年使用费	寿命周期
A	7 000	2 500	10
B	10 000	2 000	10

由年费用公式得：$C_{iA} = 7\,000 \times \dfrac{(1+6\%)^{10} \times 6\%}{(1+6\%)^{10} - 1} + 2\,500 = 3\,451$（元）

$$C_{iB} = 10\,000 \times \dfrac{(1+6\%)^{10} \times 6\%}{(1+6\%)^{10} - 1} + 2\,000 = 3\,359 \text{（元）}$$

因为 $C_{iA} > C_{iB}$，所以选择设备 B 较为经济。

3. 现值法

这种方法是将设备寿命周期每年的使用费，按复利率计算，换算成相当于最初一次性投资的总额，再加上设备的最初购置投资额，得到设备的寿命周期费，选较少寿命周期费作为选择决策标准。

设备寿命周期费用计算公式如下：

$$C = I + C_0 \left[\frac{(1+i)^n - 1}{i(1+i)^n} \right]$$

式中，C 为设备寿命周期费用，其他参数与"年费法"中含义相同。

我们仍然利用"年费法"中的例子，则：

$$C_A = 7\,200 + 2\,500 \times \frac{(1+6\%)^{10} - 1}{6\%(1+6\%)^{10}} = 25\,400 \text{（元）}$$

$$C_B = 10\,000 + 2\,000 \times \frac{(1+6\%)^{10} - 1}{6\%(1+6\%)^{10}} = 24\,720 \text{（元）}$$

因为 $C_A > C_B$，所以设备 B 优于设备 A。

用年费法或现值法评价设备投资方案时，首先应当比较各设备的寿命周期。如果各方案寿命周期相同，则两种评价方法均可采用；如果设备的寿命周期不同，考虑投资风险的问题，则用年费法评价为好。另外，年费法和现值法的计算公式都是基于设备是一次性最初投资，每年使用费相同的假定，如果上述假设不能符合，即设备投资费是分期支出，或各年使用费不同，或两个假定均不满足，则需要用投资决策的其他相关方法来进行。

11.3　设备维修管理体系

为了使设备经常保持良好的技术状态，充分发挥其工作效率，保质保量地完成生产或服务任务，企业必须建立一套科学的、有效的维护保养制度和修理方法。

设备维修的理论有两种基本观点：

一是建立在摩擦学基础之上，研究机械磨损规律的"设备修理周期结构"理论。这种理论认为，由于摩擦磨损的原因，随着磨损时间的延续和按一定规律磨损量的增加，将会引起机器零件表层的破坏和几何形状与尺寸的改变，甚至会造成机械动作的失调与工作精度的下降，最后丧失工作能力，导致故障或事故的发生。

二是建立在故障物理学基础之上，研究故障规律和设备可靠性的"故障分析与状态管理"理论。这种理论认为，设备的故障除了磨损的原因之外，还有外界工作条件如温度、压力、振动等原因，以及内部工作条件的内应力、变形、疲劳及老化等多种原因。运用这种理论时首先要对设备的异常现象进行数据检测、分析设备可靠性、故障频率及其分布，然后运用数理统计方法分析规律性，从而得到设备劣化与维修必要性的信息。这种理论和方法对尚未掌握维修规律，或重型、精密、电子、自动化等设备是比较适用的。

11.3.1　设备磨损理论

设备在使用和闲置过程中会逐渐发生磨损。设备的磨损分为两种：一种是看得见的有形磨损，另一种是看不见的无形磨损。

1. 设备的有形磨损

设备的有形磨损分为两种：一种是设备在使用过程中发生的物质磨损，与设备的使用强度和持续运转时间成正比，与设备的维护保养工作也有很大关系。另一种是由于自然侵蚀作用引起的设备的物理、化学变化。

从金属材料学的理论及实际测定的经验中，我们能够发现设备的物理磨损有自己的规律，正常情况下可分为三个阶段，如图 11-1 所示。

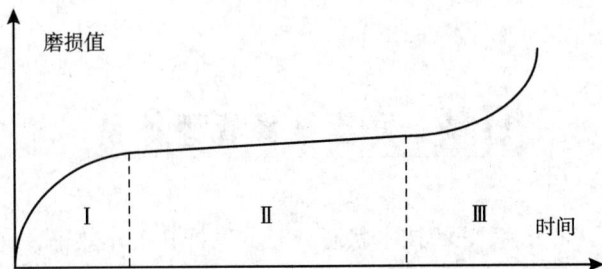

图 11-1 设备磨损曲线

第Ⅰ阶段称为初期磨损阶段。这一阶段，零件之间表面的粗糙不平部分被迅速磨去，磨损速度较快，但时间较短，例如，一辆买回来的自行车不一定轻便好骑，而骑了一段时间后就会感到很轻便了，这是因为自行车上有相对运动的零件经过磨合后得到一种良好的配合状态，进入正常磨损期。

第Ⅱ阶段是正常磨损阶段，在这一阶段设备处于最佳运动状态，磨损速度缓慢，磨损量小，曲线呈现平稳状态。在这个阶段，只要精心维护，合理使用设备，就能最大限度地延长设备的使用寿命，达到最佳的经济效果。

第Ⅲ阶段称急剧磨损阶段。在这一阶段中，零件正常磨损关系破坏，磨损急剧增加，设备的精度、性能和生产效率降低。一般情况下不能允许零件使用到急剧磨损阶段，而应当在正常磨损阶段后期就应修复或更换。否则，将加大修理工作量，增加修理费用，延长设备停工修理时间。

设备磨损是客观必然的，只有针对磨损规律分别采取有效措施，才能保证设备经常处于良好的技术状态。

2. 设备的无形磨损

设备的无形磨损是由于科学技术的进步，出现了结构更加先进、技术更加完善、生产效率更高、能源和原材料消耗更少的设备，使得原来技术性能和生产效率较低的设备变得陈旧，降低了使用价值，甚至被淘汰。无形磨损又称为精神磨损或技术磨损。

有形磨损和无形磨损都会引起设备原始价值的降低，这一点上两者是相同的。不同之处在于，有形磨损的设备，特别是有形磨损严重的设备，在进行大修之前，往往不能继续生产产品；而无形磨损的设备，则能正常生产产品。

设备磨损形式不同，补偿磨损的方式也不一样。补偿分为局部补偿和完全补偿。设备有形磨损的局部补偿是修理，无形磨损的局部补偿是现代化改装或技术改造。有形磨损和无形磨损的完全补偿则是设备的更新。

设备的各种磨损形式及其补偿方式的相互关系如图 11 - 2 所示。

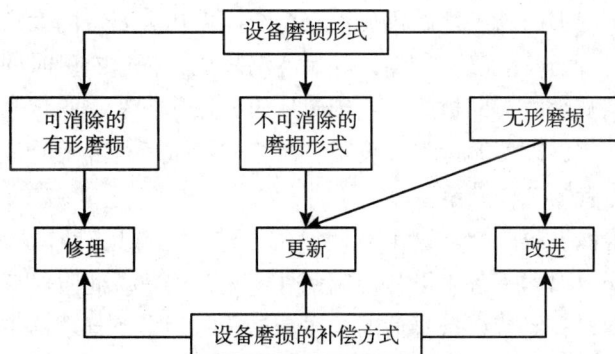

图 11 - 2 设备的各种磨损形式及其补偿方式的相互关系

11.3.2 设备的故障曲线

设备的故障是指设备或其零件在运行过程中发生的丧失其规定功能的不正常现象。由于种种原因,设备在使用过程中会发生这样或那样的故障,从而影响生产的顺利进行。因此,正确分析和掌握设备故障发生的规律,减少故障的发生,是设备管理中的重要问题。

一台设备,从投入运行到大修或报废,故障的发生是有一定规律可循的。经研究表明,设备的故障率在整个设备使用期间是按一条所谓的"浴盆曲线"分布的,如图 11 - 3 所示。

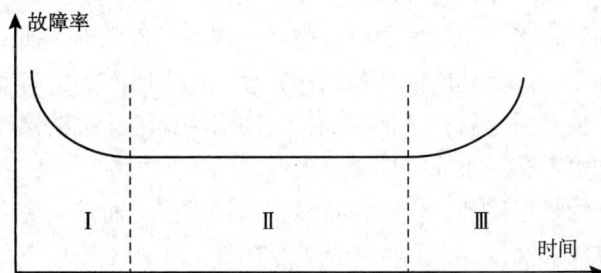

图 11 - 3 浴盆曲线

故障率是指工作到某一时间的设备，在未来单位时间内发生故障的比率。

故障的发展过程可分为三个时期：

第Ⅰ时期称为初期故障期。这一时期的故障主要是设计和制造中的缺陷造成的，有时是由于操作不习惯、新装配的零件没有跑合、搬运和安装的大意以及操作者不适应等原因造成的，开始时故障率较高，随后逐渐降低，再过一段时间故障率就比较稳定了。在这一时期减少故障的措施有：细致地研究操作方法，并将设计制造中的缺陷及时反馈给相关部门；谨慎搬运安装设备，严格进行试运行并及时消除缺陷；加强岗位培训，提高操作者的工作熟练程度。

第Ⅱ时期称为偶发故障期。这个时期设备已进入正常运转阶段，故障较少发生，主要由于操作失误，保养不善、设备使用条件不完备所致。此阶段持续时间较长，是设备的实际使用期，决定着设备寿命的长短。这一时期设备管理的主要任务是搞好日常维修、保养，提高生产工人的操作水平和责任心，从而延长设备的有效寿命。

第Ⅲ时期称为劣化故障期。这一时期由于构成设备的某些零件已经老化，或进入急剧磨损阶段，因而故障率上升。这时因设备已经不能正常工作，必须停机检修，更换已损坏的零件，以降低故障率，延长设备的有效寿命。

11.3.3 计划预防修理制

为使设备始终处于完好状态，保证生产顺利进行，必须做好设备的维修工作。现实中有几种设备维修体制，如我们前面介绍的 TPM 等，这里重点介绍计划预修制。

1. 计划预防修理制的内容

计划预防修理制简称计划预修制，是我国企业从 20 世纪 50 年代开始普遍推行的一种设备维修制度。它按照预防为主的原则，根据设备的磨损规律，有计划地对设备进行日常维护保养、检查、校正和修理，以保证设备经常处于良好状态。这种维修体制克服了事后修理的缺陷，及时发现设备隐患，避免设备急剧磨损，延长了设备的使用寿命。同时有利于做好修理前的准备工作，缩短修理时间，提高维修效率。

计划预修制的主要内容有：日常维护，定期清洗换油、定期检查、计划修理。计划修理的主要工作内容有：小修、中修、大修。

小修是指日常的零星修理，仅对设备进行局部维修，通常只更换或修复少量的磨损零件，排除故障或清洗设备，紧固或调整零部件。小修工作量小，但次数多，一般结合日常检查与维护保养工作一道进行。

中修是工作量较大的一种修理，对设备进行部分解体，修理或更换磨损机件，校正设备的基准，保证设备主要精度达到工艺要求，以缩短停歇时间，减少修理费用，保证设备正常运转。

大修是对设备进行全面的修理，具有设备局部再生产的性质。设备的大修一般不改变设备的结构、性能和用途，不扩大设备的生产能力，但工作量仍然很大，修理费用较高。这就要求大修之前一定要精心计划，并可结合技术改造进行，提高设备的效率和先进性。

一般在设备说明书中，都规定着大、中、小修的期限。但由于影响设备修理期限的因素较多，如生产类型、负荷程度、工作技术条件、加工对象、日常维修状况等，设备修理的实际期限应根据具体情况予以适当修改。

2. 实现计划修理的方法

（1）标准修理法。又称强制修理法，是对设备的修理日期、类别和内容都按标准预先做出计划并按计划严格执行，而不考虑设备的实际磨损情况及设备的运行状态。这种方法一般适用于那些必须严格保证安全运转和特别重要的设备，如动力设备、自动线上的设备等。

（2）定期修理法。这种方法根据设备的实际使用情况，参考有关修理定额资料，制定设备修理的计划日期和大致修理工作量，再根据每次修理前的检查做详细规定。

（3）检查后修理法。这种方法事先只规定设备的检查计划，每次具体的修理时间和内容则根据检查结果及以前的修理资料来决定。采用检查后修理法，可以充分利用零件的使用期限，修理费用较低。但亦可能产生主观判断错误，且不易做好修理前的准备工作而延长设备修理的停歇时间。

计划预修制作为一套比较科学的预防维修制度已充分得到人们的认同，但仍然存在不完善之处。例如，不能很好地解决修理计划切合设备实际的问题，对生产工人参与维修保养限制较多等，这一切应当在企业的实践中不断总结经验，从而对这种维修制度做更全面的提升。

11.4　全员生产维护①

全员生产维护（Total Productive Maintenance，TPM）是设备维修制度的一个新发展。TPM 有的人翻译为"全员生产维修"、"全面生产维护"、"全面生产维修"等，

---

① 陈志祥. 生产运作管理教程. 清华大学出版社，2010.

这主要是对"Maintenance"一词的不同理解与汉语表述所致。笔者认为用"全员生产维护"或者"全面生产维修"更贴切，原因是 TMP 的核心是全员参与，而一般生产员工并不参加设备修理工作，但是参加设备的护理工作（如加油、清扫），其内容包括了许多如 5S、卫生与环境管理等，特别是新一代 TMP 的概念含义更广泛，因此用"维修"这个狭义的词已经完全不能反映 TPM 的发展，因此本书采用"全员生产维护"这个表述。另外，从日本人的定义，我们也可以看出，TPM 已经超出了一般的设备维修管理的范畴，演变为一个生产率管理的体系与哲学。比如 1971 年，日本生产维修协会（JIPM）把 TPM 定义为：覆盖所有部门的、设备的全寿命周期的保全体系。这个时候的定义还是设备管理范畴，但是 1989 年，TPM 活动定义进行了修订，指公司在包括生产、开发、设计、销售及管理部门在内的所有部门，通过公司上层到第一线员工的全员参与和重复的小集团活动，从生产系统的整体出发，构筑能防范所有损失发生的机制，最终达成零损耗的目的。从这个新的定义可以看出，TPM 不是一般的设备维修活动，而是一种生产率维护活动。

11.4.1 TPM 的基本思想及其特征

1. 全效益

全效益就是要求设备一生的寿命周期的费用最小、输出最大，即设备综合效率最高及损失最小。TPM 分阶段推进，追求卓越，将所有损耗的目标设为零。

2. 全系统

全系统就是从设备的设计、制造、使用、维修、改造到更新的设备一生的管理，因此，有时又称全过程管理。

3. 全员参加

全员参加就是凡是与设备的规划、设计、制造、使用、维修有关的部门和有关人员都参加到设备管理的行列中来。所以，TPM 是全员参加的、以提高设备综合效率为目标的、以设备一生为对象的生产维修制度。其主要特征是：

（1）以提高设备综合效率为目标；

（2）建立以设备一生为对象的生产维修总系统；

（3）设备的计划、使用、保养等所有部门都参加；

（4）从最高领导到第一线工人全体成员参加；

（5）加强生产维修保养思想教育，开展班组自主活动，推广生产维修。

4. 使用 5 现手法

（1）现场：出现问题第一时间去现场，不逃避问题。

（2）现物：接触现物，直面问题，不存侥幸心理。

（3）现实：分析问题原因，立即作出决断，防止同类问题再发生。

（4）现金：将损失和改进的花费换算成现金，使人人心中有数。

（5）现认：现场确认，明确责任和改进措施。

11.4.2　TPM 的主要内容

1. 日常点检

由技术人员、维修人员共同制定点检卡，由工人根据点检的方法上班时进行自我检查，记录设备状况，然后维修人员根据操作工作的点检记录，决定是否对设备进行维修。这种由操作工人自己进行的设备检查活动能够及时发现设备问题，减少故障。

2. 定期检查

定期检查是维修工人按照计划定期对设备进行检查。定期检查的内容与方法也是预先确定的，按照规定的时间与检查顺序，逐一对设备进行检查。

3. 计划维修

根据日常点检、定期检查的结果编制计划定期维修。计划维修有小修、中修和大修等不同的修改计划，计划维修是有计划预防性减少故障的措施。

4. 改善性维修

对设备进行结构性改善修改，提高设备的性能与减少故障的发生。

5. 故障维修

当设备出现故障时需要及时修理，以保证生产顺利进行。

6. 维修记录分析

故障记录的分析对于设备维修很重要，为今后进行日常检查与修订维修计划提供参考，通过维修记录的分析，能够有针对性地确定设备维修与保养的重点对象。

7. 开展 5S 活动、TPM 教育

在全员生产维护制度中，员工的参与非常重要。因此，企业要经常开展 5S、TPM 等教育与培训活动，以提高员工的参与设备维护意识。

11.4.3 设备综合效率计算与运用

设备综合效率（Overall Equipment Effectiveness，OEE）是 TPM 应用重要概念和测量工具，如图 11-4 所示。OEE 的本质内涵，其实就是计算周期内用于加工的理论时间和负荷时间的百分比。设备的 OEE 水平不高，是由多种原因造成的，而每一种原因对 OEE 的影响又可能是大小不同。在分别计算 OEE 的不同"率"的过程中，可以分别反映出不同类型的损失，常见的影响设备效率的七大损耗分别是：

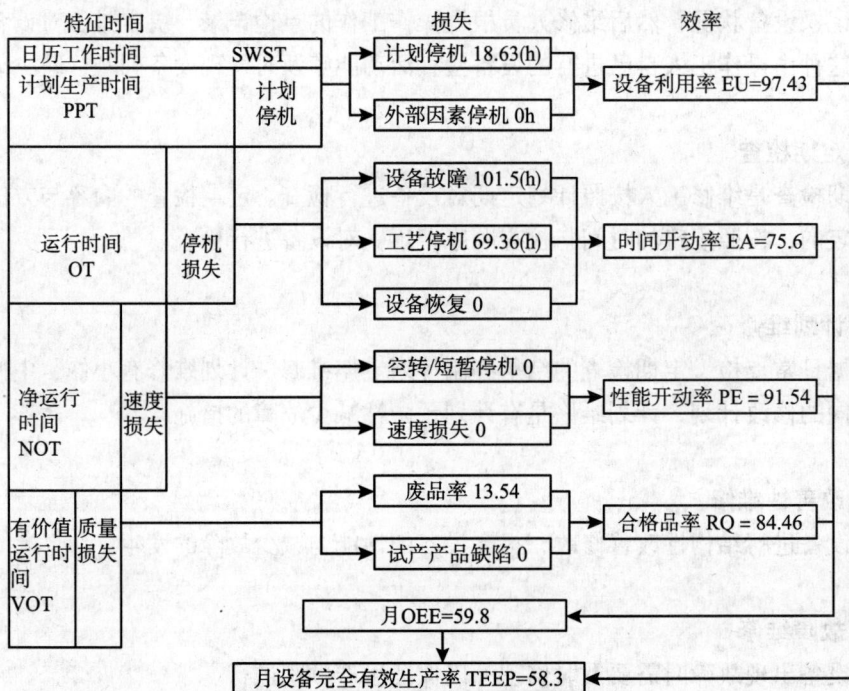

图 11-4 设备综合效率 OEE 计算与运用

（1）故障损耗；

（2）准备、调整损耗；

（3）设备部件更换或调换损耗；

（4）加速损耗；

（5）检查停机损耗；

（6）速度损耗；

（7）废品、修正损耗。

1. 设备综合效率计算公式

设备综合效率＝时间工作效率×性能工作效率×合格品率×100%

$\qquad$ ＝［（负荷时间－停止时间）/负荷时间］×［理论加工时间/工作时间×加工数］×［（加工数量－报废数）/加工数量］×100%

$\qquad$ ＝［工作时间/负荷时间］×［基准周期时间/实际周期时间×加工数量×实际周期时间/工作时间］×［合格品数/加工数］×100%

$\qquad$ ＝（基准周期时间×合格品数）/负荷时间

或表示为：OEE＝时间开动率×性能开动率×合格品率

时间开动率＝开动时间/负荷时间

负荷时间＝日历工作时间－计划停机时间

开动时间＝负荷时间－故障停机时间－设备调整初始化时间

（包括更换产品规格、更换工装模具、更换刀具等活动所用时间）

＝合格品基准加工总时间/负荷时间

性能开动率＝净开动率×速度开动率

净开动率＝加工数量×实际加工周期/开动时间

速度开动率＝理论加工周期/实际加工周期

合格品率＝合格品数量/加工数量

2. 时间工作效率

时间工作效率就是负荷时间（必须使设备工作的时间）与实际工作时间的比率，计算公式如下：

时间工作效率＝（负荷时间－停止时间）/负荷时间×100%

上式中的负荷时间，就是从 1 天（或者 1 个月）的操作时间中减去生产计划上的暂停时间、计划保全上的暂停时间、日常管理上的打招呼等暂停时间后所余时间。所谓停止时间，就是故障、准备、调整、调换刀具等停止的时间。

例：1 天的负荷时间 460 分钟，故障时间 20 分钟（停止损耗时间＝故障停止），准备时间 20 分钟，调整时间 20 分钟（停止时间合计），1 天的工作时间 400 分钟。

在这种情况下的时间工作效率为：400/460×100%≈87%

因此，时间工作率约是 87%。

3. 性能工作效率

性能工作效率由速度工作效率和净工作效率组成。

速度工作效率的意思就是相对设备固有能力（周期时间、行程数）而言的速度的比率。即应看是否要按既定的速度（基准速度、周期时间）而实行工作。要是设备的速度下降，即可知该损失的程度。

$$速度工作效率 = 理论加工时间/实际加工时间 \times 100\%$$

净工作效率表示是否在单位时间内按一定的速度工作。

$$净工作效率 = 加工数量（产量）\times 实际加工时间/（负荷时间 - 停止时间）\times 100\%$$

是否按一定的速度工作，并不是说比基准速度快了还是慢了，而是指即使在速度较慢的情况下，是否能长时间地按这一速度稳定地运转。

这样，就能计算出因停止产生的损失，以及日报表所反映不出的因小故障产生的损失。

性能工作效率根据上述两公式即可推算，公式如下：

$$性能工作效率 = 速度工作效率 \times 净工作效率 \times 100\%$$

11.4.4 TPM 八大支柱活动

1. 自主保全

自主保全是生产制造部门承担的防止设备劣化的活动。自主保全是"自己使用的设备自己保养"的理念的实践，通过制造部门的作业者的初期清扫和故障发生源追索对策活动磨炼其发现异常并担负简单修理排除故障的能力。

2. 计划保全

通过设备的点检、分析与预测，早期发现设备故障及性能低下状态，按计划实施预防保全活动，提高设备的可靠性、保全性和经济性。

3. 个别改善

对关键设备、故障多发设备及部位展开改善课题，进行个别性设备改善。关键设备是指故障多、瓶颈、高价值和影响总体生产力的设备。

4. 品质保全

意义在于提高设备精度和性能，找出设备与操作和品质的关系要因，改善并实现管理指标和目标。

5. 初期管理

新设备在正式使用前的各种规划准备阶段必须做到完美无缺，才能确保正式生产阶段的高效能运转。

6. 教育培训

培育从上到下的具有 TPM 理念和设备技能的人才。

7. 安全、卫生、环境

推行零灾害活动，杜绝肮脏、危险和安全隐患。

8. 事务间接部门的效率化

研究、设计、营业、财务、人力资源管理和行政等事务间接部门与制造部门有直接联系，这些部门的效率对制造部门的活动效果有很大影响，实施 TPM 也要提高这些部门的效率。

11.4.5　TPM 的新发展

自从 1971 年日本人提出 TPM 以来，TPM 已经得到世界各国的响应，而新一代的 TPM 已经从设备维修演变为一种管理文化、一种生产率改善的文化。新一代 TPM 的特点是：

（1）TPM 与全面质量管理（TQM）和准时生产制（JIT）融合，成为精益生产与世界级制造系统（World Class Manufacturing，WCM）的一部分。精细化生产强调的准时生产、无库存生产、零缺陷管理都需要 TPM 作为基础。没有全员参加的设备维护管理，生产系统可靠性得不到保障，就无法做到零缺陷。

（2）赋予 TPM 新的含义。新一代的 TPM 可以由几组英文字母组成，包含了多种含义：

Total Profit Management——全面效益管理；

Total Production Management——全员生产管理；

Total Perfect Manufacturing——完善生产减少损失；

Total Production Maintenance and Management——全员生产维修与管理。

这些新的词汇反映了人们对传统的 TPM 概念的新解释与新扩展，也是 TPM 的实践内容的丰富与发展。

（3）新一代 TPM 追求企业综合效益最大化，把减少六大损失扩展为十六大损失。新一代 TPM 除了与传统的六大设备有关的损失外，还宣言了生产组织损失、后勤损失、能源损失、管理损失、操作损失等新内容。

（4）新一代的 TPM 注入了新的企业文化内涵与预防哲学。传统的 TPM 强调开展 5S 活动（5S 为"整理、整顿、清扫、清洁、素养"）新一代的 TPM 提出了 4S 新概念——CS、ES、SS、GS。其中，CS 是顾客满意、ES 是雇员满意、SS 是社会满意、GS 是内部现场满意。

日本三菱电机株式会社静岗制作所的 TPM 活动

日本三菱电机株式会社静岗制作所，于 1921 年脱胎于三菱造船电机制作所，1928 年创业，1955 年正式成立。从 1955 年开始高速成长，经多次技术革新和结构调整，并且经历过 1973 年的石油危机，现在是隶属于三菱电机集团的商品事业本部的支柱企业和生产基地。静岗制作所占地面积为 21 万平方米，建筑物面积为 16 万平方米，拥有员工超过 2 000 人，各种设备超过 1 400 台，主要产品是家用电冰箱、家用和商用空调以及冰箱和空调用压缩机。它在日本有数十家外配套厂，在泰国有 1 家合资压缩机厂（SCI），在广州有 1 家压缩机厂，在上海有 1 家合资空调厂，它在本国以外的工厂的产品都使用三菱电机品牌。

静岗制作所的 TPM 活动大概分成了三个阶段。1987 年以前是活动准备阶段，主要的内容是教育，包括 TPM 理念的引入、各级管理干部的培训、TPM 有关概念的宣传等。1989 年是第二阶段，正式开始导入 TPM 活动，这个阶段发表了所长的"TPM 活动推行决定宣言"，举行了启动动员大会，建立了制作所和部门两级的 TPM 事务局，在各个部门内以与现有组织机构相结合的方式建立课、系、班各级 TPM 活动推进机构，从静岗制作所往下各级制定 TPM 活动方针、计划和目标。

进入 20 世纪 90 年代后，TPM 活动进入了广泛开展 TPM 八大支柱活动的实施阶段。这个阶段的主要内容是在生产一线建立针对某些个别改善项目的大量 TPM 推进小组，并且逐级向上汇集成重复小集体活动。

　　静岗制作所的 TPM 活动方针是：（1）实现能够应对市场变化的公司体制；（2）通过全员参加的"零损耗"活动实现高效率化；（3）实现有活力的职场。

　　静岗制作所的 TPM 活动目标是（2001 年与 1990 年对比）：（1）综合效率 1.5 倍；（2）设备故障件数 1/30；（3）不良率 1/5；（4）生产提前时间 1/2；（5）重大灾害 0；（6）改善提案件数 1.5 倍。

　　概括地讲，静岗制作所的 TPM 活动的开展情况主要有以下两个特点。

1. 开展形式比较正规与专业

　　静岗特作所在 TPM 活动开展前夕已经发展成一个组织结构完备，经历了快速启动阶段而走向成熟的知名大企业，其生产规模和技术装备相当庞大和完备。企业在经历了快速增长阶段后，发现设备的故障损耗也日益严重，已经给企业的正常经营造成了较大的影响，所以静岗制作所的高层管理者决心引入在当时日本广泛推广的 TMP 活动，希望借 TPM 活动继续快速推动这个大型制造企业的经营活动。

　　静岗制作所在引入 TPM 活动时十分注重全面把握 TPM 的真正理念和精神，在实际推进中又十分注重 TPM 实务的效果。从 TPM 活动准备阶段开始，企业高层就带头学习 TPM，同时花较多时间和经费对各级管理技术干部进行 TPM 的正规教育和培训。TPM 活动的推进机构基本与企业的组织管理机构重合，从而保证了对 TPM 活动的有效而持久的推动力。进入 TPM 活动实施阶段后，企业每年在静岗制作所一级设立 TPM 奖，用正式的高规格的仪式奖励各级 TPM 活动的突出集体和个人。所以，从方式方法到理念实践，三菱电机静岗制作所的 TPM 活动开展得相当正规和专业。

2. 以生产制造部门为主力军

　　TPM 活动本身的理念、概念、活动等来源于机器设备的使用维护的理论和实务，所以生产制造部门和技术开发部门这些大量使用设备或其业务与设备密切相关的部门在理解和开展 TPM 活动时自然比较顺利和容易取得成果。静岗制作所是一个大型的生产制造基地，这就决定了其 TPM 活动的主要着眼点落在 4 个制造部门和技术开发部门，历年的 TPM 奖也大部分在制造部门。

　　总务部、营业部、财务部和资材部等事务间接部门也同时开展了 TPM 活动，这些部门主要对一些非生产加工设备进行保养维护，例如办公机器和运输机器等。

　　资料来源：陈志祥. 生产运作管理教程. 清华大学出版社，2010.

11.5　安全生产管理[①]

11.5.1　安全生产及其基本原则

1. 安全生产及其内容

安全生产是指在生产过程中，通过努力改善劳动条件，克服不安全因素，使生产在保护劳动者的安全健康、保护国家和人民生命财产安全的前提下进行。

安全生产通常包括劳动保护、安全技术和工业卫生三个方面的内容。

（1）劳动保护。它是指为保护劳动者的安全与健康，在改善劳动条件、预防工伤事故和职业病等方面所采取的各种组织和技术措施。如配备安全管理人员和设施，加强安全教育和检查，预防和消除工伤事故；开展工业卫生工作，防止和控制职业病的发生；合理确定劳动者的工作时间和休息时间，实现劳逸结合；对女职工实行特殊保护等。

（2）安全技术。它是指为消除生产过程中的危险因素，保证职工在生产过程中的安全所采取的技术和措施。如改进工艺和设备，设置安全保护装置，加强机械设备的维护保养、合理安排和布置工作地等。

（3）工业卫生。它是指对职业毒害识别、控制、消除和预防的专门技术。由职业毒害引起的疾病称为职业病，如因接触粉尘、放射性物质和其他有毒、有害物质而引起的疾病。

2. 安全生产基本原则

（1）预防为主原则。该原则要求安全生产要做好事前预防工作。即要依靠科技进步，加强安全教育、安全责任制建设、安全设施设备、安全检查等管理工作，及时发现并消除各种安全隐患。

（2）"五同时"原则。该原则要求企业各级领导或管理者在计划、布置、检查、总结、评比生产的同时，要计划、布置、检查、总结、评比安全工作。

（3）"三同时"原则。该原则要求企业在实施新建、改建、扩建基本建设项目和

[①] 潘艾华，阮喜珍. 生产运作管理实务. 武汉大学出版社，2009.

技术盖在项目时，要将职业安全、卫生设施与主体工程同时设计、同时施工、同时投入生产和使用。

（4）安全否决权原则。该原则要求把安全工作作为衡量企业生产经营管理工作好坏的一项基本内容。企业、行业和政府在组织评先表模活动中，必须首先考核参选单位的安全指标完成情况。对于没有完成安全生产指标的，评选组织要坚决取消其参加评选的资格，既安全生产指标具有"一票否决"的作用。

11.5.2　安全生产管理体系

目前，我国的安全生产管理体制是政府领导、部门监管、企业负责、社会监督四方协调管理体制。

1. 政府统一领导

政府统一领导是指安全生产工作必须在国务院和地方各级人民政府的领导下，根据国家关于安全生产的法律法规要求开展。任何单位都必须保障其安全生产的技术和管理符合国家安全生产的要求。

2. 部门依法监管

部门依法监管是指安全生产监管部门和相关部门，要依法履行综合监督管理的职能。目前在安全生产的监督方面处于核心地位的是各级负有安全生产监督管理职能的部门。

3. 企业全面负责

企业是安全生产的主体。国家关于安全生产的法律法规和方针政策，最终要由企业来落实。企业特别是其主要负责人承担着安全生产的全面责任。企业应全面贯彻安全生产的基本原则，建立健全各级安全生产责任制及其他各项安全生产制度，建立安全管理组织，合理配置安全管理资源，确保企业安全生产。

另外，企业作为法人，对企业发生的安全事故，应当依法承担相应的经济责任、行政责任和刑事责任等。

4. 社会监督

社会监督是指利用和发挥全社会各方面的力量和作用，在全社会形成关爱生命、注重安全的舆论氛围。

11.5.3 安全生产检查

1. 安全生产检查内容

安全生产检查是指依据国家有关安全生产的方针、政策、法律、法规和标准，以及企业的规章制度等，对生产过程的安全上进行的检查活动。企业及安全管理员只有各种开工的安全生产检查，不断地发现生产中的不安全因素，及时消除安全隐患，才能确保企业安全生产。

企业安全检查按其实施的主体不同可分为班组安全检查、车间安全检查和厂级安全检查。实施安全检查的主体不同，其检查内容的重点不同。下面分别加以介绍：

（1）班组安全检查。班组安全检查是安全检查的重点。具体内容包括：班组有无安全员；班组记录是否准确齐全；每个岗位是否都有安全生产责任制和安全技术操作规程；对新入厂和新换工种的员工是否进行了班组安全教育；危险施工现场有无安全监护人，是否在进行监督检查；所使用的设备工具、仪器、仪表有无专人保管；应设置安全标识的地方是否按标准设置了安全标志；电气、电路安装是否正确完好；消防设施、消防器材是否按要求配备；涉及有毒有害的作业有无安全防护措施；禁止烟火的生产场所有无火源；环保治理设施是否完好、运行是否正常；生产场所"三废"处理、排放是否符合国家标准；所有上岗人员是否严格遵守安全生产技术操作规程和各项规章制度，等等。

（2）车间安全检查。车间安全检查的内容主要包括以下三个方面：

车间平面布置检查。具体内容包括：重要装置是否设置了围栏；危险装置是否与控制室、变电室隔开；有严重危害的生产车间是否安排在被隔离的小建筑物内；车间是否有足够的出入口供运输工具和行人通过；是否把有毒的、有腐蚀性的、易燃易爆的、易挥发性的物质和放射性的废物排放入市政的下水道。

车间建筑物情况检查。具体内容包括：地板、墙壁开口、通风和空调管道、电梯竖井、楼梯通道等处是否设有良好的防火措施；对有爆炸危险的工段、车间是否采用防火墙，顶层材料是否为防火材料，是否设置了足够的防爆排气孔；出入口和紧急通道是否阻塞，有无明显的标志和警告设置；车间内各种建筑物、道路、避难退路、门等处照明设施是否完好；各种安全标志牌是否每年至少检查一次，如有发现变形、破损或图形符号脱落以及变色等，是否及时维修或更换。

车间环境检查。具体内容包括：是否经常检测车间内有毒物体浓度，如超过最大允许浓度时是否及时采取了措施；各种管线及支架有无妨碍工作地点的通畅；原材料的临时堆放现场是否安全适用；产品和半成品堆放是否良好；有无足够的空间可供检验以及下道工序取用；对有火灾爆炸危险的工作是否采取了隔离操作；在带电物体周围是否设立了安全间距。

（3）全厂范围的安全检查。全厂范围的安全检查主要包括以下五个方面的内容：

厂内运输检查。具体内容包括：厂内的道路是否满足人和车的通行以及是否有明显的通行标志；厂内的各种运输车辆是否有安全装置和是否进行了定期检查；易燃易爆液体罐车在装卸地点是否有接地装置、是否留有安全操作空间和防止从罐车上坠落的措施；汽车、铲车是否符合技术规范要求，性能是否良好。

生产工艺检查。具体内容包括：对原辅材料的理化性质了解如何？是否了解材料的毒性；对湿法作业是否采取了密闭尘源和通风防尘的措施，有无个体防护措施，有无防止粉尘爆炸措施等。

设备状态检查。具体内容包括：是否能保证各种管线均无潜在危险；对可能成为易燃介质引起火灾的机器、机械及其他设备、材料与成品，是否规定了其制造、应用和使用的制度；是否使用符合防火防爆级别与类别的电气设备；是否采用符合静电火花安全要求的工艺过程及设备；紧急用阀和紧急开关是否易于操作；对爆炸较敏感的生产设备是否进行了隔离，是否安装了屏蔽物和防护墙；液位计、仪表、记录装置等显示情况是否良好，是否易于辨识。

操作管理检查。具体内容包括：检查车间每个员工是否熟悉各种操作规程、岗位操作方法、安全守则；所有人员是否都经过了安全训练，是否都了解本岗位潜在的危险性；是否训练了操作人员遇到紧急事故的处理方法；是否训练了操作人员熟练使用安全设备及个人防护用具的方法；是否采取有效措施防范日常维护检修作业所存在的潜在危险；对特殊危险作业是否规定了专门制度；是否坚持了定期检查和定点检查制度等。

防灾设备检查。具体内容包括：是否根据建筑物的结构和建筑材料选用了不同的消防设备；在建筑物内部是否配备了消防措施；在可燃性液体罐区是否安装了适用的防火设施；是否采取了防止粉尘爆炸的措施；火灾警报装置是否安装在适当的地点等。

2. 安全生产检查方式

安全生产检查是企事业安全管理的重要环节，是企业安全生产管理人员及职工辨识危险源、消除不安全因素、防止事故发生的有效手段。安全生产检查的方式是多种多样的。

按检查内容分类，有综合检查和专项检查。综合检查也称全面检查，检查的内容涉及安全生产的各个方面。专项检查是指对某一方面内容进行的安全检查。如防火检查、特种设备检查、机动车检查、特种作业检查等。

按检查时间分类，有日常检查、定期检查、不定期检查和连续检查。日常检查是指每天进行的常规性的安全生产检查。它一般由员工和专兼职安全管理员进行。定期检查是指每间隔一定时间进行的安全检查。不定期检查又叫突击检查，是一种根据需要随机进行的安全检查，如对一些特殊部门、特殊设备进行的事先未曾宣布的检查。连续检查是指为跟踪某项工作或部门的安全生产状态而对其开展的持续一定时间的连续多次的安全检查。

按实施检查的主体分类，有政府检查、企业检查和员工自查。政府检查是指由县级以上人民政府或主管安全生产的部门与机构对企业的安全生产、工业卫生进行的检查。政府检查是推动企业贯彻执行劳动保护政策、安全法律法规与标准，及时发现和解决企业在安全方面存在的问题和隐患的有力手段。企业检查是指由企业自己组织有关人员进行的安全生产检查，目的是发现隐患，落实整改措施。员工自查是指由员工在工作时间进行的自我安全检查。

3. 安全生产检查流程

实施安全生产检查一般遵循下列五个程序：

（1）制订安全生产检查计划。制订安全生产检查计划其实就对安全检查工作提前做出科学合理的安排，其结果是编制安全检查表。为了让安全检查达到预期的效果，应根据有关制度、标准，结合实践经验、事故情报等，事先对检查对象、检查时间、检查人员、检查方式方法等进行认真的思考，并做出合理的安排，确定检查的项目和要点，并以提问的方式，将检查项目和要点等按系统编制成检查表，供检查时使用。

（2）成立安全生产组织。计划制订后，应根据安全检查的规模大小和内容特点，成立较专业的安全生产检查组织。检查组的负责人一般由相关领导或专业人员担任，成员应有较强工作责任心和安全业务素质。对组织成员应进行安全检查工作要求、方式等内容的培训，还应根据其专业特点结合检查内容进行相对明确分工，以充分发挥检查组成员的能动作用。

（3）实施安全生产检查。实施安全生产检查就是根据检查计划深入调查现场，按照检查表对检查对象逐一观察。对各观察结果必须详细记录，特别是违反安全规程、存在重大安全隐患的，要记录存在问题的准确地点和时间以及其他必要的数据。

（4）提出安全隐患整改的建议。首先，对检查中发现的问题及安全隐患要按照重要和紧急程度进行统计整理、排序，并明确责任。责任要落实到人，特别是领导责任。随后，对问题产生的可能原因要做出初步的分析，并在此基础上，对每个问题提出切实可行的整改措施和建议。

（5）编写安全生产检查报告和效果评价。安全检查结束后，要随即将检查情况写成调查报告。报告的内容包括：检查的目的、时间、地点、人员以及检查的方法、过程、结果等。其中，重点是检查的结果，包括存在问题和整改意见。所谓检查效果评价主要是指评价通过检查及时发现了哪些隐患、其中哪些是较重大隐患，发现的隐患是否被彻底消除或采取积极的处理措施，有何经验教训等。

11.5.4 安全事故处理

1. 安全伤亡事故

（1）事故。指在进行有目的的活动过程中所发生的违背人们的意愿的事件或现象，它包含人身受到伤害和财产受到损失。在不同的行业对事故有不同的描述。在企业中发生的事故按性质可分为以下几类：

人身事故。指企业职工在生产领域中所发生的和生产有关的伤亡事故。

设备事故。由于某种原因引起的机械、工艺、动力设备、管道、电线运输设备以及仪器仪表、工具的非正常损坏，造成严重损失，影响生产的事故。

火灾和爆炸事故。由于火灾和爆炸造成的伤亡或财产损失的事故。

生产、质量事故。由于违反工艺规程、岗位操作规程或由于指挥失误，造成生产工艺不正常或造成生产中断，以及产品质量下降或废品、次品的大量出现，从而较严重影响生产和产品质量的事故。

污染和急性中毒事故。因为工业装置排放污染物引起周围居民中毒、死亡、农作物减产、树木枯死、牲畜伤亡或由于生产过程中存在的有毒物质，在短期内大量侵入人体造成身体中毒的事故。

重大未遂事故。指虽然已经构成发生各类重大事故的条件，由于处理及时得当，未造成伤亡和直接经济损失，但性质恶劣或生产操作严重不正常，给设备带来重大隐患或降低设备使用寿命的事故。

伤亡事故。它是指生产经营单位的从业人员在生产经营活动中或在与生产经营相关的活动中，突然发生损伤或人体的某一些器官失去正常机能，导致负伤肌体暂时或长期地丧失劳动能力，甚至终止生命的事故。

（2）伤亡事故的分类。伤亡事故按不同的划分标志可分为不同的类型。下面重点介绍按其伤害程度和按人员保险待遇两种标志划分下的类型。

按其伤害程度分类，可分为轻伤、重伤、死亡。其中，轻伤是指损失工作日满 1 天而低于 105 天的失能伤害；重伤，指损失工作日等于或大于 105 天而低于 6 000 天失能伤害。

按人员保险待遇分类，可分为工伤事故、比照工伤事故、外因事故。其中，工伤事故是指在生产过程中发生的人身伤害和急性中毒事故；比照工伤事故是指与工作有关、可按工伤待遇处理的伤亡事故；外因事故是指与生产或工作无关的事故。

（3）伤亡事故的鉴别。工伤事故是企业伤亡事故的主要类型，是安全管理的重点对象。它是企业员工为了生产的工作，在生产区域内，由于生产过程存在的危险因素的影响，或虽不在生产和工作岗位，但由于企业生产条件、设备条件、劳动条件或管理制度不良，人体受到伤害，导致部分地、暂时地或长期地丧失劳动能力的事故。下面介绍对伤亡事故鉴别有重要意义的几个概念。

生产区域。是指生产所涉及的场所，包括厂区道路，生产车间等。有一些无固定生产岗位的员工，其工作地就是他们的生产区域。员工上下班途中发生交通事故不属于工伤。

工作时间。包括班前准备和班后清理的时间。

员工的活动有一些与生产无直接关系，应根据《企业职工工伤保险试行办法》规定的条款来判定是否属于工伤。

2. 伤亡事故预防与救援

由于伤亡事故管理是一种事后行为，所以伤亡事故的预防与救援就显得特别重要。伤亡事故管理的中心应该是预防第一。

（1）伤亡事故的预防原则。伤亡事故的预防主要是对生产过程出现的有毒有害及危险因素加以消除、降低与防护。即通过管理和技术手段消除生产中的危险或有害因素，或使危险及有害因素降低到最小限度，以及控制危险源不与人接触等。伤亡事故的预防原则表现为：

首先，消除潜在危险的原则。即从根本上消除事故隐患，排除危险。

其次，降低潜在危险因素数值的原则。即在无法彻底消除危害因素影响的情况下，最大限度的限制和减少其危险程度。如采用无毒原材料替代有毒的原材料。

再次，防护潜在危险的原则。即在既无法彻底根除、又无法降低危害程度的情况下，可采用各种各样的防护措施来保护人的安全。这是一种消极的防护措施，具体包括：距离防护、时间防护、屏障防护、坚固防护、闭锁防护等。

（2）伤亡事故预防的技术。

根除。根据生产技术条件，通过改进设计方案、工艺过程，选用合适的原材料来彻底消除危险。例如用阻燃性材料代替可燃材料，用液压代替电力等。

限制。对某些不能根除的危险，应设法限制它，使其不能造成伤害和损失。例如用低压替代高压。

隔离。隔离是常用的安全技术措施。一般来说，一旦判明有危险因素存在就应设法把它隔离起来。隔离技术包括分离和屏蔽两种。前者是指空间上的分离，后者是指应用物理屏蔽措施进行隔离。利用隔离技术，可以把不能共存的物质分开，也可以控制能量释放。

故障—安全设计。在系统或设备的某一部分发生故障或损坏的情况下，在一定时间内也能保证安全的技术措施称为故障—安全设计。这是一种通过技术设计手段，使系统或设备在发生故障时处于低能量状态，防止能量意外释放的措施。

（3）伤亡事故的救援。伤亡事故的救援主要是指制定一套应急计划，以便在伤亡事故发生时能立即启动救援措施，及时报警并联络相关部门组织救援。

应急计划的内容。应急计划需要充分考虑每一个重大危险以及它们之间可能发生的相互作用，以及危险发生后应该采取的消除隐患、减少损失的具体措施等。

报警和联络。伤亡事故救援时，首先应能将任何突发的事故或紧急状态迅速通知给所有关人员，并作出安排。企业应将报警步骤通知所有的工人以确保其能尽快采取措施，控制事态的发展。

应急救援措施。现场救援的首要任务是控制和遏制伤亡事故，防止伤亡事故扩大到附近的其他设施，以减少人员伤亡和财产损失。在应急救援措施中应包含足够的灵活性，以保证在现场能采取适当的措施和决定。

应急救援措施的演习。一旦应急求援措施被确定下来，安全管理人员应组织相关人员进行培训与演练，以确保所有工人以及外部应急服务机构都了解企业的应急救援措施。

3. 伤亡事故的报告与登记

伤亡事故的报告与登记是安全管理工作的一项重要内容。企业领导和相关的责任人必须对伤亡事故报告与登记的准确性与及时性负责，并坚持尊重科学与实事求是的原则。

（1）伤亡事故报告与登记的范围。企业职工发生的伤亡，一般分为两类：一类是因工伤亡；另一类是非因工伤亡。伤亡事故的报告与登记所统计的是因工伤亡的数字，非因工伤亡的不包括在内。一般来说，只要职工为了生产和工作而发生的事故，或虽不在生产或岗位上，但由于企业设备和企业劳动条件不良引起的职工伤亡，都应算作因工伤亡而加以登记报告，并且其受伤害人员应包括企业所有人员，即临时工、实习生、义务参加劳动人员、来厂参观学习和检查工作的人员等。

（2）伤亡事故报告制度。伤亡事故报告制度是指生产经营单位发生伤亡事故后，负伤者和最先发现人逐级报告的程序与报告内容的要求。

对生产经营单位的要求。事故发生后，当事人或事故现场有关人员应当及时采取自救、互救、保护现场等措施，并立即直接或逐级报告本单位的负责人。单位负责人接以事故报告后，应当迅速采取有效措施，组织抢救，防止事故扩大，减少人员伤亡和财产损失，并按照国家有关规定，立即如实的报告当地负有安全生产监督管理职能部门及有关部门。不得隐瞒不报、谎报，不得故意破坏事故现场，不得毁灭有关证据。

对负有安全生产监督管理职能部门的要求。负有安全生产监督管理职责的部门接到事故报告后，负有安全，应当立即按照国家有关规定上报事故情况。安全生产综合监督管理部门接到伤亡事故报告后，应当立即向当地人民政府和上一级安全生产综合监督管理部门报告，并向当地公安等部门报告，同时迅速赶到事故现场组织事故抢救。

（3）伤亡事故报告和登记的要求。伤亡事故报告的总要求是"一快二准"。"快"就是要迅速及时，也就是报告写得及时，报得迅速。上报时一般是逐级上报，特殊情况下也可越级上报。"准"就是内容准确。要求时间、地点、范围、程度都准确无误。报告人为受伤人或最早发现人。

伤亡事故登记要求。企业发生伤亡事故后应进行及时登记。登记表一般由班组长或企业安全管理员填写。

伤亡事故的报告和登记是一个十分严肃的工作，各种事故登记必须认真细致地填写，不得虚报、假报、瞒报或故意延迟报告。各级主管领导必须对报告的真实性、准确性和及时性负责。

【本章小结】

企业生产能力的大小、生产效率的高低、企业生产的品种、质量、交货期以及安全、环境保护、员工情绪等，都在不同程度上取决于设备的完善和安全生产管理情况。特别是随着科技的发展和全球化的进程加快，产品的升级换代周期大为缩短，使企业面对越来越激烈的市场竞争，这就对企业设备的管理水平和安全生产管理完善程度提出了越来越高的要求，科学地选好、用好、保养维护好设备和警钟长鸣、防患于未然已成为企业设备与安全管理的重要组成部分。通过本章学习和训练，首先了解设备综合管理概念，掌握设备选择与评价内容与方法，熟悉设备维修管理体系内容，了解全员生产维护和安全生产相关内容。

【推荐读物】

1. http：//www. pmec. net，中国设备管理网.
2. http：//www. chinafm. org，中国工厂管理网.
3. http：//www. china-safety. org，国家安全生产宣教网.
4. http：//www. cape. org. cn，中国设备管理协会.
5. 崔继耀. TPM 活动推行实务. 广东经济出版社，2004.
6. 潘艾华，阮喜珍. 生产运作管理实务. 武汉大学出版社，2009.

【复习与思考】

1. 设备综合管理有哪些主要特征？它对提高企业竞争力有哪些贡献？
2. 设备的经济评价中常用哪些定量分析方法？各有何特点？
3. 试述设备的磨损规律及故障规律。
4. 试对计划预修制、TPM 做综合评述。
5. 管理人员可以利用哪些技术提高系统的可靠性？
6. 导致新设备出现故障的主要原因有哪些？
7. 谈谈 TPM 八大支柱活动。
8. 谈谈设备综合效率计算与运用。
9. 谈谈全员生产维护主要内容。
10. 谈谈安全生产基本原则。
11. 谈谈车间安全检查的内容主要。
12. 按性质分，企业中发生的事故有哪几类？

【案例】

电容制造部的难题

罗姆电子大连有限公司系大连开发区的一家日资企业，其电容制造部主要生产 MCH 系列陶瓷积层电容，共 100 多种规格，从包装形式上可分为纸带和塑料带两大类。自 1996 年初投产以来，由于编带作业采用了改进后的新工艺、公司操作人员不太熟悉设备操作性能等原因，经过两个多月的努力，仍未能达到月产量 1 亿的设计能力。日本总部对此非常不满，经常对电容制造部的有关部门提出指责。对此，电容制造部负责人尹先生十分苦恼。这一天，他又一次召集有关部门负责人员开会，研究如何解决所面临的生产问题。

会上，大家列举了最近出现的各种问题，普遍反映加班实在太辛苦，有些操作人员已十分疲乏。会议进行到一半，负责对外联络业务的曲小姐过来汇报说，刚才又接到日本总部打来的电话，对大连电容制造部未完成上个月的生产任务大为不满，严令这个月必须完成，否则将进一步追究各部门责任等。

这个消息立即引起了与会人员的不满，设备科长李先生首先按捺不住，愤愤地说："这活儿没法干了，日本人有本事，就让他们自己来干，我就这点本事了。"这些天一直陪着李先生加班的车间监督申先生则息事宁人地说："老李，你先坐下，别那么激动。"接着又转过头对尹先生说："老李说的也有道理，现在，咱们部的工人加班加点成了家常便饭，可产量还是完不成。工人们已经尽了最大努力，产量完不成的责任看来不在我们，是不是跟总经理反映一下？"其他人也纷纷附和。会议的议题由分析车间内部问题转向议论日本总部各部门的不配合上……

尹先生看着大家疲惫而又激动的神色，知道这些人说的都是实话，并且工作中也都尽了最大努力，但如何能达到设计生产能力，完成计划任务，又是不得不解决的难题。日本总部一些部门配合不力的确是个很大的问题，但关键问题估计还是在车间管理内部，那么，这个问题究竟出在哪儿呢？于是，也不知不觉叹了一口气，随手拿起了会议记录，又仔细研究起来。

会议记录：

时间：1996 年 4 月 2 日

地点：电容部会议室

参加人：电容制造部门负责人尹科长

　　　　生产管理陈主任

　　　　设备科李主任

　　　　工程监督申主任

　　　　质管科周主任

议题：如何提高编带月产量

发言记录：

陈：要完成月产量 1 亿的生产任务，根据理论计算，编带设备综合利用率必须达到 55% 以上。日本总部的设计能力是 60% ~65%。但现在我们的实际利用率只有 40% 多一点。上个月加了 5 天班，产量才达到 7 000 万。这个月要达到 1 亿，即使周六、周日全部加班，即加 8 天班，也只能达到 9 000 万。所以，现在的生产计划不符合生产实际状况，指导不了生产。现在只有两种选择，要么与日本总部联络，修改计划产量；要么改进作业方法，争取采用与日本一样的生产方法。

李：目前我们的编带操作方法与在日本学习时不太一样，日本采用的是大卷，即将十几万个电容编成一卷，而我们则是 3、4 千个一卷的小卷，因此，我们的计划标准应该有所降低，不能采用日本标准，即 60% ~65%。另外，我们的设备变换太频繁，一台机器一个月要换 2 ~3 次不同类产品，每次都要调整 1 ~2 天，这样人为增加设备调整次数，结果使设备故障率大大增加，发挥不出高速编带机应有的效果（900 个/秒）。特别是塑料带，几乎每次调整后都要出现各种问题，而我们设备维修人员只有 2 人，根本打不开点儿。所以，我们现在整天只忙着修理设备，正常的维护保养根本无法进行，所以也就无法保证设备不出故障，换句话说，完不成计划的责任根源肯定不在我们身上。

申：有些操作人员素质太差，如张某某，同样的简单问题，上星期我已教育了她两次，但昨天又出现了同样的错误，结果我问她怎么回事，她却一点儿也不在乎，脸都不红一下。另外，李某某，王某某，也不好好干活，说一句能顶回两句。上个月加了几天班，好像是我求她们一样。这样的人最好是不要，或转到其他部门，我是管不了她们。一个班总共才5个人，有两个这样的，产量肯定上不来。长期下去，1个亿的计划估计是够呛。另外，编带操作人员整天站着干活，非常辛苦，和坐着干活的库房、检验人员相比，工资上没有什么区别，是不是可以增加些奖金刺激刺激？

周：有些操作员的素质实在是太差。转换产品规格时，需要将规格输入计算机。她们瞪眼儿就将"F"输成"H"。仅上个月就发现了三次，幸亏发现及时，否则损失就大了。若一旦发生索赔，公司信誉将受到严重影响。真不知当初入厂教育是怎么进行的。另外，最近6号编带机发现了两次混料事故（即不同种规格的电容混在一起）。我们经过初步调查，怀疑两个环节有问题，一个是零散数量回收时可能混入，另一个是机器清理时未打扫干净。我们正在做实验。按规定，混料以后必须查清原因，这期间机器必须停止工作。所以今天6号编带机不能干活。如果保证不了质量，产量即使提高上去也得不偿失。

……

尹先生反复看了几遍之后，对大家说："操作员素质不高是个大问题，我已向总经理做过汇报，人事部门正在研究处理方案。设备维修人员不足问题，限于人员定额限制，短期内估计增加不了。采用小卷是为了方便顾客使用，改回大卷也不太现实。现在关键是大家有没有新的想法和建议，怎么能提高产量？或怎么能向日本人解释清楚？"

沉默了片刻，陈主任提出了一个建议，他说："我觉得现在除了加强人员教育之外，唯一可行的办法是改进生产作业方法。由于我们生产的产品品种较多，而每个批量的数量较少，所以设备调整时间占用过多，设备利用率很低，产量也就无法提高。上个月我们将编带操作人员的辅助作业减去不少，产量有所提高，我们可以将这一思路继续改进，即加大生产批量，减少停机等待等非工作时间，这样就可以提高设备利用率。产量自然就可以上去了，在具体做法上，可以把编带生产工艺作如下调整"，说着，他画出了如下草图（见图1、图2）。

他解释道："在现在的工艺流程中，半制品库中的电容以整袋形式出库，一袋数千至数十万不等，编带的批量是256 000个/批，多余的电容从机器中排出，作为半制品零散数量形式回收入库，等待再次出库编带。在这一过程中，编带机存在排料待工时间。如果将这部分时间改为工作时间，即将多余的电容继续编带，以合格品形式合批后再出厂，根据测算，每月可增产1 500万左右。如果这样做可行的话，每个月再加几天班，1个亿的月计划就可完成。"

对这种看法，质管科周主任表示反对，意见是这样做会给零散数量合格品保管带来问题，因为管理人员只上白班，二、三班无人看管，因此保证不了成品出厂质量，工程监督申主任也表示怀疑，认为会加重二、三班操作人员的负担。只有设备科李主任认为这样有利于减少设备故障，增加生产能力……

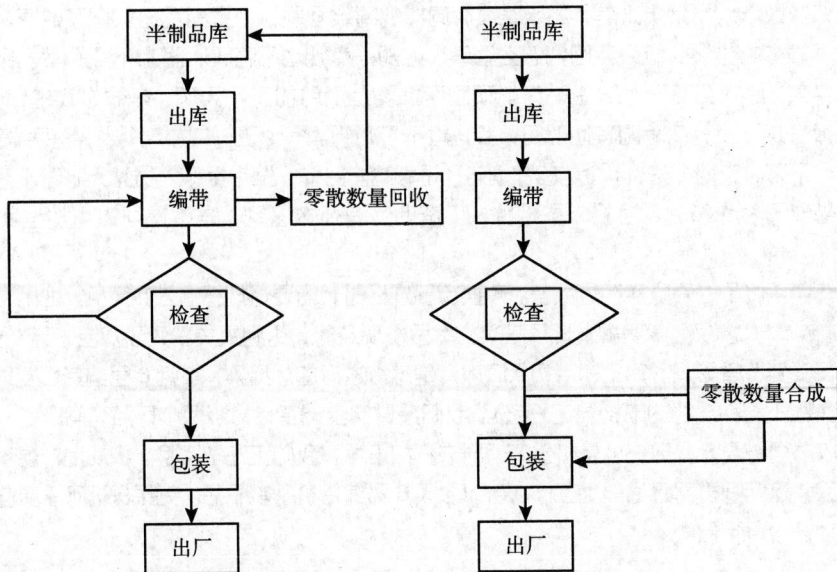

图 1　现在的编带工艺　　图 2　改进后的编带工艺

正在大家热烈讨论之时，总务员送来了一份刚刚收到的传真，尹先生看过以后，非常高兴，对大家说："有一个好消息，下周一，总部要派主管电容生产的福井课长来大连调查电容生产问题，今天的会议就到这儿吧，回头大家把今天的内容整理一下，准备下周一跟这个日本课长汇报。"

资料来源：厉以宁，曹凤岐. 中国企业管理教学案例. 北京大学出版社，1999.

【讨论题】

1. 陈主任所提的建议方案能解决问题吗？为什么？

2. 电容制造部目前的主要问题是什么？如何解决？

3. 编带设备综合利用率标准是否应改变？一个亿的产量是否应减少？为什么？

4. 操作人员素质低的问题应如何解决？你有什么好的办法？

5. 设备维修人员不足的问题应如何解决？为什么？

第 12 章

准时制生产系统

【学习目标】

1. 认识准时生产系统特点。

2. 了解看板控制系统的工作过程。

3. 掌握精益生产的基本思想。

【管理案例】

解密广州丰田"零库存"现象

"TPS"这个频频见诸报端的字眼，几十年前在全球汽车制造业激起了惊涛骇浪，让昔日汽车工业诸位老大纷纷放下身段，竞相研究甚至效仿这匹的"黑马"后发制人的秘诀——丰田独特的精益生产方式。TPS（丰田生产模式）作为一种文化，已经深入到了广州丰田生产和运营的每一个环节中。除了自动化、标准化和持续改善之外，它的精髓还在于准时化生产（Just-in-Time，JIT），以"零库存"为目标，极力提倡减少库存。在广丰的眼中，企业运行时的"库存"是最大的浪费。

汽车工业的传统思考方式是"前一道工序向后一道工序供应工件。"这种传送带式的大批量的盲目生产，往往会造成过度生产的浪费、搬运的浪费、库存的浪费、加工本身的浪费及等待的浪费等。为了彻底消除浪费，早期的丰田在美国"自选超市方式"的启发下，把超市看作生产线上的前一道工序，顾客购买相当于后一道工序，他们在需要的时间买需要数量的商品，而超市将立即补充顾客买走的那一部分商品。丰田经过实际生产中的不断完善与调校后，拉动式生产（Pull System）应运而生，即"由后一道工序在需要的时刻到前一道工序去领取需要数量的特定零部件，而前一道工序则只生产所需要领取的数量。"

因此，在广州丰田的总装车间，看不到分门别类堆积在物架上的零部件，也见不到其他工厂"零部件搬运工往来穿梭"的繁忙景象。这都归功于丰田 SPS（对装配线成套供给零部件）体系，即每一个物料架紧随一辆等待装配的车身，总装工人只需在物料架和车身同步流动的平台上，将触手可及的零部件对号入座装配上车身即可，连工人转身取物料的时间都省了。"通过对零部件采取这种'配餐式'的供应，在必要的时间内生产必要数量的产品，是丰田精益生产方式所倡导的。"广州丰田高层曾表示。因此广州丰田无论整车还是零部件，都能实现"零库存"的管理目标，同时也掀起了"60秒生产一辆凯美瑞"的新一轮效率革命，兑现了"顾客买多少，就送多少到顾客手上"的承诺。

资料来源：http：//news. gd. sina. com. cn/news/2008/09/18/454589. html。

【重要概念】

准时生产（Just-in-Time）；精益生产（Lean Production）；零库存（Zero Inventory）。

准时化生产方式（Just-in-Time，JIT）是20世纪50年代初，日本丰田公司研究和开始实施的生产管理方式，也是一种与整个制造过程相关的哲理思想。它的基本思想可用现在已广为流传的一句话来概括，即只在需要的时候，按需要的量生产所需的产品。这种生产方式的核心是追求一种无库存的生产系统，或使库存达到最小的生产系统。为此而开发了包括看板在内的一系列具体方法，并逐渐形成了一套独具特色的生产经营体系。

12.1　准时制生产系统的实质

12.1.1　准时生产制的产生

第二次世界大战后的日本汽车工业学习美国，普遍采用福特制式的大量生产方式，取得了明显的效果。但丰田公司的负责人在50年代就开始意识到一味模仿美国的大量生产方式是很危险的。一方面，日本当时国内的市场环境、劳动力状况等都与美国有许多不同，且战后面临资金短缺，不可能像福特工厂那样维持很大的规模；另一方面，美国的生产方式是靠减少品种、扩大批量来降低成本，而整个社会的发展趋势却是需求多样化，如何有效组织多品种小批量的生产直接关系到企业的竞争力和生存发展。JIT生产方式就是顺应这样的时代需求，由丰田公司管理者在实践中不断摸索、创造出来的。日本从20世纪50年代末到70年代初，经济高速发展，这期间采用美国的大量生产方式能取得相当的规模生产效果。但是1973年中东石油危机之后，市场环境发生了变化，日本经济增长率明显下降，通常在零附近波动。在这种低速发展时期，如何将产品销售出去是企业面临的重大问题。这时丰田的JIT生产方式显现出强大生命力，丰田公司的经营绩效与其他汽车制造企业的经营绩效开始拉开距离，JIT 生产方式的优越性引起世人的瞩目和研究，在国际上赢得广泛赞誉，并对日本汽车工业的发展起到了不可忽视的重要作用。

JIT 生产方式是经过几十年的反复试行而逐渐成熟的，至今已形成一套包括从企业的经营理念、管理原则到生产组织、生产计划、控制、作业管理以及对人的管理等等在内的完整的理论和方法体系，对丰富和发展现代生产管理理论具有重要的作用。

12.1.2 准时生产制的哲理

JIT 代表的是一种能够减少库存、提高生产服务经营水平的有效工具，是一种浓缩各种精华的哲理，涉及产品设计、过程设计、设备选择、物料管理、质量保证、工作设计及生产力改善等一系列活动。它将运作管理的 5P——People（人力）、Plants（工厂）、Parts（部件）、Processes（作业）、Planning and Control System（计划控制系统）集成到能提供高质量产品和服务的流水线生产中，其目的在于实现在原材料、在制品及成品保持最小库存下的多品种批量生产。所谓准时化，Just in Time，就是指在需要的时间和地点，生产必要的数量和完美质量的产品和零部件，以杜绝超量生产，消除无效劳动和浪费，达到用最少的投入实现最大产出的目的。

JIT 意味着任何超过所需最小数量的东西都是浪费，追求"一个流生产"和"零库存"。所谓"一个流"，从理论上讲，当有一件成品卖出时，市场就从生产系统的终端，如总装线拉动一个产品，于是形成对生产线的订货。总装线工人从物流的上游工位拿一个新产品补充被取走的产品，这个上游工位又从更上游的工位拉动产品，直至原材料的投入。于是形成需要一件，生产一件，零件一个一个地流动的"一个流生产"，也是"准时生产"的意思。要保证这一从后向前牵引过程的平稳运行，生产过程的各个阶段都要有高水平的质量、良好的供应商关系以及对最终需求的准确预测。

"零库存"即"无库存生产"，意即不提供暂时不需要的物料的生产。JIT 认为库存是"万恶之源"，它不仅造成浪费，还将许多管理不善的问题掩盖起来。如果用池子中的水代表库存，用石头代表企业中的问题，则高水位能够隐藏问题，会认为管理无需改进。但当水位在经济衰退时下降时，问题就会浮于水面。如图 12-1 所示。JIT 就是要追求不断减少库存，及早暴露管理中的问题，不断消除浪费，进行永无止境的改进，无限接近"零库存"。

JIT 的思想比较容易理解，但实现并不容易，因为实施 JIT 几乎要涉及企业的每一个部门，渗透到企业的每一项活动之中。丰田公司管理者从美国超级市场的管理结构和工作程序中受到启发而有了"准时生产"的思想，但还是经过 20 多年的坚持不懈的

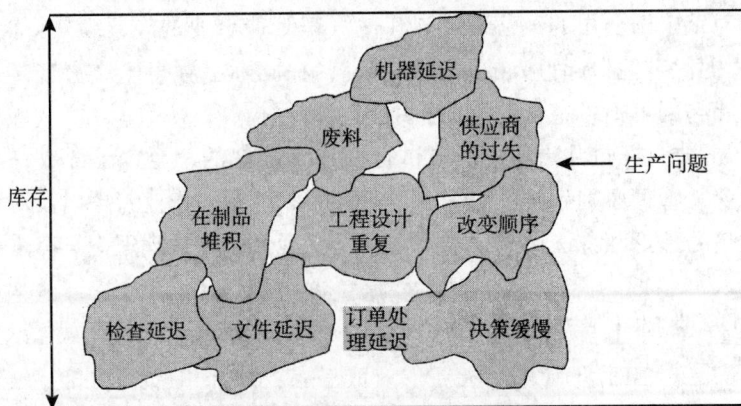

图 12 – 1　库存水平高掩盖管理问题多

努力，才达到比较完善的地步。JIT 是生产管理上的一次革命，任何急功近利、企图立竿见影的思想是不符合 JIT 持续改进思想的。

JIT 作为一种生产管理手段，是围绕最终目标和基本目标所进行的多种手段和方法的集合，并且这些手段和方法都从各个方面来实现最终目标和基本目标。因此，JIT 是由各层次目标和各种方法构成的一个有机整体，其构造体系如图 12 – 2 所示。

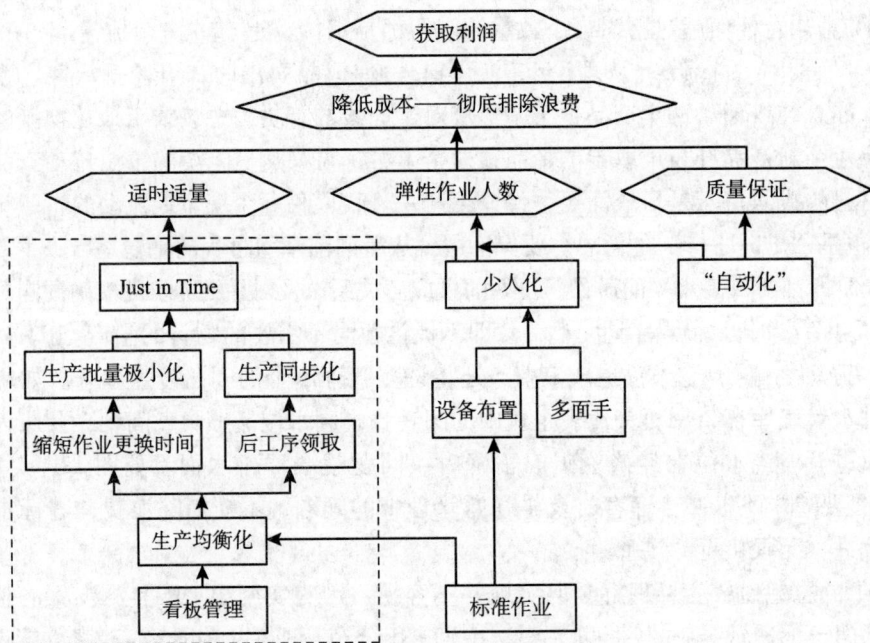

图 12 – 2　JIT 体系

12.2 看板控制系统

12.2.1 看板的作用

JIT 的零件仅当后续工序提出需求时才生产，是一种"拉动"的生产方式。它将传统生产过程中前道工序向后道工序送货，改为后道工序根据"看板"向前道工序取货。前道工序按看板要求只生产后道工序取走的数量的工件作为补充，现场操作人员根据"看板"进行生产作业。看板控制系统是 JIT 生产现场控制技术的核心，犹如连结各工序的神经，通过看板技术控制生产和物流，达到准时生产的目的。

所谓看板，是现场管理中传递信息的工具，可以是一种卡片，也可以是一种信号。从看板担负的任务来划分，看板分为两大类，一种是传递生产指令的生产看板，另一种是传递取货指令或运输指令的传送看板，如图 12－3 示。

搬运看板	从供方工作地： 38#油漆	零件号：A435 油箱座	到需方工作地： 3# 装配
	出口存放处号 No. 38—6	容器：2型（黄色） 每一容器容量：20件	入口存放处号 No. 3—1
		看板号： 3号（共发出5张）	

生产看板

工作地号：38#油漆
零件号：A435油箱座
放于出口存放处：号No.38—6
所需物料：5#漆，黑色
放于：压制车间21—11号储藏室

图 12－3 看板示例

12.2.2 看板使用规则

看板的使用要遵循以下规则：

（1）不合格品不得挂看板，即不得将不合格品下传。用看板进行现场管理的重要前提之一是送的产品是 100% 的合格品，否则会造成全线停产，看板管理本身也难以维持。如果每道工序都做到了不合格品不下传，那就容易发现在本工序上产生不合格品的原因，利于加强质量控制。

（2）后工序向前工序取货时必须出示自己的取货看板，并且不得领取比看板标示数量更多的工件。

（3）前工序只生产后工序领取数量的工件，并按生产看板出现的次序和时间要求安排生产，不能多生产，不能提前生产。

（4）看板要随它所代表的产品一起流动，以证明这些产品是必需的，以防止过剩生产，过剩搬运。

（5）要使用标准容器，不允许使用非标准容器或者虽使用标准容器但不按标准数量放入。这样做可以减少搬运与点数的时间，并可以防止损伤零件。

（6）按看板运输。取货工人定时定路线去收集看板，并按看板取货。不见看板不取货，不运送。取货时间要符合生产时间的要求，不提前不退后。

看板的使用规则很简单，但执行时必须严格，这样才能形成一个十分简单的牵引式系统，每道工序准时为后道工序提供所需的零件，每个工作地都能够在需要的时候从其前道工序得到所需的零件。于是物料从原材料到最终装配同步进行，避免零件囤积造成的浪费。看板控制系统在现场管理中的应用可用图 12 - 4 来说明。A 表示工序进口点存料处；B 表示工序出口点存料处。

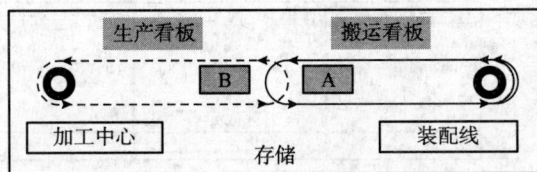

图 12 - 4　看板在工序间传递

12.3　精益生产

精益生产又称精良生产、精细生产。它是美国在全面研究以 JIT 生产方式为代表的日本式生产方式在西方发达国家及发展中国家应用情况的基础上，于 1990 年提出的一种比较完整的生产经营管理理论。

12.3.1　精益生产的特征

精益生产方式则把"无止境地追求完美"作为经营目标，追求在产品质量、成本和服务方面的不断完善。这一思想是区别于大量生产方式的重要特征，同时精益生产方式还具有如下特点：

1. 去除生产中一切不增值的工作

精益生产视产品缺陷、过量生产、库存、等待时间都是浪费，同时认为加工过程、操作动作、运输中都存在着浪费。为了杜绝这些浪费，必须坚决撤销不直接给生产增值的环节和工作岗位，严格实行准时制生产。

2. 强调人的作用，发挥人的潜力

精益生产中，实行与西方传统不同的劳资关系，将人视为生产中最宝贵的东西，是解决问题的根本动力，而不是把工人视为会说话的机器。因此要求工人成为多面手，并在生产中赋予他们更多的自主权。同时，小组协同工作的集体负责制使工人的工作范围扩大，激发了工人对工作的兴趣和创新精神。

3. 采用适度自动化，提高生产系统的柔性

精益生产方式并不追求设备的高度自动化和现代化，而是强调对现有设备的改造和根据实际需要采用先进技术来提高设备的效率和柔性。一切以满足市场需求的要求为目的，不过分强调，避免技术和资金的浪费。

4. 不懈努力，以尽善尽美为目标

精益生产的目标是"尽善尽美"，即不断地发现问题，寻找原因，提出改进措施，改变工作方法。尽善尽美是无止境的，谁能不断改进，谁就能赢得竞争。

12.3.2　精益生产的主要内容

进入 20 世纪 80 年代，日本汽车工业的高速发展使美国世界汽车市场的领先地位受到强有力挑战。为了揭开日本汽车工业的成功之谜，从 1985 年起美国麻省理工学院（MIT）耗资 500 万美元，进行一项名为"国际汽车计划（IMVP）"的研究，对 JIT 生产方式进一步做了详尽的实证考察和理论研究，提出了"精益生产"的理论，通俗地称为"大 JIT"。它是对 JIT 生产方式的进一步提炼和理论总结，其内容不仅只有生产系统内部的运营、管理方法，而是包括从市场预测、产品开发、生产制造管理（包括生产计划与控制、生产组织、质量管理、设备维护、库存管理、成本控制等）、零部件供应体系直至营销与售后服务等企业中的一系列活动。

精益思维的核心就是以最小的资源投入，包括人力、资金、材料、时间和空间，创造出尽可能多的价值，为顾客提供新产品和及时的服务。主要内容有：

（1）在生产计划与库存管理方面，采用独特的准时制生产（JIT）。与传统的"推动式"计划管理不同的是，精益生产方式采用"拉动式"管理模式。各工序的生产指令完全依据后续工序的需要而定，按照所需要的量生产所需的零件和产品，杜绝一切超量超前生产，从而大大降低了在制品和成品库存，减少了流动资金的积压，降低了企业成本。

（2）在产品的研究与开发方面，以团队为研究开发的主要组织形式和工作方式，以"主查负责制"为领导方式进行并行工程，确保产品的高质量、低成本，缩短产品开发周期，满足用户需求。

（3）在销售服务方面，与顾客以及零售商、批发商建立一种长期的关系，使来自顾客和零售商或批发商的订货与工厂的生产系统直接挂钩，销售成为生产活动的起点。产品开发与产品生产都以销售为起点，按订货合同组织多品种小批量的生产，这极大减少了流通环节的库存，以迅速、周到的服务最大限度地满足顾客的需求。

（4）在协作配套方面，把主机厂与协作厂之间存在的单纯买卖关系变成利益相关的共同体，把 70% 左右零部件的设计、制造委托给协作厂进行，主机厂只完成约 30% 的设计、制造任务。对于零部件供应系统，在运用竞争原理的同时与零部件供应厂家保持长期稳定的全面合作关系，在互惠互利、资源互补的基础上，形成一种"命运共同体"，用这种方法来确保零部件供应链的畅通。

（5）在人力资源管理方面，形成一整套劳资互惠的管理体制，并一改大量生产方式中把工人只看作是一种"机器的延伸"的机械管理方法，通过团队工作方式、提案制度、目标管理等一系列具体的方法，调动和鼓励员工进行"创造性思考"，并注重从多个方面培养和训练工人以及各级管理人员，最大限度地发挥和利用企业组织中每一个人的潜在能力，由此提高职工的工作热情和工作兴趣。精益生产方式强调团队精神，鼓励建立共同的价值观，培养员工的集体荣誉感，提倡全员参与工厂的建设与管理。精益企业的员工都是"多面手"，并实行补台制度，能够互相协作，协同生产，从而极大提高了精益生产的整体灵活性和竞争力。

12.3.3　实现精益生产的要求

1. 改进生产流程

精益生产利用传统的工业工程技术来消除浪费，着眼于整个生产流程，而不只是个别或几个工序。

（1）消除质量检测环节和返工现象。如果产品质量从产品的设计方案开始，一直到整个产品从流水线上制造出来，其中每一个环节的质量都能做到100%的保证，那么质量检测和返工的现象自然而然就成了多余之举。因此，必须把"出错保护"（Poka-Yoke）的思想贯穿到整个生产过程，也就是说，从产品的设计开始，质量问题就已经考虑进去，保证每一种产品只能严格地按照正确的方式加工和安装，从而避免生产流程中可能发生的错误。

（2）消除零件不必要的移动。生产布局不合理是造成零件往返搬动的根源。在按工艺专业化形式组织的车间里，零件往往需要在几个车间中搬来搬去，使得生产线路长，生产周期长，并且占用很多在制品库存，导致生产成本很高。通过改变这种不合理的布局，把生产产品所要求的设备按照加工顺序安排，并且做到尽可能的紧凑，这样有利于缩短运输路线，消除零件不必要的搬动，节约生产时间。

（3）消灭库存。把库存当作解生产和销售之急的做法犹如饮鸩止渴。因为库存会掩盖许多生产中的问题，还会滋长工人的惰性，更糟糕的是要占用大量的资金。在精益企业里，库存被认为是最大的浪费，必须消灭。减少库存的有力措施是变"批量生产、排队供应"为单件生产流程（1 piece-flow）。在单件生产流程中，基本上只有一个生产件在各道工序之间流动，整个生产过程随单件生产流程的进行而永远保持流动。理想的情况是，在相邻工序之间没有在制品库存。实现单件生产流程和保持生产过程的流动性还必须做到以下两点：

①同步——在不间断的连续生产流程里，必须平衡生产单元内每一道工序，要求完成每一项操作花费大致相同的时间。平衡——合理安排工作计划和工作人员，避免一道工序的工作荷载一会儿过高，一会儿又过低。但是，在某些情况下，还必须保留一定数量的在制品库存，而这个数量就取决于相邻两道工序的交接时间。

②实施单件生产流程、同步和平衡这些措施，其目标是要使每项操作或一组操作与生产线的单件产品生产时间相匹配。单件产品生产时间是满足用户需求所需的生产时间，也可以认为市场的节拍或韵律。在严格按照节拍组织生产的情况下，产成品的库存会降低到最低限度。

2. 改进生产活动

仅仅对生产流程予以持续的改善，还不足以实现精益化生产，还要进一步改善生产流程中的个别活动，以更好的配合改进过的生产流程。在没有或很少库存的情况下，生产过程的可靠性至关重要。要保证生产的连续性，必须通过减少生产准备时间、机器检修待料的停工时间和减少废品未实现。

（1）减少生产准备时间。减少生产准备时间一般的做法是，认真细致地做好开机前的一切准备活动，消除生产过程可能发生的各种隐患。列举生产准备程序的每一项要素或步骤：

①辨别哪些因素是内在的（需要停机才能处理），哪些是外在的因素（在生产过程中就能处理）；

②尽可能变内在因素为外在因素；

③利用工业工程方法来改进技术，精简所有影响生产准备的内在的、外在的因素，使效率提高。

（2）消除停机时间。全面生产维修（Total Productive Maintenance，TPM）是消除停机时间最有力的措施，包括例行维修、预测性维修、预防性维修和立即维修四种基本维修方式。

①例行维修——操作工和维修工每天所作的维修活动，需要定期对机器进行保养。

②预测性维修——利用测量手段及分析技术预测潜在的故障，保证生产设备不会因机器故障而造成时间上的损失。其意义在于未雨绸缪，防患于未然。

③预防性维修——为每一台机器编制档案，记录所有的维修计划和维修记录。对机器的每一个零部件都做好彻底、严格的保养，适时更换零部件，保证机器不发生意外故障。

④立即维修——当有故障发生时，维修人员要召之即来，随叫随到，及时处理。

由于在连续生产流程中，两道工序之间少有库存，若机器一旦发生故障，整个生产线就会瘫痪，因此消除停机时间对维持连续生产意义重大。TPM 的目标是零缺陷、无停机时间。要达到此目标，必须致力于消除产生故障的根源，而不是仅仅处理好日常表现的症状。

（3）减少废品产生。严密注视产生废品的各种现象（比如设备、工作人员、物料和操作方法等），找出根源，然后彻底解决。此外，那些消除返工的措施也同样有利于减少废品的产生。

3. 提高劳动利用率

提高劳动利用率，有两个方面，一是提高直接劳动利用率，二是提高间接劳动利用率。

提高直接劳动利用率的关键在于一人负责多台机器，这就要求对操作工进行交叉培训，交叉培训的目的是使生产线上的操作工可以适应生产线上的任何工种。交叉培训赋予了工人极大的灵活性，便于协调处理生产过程中的异常问题。实现一人多机的前提是建立工作标准化制度。工作标准化是通过对大量工作方法和动作进行研究，以决定最有效和可重复的方法。工作时员工必须严格地按照标准化进行，其意义不仅在于直接劳动的利用率的提高，而且也提高了产品的质量，因为出错保护和防止废品产生等一系列技术措施的采用，确保了每一项操作只能按照唯一正确的方法进行。

在生产设备上安装自动检测的装置同样可以提高直接劳动利用率。生产过程自始至终处在自动检测装置严密监视下，一旦检测到生产过程中有任何异常情况发生，便发出警报或自动停机。这些自动检测的装置一定程度上取代了质量检测工人的活动，排除了产生质量问题的原因，返工现象也大大减少，劳动利用率自然提高。

间接劳动利用率随生产流程的改进和库存、检验、返工等现象的消除而提高，那些有利于提高直接劳动利用率的措施同样也能提高间接劳动率。库存、检验、返工等环节所消耗的人力和物力并不能增加产品的价值，因而这些劳动通常被认为是间接劳动，若消除了产品价值链中不能增值的间接活动，那么由这些间接活动引发的间接成本便会显著降低，劳动利用率也相应得以提高。

总而言之，精益生产是一个永无止境的精益求精的过程，它致力于改进生产流程和流程中的每一道工序，尽最大可能消除价值链中一切不能增加价值的活动，提高劳动利用率，消灭浪费，按照顾客订单生产的同时也最大限度地降低库存。

【本章小结】

准时制生产体系的最终目标是获取最大限度的利润。为了实现这个最终目标，"降低成本"就成为其基本目标。在大量生产时代，降低成本主要是依靠扩大生产规模来实现的，而在多品种中小批量生产条件下，降低成本则只有靠彻底消除无效劳动和浪费来实现。为了彻底消除企业中存在的大量无效劳动和浪费，JIT采取的基本方法是适时适量生产、弹性配置作业人员和质量保证。

精益生产是一种在降低成本的同时使质量显著提高，在增加生产系统柔性的同时，也使人增加对工作的兴趣和热情的生产方式。与资源消耗型的大量生产方式相比，这是一种资源节约型和劳动节约型的生产方式。可以看出，如果说JIT生产方式是以生产制造系统为中心展开的话，精益生产则是涉及企业整体的一种扩大了的生产经营方式。

【推荐读物】

1. 纳兹·V·艾弗（Ananth V. Iyer），谢里德哈尔·色沙德利（Sridhar Seshadri），里伊·瓦沙（Roy Vasher）著，杨达卿译. 丰田供应链管理：透视丰田产业链制胜的秘密武器. 机械工业出版社，2010.

2. 莱克著，李芳龄译. 丰田汽车案例：精益制造的 14 项管理原则. 中国财政经济出版社，2004.

【复习与思考】

1. 零库存管理在精益生产中起到什么作用？
2. 简述 JIT 的出发点，它与传统生产方式有何区别？
3. 简述看板控制系统的工作过程。
4. 精益生产的基本思想是什么？

【网上练习】

登录丰田公司网站了解更多信息：http://www.toyota.com.cn.

【案例】

7 天交货：戴尔行，联想为什么不行？

如果只学习戴尔直销模式，即使挖来戴尔的人，那么你很可能也做不到，因为这不是精髓的全部，因为只有真的进入戴尔的生产环节，你才会发现所谓"直销模式"背后的秘密。

有人说戴尔的直销是学不了的，这句话是不是太过夸张呢？眼下是一个真实的故事，或许可以看出端倪。

作为一款网络游戏的"铁杆"玩家，小张前些日子感到非常郁闷，因为他去年 12 月 20 日定购的联想电脑到了今年 1 月 7 日还没有到货，这使得他计划在元旦痛快玩几天的愿望彻底落空，尽管他一再催促，但是得到的回答是由于订量太大，正在加紧生产。而小张的一个"队友"却恰恰相反，他在同一天定制的一台戴尔电脑，7 天后准时交货。

同样是定制的电脑，同样是电话订货，同样采用直销模式，结果却是戴尔 7 天交货，联想没有实现，为什么会这样？在收购了 IBMPC、挖来了戴尔高管做 CEO、大张旗鼓提出直销模式后，联想相比戴尔究竟还差在哪里？

直销光环的背后是"细胞"生产。

很多人都在津津乐道戴尔的直销模式，但是在参观了戴尔的工厂之后，相信很多人会改变这个看法，不仅会惊讶它的生产方式，甚至会对这种生产模式肃然起敬，也可以真正了解是为什么只有戴尔的直销是成功的？

走进戴尔在厦门的组装厂，首先你就会为这个规模庞大、井井有条但又是不曾见过的厂房所震撼。工厂的两头是巨大的空地，一头是装着各种零件的汽车，另一头则是运送成品的货车，零件不会入库，产品也不会，因为根本就没有仓库，在这样一个两头开放的厂房中间是 25 条电脑生产线，中国地区的电脑全部由这里接单、组装、发货，所有的过程与秘密就在这样一个近 1 公里的厂房里。

戴尔接到的订单中有一半以上是通过互联网发出的，也有许多是通过电话发出的。客户发出订单后 1 分钟之内，控制中心就会收到信息。工作人员把收到的订单信息迅速传递给各个配件供应商，同时也将信息输入管理装配线的电脑程序。戴尔新装的软件系统将错误率减少到了每百万台不超过 20 台。

由于没有仓库，为了保证与配件供应商的紧密联系，戴尔建立了一整套网络管理系统，供应商们则联合成立了配件供应中心。戴尔只要通过网络发出指令，所需配件的数量、规格、型号、装配和运输全都按照电脑的安排精确运行，每道工序之间严丝合缝。

供应商们通过配件供应中心，就可以迅速组织运货到装配厂。戴尔发现客户对某种配件需求量增大，也可以立即通知供应商，增加产量。戴尔用多少，配件厂商就供多少，减少了生产过剩的情况。

现在很多企业都是在压供应商的货款，当然销售商有时候也在压制造商的钱。但是在戴尔这两种情况都不会出现，因为是定制电脑，加上直销，货款已经先行到账，同时戴尔会加快付款的速度，以拿到更低的折扣，大家都很满意。

零件到了车间，马上会进入一个分装的流水线。工人们按照电脑指令，把运到的零配件迅速分发到各条装配线上。装配线旁有不少小隔断，每个隔断里有一两个工人，他们根据电脑的指示，在从流水线上运来的主机里装上各种零配件，零件每次都要通过扫描仪以确保无误，然后装在一个特制的容器里。

接下来进入组装线，每台机子都有一个编号，所需的配件上也有编号，安装之前，先要用扫描仪扫一下编号，全部零件保证不会出现错误。分装好的零件会分层次摆放，两个熟练的工人会一个在上，一个在下组装，这样有效地利用了空间。每台电脑都是由一个人从头到尾组装。

从零配件进厂到装配、检验完毕后装车运出厂，平均每台电脑只需要 5 个小时。工厂每两个小时接到一批零配件，每 4 个小时发出一批装好的电脑。

在厂房一侧的中心控制室里，工作人员们正注视着电脑显示屏上出现的各种数据，整套流程严格得几近冷酷，一位管理学家对戴尔评价是："当大家都热衷外包时，戴尔却能继续留在美国进行生产工作，因为过去 20 年来，戴尔已经积累了相当的经验，知道如何用更低的价格与更聪明的方式来生产。在制造方面，戴尔确实处于 21 世纪的先进水平。"

重新解读"效率第一"。

也许很多人都会说，如果采用真正的流水生产线效率不是会更高？但是问题是刚性的生产在获取效率的同时丧失了定制能力，也就是刚性生产必须要有完美的计划作为保证，这一点几乎是不可能做到的，而且一定会产生库存。

戴尔采用了"细胞"生产方法，它遇到的挑战是如何提高效率。走进厂房，墙壁上醒目地挂着一排排专利证书。和许多人一样，此前对戴尔的印象不认为这是一家技术公司，缺乏创新，它的专利都是买来的，但实际上，戴尔的创新不在技术上，而是在流程上。

因为戴尔并不生产电脑零配件，而更像是一个装配商，你需要什么样的电脑，它就装配什么样的电脑，然后送货上门。戴尔发明的重点不在于新产品的开发，而是加工装配技术的革新，比如流水线的提速、包装机的自动控制等，这些专利确保了戴尔模式的精髓——"效率第一"。

在戴尔这家世界最大的计算机生产公司中，主管专注研究着厂内每一个组装流程，他们引进录像设备来研究工作小组的一举一动，看看有没有多余或者浪费的步骤。即使能少一个螺丝钉的动作，戴尔工作流程设计师们都会高声欢呼，因为多一颗螺丝钉将浪费一台机器大约4秒钟的装配时间。

戴尔的管理者每次都走同样的巡视路线，目的就是找到不合理的地方加以改进，保证即使像圣诞节或者新年这种假期时间，订单早上9点进来，他们也能够保证在下午1点让产品完成出厂。

戴尔还会计算每位员工的组装效能，最能干的工人称为"组装大师"（master builders），公司会拍下他们的动作供其他员工作为学习对象。效率太差的则被告知当戴尔工人并不那么容易，然后就直接请他走路。

戴尔的"效率第一"体现在方方面面。就拿电脑装配厂的厂房来说，他们会和建筑设计师一起研讨，如何让每个工人的产量翻一番，零配件和装好的电脑还不能放在厂里，既占用地方，又浪费人力。

在设计师的努力下，这家新工厂的占地面积比原计划小了一半，可产量却几乎增加了3倍多。装配电脑的程序虽然没有变化，但新装配线的自动化程度却大幅提高，工人们接触电脑的次数比原来少了一半。过去，装配好的电脑要先运到一个转运中心去分发，就像邮递员要先把信件送到分拣中心一样，可现在电脑可以直接从工厂运走，省去了一个足球场大小的空间。

"直销"只是外人看到的"光环"。

谈起戴尔模式，人们自然会想到直销，其实直销不过只是戴尔模式的一个组成部分。就像人们评价的戴尔的产品并不一定是最先进的，但却是最好用的，价格也是最合适的。

这种直销的灵感来自于客户的体验，一个企业采购经理表示以前也曾购买过其他公司的产品，那些公司为了多赚钱，往往拼命推销一些新产品和附加产品。"高配置的电脑虽然很先进，但却并不好用，有的功能根本用不上，安装后等于闲置。而戴尔不同，你需要什么它就卖给你什么，量体裁衣"。戴尔的调查表明，许多客户选择戴尔的产品，就是因为其他厂商提供了很多不必要的服务和设备。

戴尔总裁也曾经说过："我们在推出一种产品时，首先考虑的是用户是否需要，是不是愿意或有能力购买，而不仅仅是技术上更先进或是更高的配置。我们不应该浪费顾客的钱。如果一种发明仅仅是为了让顾客多花钱而不能有效增加使用价值，意义就不大。"为了保证质量和效率，每台戴尔电脑都是由一个工人装配的，并且有一个编号。客户打电话给戴尔，只要报出编号，工作人员就可以很快查出机型、配置、生产厂家、安装者等信息，从而立即找到能够解决问题的技术人员。

美国一家公司曾做过调查，如果是服务器出现了同样的问题，其他厂商需要停机 5 个小时排除故障，戴尔只用 1 个小时。更重要的是，当顾客发现电脑有问题而打电话咨询时，是和生产商直接交涉，而不是通过销售商再去找厂商。减少一个中间环节，就节省了很多时间。

戴尔已经把客户、配件生产厂家、供应商、装配线等连结成了一个整体。目前，戴尔与全球 170 多个国家 5 万多家供应商和配件生产厂保持着联系，并掌握它们的库存和生产信息。有了这样一个网络，戴尔就能够保证按时、按质送货到位。如果一辆运送 17 英寸显示器的货车因暴风雪被阻，戴尔的控制中心得到消息后，就能够迅速查到哪家供应商有存货，并立即把最近的存货调送给用户。如果 17 英寸的显示器无法按时运达，工作人员为保证及时供货，还可以调运 19 英寸显示器替补，只收取少量附加费。戴尔的管理人员说，如果意外情况发生时，离交货截止时间还有 48 小时，他们就有 90% 的把握保证按时交货。

戴尔还与遍及全球的电器和电子生产厂商结成了一个庞大的服务网，6 700 多名服务人员随时提供包括电话、网络、数码相机、打印机等各种配套设备、技术的服务。主管全球企业系统市场的副总裁哈格罗夫说，戴尔的目标就是通过全方位的服务"帮助你解决所有的问题"。

经过多年的努力，戴尔的运营成本占总收入的比例不断下降，现在仅仅为 10%，而惠普是 21%，盖特威（Gateway）是 25%，思科则高达 46%。

运营成本越低意味着价格可能下调的空间越大，价格成了戴尔近年来不断蚕食对手市场份额的"杀手锏"。与竞争对手相比，戴尔的优势就在于，它能够以更短的时间、更少的开支制造出更符合用户需要的产品。美国市场上的戴尔产品至少要比竞争对手的同类产品便宜 10%。

一位流程专家这样评价戴尔，如果你想在 7 天交货，那么你做不到定制服务；如果你想定制服务，那么你 7 天就一定交不了货，这就是为什么所有人都想学戴尔，学习直销，但是最后都学不会的原因。

资料来源：http：//www. chinavalue. net/Article/Archive/2010/2/4/190389_3. html.

【讨论题】

1. 戴尔是怎样实现 7 天交货的？
2. 戴尔的精益生产与丰田生产方式有哪些相同点和不同点？

参 考 文 献

1. 申元月. 生产运作管理 [M]. 济南：山东人民出版社，2005.

2. 陈荣秋，马士华. 生产运作管理 [M]. 北京：机械工业出版社，2009.

3. 陈志祥. 生产运作管理教程 [M]. 北京：清华大学出版社，2010.

4. 科利尔，埃文斯著. 马风才译. 运营管理 [M]. 北京：机械工业出版社，2011.

5. 克拉耶夫斯基（Krajewski, L. J.），里茨曼（Ritzman, L. P.）著. 刘晋，向佐春译. 运营管理——流程与价值链（第 7 版）[M]. 北京：人民邮电出版社，2007.

6. 张群. 生产与运作管理. 北京：机械工业出版社，2008.

7. 谢勤龙. 供应链战争 [M]. 北京：机械工业出版社，2010.

8. 马士华，林勇. 供应链管理 [M]. 北京：机械工业出版社，2010.

9. 胡正华等. 设施规划与设计 [M]. 北京：科学出版社，2006.

10. 黄杰. 图解现场管理一本通 [M]. 北京：中国经济出版社，2011.

11. 孙少雄，孙宝东. 服务业 5S 精益管理：品质改善利器 [M]. 北京：机械工业出版社，2010.

12. 潘艾华，阮喜珍主编. 生产运作管理实务 [M]. 武汉：武汉大学出版社，2009.

13. 蔡斯（Richard B. Chase）等著. 任建标译. 运营管理（原书第 11 版）[M]. 北京：机械工业出版社，2007.

14. 蔺雷，吴贵生. 服务管理. 北京：清华大学出版社，2008.

15. 崔继耀. TPM 活动推行实务. 广州：广东经济出版社，2004.

16. 齐二石等. 生产与运作管理教程 [M]. 北京：清华大学出版社，2006.

17. 李环祖. 生产计划与控制 [M]. 北京：中国科学技术出版社，2008.

18. 杰伊·海泽（Jay Heizer），巴里·伦德尔（Barry Render）著. 寿涌毅译. 运作管理原理 [M]. 北京：北京大学出版社，2010.

19. 威廉·J·史蒂文森（William J. Stevenson）著. 张群，张杰译. 运营管理

（原书第 9 版）［M］. 北京：机械工业出版社，2008.

20. 马士华，林勇，陈志祥等．供应链管理［M］. 北京：机械工业出版社，2005.

21. 杰伊·海泽（Jay Heizer），巴里·伦德尔（Barry Render）著．陈荣秋改编．运作管理（英文版）［M］. 中国人民大学出版社，2009.

22. 詹姆斯·R·埃文斯（James R. Evans），威廉·M·林赛（William M. Lindsay）著．焦叔斌译．质量管理与质量控制［M］. 北京：中国人民大学出版社，2010.

23. 克劳士比著．杨钢，林海译．质量免费：确定质量的艺术［M］. 北京：中国人民大学出版社，2006.

24. 克雷戈·弗莱舍，巴贝特·本苏桑．战略与竞争分析［M］. 北京：清华大学出版社，2004.

25. 迈克尔·波特著．竞争战略［M］. 北京：华夏出版社，1997.

26. 迈克尔·波特著．竞争优势［M］. 北京：华夏出版社，1997.

27. 安纳兹·V·艾弗（Ananth V. lyer）等著．高懿等译．丰田供应链管理：透视丰田产业链制胜的秘密武器［M］. 北京：机械工业出版社，2005.

28. 莱克著．李芳龄译．丰田汽车案例：精益制造的 14 项管理原则［M］. 北京：中国财政经济出版社，2004.

29. 陈荣秋，周水银编著．生产运作管理的理论与实践［M］. 北京：中国人民大学出版社，2002.

30. 王永贵，贾鹤编．产品开发与管理：案例·点评·分析［M］. 北京：北京师范大学出版社，2008.

31. 金涛等．产品设计开发［M］. 北京：海洋出版社，2010.

32. 朱少军．工艺管理简单讲［M］. 广州：广东经济出版社，2006.

33. 刘平，王实编著．ERP 沙盘模拟管理综合实训手册［M］. 北京：机械工业出版社，2010.

34. 陆安生．ERP 原理与应用［M］. 北京：清华大学出版社，2010.

35. 理查德·诺曼著．范秀成，卢丽译．服务管理：服务企业的战略与领导［M］. 北京：中国人民大学出版社，2006.